高职高专会计专业
工学结合系列教材

企业纳税实务

第四版

● 梁伟样 主编

清华大学出版社
北京

内 容 简 介

本书根据高职院校培养高技能人才的要求,按照工作过程,以项目导向、任务驱动设计体例,安排教学内容。本书共七大项目,以企业具体纳税操作为主线,分别从应纳税额的计算、纳税申报和会计处理三个方面,对现行主要的 13 个税种进行了全面的阐述。增值税、个人所得税、企业所得税等税法的修改内容已经体现在教材中。为方便教学和自学,在每个项目后面配有课后练习,同时配有《企业纳税全真实训(第四版)》,贯彻了"教、学、做"一体化、理实合一的高职教学理念。

本书结构清晰、思路独特,有很强的实用性,可作为高职高专院校会计、财政、税务、审计、贸易等专业的教材。

本书适合高职高专院校会计、财务管理、税务、投资理财等财经类专业使用,也可作为成人高校、本科院校举办的二级职业学院财经类专业的教材和社会从业人员的业务学习用书。

本书封面贴有清华大学出版社防伪标签,无标签者不得销售。
版权所有,侵权必究。举报:010-62782989,beiqinquan@tup.tsinghua.edu.cn。

图书在版编目(CIP)数据

企业纳税实务/梁伟样主编. —4 版. —北京:清华大学出版社,2019(2025.2 重印)
(高职高专会计专业工学结合系列教材)
ISBN 978-7-302-53239-2

Ⅰ. ①企… Ⅱ. ①梁… Ⅲ. ①企业—纳税—中国—高等职业教育—教材 Ⅳ. ①F279.235.4

中国版本图书馆 CIP 数据核字(2019)第 129424 号

责任编辑:左卫霞
封面设计:毛丽娟
责任校对:刘 静
责任印制:宋 林

出版发行:清华大学出版社
网 址:https://www.tup.com.cn,https://www.wqxuetang.com
地 址:北京清华大学学研大厦 A 座 邮 编:100084
社 总 机:010-83470000 邮 购:010-62786544
投稿与读者服务:010-62776969,c-service@tup.tsinghua.edu.cn
质量反馈:010-62772015,zhiliang@tup.tsinghua.edu.cn
课件下载:https://www.tup.com.cn,010-83470410

印 装 者:大厂回族自治县彩虹印刷有限公司
经 销:全国新华书店
开 本:185mm×260mm 印 张:18.75 字 数:429 千字
版 次:2009 年 8 月第 1 版 2019 年 9 月第 4 版 印 次:2025 年 2 月第 3 次印刷
定 价:58.00 元

产品编号:082782-02

丛书总序

2019年2月13日,国务院发布了《国家职业教育改革实施方案》(国发〔2019〕4号,简称职教20条),提出:"建立健全学校设置、师资队伍、教学教材、信息化建设、安全设施等办学标准,引领职业教育服务发展、促进就业创业。落实好立德树人根本任务,健全德技并修、工学结合的育人机制,完善评价机制,规范人才培养全过程。深化产教融合、校企合作,育训结合,健全多元化办学格局,推动企业深度参与协同育人,扶持鼓励企业和社会力量参与举办各类职业教育。推进资历框架建设,探索实现学历证书和职业技能等级证书互通衔接。"建设融"教、学、做"为一体、强化学生能力培养的优质教材显得更为重要。

2016年5月1日起,营业税改征增值税在全国范围内全面推开,营业税退出了历史舞台;2016年7月1日起,全面推行资源税改革;2019年1月1日起,施行修订后的《中华人民共和国个人所得税法实施条例》;2019年4月1日起,增值税税率原适用16%的调整为13%,原适用10%的调整为9%;2019年5月1日起,降低社会保险费率。会计法规在变,税法在变,教材也应及时更新、再版。

为满足教学改革和教学内容变化的需要,我们对2007年立项、梁伟样教授主持的清华大学出版社重点规划课题"高职院校会计专业工学结合模式的课程研究"成果,2009年以来出版的"高职高专会计专业工学结合系列教材"陆续进行修订、再版,包括《出纳实务》《基础会计实务》《财务会计实务》《成本会计实务》《企业纳税实务》《会计电算化实务》《审计实务》《财务管理实务》《财务报表阅读与分析》,前7种教材单独配备了"全真实训",以方便教师的教学与学生的实训练习。

本系列教材具有以下特色。

(1) 项目导向、任务驱动。以真实的工作目标作为项目,以完成项目的典型工作过程(环节、方法、步骤)作为任务,以任务引领知识、技能和态度,让学生在完成工作任务中学习知识、训练技能,获得实现目标所需要的职业能力。

(2) 内容适用、突出能力。根据高职毕业生就业岗位的实际情况,以会计岗位的各种业务为主线,以介绍工作流程中的各个程序和操作步骤为主要内容,围绕职业能力培养,注重内容的实用性和针对性,体现职业教育课程的本质特征。

(3) 案例引入、学做合一。每个项目以案例展开并贯穿于整个项目之中,打破长期以来的理论与实践二元分离的局面,以任务为核心,配备相应的全真实训教材,便于在做中学、学中做、学做合一,实现理论与实践一体化教学。

（4）资源丰富、方便教学。在教材出版的同时为教师提供教学资源库，主要内容为：教学课件、习题答案、趣味阅读、课程标准、模拟试卷等，以便于教师教学参考。

本系列教材无论从课程标准的开发、教学内容的筛选、教材结构的设计还是到工作任务的选择，都倾注了职业教育专家、会计教育专家、企业会计实务专家和清华大学出版社各位编辑的心血，是高等职业教育教材为适应学科教育到职业教育、学科体系到能力体系两个转变进行的有益尝试。

本系列教材适用于高等职业院校、高等专科学校、成人高校及本科院校的二级职业技术学院、继续教育学院和民办高校的财会类专业，也可作为在职财会人员岗位培训、自学进修和岗位职称考试的教学用书。

本系列教材难免有不足之处，敬请各位专家、老师和广大读者不吝指正，希望本系列教材的出版能为我国高职会计教育事业的发展和人才培养作出贡献。

高职高专会计专业工学结合系列教材
编写委员会

第四版 前言

《企业纳税实务》(第三版)自2015年2月出版以来,承蒙读者的厚爱,取得了较好的效果。从2016年5月1日起,在全国范围内全面推开营业税改征增值税试点,由缴纳营业税改为缴纳增值税,至此,营业税退出了历史舞台。2019年1月1日起执行新的个人所得税政策;2019年4月1日起,增值税税率原适用16%的调整为13%,原适用10%的调整为9%;2019年5月1日起,降低社会保险费率。税收政策的变化,需要对原来的教材进行全面更新。为此,在清华大学出版社的支持下,编者对教材进行了修订,以体现最新的法规变化。

本次修订,以最新的税收法规(截至2018年5月初)为依据,把"营改增"全面试点以来增值税法规的变化、企业所得税、消费税、印花税等法规的变化和新的个人所得税的内容全面体现在本教材之中。

本次修订工作由梁伟样教授负责,在修订过程中得到了有关部门、企业和任课教师的大力支持,在此一并表示诚挚的谢意。

由于编者水平有限,书中难免存在不妥之处,恳请读者批评指正。

编 者

2019年5月

第二版 前言

《企业纳税实务》自2009年8月出版以来,承蒙读者的厚爱,取得了较好的效果。2011年8月31日,教育部发布了《关于推进高等职业教育改革创新 引领职业教育科学发展的若干意见》[教职成(2011)12号],提出了高等职业教育要实现学历证书与职业资格证书对接、课程内容与职业标准对接、教学过程与生产过程对接的目标。增值税从2009年1月1日起在全国范围内实行转型,由生产型增值税转为消费型增值税;《个人所得税法》从2011年9月1日起作了较大的修改;2011年11月1日起实施新的《资源税暂行条例》;2012年1月1日起执行新的《车船税法》,从2012年开始陆续在上海、北京、天津、江苏、浙江、安徽、福建、湖北和广东等地的交通运输业和部分现代服务业试行营业税改征增值税的试点工作。所有这些政策和税法的变化,都迫切要求对原来的教材进行更新。为此,在清华大学出版社的支持下,我们对《企业纳税实务》教材进行了修订。

与原教材相比,第二版教材在以下几个方面作了修改。

(1) 教材体例和结构基本保持不变。原教材按照纳税实际工作过程设计项目和学习任务,以培养学生职业能力为主线,从反馈的信息看,体现了工学结合、理实一体的高职教育要求。再版时仍保留这一基本框架,增加了一些典型案例,同时对项目导入案例进行了解析,更加便于教与学。

(2) 系统地吸收了最新的税制内容。再版教材所涉及的所有税种的相关法规均以修订交稿日(2012年11月)时我国的税收与会计法规为主要依据,充分体现了教材的时效性。自2012年1月1日起,在上海等地陆续开展了交通运输业和部分现代服务业的营业税改征增值税的试点工作,由于许多内容还在不断修改和完善之中,因此这部分内容没有写入正文,将其放在教材附录中,供读者参考。

(3) 调整了部分内容。为了与会计专业技术资格考试相衔接,对原来教材的税种做了调整,删除了原项目九的内容,在项目八中增加了土地增值税、契税和资源税计算申报与核算的内容。

(4) 教材正文中增加了"提示"专栏,目的是方便前后知识的比较和对重点、难点问题的提示。

(5) 为了与再版后的教材配套,同步修订了《企业纳税全真实训》。

本书由梁伟样教授负责修订,在修订过程中得到了有关部门、企业和任课教师的大力

支持,在此一并表示诚挚的谢意。

  税法在变,会计在变,教材也应及时更新。在出版社的大力支持下,我们力争使教材内容及时反映最新变化。由于编者水平有限,书中存在的不足,敬请广大读者批评、指正。

编 者

2012 年 12 月

目录

项目1 纳税工作流程认知

任务1.1 涉税事务登记 2
1.1.1 涉税登记 2
1.1.2 增值税一般纳税人资格登记 3

任务1.2 账证管理 5
1.2.1 涉税账簿的设置 5
1.2.2 发票的领购 5
1.2.3 发票的开具 7
1.2.4 账证的保管 8

任务1.3 纳税申报 8
1.3.1 正常纳税申报 8
1.3.2 延期申报与零申报 10

任务1.4 税款缴纳 10
1.4.1 税款征收方式 10
1.4.2 税款缴库方式 11
1.4.3 税款缴纳程序 13
1.4.4 税款的减免、退还与追征 14
1.4.5 税款征收的措施 15
1.4.6 税收法律责任 16

课后练习 21

项目2 增值税计算申报与核算

任务2.1 增值税税款的计算 26
2.1.1 一般纳税人应纳税额的计算 27
2.1.2 小规模纳税人应纳税额的计算 49
2.1.3 进口货物应纳税额的计算 52
2.1.4 扣缴义务人应扣缴税额的计算 52

任务2.2 增值税纳税申报 53
2.2.1 增值税的征收管理 53

  2.2.2 增值税的纳税申报 ········· 54
 任务 2.3 增值税会计核算 ············· 63
  2.3.1 会计核算的依据 ············· 63
  2.3.2 会计科目的设置 ············· 64
  2.3.3 会计核算实务 ··············· 66
  2.3.4 小规模纳税人的会计核算 ··· 78
 任务 2.4 增值税出口退(免)税 ······· 79
  2.4.1 出口货物(服务)增值税退税额的计算 ··· 81
  2.4.2 出口货物退(免)增值税的会计核算 ··· 86
  2.4.3 出口货物退(免)税管理 ··· 90
 课后练习 ······························· 95

项目3 消费税计算申报与核算

 任务 3.1 消费税税款的计算 ··········· 101
  3.1.1 直接对外销售应税消费品应纳税额的计算 ··· 101
  3.1.2 自产自用应税消费品应纳税额的计算 ··· 108
  3.1.3 委托加工应税消费品应纳税额的计算 ··· 109
  3.1.4 进口应税消费品应纳税额的计算 ··· 112
  3.1.5 批发和零售环节应税消费品应纳税额的计算 ··· 113
 任务 3.2 消费税纳税申报 ············· 115
  3.2.1 消费税的征收管理 ········· 115
  3.2.2 消费税的纳税申报 ········· 116
 任务 3.3 消费税会计核算 ············· 120
  3.3.1 会计核算的依据 ············· 120
  3.3.2 会计科目的设置 ············· 121
  3.3.3 会计核算实务 ··············· 121
 任务 3.4 消费税出口退税 ············· 125
  3.4.1 出口应税消费品退(免)税政策适用范围 ··· 126
  3.4.2 出口应税消费品的退税率 ··· 126
  3.4.3 出口应税消费品退税额的计算 ··· 126
  3.4.4 出口应税消费品的会计处理 ··· 127
 课后练习 ······························· 129

项目4 关税计算缴纳与核算

 任务 4.1 关税税款的计算 ············· 135
  4.1.1 关税完税价格的确定 ······· 135
  4.1.2 关税税率的确定 ············· 137
  4.1.3 关税应纳税额的计算 ······· 140

任务 4.2　货物报关与关税缴纳 …………………………………………… 142
　　　　4.2.1　进出口货物的报关 …………………………………………… 142
　　　　4.2.2　关税的缴纳 …………………………………………………… 144
　　　　4.2.3　关税的强制执行 ……………………………………………… 146
　　　　4.2.4　关税的退还 …………………………………………………… 147
　　　　4.2.5　关税的补征和追征 …………………………………………… 147
　　　　4.2.6　关税的纳税争议 ……………………………………………… 148
　　任务 4.3　关税会计核算 ……………………………………………………… 148
　　　　4.3.1　会计核算的依据 ……………………………………………… 148
　　　　4.3.2　会计科目的设置 ……………………………………………… 148
　　　　4.3.3　会计核算实务 ………………………………………………… 149
　　课后练习 ………………………………………………………………………… 151

项目 5　企业所得税计算申报与核算

　　任务 5.1　企业所得税税款的计算 …………………………………………… 156
　　　　5.1.1　应纳税所得额的确定 ………………………………………… 156
　　　　5.1.2　应纳所得税税额的计算 ……………………………………… 175
　　　　5.1.3　企业所得税的核定征收 ……………………………………… 178
　　任务 5.2　企业所得税纳税申报 ……………………………………………… 180
　　　　5.2.1　企业所得税的征收管理 ……………………………………… 180
　　　　5.2.2　企业所得税的纳税申报 ……………………………………… 181
　　任务 5.3　企业所得税会计核算 ……………………………………………… 194
　　　　5.3.1　企业所得税的记账依据 ……………………………………… 194
　　　　5.3.2　会计科目的设置 ……………………………………………… 194
　　　　5.3.3　资产负债表债务法的会计处理 ……………………………… 196
　　　　5.3.4　应付税款法的会计处理 ……………………………………… 200
　　课后练习 ………………………………………………………………………… 201

项目 6　个人所得税计算申报与核算

　　任务 6.1　个人所得税税款的计算 …………………………………………… 210
　　　　6.1.1　综合所得 ……………………………………………………… 211
　　　　6.1.2　财产租赁所得 ………………………………………………… 219
　　　　6.1.3　财产转让所得 ………………………………………………… 220
　　　　6.1.4　利息、股息、红利所得和偶然所得 ………………………… 222
　　　　6.1.5　经营所得 ……………………………………………………… 225
　　　　6.1.6　个人所得税几种特殊情况应纳税额的计算 ………………… 227
　　任务 6.2　个人所得税纳税申报 ……………………………………………… 228
　　　　6.2.1　个人所得税的扣缴申报 ……………………………………… 228
　　　　6.2.2　个人所得税的自行申报 ……………………………………… 232

任务 6.3　个人所得税会计核算 ·· 236
　　6.3.1　个体工商户生产、经营所得个人所得税的会计核算 ········· 236
　　6.3.2　代扣代缴个人所得税的会计核算 ···································· 236
课后练习 ··· 237

项目 7　其他税种计算申报与核算

任务 7.1　城市维护建设税计算申报与核算 ································· 242
　　7.1.1　城市维护建设税的计算 ·· 242
　　7.1.2　城市维护建设税的缴纳 ·· 243
　　7.1.3　城市维护建设税的核算 ·· 245
任务 7.2　房产税计算申报与核算 ·· 245
　　7.2.1　房产税的计算 ··· 246
　　7.2.2　房产税的缴纳 ··· 247
　　7.2.3　房产税的核算 ··· 249
任务 7.3　印花税计算申报与核算 ·· 249
　　7.3.1　印花税的计算 ··· 249
　　7.3.2　印花税的缴纳 ··· 252
　　7.3.3　印花税的核算 ··· 255
任务 7.4　车船税计算申报与核算 ·· 255
　　7.4.1　车船税的计算 ··· 255
　　7.4.2　车船税的缴纳 ··· 257
　　7.4.3　车船税的核算 ··· 259
任务 7.5　契税计算申报与核算 ·· 259
　　7.5.1　契税的计算 ··· 259
　　7.5.2　契税的缴纳 ··· 261
　　7.5.3　契税的核算 ··· 263
任务 7.6　土地增值税计算申报与核算 ······································ 263
　　7.6.1　土地增值税的计算 ·· 264
　　7.6.2　土地增值税的缴纳 ·· 267
　　7.6.3　土地增值税的核算 ·· 270
任务 7.7　城镇土地使用税计算申报与核算 ······························ 271
　　7.7.1　城镇土地使用税的计算 ·· 271
　　7.7.2　城镇土地使用税的缴纳 ·· 273
　　7.7.3　城镇土地使用税的核算 ·· 275
任务 7.8　资源税计算申报与核算 ·· 275
　　7.8.1　资源税的计算 ··· 276
　　7.8.2　资源税的缴纳 ··· 280
　　7.8.3　资源税的核算 ··· 282
课后练习 ··· 282

参考文献

纳税工作流程认知

项目1

技能目标

1. 能办理企业各类涉税事务登记。
2. 能进行增值税一般纳税人的申请登记工作。
3. 会根据企业经营范围的需要领购普通发票和增值税专用发票。

知识目标

1. 掌握涉税事务登记、发票管理的基本知识和要求。
2. 了解我国现行税收体制和纳税申报、税款缴纳的基本知识。
3. 理解税收的概念和税制构成要素。

案例导入

办税工作的第一步

陈光是某高职院校的2019届会计专业毕业生。2019年5月,他在人才交流会上看到一家企业在招聘报税岗位的会计人员,便去应聘,由于陈光对企业纳税实务这门专业课掌握得很扎实,所以当场被单位录用。在收到单位的录用通知后,陈光于2019年7月1日到单位报到。会计主管刚好要去税务部门领购发票,便叫上陈光一起去,让他学习领购发票的具体工作流程。同时,会计主管告诉陈光,以后这个公司报税岗位的会计由他来担任。当陈光接过这项任务后,他应该如何来适应这个岗位呢?日后的发票领购、纳税申报、税款缴纳等涉税事务应该如何操作?

任务1.1 涉税事务登记

1.1.1 涉税登记

为改革市场准入制度,简化手续,缩短时限。2015年6月23日,国务院办公厅发布了《关于加快推进"三证合一"登记制度改革的意见》,"三证合一"登记制度是指将企业登记时依次申请,分别由工商行政部门核发工商营业执照、质量技术监督部门核发组织机构代码证和税务部门核发税务登记证,改为一次申请、由工商行政管理部门核发一个营业执照的登记制度。为具体落实"三证合一"登记制度改革,同年9月10日,国家税务总局发布《国家税务总局关于落实"三证合一"登记制度改革的通知》,就税务部门落实"三证合一"登记制度改革做出了具体部署。在全面实施工商营业执照、组织机构代码证、税务登记证"三证合一"登记制度改革的基础上,再整合社会保险登记证和统计登记证,从2016年10月1日起,实现"五证合一、一照一码"登记制度改革。

自2015年10月1日起,新设立企业和农民专业合作社领取由工商行政部门核发加载法人和其他组织统一社会信用代码(以下简称统一代码)的营业执照后,无须再次进行税务登记,不再领取税务登记证。企业办理涉税事宜时,在完成补充信息采集后,凭加载统一代码的营业执照可代替税务登记证使用。除以上情形外,其他税务登记按照原有法律制度执行外,改革前核发的原税务登记证件在2017年年底前过渡期内继续有效,2018年1月1日起,一律改为使用加载统一代码的营业执照,原发税务登记证件不再有效。

工商登记"一个窗口"统一受理申请后,申请材料和登记信息在部门间共享,各部门数据互换、档案互认。各级税务机关应加强与登记机关的沟通协调,确保登记信息采集准确、完整。各省税务机关在交换平台获取"三证合一"企业登记信息后,依据新设立企业和农民专业合作社住所按户分配至县(区)税务机关;县(区)税务机关确认分配有误的,将其退回至市(地)税务机关,由市(地)税务机关重新进行分配;省税务机关无法直接分配至县(区)税务机关的,将其分配至市(地)税务机关,由市(地)税务机关向县(区)税务机关进行分配。对于工商登记机关已经采集的信息,税务登记不再重复采集;其他必要涉税的基础信息,可在新设立企业和农民专业合作社办理有关涉税事宜时,及时采集,陆续补齐。发生变化的,由新设立企业和农民专业合作社直接向税务机关申报变更,税务机关及时更新税务系统中的企业信息。

已实行"五证合一、一照一码"登记模式的新设立企业和农民专业合作社办理注销登记,须先向税务主管机关申报清税,填写清税申报表,如表1-1所示。新设立企业和农民专业合作社可向税务主管机关提出清税申报,税务机关受理后进行清税,限时办理。清税完毕后税务机关应及时将清税结果向纳税人统一出具清税证明,并将信息共享到交换平台。

税务机关应当分类处理纳税人清税申报,扩大即时办结范围。根据企业经营规模、税款征收方式、纳税信用等级指标进行风险分析,对风险低的企业当场办结清税手续;对于存在疑点的,企业也可以提供税务中介服务机构出具的鉴证报告。税务机关在核查、检查过程中发现涉嫌偷、逃、骗、抗税或虚开发票的,或者需要进行纳税调整等情形的,办理时限自然中止。在清税后,经举报等线索发现少报、少缴税款的,税务机关将相关信息传至登记机关,纳入"黑名单"管理。

过渡期间未换发"五证合一、一照一码"营业执照的企业申请注销,税务机关按原规定办理。

表 1-1 清税申报表

纳税人名称		统一社会信用代码	
注销原因			
附送资料			
纳税人 经办人： 年 月 日		法定代表人(负责人)： 年 月 日	纳税人(公章) 年 月 日
以下由税务机关填写			
受理时间	经办人： 年 月 日		负责人： 年 月 日
清缴税款、滞纳金、罚款情况	经办人： 年 月 日		负责人： 年 月 日
缴销发票情况	经办人： 年 月 日		负责人： 年 月 日
税务检查意见	检查人员： 年 月 日		负责人： 年 月 日
批准意见	部门负责人： 年 月 日		税务机关(签章)： 年 月 日

1.1.2 增值税一般纳税人资格登记

增值税纳税人分为一般纳税人和小规模纳税人两类,一般纳税人资格实行登记制,登记事项由增值税纳税人向其主管税务机关办理,一般应具备以下条件。

(1) 会计核算健全,能够准确提供税务资料。

(2) 预计年应征增值税销售额达到规定标准：从 2018 年 5 月 1 日起不再按企业类型划分,统一调整为 500 万元以上。

一般纳税人总、分支机构不在同一县(市)的,应分别向其机构所在地主管税务机关申请办理一般纳税人登记手续。

小规模纳税人会计核算健全，能够提供准确税务资料的，可以向主管税务机关申请一般纳税人登记。

知识链接1-1　税收的概念

税收又称"赋税""租税""捐税"，是政府为了满足社会公众需要，凭借政治权力，按照法律规定，强制地、无偿地参与社会剩余产品的分配，以取得财政收入的一种规范形式。可以从以下5个方面来理解。

1. 税收是一种分配

社会再生产包括生产、分配、交换、消费等环节，周而复始，循环不息。其中，生产创造社会产品；消费耗费社会产品；分配是对社会产品价值量的分割，并决定归谁占有，各占多少；交换是用自己占有的价值量去换取自己所需要的产品，解决使用价值的转移。征税只是从社会产品价值量中分割出一部分集中到政府手中，改变了社会成员与政府各自占有社会产品价值量的份额。因此，税收属于分配范畴。

2. 税收是以国家为主体，凭借政治权力进行的分配

社会产品的分配可以分为两大类：一类是凭借资源拥有权力进行的分配；另一类是凭借政治权力进行的分配。税收是以国家为主体，凭借政治权力进行的分配。

3. 税收分配的对象为剩余产品

社会产品按其价值构成可分为三部分：物化劳动的价值补偿部分；劳动者、经营者和所有者的劳动力再生产的补偿部分；用于积累和消费的扩大再生产的后备价值（即剩余价值）。从维持纳税人简单再生产的角度出发，对前两部分一般不能进行社会性的集中分配，只有对第三部分可作为集中性的社会分配，但又不能全部用于社会性的集中分配，因为纳税人必要的扩大再生产也是社会发展与进步的经济前提。由此可见，剩余产品是税收分配的对象，也是税收分配的根本源泉，它是就税收收入的最终来源而言的。

4. 征税是为了满足社会公共需要

有社会存在，就有社会公共需要的存在。为保证国家行政管理、文教卫生、国防战略等社会公共需要，必须由政府集中一部分社会财富来实现。而征税就是政府集中一部分社会财富的最好方式。与此相适应，社会成员之所以要纳税，是因为他们专门从事直接的生产经营活动，而不再兼职执行国家职能，因此需要为此付出一定的费用。

5. 税收具有无偿性、强制性和固定性的特征

国家筹集财政收入的方式除税收外，还有发行公债和收取各种规费等，而税收分配方式与其他方式相比，具有无偿性、强制性和固定性的特征，习惯上称为税收的"三性"。它是一个完整的统一体，缺一不可，无偿性是税收的核心特征，强制性和固定性是对无偿性的保证和约束。税收的"三性"是税收本质的具体表现，是税收区别于其他财政收入形式的标志。

任务1.2 账证管理

1.2.1 涉税账簿的设置

从事生产、经营的纳税人应当自领取营业执照之日起15日内设置账簿，一般企业要设置的涉税账簿有总分类账、明细账（按具体税种设置）及有关辅助性账簿。"应交税费——应交增值税"明细账使用特殊的多栏式明细账页，其他明细账使用三栏式明细账页，总分类账使用总分类账页。扣缴义务人应当自税法规定的扣缴义务发生之日起10日内，按照所代扣、代收的税种设置代扣代缴、代收代缴税款账簿。同时从事生产、经营的纳税人应当自领取加载统一代码的营业执照之日起15日内，将其企业的财务制度、会计处理办法及会计核算软件报送税务机关备案。

生产经营规模小又确无建账能力的纳税人，可以聘请注册会计师或者经税务机关认可的财会人员代为建账和办理账务；聘请上述机构或者人员有实际困难的，报经县以上税务机关批准，可以按照税务机关的规定，建立收支凭证粘贴簿、进货销货登记簿或者使用税控装置。

1.2.2 发票的领购

纳税人领取加载统一代码的营业执照后，应携带有关证件向税务机关提出领购发票的申请，然后凭税务机关发放的发票领购簿中核准的发票种类、数量，以及购票方式，向税务机关领购发票。

发票是指在购销商品、提供或者接受劳务和其他经营活动中开具、收取的收付款凭证。发票是确定经济收支行为发生的证明文件，是财务收支的法定凭证和会计核算的原始凭证，也是税务稽查的重要依据。《税收征收管理法》规定：税务机关是发票主管机关，负责发票印制、领购、开具、取得、保管、缴销的管理和监督。发票一般分为普通发票和增值税专用发票。

1. 普通发票的领购

（1）普通发票领购簿的申请、核发

纳税人凭加载统一代码的营业执照副本到主管税务机关领取并填写发票领购申请审批表，同时提交以下材料：经办人身份证明（居民身份证或护照）、财务专用章或发票专用章印模，以及主管税务机关要求报送的其他材料。

主管税务机关发票管理环节对上述资料审核无误后，将核批的发票名称、种类、购票数量、购票方式（包括批量供应、验旧供新、交旧供新）等填写在发票领购簿上，同时对发票领购簿号码进行登记。

（2）领购普通发票

领购普通发票时，纳税人需报送加载统一代码的营业执照副本、发票领购簿及经办人身份证明，一般纳税人购增值税普通发票还需提供税控IC卡，供主管税务机关发票管理环节在审批发售普通发票时查验,对验旧供新和交旧供新方式售票的,还需提供前次领购的发票存根联。

审验合格后,纳税人按规定支付工本费,方可领购发票,同时需审核领购发票的种类、版别和数量。

【提示】 纳税人到外省(市、区)从事临时经营活动的,可以向临时经营活动所在地税务机关申请领购发票,在申请领购发票时,需提供保证人或者根据所领购发票的票面限额及数量缴纳不超过10 000元的保证金,并限期缴销发票。

2. 增值税专用发票的领购

(1) 增值税专用发票领购簿的申请、核发

增值税一般纳税人,凭增值税一般纳税人登记表,到主管税务机关发票管理环节领取并填写增值税专用发票领购簿申请书,然后提交下列资料:①领取增值税专用发票领购簿申请书(见表1-2);②加载统一代码的营业执照副本;③办税员的身份证明;④财务专用章或发票专用章印模;⑤领取最高开票限额申请表(见表1-3)。

表 1-2   领取增值税专用发票领购簿申请书

_____国家税务局:

我单位已于_____年_____月_____日被认定为增值税一般纳税人。纳税人识别号:
□□□□□□□□□□□□□□□□□□ 现申请购买增值税专用发票。

发票名称	发票代码	联次	每次领购最大数量
			本/份
			本/份
			本/份

为做好专用发票的领购工作,我单位特指定_____(身份证号:_____)和_____(身份证号:_____)_____位同志为购票员。

我单位将建立、健全专用发票管理制度。严格遵守有关专用发票领购、使用、保管的法律和法规。

法定代表人(负责人)(签章)

申请单位(签章)

年 月 日

主管税务机关审核意见:

(公章)

年 月 日

注:本表一式三份,一份纳税人留存,各级税务机关留存一份。

主管税务机关发票管理环节对上述资料审核无误后,填发增值税专用发票领购簿,签署准购发票名称、种类、数量、面额、购票方式、保管方式等审核意见。

(2) 增值税专用发票的初始发行

一般纳税人领购专用设备后,凭最高开票限额申请表、发票领购簿到主管税务机关办理初始发行,即主管税务机关将一般纳税人的下列信息载入空白金税卡和IC卡:①企业名称;②加载统一代码的营业执照代码;③开票限额;④购票限量;⑤购票人员姓名、密码;⑥开票机数量;⑦国家税务总局规定的其他信息。

表 1-3　　　　　　　　　领取最高开票限额申请表

申请事项 （由企业填写）	企业名称		税务登记代码	
	地址		联系电话	
	申请最高开票限额	□ 一亿元　　□ 一千万元　　□ 一百万元 □ 十万元　　□ 一万元　　　□ 一千元		
	经办人(签字)： 　　年　月　日		企业(印章) 　　年　月　日	
区县级税务 机关意见	批准最高开票限额： 经办人(签字)：　　　　　批准人(签字)：　　　　　　　税务机关(印章) 　　年　月　日　　　　　　　年　月　日　　　　　　　　年　月　日			
地市级税务 机关意见	批准最高开票限额： 经办人(签字)：　　　　　批准人(签字)：　　　　　　　税务机关(印章) 　　年　月　日　　　　　　　年　月　日　　　　　　　　年　月　日			
省级税务 机关意见	批准最高开票限额： 经办人(签字)：　　　　　批准人(签字)：　　　　　　　税务机关(印章) 　　年　月　日　　　　　　　年　月　日　　　　　　　　年　月　日			

注：本申请表一式两联。第一联,申请企业留存；第二联,区县级税务机关留存。

一般纳税人发生上述信息变化,应向主管税务机关申请变更发行；发生第②项信息变化,应向主管税务机关申请注销发行。

(3) 增值税专用发票的领购

增值税专用发票一般由县级主管税务机关发票管理环节发售,发售增值税专用发票实行验旧供新制度。

审批后日常领购增值税专用发票,需提供以下资料：发票领购簿、IC卡、经办人身份证明、上一次发票的使用清单、税务部门规定的其他材料。

对资料齐备、手续齐全、符合条件而又无违反增值税专用发票管理规定行为的,主管税务机关发票管理环节予以发售增值税专用发票,并按规定价格收取发票工本费,同时开具收据交纳税人。

1.2.3 发票的开具

纳税义务人在对外销售商品、提供服务,以及发生其他经营活动收取款项时,必须向付款方开具发票。在特殊情况下,由付款方向收款方开具发票(收款单位和扣缴义务人支付给个人款项时开具的发票),未发生经营业务一律不准开具发票。

1. 普通发票的开具要求

开具普通发票应遵守以下开具要求。

(1) 发票开具应该按规定的时限、顺序,逐栏、全联、全部栏次一次性如实开具,并加盖单位财务印章或发票专用章。

(2) 发票限于领购单位在本省、自治区、直辖市内开具；未经批准,不得跨越规定的使用区域携带、邮寄或者运输空白发票。

(3) 任何单位和个人都不得转借、转让、代开发票；未经税务机关批准,不得拆本使用发票;不得自行扩大专用发票的使用范围。

(4) 开具发票后,如果发生销货退回,需要开红字发票,必须收回原发票并注明"作废"字样,或者取得对方有效证明;发生折让的,在收回原发票并注明"作废"字样后重新开具发票。

2. 专用发票的开具要求

开具增值税专用发票,除要符合普通发票开具的要求外,还要遵守以下规定。

(1) 项目齐全,与实际交易相符。

(2) 字迹清楚,不得压线、错格。

(3) 发票联和抵扣联加盖财务专用章或者发票专用章。

(4) 按照增值税纳税义务的发生时间开具。

1.2.4 账证的保管

单位和个人领购使用发票,应建立发票使用登记制度,设置发票登记簿,定期向主管税务机关报告发票的使用情况。增值税专用发票要由专人保管,在启用前要检查有无缺号、串号、缺联,以及有无防伪标志等情况,如发现问题,应整本退回税务机关,并设立发票分类登记簿以记录增值税专用发票的购、领、存情况,每月进行检查统计并向税务机关汇报。

对已开具的发票存根和发票登记簿要妥善保管,保存期为5年,保存期满需要经税务机关查验后销毁。

纳税人、扣缴义务人必须按有关规定保管会计档案,自2016年1月1日起,会计凭证、账簿保管30年,月度、季度财务会计报告和纳税申报表保管10年,年度财务会计报告永久保管,不得伪造、变造或者擅自销毁。

任务1.3 纳税申报

1.3.1 正常纳税申报

纳税申报是指纳税人、扣缴义务人、代征人为正常履行纳税、扣缴税款义务,就纳税事项向税务机关提出书面申报的一种法定手续。进行纳税申报是纳税人、扣缴义务人、代征人必须履行的义务。

1. 纳税申报主体

凡是按照国家法律、行政法规的规定负有纳税义务的纳税人或代征人、扣缴义务人(含享受减免税的纳税义务人),无论本期有无应纳、应缴税款,都必须按税法规定的期限如实向主管税务机关办理纳税申报。

纳税人应指派专门办税人员持办税员证办理纳税申报。纳税人必须如实填报纳税申报表,并加盖单位公章,同时按照税务机关的要求提供有关纳税申报资料,纳税人应对其申报的内容,承担完全的法律责任。

2. 纳税申报方式

一般来说,纳税申报主要有直接申报(上门申报)、邮寄申报、数据电文申报(电子申报)、简易申报和其他申报等方式。

（1）直接申报（上门申报）是目前最常用的申报方式，是指由纳税人和扣缴义务人在法定税款征收期内自行到税务机关报送纳税申报表和其他有关纳税申报资料。

（2）邮寄申报是指经税务机关批准的纳税人、扣缴义务人使用统一规定的纳税申报特快专递专用信封，通过邮政部门办理交寄手续，并向邮政部门索取收据作为申报凭证的方式。

（3）数据电文申报（电子申报）是指经税务机关批准的纳税人通过电话语音、电子数据交换和网络传输等形式办理的纳税申报，纳税人采用电子方式办理纳税申报的，应当按照税务机关规定的期限和要求保存有关资料，并定期书面报送主管税务机关。

（4）简易申报是指实行定期定额的纳税人，经税务机关批准，通过以缴纳税款凭证代替申报或简并征期的一种申报方式。

（5）其他申报方式是指纳税人、扣缴义务人采用直接办理、邮寄办理、数据电文办理以外的方法向税务机关办理纳税申报或者报送代扣代缴、代收代缴报告表。

3. 纳税申报期限

纳税申报期限是法律、行政法规规定的或者税务机关依照法律、行政法规的规定确定的纳税人、扣缴义务人向税务机关申报应纳或应解缴税款的期限。

纳税申报期限是根据各个税种的特点确定的，各个税种的纳税期限因其征收对象、计税环节的不同而不尽相同。同一税种，也可以因为纳税人的经营情况不同、财务会计核算不同、应纳税额大小的不同等，申报期限也不一样。纳税人的具体纳税期限，由主管税务机关按各税种的有关规定确定；不能按照固定期限的，可以按次纳税。

纳税申报期限内遇有法定休假日的，申报期限依法须向后顺延。纳税人、扣缴义务人办理纳税申报期限的最后一日是法定休假日的，以休假日期满的次日为最后一日；在期限内有连续3日以上法定休假日的，按休假日天数顺延。

4. 纳税申报材料

纳税人依法办理纳税申报时，应向税务机关报送纳税申报表及规定的报送的各种附表资料、异地完税凭证、财务报表，以及税务机关要求报送的其他有关资料。

代扣代缴义务人发生代扣代缴义务，在其第一次向税务机关报送资料时，需领取并填写代扣代缴义务人情况表一式两份（一份税务机关留存，一份扣缴义务人留存），由税务机关确认代扣税种、代扣税种的税目或品目、代扣期限、解缴期限、征收率（单位税额）等有关事宜。如代扣代缴义务人的代扣代缴情况发生变化，需到税务机关重新领取并填写代扣代缴义务人情况表。

5. 滞纳金和罚金

我国税法规定，纳税人未按规定纳税期限缴纳税款的，扣缴义务人未按规定期限解缴税款的，税务机关除责令限期缴纳外，从滞纳税款之日起，按日加收滞纳税款0.5‰的滞纳金。

税法还规定，纳税人发生违章行为的，按规定可处以一定数量的罚款。企业支付的各种滞纳金、罚款等不得列入成本费用，不得在税前列支，应当计入企业的营业外支出。

1.3.2 延期申报与零申报

1. 延期申报

延期申报是指纳税人、扣缴义务人不能按照税法规定的期限办理纳税申报或扣缴税款申报,经申请由税务机关批准可适当推延时间进行的纳税申报。造成延期申报主要有两方面特殊情况:一是因不可抗力的作用,需要办理延期申报。不可抗力是指不可避免和无法抵御的自然灾害。二是因财务会计处理上的特殊情况,导致不能办理纳税申报而需要延期申报。出现这种情况一般是由于账务未处理完,不能计算应纳税款。

纳税人、扣缴义务人按期办理纳税申报或者报送代扣代缴、代收代缴税款报告表确有困难的,需要延期申报的,应当在规定的纳税申报期限内提出书面申请,并填写延期申报申请审核表,报请税务机关批准,主管税务机关视其具体情况批准延长期限。

2. 零申报

纳税人和扣缴义务人在有效期内,没有取得应税收入或所得,没有应缴税款发生,或者已办理加载统一代码的营业执照但未开始经营或者开业期间没有经营收入的纳税人,除已办理停业审批手续的以外,必须按规定的纳税申报期限进行零申报。纳税人进行零申报,应在申报期内向主管税务机关正常报送纳税申报表及有关资料,并在纳税申报表上注明"零"或"无收入"字样。

任务 1.4 税款缴纳

1.4.1 税款征收方式

税款征收方式是指税务机关根据各税种的不同特点和纳税人的具体情况而确定的计算征收税款的形式。我国税款征收方式主要有以下几种。

1. 查账征收

查账征收是税务机关按照纳税人提供的账表所反映的经营情况,依照适用的税率计算缴纳税款的方法。其具体步骤:先由纳税人在规定的纳税期限内,用纳税申报表的形式向税务机关办理纳税申报,经税务机关审查核实后,填写缴款书,并由纳税人到当地开户银行(国库)缴纳税款。这种征收方式适用于账簿、凭证和财务会计核算比较健全的纳税人。

2. 查定征收

查定征收是由税务机关依据纳税人的生产设备、生产能力、从业人员数量和正常情况下的生产销售情况,对其生产的应税产品实行查定产量、销售量或销售额,依率计征的一种征收方法。它适用于生产不固定、账册不健全的纳税人。

3. 查验征收

查验征收是税务机关对某些零星、分散的高税率货物,在纳税人申报缴税时,由税务机关派人到现场实地查验,并贴上查验标记或盖上查验戳记,据以计算征收税款的一种征收方法。

4. 定期定额

定期定额是税务机关对一些营业额和所得额难以准确计算的纳税,采取由纳税人自报自议,由税务机关核定一定时期的营业额和所得税附征率,实行多税种合并征收的一种征收方式。纳税人在核定期内营业额达到或超过核定定额 20%~30% 时,应及时向税务机关申报调整定额。它一般适用于小型的个体工商户。

1.4.2 税款缴库方式

1. 纳税人直接向国库经收处缴纳

纳税人在申报前,先向税务机关领取税票,自行填写,然后到国库经收处缴纳税款,以国库经收处的回执联和纳税申报等资料,向税务机关申报纳税。这种方式适用于纳税人在设有国库经收处的银行和其他金融机构开设账户,并且向税务机关申报的纳税人。

2. 税务机关自收税款并办理入库手续

由税务机关直接收取税款并办理入库手续的缴纳方式,适用于由税务机关代开发票的纳税人缴纳的税款;临时发生纳税义务,需向税务机关直接缴纳的税款;税务机关采取强制执行措施,以拍卖所得或变卖所得缴纳的税款。

3. 代扣代缴

代扣代缴是指按照税法规定负有扣缴税款义务的单位和个人,负责对纳税人应纳的税款进行代为扣缴的一种方式。即由支付人在向纳税人支付款项时,从所支付款项中依法直接扣收税款并代为缴纳。其目的是对零星分散、不易控管的税源进行源泉控制。如单位在支付个人工资薪金时,需依法代扣其应纳的个人所得税。

4. 代收代缴

代收代缴是指按照税法规定负有收缴税款义务的单位和个人,负责对纳税人应纳的税款进行代收代缴的一种方式。即由与纳税人有经济业务往来的单位和个人在向纳税人收取款项时依法收取税款并代为缴纳。其目的在于对税收网络覆盖不到或者难以征收的领域实行源泉控制。如受托加工应交消费税的消费品,由受托方代收代缴消费税。

5. 委托代征

委托代征是指受托的有关单位按照税务机关核发的代征证书的要求,以税务机关的名义向纳税人征收一些零散税款的方式。目前,各地对零散、不易控管的税源,大多委托街道办事处、居委会、乡政府、村委会及交通管理部门等代征税款。

6. 其他方式

随着现代技术的发展,新的纳税方式不断出现,如利用网络、IC 卡纳税等,适用于采用电子方式办理税款缴纳的纳税人。

知识链接1-2 我国现行的税法体系

我国现行税法体系中共有26种税，2016年5月1日全面推开营业税改征增值税后，目前开征的只有18个税种。除关税、船舶吨税由海关征收外，其他由税务机关负责征收。按征税对象不同，可以分为流转税、所得税、财产税、行为税、资源税、特定目的税和烟叶税。根据现行的分税制财政管理体制，税收收入分为中央收入、地方收入和中央地方共享收入，如表1-4所示。

表1-4　　　　　　　　　我国现行税种

税种		中央税	地方税	中央地方共享税	备注
流转税	增值税	√		√	海关代征的增值税为中央固定收入；其他为共享收入，中央分享75%，地方分享25%；2016年5月1日，全面推行"营改增"后，试点期间，分享比例调整为各占50%
	消费税	√			含海关代征的消费税
	关税	√			
所得税	企业所得税	√		√	从2002年起铁道运输、邮电、国有商业银行、开发行、农发行、进出口行以及海洋石油天然气企业缴纳的所得税为中央收入；其他的中央与地方按60%与40%比例分成
	个人所得税			√	从2002年开始调整为共享税，中央分享60%；地方政府分享40%
财产税	房产税		√		
	契税		√		
	车船税		√		2012年1月1日起实行新的车船税法
	船舶吨税	√			仅对境外港口进入境内港口的船舶征税
行为税	印花税	√	√		从2016年1月1日起，证券交易印花税收入归中央，其他印花税收入归地方
资源税和环境保护税	资源税			√	按不同的资源品种划分，大部分资源税作为地方税，海洋、石油、天然气企业缴纳的资源税作为中央收入
	城镇土地使用税		√		
	土地增值税		√		
	环境保护税		√		2018年1月1日起开征
特定目的税	城市维护建设税	√	√		铁道部门、各银行总行、各保险总公司等集中缴纳的城市维护建设税为中央固定收入，其他为地方固定收入
	耕地占用税		√		
	车辆购置税	√			2001年1月1日起开征
烟叶税	烟叶税				

注：表中"√"表示"是"。

1.4.3 税款缴纳程序

1. 正常缴纳税款

税款缴纳程序因征收方式不同而有所不同。一般来说是由纳税义务人、扣缴义务人直接向国库或者国库经收处缴纳，也可以由税务机关自收或者委托代征税款。如果是自收或者委托代征税款，应由税务机关填制汇总缴纳书，连同税款缴入国库经收处。国库经收处收纳的税款，随同缴款书划转入库后，才完成了税款征收手续。无论采取哪种缴纳程序，征缴税款后，税务机关必须给纳税人开具完税凭证——中华人民共和国税收通用缴款书（盖有国库经收处收款章，见表1-5）或者税收完税凭证。

表1-5　　　　中华人民共和国税收通用缴款书

缴字(甲) NO.：4455582
隶属关系

收入机关：			填发日期： 年 月 日		经济类型：								
缴款单位(人)	代码			预算科目	编码								
	全称				名称								
	开户银行				级次								
	账号			收缴国库									
税款所属日期： 年 月 日			税款限缴日期： 年 月 日										
品目名称	课税数量	计税金额或销售收入	税率或单位税额	已缴或扣除额	实缴税额								
					百	十	万	千	百	十	元	角	分
金额合计	人民币（大写）												
缴款单位(人)盖章 经办人(章)		税务机关 (盖章) 填票人(章)	上列款项已收妥并划转收款单位账户（国库银行）盖章　　年　月　日				备注						

无银行收讫章无效

第一联（收据）国库收款盖章后退缴款单位（人）作完税凭证

2. 延期缴纳税款

纳税人或扣缴义务人必须按法律、法规规定的期限缴纳税款，但有特殊困难不能按期缴纳税款的，按照《税收征收管理法》的规定，可以申请延期缴纳税款。

纳税人申请延期缴纳税款应符合下列条件之一，并提供相应的证明材料。

（1）水、火、风、雹、海潮、地震等自然灾害的灾情报告。

（2）可供纳税的现金、支票，以及其他财产遭受查封、冻结、偷盗、抢劫等意外事故，由

法院或公安机关出具的执行通告或事故证明。

(3) 国家经济政策调整的依据。

(4) 货款拖欠情况说明及所有银行账号的银行对账单、资产负债表。

纳税人延期缴纳税款申报的操作程序分为以下两步。

第一步：向主管税务机关填报延期缴纳税款申请审批表,进行书面申请。

第二步：主管税务机关审核无误后,必须经省(自治区、直辖市)国家税务局或地方税务局批准方可延期缴纳税款。

需要注意的是,延期期限最长不能超过3个月,且同一笔税款不得滚动审批。

1.4.4 税款的减免、退还与追征

1. 税款的减免

按照税法的规定,纳税人可以用书面形式向税务机关申请减税、免税,但减税、免税申请必须经法律、行政法规规定的减免税审批机关审批,其包括以下程序。

(1) 企业申请。符合减免条件的企业,应在规定的期限内向所在地主管税务机关提交申请减免税报告,详细说明该单位的基本情况、相关指标、减免条件、政策依据,以及要求减免的税种、金额、期限等,并填写纳税单位减免税申请书。

(2) 调查核实。主管税务机关在收到企业提交的申请后15日内派人员深入企业进行调查,核实企业实际情况。对不符合条件者,以书面形式通知申请企业;对申请报告数据不实或不完善者,以书面形式告知并退回申请书,要求限期重报;对符合条件者,在纳税单位减免申请书中注明调查核实意见,详细说明减免条件、减免依据等,加盖公章后上报减免税管理部门审批。

(3) 研究审批。减免税管理部门研究决定通过后,由经办人签注意见,并由主管领导审核后加盖公章,然后按减免税审批权限审批。

(4) 纳税人领取减免税审批通知。

2. 税款的退还

退税的前提是纳税人已经缴纳了超过应纳税额的税款。退税情形有两种：一种是技术差错和结算性质的退税;另一种是为加强对收入的管理,规定纳税人先按应纳税额如数缴纳入库,经核实后再从中退还应退的部分。

(1) 退还的方式。可以是税务机关发现后立即退还,也可以是纳税人发现后申请退还。

(2) 退税的时限要求：①税务机关发现的多征税款,无论多长时间都必须退还给纳税人。②纳税人发现的多征税款,可以自结算缴纳税款之日起3年内要求退还。③税务机关发现纳税人多缴税款的,应当自发现之日起10日内办理退还手续;纳税人发现多缴税款,要求退还的,税务机关应当自接到纳税人退还申请之日起30日内查实并办理退还手续,也可以按照纳税人的要求抵缴下期应纳税款。

(3) 纳税人申请退税需报送的资料和证件。主要有税务登记证副本、退税申请表一式三份,有关的税款缴纳凭证及纳税申报表。

3. 税款的追征

追征税款是指在实际的税款征缴过程中，由于征纳、双方的疏忽、计算错误等原因造成的纳税人、扣缴义务人未缴或者少缴税款，税务机关依法对未征或者少征的税款要求补缴，对未缴或者少缴的税款进行追征的制度。

（1）追征税款的范围：①税务机关适用税收法律、行政法规不当或者执法行为违法造成的未缴或少缴税款；②纳税人、扣缴义务人非主观故意的计算错误以及明显笔误造成的未缴、少缴税款；③偷税、骗税和抗税。

（2）追征税款的时限：①因税务机关的责任，致使纳税人、扣缴义务人未缴或者少缴税款的，税务机关在3年内应要求纳税人、扣缴义务人补缴税款。②因纳税人、扣缴义务人计算错误等失误，未缴或者少缴税款的，税务机关在3年内应追征税款、滞纳金；有特殊情况的，追征期可以延长到5年。"特殊情况"是指纳税人或者扣缴义务人因计算错误等失误，未缴或者少缴、未扣或者少扣、未收或者少收税款，累计数额在10万元以上的。③对偷税、骗税、抗税的，税务机关可以无限期追征其未缴或者少缴的税款、滞纳金或者所骗取的税款。

1.4.5 税款征收的措施

1. 税收保全措施

税收保全措施是指税务机关对可能由于纳税人的行为或某种客观原因，致使以后税款的征收不能保证或难以保证的案件，采用限制纳税人处理或转移商品、货物或其他财产的措施。《税收征收管理法》规定，税务机关有根据认为从事生产、经营的纳税人有逃避纳税义务行为的，可以在规定的纳税期限之前，责令限期缴纳税款；在限期内有明显的转移、隐匿其应纳税商品、货物，以及其他财产迹象的，税务机关应责令其提供纳税担保。如果纳税人不能提供纳税担保，经县以上税务局（分局）局长批准，税务机关可以采取下列税收保全措施：一是书面通知纳税人开户银行或其他金融机构冻结纳税人的金额相当于应纳税款的存款；二是扣押、查封纳税人价值相当于应纳税款的商品、货物或者其他财产。纳税人在上款规定的限期内缴纳税款的，税务机关必须立即解除税收保全措施；限期满仍未缴纳税款的，经县以上税务局（分局）局长批准，税务机关可以书面通知纳税人开户银行或其他金融机构，从其冻结的存款中扣缴税款，或依法拍卖或变卖所扣押、查封的商品、货物或其他财产，以拍卖或变卖所得抵缴税款。采取税收保全措施不当，或纳税人在期限内已缴纳税款，税务机关未立即解除税收保全措施，使纳税人的合法利益遭受损失的，税务机关应当承担赔偿责任。

2. 税收强制执行措施

《税收征收管理法》规定，从事生产、经营的纳税人、扣缴义务人未按照规定期限缴纳税款或解缴税款，纳税担保人未按照规定期限缴纳所担保的税款，由税务机关责令限期缴纳，逾期仍未缴纳的，经县以上税务局（分局）局长批准，税务机关可以采取下列措施强制执行：一是书面通知其开户银行或其他金融机构从其存款中扣缴税款；二是扣押、查封、依法拍卖或变卖其价值相当于应纳税款的商品、货物或其他财产，以拍卖或变卖所得抵缴税款。

3. 税务检查

《税收征收管理法》规定,税务机关有权进行下列税务检查:检查纳税人的账簿、记账凭证、报表和有关资料;检查扣缴义务人代扣代缴、代收代缴税款账簿、记账凭证和有关资料;到纳税人的生产、经营场所和货物存放地检查纳税人应纳税商品、货物或其他财产,检查扣缴义务人与代扣代缴、代收代缴税款有关的经营情况;责成纳税人、扣缴义务人提供与纳税或代扣代缴、代收代缴税款有关的问题和情况;询问纳税人、扣缴义务人与纳税或代扣代缴、代收代缴税款有关的问题和情况;到车站、码头、机场、邮政企业及其分支机构检查纳税人托运、邮寄应纳税商品、货物或其他财产的有关单据、凭证和有关资料;经县以上税务局(分局)局长批准,凭全国统一格式的检查存款账户许可证明,查询从事生产、经营的纳税人、扣缴义务人在银行或其他金融机构的存款账户。

税务机关在调查税收违法案件时,经设区的市、自治州以上的税务局(分局)局长批准,可以查询涉嫌人员的储蓄存款。税务机关查询所获得的资料,不得用于税收以外的用途。

税务机关依法进行税务检查,有权向有关单位和个人调查纳税人、扣缴义务人和其他当事人与纳税或代扣代缴、代收代缴税款有关的情况,有关单位和个人有义务向税务机关如实提供有关资料及证明材料。税务机关调查税务案件时,对与安全有关的情况和资料,可以记录、录音、录像、照相和复制。

税务机关派出人员进行税务检查时,应当出示税务检查证和税务检查通知书,并有责任为被检查人保守秘密;未出示税务检查证和税务通知书的,被检查人有权拒绝检查。纳税人、扣缴义务人必须接受税务机关依法进行的税务检查,如实反映情况,提供有关资料,不得拒绝、隐瞒。

1.4.6 税收法律责任

《税收征收管理法》关于纳税人、扣缴义务人的税收法律责任主要有以下几点。

1. 未按规定申报及进行账证管理行为的法律责任

(1) 纳税人有下列行为之一的,由税务机关责令限期改正,可处2000元以下的罚款;情节严重的,处2000元以上1万元以下的罚款:未按规定设置、保管账簿或保管记账凭证和有关资料的;未按规定将财务、会计制度或财务处理办法和会计核算软件报送税务机关备查的;未按规定将其全部银行账号向税务机关报告的;未按规定安装、使用税控装置的。

(2) 扣缴义务人未按规定设置、保管代扣代缴、代收代缴税款账簿或保管代扣代缴、代收代缴税款记账凭证及有关资料的,由税务机关责令限期改正,可处2000元以下的罚款;情节严重的,处2000元以上5000元以下的罚款。

(3) 纳税人未按规定期限办理纳税申报和报送纳税资料的,或扣缴义务人未按规定期限向税务机关报送代扣代缴、代收代缴税款报告和有关资料的,由税务机关责令限期改正,可处2000元以下的罚款;情节严重的,可处2000元以上1万元以下的罚款。

(4) 纳税人、扣缴义务人编造虚假计税依据的,由税务机关责令限期改正,并处5万元以下的罚款。纳税人不进行纳税申报,不缴或少缴应纳税款的,由税务机关追缴其不缴或少缴的税款、滞纳金,并处以不缴或少缴税款50%以上5倍以下的罚款。

2. 对偷税行为的认定及其法律责任

偷税行为是纳税人伪造、变造、隐匿、擅自销毁账簿、记账凭证,或在账簿上多列支出或不列、少列收入,或经税务机关通知申报而拒不申报或进行虚假纳税申报,不缴或少缴税款的行为。对纳税人的偷税行为,由税务机关追缴其不缴或少缴的税款、滞纳金,并处以不缴或少缴税款50%以上5倍以下的罚款;构成犯罪的,依法追究其刑事责任。此项处罚规定也适用于扣缴义务人不缴或少缴已扣、已收的税款。

《中华人民共和国刑法》(以下简称《刑法》)规定,对偷税数额占应纳税额10%以上不满30%并且偷税数额在1万元以上不满10万元的,或因偷税被税务机关二次行政处罚又偷税的,处3年以下有期徒刑或拘役,并处偷税数额1倍以上5倍以下罚金;偷税数额占应纳税额30%以上并且偷税数额在10万元以上的,处3年以上7年以下有期徒刑,并处偷税数额1倍以上5倍以下罚金。对扣缴义务人采取前款所列手段,不缴或少缴已扣、已收税款,数额占应缴税额10%以上并且数额在1万元以上的,依照前款的规定处罚。对多次犯有前两款行为,未经处理的,按照累计数额计算。

3. 逃避追缴欠税行为的法律责任

纳税人欠缴税款,采取转移或隐匿财产的手段,妨碍税务机关追缴欠缴税款的,由税务机关追缴其欠缴的税款、滞纳金,并处以欠缴税款50%以上5倍以下的罚款;构成犯罪的,依法追究其刑事责任。

4. 骗取出口退税行为的法律责任

以假报出口或其他欺骗手段,骗取国家出口退税的,由税务机关追缴其骗取的退税款,并处以骗取税款1倍以上5倍以下的罚款;构成犯罪的,依法追究其刑事责任。对骗取国家出口退税的,税务机关可以在规定期间停止为其办理出口退税。

《刑法》规定,以假报出口或其他欺骗手段,骗取国家出口退税款,数额较大的,处5年以下有期徒刑或拘役,并处以骗取税款1倍以上5倍以下罚金;数额巨大或有其他严重情节的,处5年以上10年以下有期徒刑,并处以骗取税款1倍以上5倍以下罚金;数额特别巨大或有其他特别严重情节的,处10年以上有期徒刑或无期徒刑,并处以骗取税款1倍以上5倍以下罚金或没收财产。

5. 抗税行为的法律责任

抗税是指以暴力、威胁方法拒不缴纳税款的行为。纳税人抗税,除由税务机关追缴其拒缴的税款、滞纳金外,还依法追究其刑事责任,情节轻微,未构成犯罪的,由税务机关追缴其拒缴税款1倍以上5倍以下的罚款。

《刑法》规定,以暴力、威胁方法拒不缴纳税款的,处3年以下有期徒刑或拘役,并处拒缴税款1倍以上5倍以下罚金;情节严重的,处3年以上7年以下有期徒刑,并处拒缴税款1倍以上5倍以下罚金。

6. 扣缴义务人不履行扣缴义务的法律责任

扣缴义务人应扣未扣、应收未收税款的,由税务机关向纳税人追缴税款,对扣缴义

人处以应扣未扣、应收未收税款50%以上3倍以下的罚款。

7. 不配合税务机关依法检查的法律责任

纳税人、扣缴义务人逃避、拒绝或以其他方式阻挠税务机关检查的,由税务机关责令改正,可处1万元以下的罚款;情节严重的,处1万元以上5万元以下的罚款。

8. 有税收违法行为而拒不接受税务机关处理的法律责任

从事生产经营的纳税人、扣缴义务人有税收违法行为,拒不接受税务机关处理的,税务机关可以收缴其发票或停止向其发售发票。

知识链接1-3 税制构成的基本要素

1. 纳税人

纳税人是税法规定直接负有纳税义务的单位和个人,也称纳税主体,它是税款的法律承担者。纳税人可以是自然人,也可以是法人。

(1) 自然人是对能够独立享受法律规定的民事权利,并承担相应民事义务的普通人的总称。凡是在我国居住,可享受民事权利并承担民事义务的中国人、外国人或无国籍人,以及虽不在我国居住,但受我国法律管辖的中国人或外国人,都属于负有纳税义务的自然人。

(2) 法人是指依照法定程序成立,有一定的组织机构和法律地位,能以自己的名义独立支配属于自己的财产、收入,承担法律义务,行使法律规定的权利的社会组织。

2. 征税对象

征税对象又称课税对象,是征税的目的物,即对什么东西征税,是征税的客体,是一种税区别于另一种税的主要标志。与课税对象密切相关的有税目和计税依据两个概念。

(1) 税目是税法上规定应征税的具体项目,是征税对象的具体化,反映各种税种具体的征税项目。它体现每个税种的征税广度,并不是所有的税种都有规定税目,对征税对象简单明确的税种,如房产税等,就不必另行规定税目。对大多数税种而言,由于征税对象比较复杂,而且对税种内部不同征税对象又需要采取不同的税率档次进行调节,这样就需要对税种的征税对象作进一步划分,做出具体的界限规定,这个规定的界限范围就是税目。

(2) 计税依据是征税对象的数量化,是应纳税额计算的基础。具体分为三种情况:一是从价计征的税收,以计税金额为计税依据;二是从量计征的税收,以征税对象的数量、容积、体积为计税依据;三是复合计征的税收,即同时以征税对象的计税金额和实物单位为计税依据。

3. 税率

税率是应纳税额与征税对象数量之间的法定比例,是计算税收负担的尺度,体现了课税的深度。税率是最活跃、最有力的税收杠杆,是税收制度的核心。按照税率的表现形式不同,税率可以分为以绝对量形式表示的税率和以百分比形式表示的税率,常用的有以下几种形式。

（1）比例税率。比例税率是对同一征税对象或同一税目，不论数额大小，都按同一比例征税的税率，税额与纳税对象数额之间的比例是固定的。

（2）累进税率。累进税率是指按征税对象数额的大小，从低到高分别规定、逐级递增的税率。征税对象数额越大，税率就越高；相反就越低。累进税率的基本特点是税率等级与征税对象的数额等级同方向变动。按照累进依据和累进方式不同，可分为全额累进、超额累进、超率累进等税率形式，其中使用时间较长、应用较多的是超额累进税率。

① 全额累进税率是指对纳税对象的全部数额都按照与之相适应的等级税率征税。同一征税对象只适用于一个税率，在纳税对象提高到一个新的级距时，对其全额都提高到一级新的与之相适应的税率计算纳税。

② 超额累进税率是指对不同等级征税对象的数额每超过一个级距的部分，按照与之相适应的税率分别计算税额。其特点是同一个征税对象同时适用几个等级的税率，每超过一级，超过部分则按提高一级的税率征收，这样分别计算税额，各等级应纳税额之和，就是纳税人的应纳税额。

③ 超率累进税率是以征税对象的某种比率为累进依据，按超额累进方式计算应纳税额的税率。在道理上与超额累进税率相同，不过税率累进的依据不是纳税对象数额的大小，而是销售利润率、资金利润率或增值率的高低。例如，现行的土地增值税，就是采用超率累进税率。

（3）定额税率。定额税率是指按征税对象的简单数量直接规定一个固定的税额，而不是规定征收比例，因此也称为固定税额，是税率的一种特殊形式。它一般适用于从量计征的税种，在具体运用上又可分为地区差别税额、幅度税额和分类分级税额。

4. 纳税环节和纳税地点

纳税环节是指按税法规定对处于不断运动中的纳税对象选定的应当征税的环节。每个税种都有特定的纳税环节，不同税种因涉及的纳税环节的多少不同，而形成了不同的课征制。凡只在一个环节征税的称为一次课征制，如我国的资源税只在开采环节征税；凡在两个环节征税的称为两次课征制；凡在两个以上环节征税的称为多次课征制，如我国的增值税对商品的生产、批发和零售均征税。

与纳税环节密切相关的是纳税地点，它是指与征纳税活动有关的各种地理位置。如纳税人的户籍所在地、居住地、营业执照颁发地、生产经营所在地等。一般来说，这些地点接近或一致，但也有许多不一致的情况。如在此地登记，而跨地区经营，地点上的不一致，给税源控管带来了很大的难度。

5. 纳税时间

纳税时间又称为征税时间，是税务机关征税和纳税人纳税的时间范围。它是税收的强制性、固定性在时间上的体现，具体又分纳税期限和纳税申报期限。纳税期限是根据各个税种的特点确定的，各个税种的纳税期限因其征收对象、计税环节的不同而不尽相同；同一税种，也可以因为纳税人的生产经营情况、经营规模不同，财务会计核算不

同,应纳税额大小不等,纳税期限也不一样。一般分为按期纳税和按次纳税。按期纳税是指依据纳税人发生纳税义务的一定期间为纳税期限。不能按期纳税的,实行按次纳税。扣缴义务人扣缴税款期限也因税种不同而不同。

纳税申报期限是指法律、行政法规规定的或者税务机关依照法律、行政法规的规定确定的,纳税人或者扣缴义务人向税务机关申报应纳税款,正式向国库缴纳税款的时间期限。

6. 减税免税

减税免税是对某些纳税人或征税对象的鼓励或照顾措施。减税是对应纳税额少征一部分税款,而免税是对应纳税额全部免征税款,减税免税可分为以下3种形式。

(1) 税基式减免

税基式减免是通过直接缩小计税依据的方式来实现的减税免税。其涉及的概念包括起征点、免征额、项目扣除,以及跨期结转等。

起征点是征税对象达到一定数额开始征税的起点,对征税对象数额未达到起征点的不征税,达到起征点的按全部数额征税。免征额是在征税对象的全部数额中免予征税的数额,对免征额的部分不征税,仅对超过免征额的部分征税。项目扣除则是指在征税对象中扣除一定项目的数额,以其余额作为依据计算税额。跨期结转是指将以前纳税年度的经营亏损从本纳税年度经营利润中扣除。

(2) 税率式减免

税率式减免即通过直接降低税率的方式实现的减税免税。其具体概念包括重新确定税率、选用其他税率、零税率。

(3) 税额式减免

税额式减免即通过直接减少应纳税额的方式实现的减税免税。其具体概念包括全部免征、减半征收、核定减免率,以及另定减征额等。

7. 附加与加成

附加也称为地方附加,是地方政府按照国家规定的比例随同正税一起征收的列入地方预算外收入的一种款项。正税是指国家正式开征并纳入预算内收入的各种税收。税收附加由地方财政单独管理并按规定的范围使用,不得自行变更。例如,教育费附加只能用于发展地方教育事业。税收附加的计算方法是以正税税额为依据,按规定的附加率计算附加额。

加成是指根据税制规定的税率征税以后,再以应纳税额为依据加征一定成数的税额。加成1成相当于应纳税额的10%,加征成数一般规定为1~10成。

8. 法律责任

法律责任一般是指由于违法而应当承担的法律后果。违法行为是承担法律责任的前提,而法律制裁是追究法律责任的必然结果。法律制裁,习惯上又称为罚则或违章处理,是对纳税人违反税法的行为所采取的惩罚措施,它是税收强制性特征的具体体现。

课后练习

一、判断题

1. 财政机关和税务机关是发票主管机关,但增值税专用发票必须由主管税务机关进行监督管理。（　　）
2. 税务机关对可不设或应设而未设账簿的,或虽设账簿但难以查账的纳税人,可以采取查定征收方式。（　　）
3. 从事生产经营的纳税人到外县(市)从事生产经营活动的,必须持所在地税务机关填发的外出经营活动税收管理证明,向营业地税务机关报验登记,接受税务管理。（　　）
4. 已实行"五证合一、一照一码"登记模式的新设立企业和农民专业合作社办理注销登记,需向税务主管机关提出清税申报。（　　）
5. 税务机关可依法到纳税人的生产、生活、经营场所和货物存放地检查纳税人应纳税的商品、货物或其他财产。（　　）
6. 新设立企业和农民专业合作社领取由工商行政部门核发加载统一代码的营业执照后,无须再次进行税务登记,不再领取税务登记证。（　　）
7. 纳税人因偷税未缴或少缴的税款,税务机关可以无限期追缴。（　　）
8. 企业办理涉税事宜时,在完成补充信息采集后,凭加载统一代码的营业执照可代替税务登记证使用。（　　）
9. 纳税人在纳税申报期内若有收入,应按规定的期限办理纳税申报;若申报期内无收入或在减免税期间,可以不办理纳税申报。（　　）
10. 在税收法律关系中,代表国家行使征税职权的税务机关是权利主体,履行纳税义务的法人、自然人是义务主体或称为权利客体。（　　）
11. 纳税人因有特殊困难,不能按期缴纳税款的,经县级税务局批准,可以延期纳税3个月;延期纳税3个月以上者,需经市(地)级税务局批准。（　　）
12. 税法对每一税种都要确定纳税环节和税目。（　　）

二、单项选择题

1. "五证合一、一照一码"登记模式,在税务机关正式实施的时间为(　　)。
   A. 2015年10月1日　　　　　　　B. 2015年6月23日
   C. 2015年9月10日　　　　　　　D. 2016年10月1日
2. 根据《税收征收管理法》的规定,从事生产经营的纳税人应当自领取加载统一代码的营业执照之日起(　　)日内,将其财务、会计制度或者财务、会计处理办法和会计核算软件报送税务机关备案。
   A. 5　　　　　　B. 10　　　　　　C. 15　　　　　　D. 30
3. 根据《发票管理办法》的规定,(　　)统一负责全国发票管理工作。
   A. 国务院
   B. 财政部

        C. 国家税务总局
        D. 省、自治区、直辖市税务局
4. 《会计档案管理办法》规定,会计账簿、会计凭证应当保存(　　)年。
        A. 3　　　　　　B. 5　　　　　　C. 10　　　　　D. 30
5. 纳税申报的对象不包括(　　)。
        A. 纳税人　　　B. 征收人员　　C. 扣缴义务人　　D. 代收代缴义务人
6. 下列(　　)不需要办理注销登记。
        A. 纳税人解散　　　　　　　　B. 破产
        C. 撤销不独立核算的营业部　　D. 吊销营业执照
7. 纳税人、扣缴义务人和纳税担保人未按规定期限缴纳或解缴税款或缴纳应担保的税款,在限期(　　)日内仍未缴纳的,经依法批准可采取强制执行措施。
        A. 10　　　　　B. 15　　　　　C. 30　　　　　D. 60
8. 如果由于不可抗力或其他特殊情况等原因,纳税人不能按期缴纳税款的,经税务机关核准,可以延期缴纳,但最长不得超过(　　)。
        A. 1个月　　　B. 3个月　　　C. 半年　　　　D. 1年
9. 发票的存放和保管应按税务机关的规定办理,不得丢失和擅自损毁。已经开具的发票存根联和发票等登记簿,应当保存(　　)年。
        A. 1　　　　　B. 2　　　　　C. 3　　　　　D. 5
10. 因税务机关的责任,纳税人、扣缴义务人未缴或少缴税款的,税务机关在(　　)年内可以要求纳税人、扣缴义务人补缴税款,但是不得加收滞纳金。
        A. 1　　　　　B. 2　　　　　C. 3　　　　　D. 5
11. 对账簿、凭证、会计等核算制度比较健全的纳税人应采取的税款征收方式为(　　)。
        A. 查账征收　　B. 查定征收　　C. 查验征收　　D. 邮寄申报
12. 根据《税收征收管理法》的规定,致使纳税人未按规定的期限缴纳或者解缴税款的,税务机关除责令限期缴纳外,应当从滞纳税款之日起,按日加收滞纳税款(　　)‰的滞纳金。
        A. 1　　　　　B. 2　　　　　C. 0.3　　　　D. 0.5

三、多项选择题

1. "五证合一、一照一码"登记制度的五证是指(　　)。
        A. 税务登记证　　　　　　　　B. 工商营业执照
        C. 组织机构代码证　　　　　　D. 社会保险登记证
        E. 统计登记证　　　　　　　　F. 残疾人登记证
2. 普通发票一般包括的三个联次有(　　)。
        A. 发票联　　　B. 抵扣联　　　C. 存根联　　　D. 记账联
3. 税务部门在(　　)时会取消纳税人的一般纳税人资格。
        A. 上一年度应税销售额没有达到规定的增值税一般纳税人限额标准
        B. 会计账簿设置不符合要求

C. 有虚开增值税专用发票行为

D. 连续两个月没按时报税

4. 一般纳税人登记应具备以下（　　）条件。

　　A. 会计核算健全，能够准确提供税务资料

　　B. 预计年应税销售额达到规定标准

　　C. 具有固定生产经营场所

　　D. 生产企业或商品流通企业

5. 纳税人（　　）的情况下可以申请延期纳税。

　　A. 遇到人力不可抗拒的自然灾害　　B. 可供纳税的财产等遭遇偷盗

　　C. 可供纳税的货款拖欠　　　　　　D. 可减免税

6. 税务检查权是税务机关在检查活动中依法享受的权利，《税收征收管理法》规定税务机关有权（　　）。

　　A. 检查纳税人的账簿、记账凭证、报表和有关资料

　　B. 责成纳税人提供与纳税有关的文件、评审材料和有关资料

　　C. 到纳税人的生产、经营场所和货物存放地检查纳税人应纳税的商品、货物或者其他财产

　　D. 对纳税人的住宅及其他生活场所进行检查

7. 根据《发票管理办法》及其实施细则的规定，税务机关在发票检查中享有的职权有（　　）。

　　A. 调出发票转让　　　　　　　　　B. 调出发票查验

　　C. 鉴定发票真伪　　　　　　　　　D. 复制与发票有关的资料

8. 下列可以采用"核定征收"方式征税的有（　　）。

　　A. 依《税收征收管理法》可以不设账簿的

　　B. 账目混乱、凭证不全、难以查账的

　　C. 外国企业会计账簿以外币计价的

　　D. 因偷税受两次行政处罚后再犯的

9. 纳税人有逃避纳税义务行为或欠税需出境等情形时，税务机关可要求纳税人采取（　　）的方式提供担保。

　　A. 提交纳税保证金　　　　　　　　B. 提供财产担保

　　C. 提供纳税担保人　　　　　　　　D. 变卖财产抵缴

10. 税务机关检查纳税人存款账户时，必须做到（　　）。

　　A. 经县以上税务局（分局）局长批准

　　B. 凭全国统一格式检查存款账户许可证

　　C. 指定专人

　　D. 为纳税人保密

项目2　增值税计算申报与核算

技能目标

1. 能根据经济业务内容判断哪类项目应当征收增值税、适用何种税率,且会计算一般纳税人与小规模纳税人的应纳增值税税额。
2. 能根据业务资料填制增值税一般纳税人与小规模纳税人申报表,并能进行增值税网上申报。
3. 能根据业务资料进行增值税一般纳税人与小规模纳税人的涉税会计业务处理。
4. 能用"免、抵、退"方法计算增值税应免抵和应退的税款,并会办理出口货物退(免)增值税工作。

知识目标

1. 掌握增值税应纳税额的计算、增值税的纳税申报和税款缴纳。
2. 理解增值税基本法规知识、增值税出口退税的计算和会计处理。
3. 熟悉增值税涉税业务的会计处理与增值税出口退税的申报规定。

案例导入

会进行增值税的核算与申报吗

2019年6月2日,2019届会计专业毕业生薛凡被湖南华宁实业有限公司聘用为报税岗位会计,她先到公司进行顶岗实习。薛凡在春节后上班的第一天报到,公司财务主管叫她和即将退休的报税岗位老会计学习处理本月增值税报税业务,下月起则由她独立担任报税岗位会计。老会计拿来了一大摞资料:报表、账簿、凭证等,告诉薛凡要理清头绪,边看边做边学,不懂就问。

华宁实业有限公司执行《企业会计准则》,是增值税一般纳税人,税率为13%,按月缴纳增值税,5月增值税留抵税额为2 000元。存货采用实际成本计价,包装物单独核算。2019年6月发生下列经济业务。

(1) 6月3日,购入A材料50 000千克,每千克单价10元,取得增值税专用发票,进项税额65 000元,材料已入库,货款以银行存款支付。支付运输费用,取得增值税专用发票,注明运费1 200元,税款108元,专用发票已到税务机关认证。

(2) 6月4日,从外省购入B、C两种材料,其中购入的B材料80 000千克,每千克8元,取得增值税专用发票,进项税额83 200元,支付运费,取得增值税专用发票,注明运费3 000元,税款270元,货款以银行存款支付,材料尚未到达,专用发票月末尚未认证。从浙江宏图公司购入的C材料15 000千克,合同规定单价4元,尚未收到专用发票等结算凭证,货款尚未支付,材料已到达,验收入库。

(3) 6月5日,从小规模纳税人购入包装箱一批,普通发票注明金额为3 510元,货物验收入库,货款已全部支付。

(4) 6月6日,外购机床一台,取得增值税专用发票,注明价款100 000元,增值税税额13 000元,支付运输费用,取得增值税专用发票,注明运费3 000元,税款270元,专用发票已认证。机床当即投入两车间使用,全部款项已支付。

(5) 6月8日,用支票直接向农场收购用于生产加工的农产品一批,已验收入库,经税务机关批准的收购凭证上注明价款为100 000元。

(6) 6月9日,从外省购入的B材料已到,验收入库,对B材料专用发票进行了认证。

(7) 6月10日,委托乙加工厂加工K材料(非应税消费品),材料上月已发出,本月用支票支付加工费,取得增值税专用发票,注明加工费2 000元,增值税260元,专用发票进行了认证。

(8) 6月11日,购入企业经营用小轿车1辆,取得增值税专用发票,价款150 000元,税款19 500元,价税合计169 500元,用支票付款。

(9) 6月12日,向小规模纳税人金泰公司售出1 000千克甲材料,开出28 250元的普通发票,取得支票存入银行。

(10) 6月13日,向乙公司销售M产品一批,合同金额为600 000元,13日乙公司首先支付300 000元货款。合同约定18日发货,同时开出增值税专用发票,注明销售额510 000元,增值税66 300元,要求公司收到货物和发票后补齐剩余款项。

(11) 6月14日,向丙公司以分期收款方式销售W产品20台给长沙华岭公司,每台60 000元,该产品成本为420 000元,货已经发出。按合同规定货款分3个月付清,本月19日为一次约定付款日。开出增值税专用发票注明销售额200 000元,增值税26 000元,货款尚未收到。

(12) 6月16日,从友谊商城收到委托代销的代销清单,销售W产品5台,每台60 000元,增值税税率为13%,对方按价款的5%收取手续费。收到支票一张存入银行。

(13) 6月17日,销售M产品6台,每台42 000元,货款252 000元,税款32 760元;随同产品一起售出包装箱3个,不含税价每个1 500元,货款4 500元,税款585元。款项289 845元已存入银行。

(14) 6月19日,将W产品1台转为职工集体福利用,实际成本共计60 000元,税务机关认定的计税价格为80 000元,未开具发票。

(15) 6月20日,将价值80 000元上月外购的A材料移送本企业某免税项目专门使用。

(16) 6月21日，将V产品5台无偿捐赠给新化县希望工程，价值160 000元（税务机关认定的计税价格为200 000元），开具增值税专用发票。

(17) 6月26日，机修车间对外提供加工服务，收取劳务费11 300元（含税），开具普通发票。

(18) 6月27日，公司上月销售的M产品3台发生销售退回，价款198 000元，应退增值税25 740元。企业开出红字增值税专用发票，并以银行存款支付退货款项。

(19) 月末盘存发现上月购进的A材料3 000千克被盗，金额31 500元（其中含分摊的运输费用4 600元，上月均已认证并申报抵扣），经批准作为营业外支出处理。

请问：薛凡能学到增值税纳税申报的哪些知识？日后增值税的核算、纳税申报、税款缴纳等涉税事务她能独立操作吗？

任务2.1 增值税税款的计算

增值税是以增值额为课税对象而征收的一种流转税，我国的增值税是对在中华人民共和国境内从事销售货物或者提供加工、修理修配劳务，以及进口货物的单位和个人取得的增值额为课税对象征收的一种税。

2013年8月1日起陆续在全国范围内对交通运输业、邮政业、电信业和部分现代服务业实行营业税改征增值税的试点工作（以下简称营改增），2016年5月1日起，在全国范围内全面推开营改增试点，建筑业、金融保险业、生活业和销售无形资产、不动产业务纳入试点，由缴纳营业税改为缴纳增值税。至此，营业税退出了历史舞台。纳税人按其经营规模及会计核算是否健全划分为一般纳税人和小规模纳税人。增值税应纳税额的基本计算方法有3种，如表2-1所示。

表 2-1 增值税应纳税额的基本计算方法

方法类型	计算公式	适用范围
购进扣税法	应纳税额＝当期销项税额－当期进项税额	适用于一般纳税人销售货物、提供应税劳务和销售服务、无形资产、不动产
简易征收法	应纳税额＝销售额×征收率	适用于小规模纳税人和特定一般纳税人销售货物、提供应税劳务和销售服务、无形资产、不动产
组成计税法	应纳税额＝组成计税价格×税率	适用于一般纳税人进口货物

知识链接2-1 小规模纳税人与一般纳税人

1. 小规模纳税人

小规模纳税人是指年销售额在规定标准以下且会计核算不健全，不能按规定报送有关税务资料的增值税纳税人。小规模纳税人年应征增值税销售额的标准从2018年

5月1日起不再按企业类型划分,统一调整为500万元及以下。

所谓年应税销售额,是指纳税人在连续不超过12个月或4个季度的经营期内累计应征增值税销售额,包括纳税申报销售额、稽查查补销售额、纳税评估调整销售额。销售服务、无形资产或者不动产有扣除项目的纳税人,其应税行为年应税销售额按未扣除之前的销售额计算。纳税人偶然发生的销售无形资产、转让不动产的销售额,不计入应税行为年应税销售额。如果该销售额为含税的,应按照适用税率或征收率换算为不含税的销售额。

年应税销售额超过规定标准的其他个人不属于一般纳税人,年应税销售额超过规定标准但不经常发生应税行为的单位和个体工商户可选择按小规模纳税人纳税。

小规模纳税人不能领购和使用增值税专用发票的,按简易计税办法计算缴纳增值税。发生应税行为,购买方索取增值税专用发票的,可以由主管税务机关申请代开。

年应税销售额未超过规定标准的纳税人,会计核算体系健全,能够提供准确税务资料的,可以向主管税务机关办理一般纳税人资格登记,成为一般纳税人。

2. 一般纳税人

应税行为的年应征增值税销售额超过财政部和国家税务总局规定标准的纳税人为一般纳税人。

下列纳税人不办理一般纳税人登记:①按照政策规定,选择按照小规模纳税人纳税的(包括非企业性单位,不经常发生应税行为的单位和个体工商户)。②年应税销售额超过规定标准的其他个人。

除国家税务总局另有规定外,一经登记为一般纳税人后,不得转为小规模纳税人。

增值税一般纳税人须向税务机关办理登记手续,以取得法定资格。经税务机关确定的一般纳税人,可按规定领购和使用增值税专用发票,按《增值税暂行条例》规定计算缴纳增值税。对新办的商贸企业实行纳税辅导期管理制度,6个月辅导期结束后,经主管税务机关审核同意,可转为正式一般纳税人,按照正常的一般纳税人管理。

2.1.1 一般纳税人应纳税额的计算

1. 征税范围的确定

增值税的征收范围包括在我国境内的销售货物、提供应税劳务和销售服务、无形资产、不动产及进口货物。

1) 征税范围的一般规定

(1) 销售货物

货物是一个增值税法规中的特定概念,是指有形动产,包括电力、热力、气体在内。销售货物是指有偿转让货物的所有权,能从购买方取得货币、货物或其他经济利益。境内销售货物是指所销售货物的起运地或所在地在我国境内。

(2) 提供加工、修理修配劳务

加工是指受托加工货物,即由委托方提供原料及主要材料,受托方按照委托方的要求制造货物并收取加工费的业务;修理修配是指受托方对损伤和丧失功能的货物进行修复,使其恢复原状和功能的业务。境内提供应税劳务是指所提供的应税劳务发生在境内。

(3) 在境内销售服务、无形资产或不动产

销售服务、无形资产或者不动产是指有偿提供服务、有偿转让无形资产或者不动产,但属于下列非经营活动的情形除外:①行政单位收取的同时满足相关条件的政府性基金或者行政事业性收费;②单位或者个体工商户聘用的员工为本单位或者雇主提供取得工资的服务;③单位或者个体工商户为聘用的员工提供服务;④财政部和国家税务总局规定的其他情形。

"在境内销售服务、无形资产或不动产"是指:①服务(租赁不动产除外)或者无形资产(自然资源使用权除外)的销售方或者购买方在境内;②所销售或者租赁的不动产在境内;③所销售自然资源使用权的自然资源在境内。

下列情形不属于在境内销售服务或者无形资产:①境外单位或者个人向境内单位或者个人销售完全在境外发生的服务;②境外单位或者个人向境内单位或者个人销售完全在境外使用的无形资产。③境外单位或者个人向境内单位或者个人出租完全在境外使用的有形动产。

① 销售服务是指提供交通运输服务、邮政服务、电信服务、建筑服务、金融服务、现代服务、生活服务。

A. 交通运输服务是指利用运输工具将货物或者旅客送达目的地,使其空间位置得到转移的业务活动。交通运输服务包括陆路运输服务、水路运输服务、航空运输服务和管道运输服务。

a. 陆路运输服务是指通过陆路(地上或者地下)运送货物或者旅客的运输业务活动,包括铁路运输、公路运输、缆车运输、索道运输、地铁运输、城市轻轨运输等。出租车公司向使用本公司自有出租车的出租车司机收取的管理费用,按陆路运输服务缴纳增值税。

b. 水路运输服务是指通过江、河、湖、川等天然、人工水道或者海洋航道运送货物或者旅客的运输业务活动。水路运输的程租、期租业务,属于水路运输服务。

c. 航空运输服务是指通过空中航线运送货物或者旅客的运输业务活动。航空运输的湿租业务,属于航空运输服务。航天运输服务按照航空运输服务征收增值税。

d. 管道运输服务是指通过管道设施输送气体、液体、固体物质的运输业务活动。

无运输工具承运业务,按照交通运输服务缴纳增值税。无运输工具承运业务是指经营者以承运人身份与托运人签订运输服务合同,收取运费并承担承运人责任,然后委托实际承运人完成运输服务的经营活动。

B. 邮政服务是指中国邮政集团公司及其所属邮政企业提供邮件寄递、邮政汇兑和机要通信等邮政基本服务的业务活动。邮政服务包括邮政普遍服务、邮政特殊服务和其他邮政服务。

a. 邮政普遍服务是指函件、包裹等邮件寄递,以及邮票发行、报刊发行和邮政汇兑等业务活动。

b. 邮政特殊服务是指义务兵平常信函、机要通信、盲人读物和革命烈士遗物的寄递等业务活动。

　　c. 其他邮政服务是指邮册等邮品销售、邮政代理等业务活动。

　　C. 电信服务是指利用有线、无线的电磁系统或者光电系统等各种通信网络资源，提供语音通话服务，传送、发射、接收或者应用图像、短信等电子数据和信息的业务活动。电信服务包括基础电信服务和增值电信服务。

　　a. 基础电信服务是指利用固网、移动网、卫星、互联网，提供语音通话服务的业务活动，以及出租或者出售带宽、波长等网络元素的业务活动。

　　b. 增值电信服务是指利用固网、移动网、卫星、互联网、有线电视网络，提供短信和彩信服务、电子数据和信息的传输及应用服务、互联网接入服务等业务活动。卫星电视信号落地转接服务，按照增值电信服务计算缴纳增值税。

　　D. 建筑服务是指各类建筑物、构筑物及其附属设施的建造、修缮、装饰，线路、管道、设备、设施等的安装以及其他工程作业的业务活动。建筑服务包括工程服务、安装服务、修缮服务、装饰服务和其他建筑服务。

　　a. 工程服务是指新建、改建各种建筑物、构筑物的工程作业，包括与建筑物相连的各种设备或者支柱、操作平台的安装或者装设工程作业，以及各种窑炉和金属结构工程作业。

　　b. 安装服务是指生产设备、动力设备、起重设备、运输设备、传动设备、医疗实验设备以及其他各种设备、设施的装配、安置工程作业，包括与被安装设备相连的工作台、梯子、栏杆的装设工程作业，以及被安装设备的绝缘、防腐、保温、油漆等工程作业。

　　c. 修缮服务是指对建筑物、构筑物进行修补、加固、养护、改善，使之恢复原来的使用价值或者延长其使用期限的工程作业。

　　d. 装饰服务是指对建筑物、构筑物进行修饰装修，使之美观或者具有特定用途的工程作业。

　　e. 其他建筑服务是指上列工程作业之外的各种工程作业服务。

　　E. 金融服务是指经营金融保险的业务活动。金融服务包括贷款服务、直接收费金融服务、保险服务和金融商品转让。

　　a. 贷款服务是指将资金贷与他人使用而取得利息收入的业务活动。各种占用、拆借资金取得的收入，以及融资性售后回租、押汇、罚息、票据贴现、转贷等业务取得的利息及利息性质的收入和以货币资金投资收取的固定利润或者保底利润，按照贷款服务缴纳增值税。

　　b. 直接收费金融服务是指为货币资金融通及其他金融业务提供相关服务并且收取费用的业务活动。

　　c. 保险服务是指投保人根据合同约定，向保险人支付保险费，保险人对于合同约定的可能发生的事故因其发生所造成的财产损失承担赔偿保险金责任，或者当被保险人死亡、伤残、疾病或者达到合同约定的年龄、期限等条件时承担给付保险金责任的商业保险行为。其包括人身保险服务和财产保险服务。

　　d. 金融商品转让是指转让外汇、有价证券、非货物期货和其他金融商品所有权的业务活动。金融商品转让不得开具增值税专用发票。

F. 现代服务是指围绕制造业、文化产业、现代物流产业等提供技术性、知识性服务的业务活动。现代服务包括研发和技术服务、信息技术服务、文化创意服务、物流辅助服务、租赁服务、鉴证咨询服务、广播影视服务、商务辅助服务和其他现代服务。

a. 研发和技术服务包括研发服务、技术转让服务、技术咨询服务、合同能源管理服务、工程勘察勘探服务。

b. 信息技术服务是指利用计算机、通信网络等技术对信息进行生产、收集、处理、加工、存储、运输、检索和利用,并提供信息服务的业务活动。其包括软件服务、电路设计及测试服务、信息系统服务和业务流程管理服务。

c. 文化创意服务包括设计服务、知识产权服务、广告服务和会议展览服务。

d. 物流辅助服务包括航空服务、港口码头服务、货运客运场站服务、打捞救助服务、装卸搬运服务、仓储服务和收派服务。

e. 租赁服务包括融资租赁服务和经营租赁服务。

f. 鉴证咨询服务包括认证服务、鉴证服务和咨询服务。翻译服务和市场调查服务按照咨询服务缴纳增值税。

g. 广播影视服务包括广播影视节目(作品)的制作服务、发行服务和播映(含放映,下同)服务。

h. 商务辅助服务包括企业管理服务、经纪代理服务、人力资源服务、安全保护服务。

i. 其他现代服务是指除研发和技术服务、信息技术服务、文化创意服务、物流辅助服务、租赁服务、鉴证咨询服务、广播影视服务和商务辅助服务以外的现代服务。

G. 生活服务是指为满足城乡居民日常生活需求提供的各类服务活动。生活服务包括文化体育服务、教育医疗服务、旅游娱乐服务、餐饮住宿服务、居民日常服务和其他生活服务。

a. 文化体育服务包括文化服务和体育服务。文化服务是指为满足社会公众文化生活需求提供的各种服务。体育服务是指组织举办体育比赛、体育表演、体育活动,以及提供体育训练、体育指导、体育管理的业务活动。

b. 教育医疗服务包括教育服务和医疗服务。教育服务是指提供学历教育服务、非学历教育服务、教育辅助服务的业务活动。医疗服务是指提供医学检查、诊断、治疗、康复、预防、保健、接生、计划生育、防疫服务等方面的服务,以及与这些服务有关的提供药品、医用材料器具、救护车、病房住宿和伙食的业务。

c. 旅游娱乐服务包括旅游服务和娱乐服务。旅游服务是指根据旅游者的要求,组织安排交通、游览、住宿、餐饮、购物、文娱、商务等服务的业务活动。娱乐服务是指为娱乐活动同时提供场所和服务的业务。

d. 餐饮住宿服务包括餐饮服务和住宿服务。餐饮服务是指通过同时提供饮食和饮食场所的方式为消费者提供饮食消费服务的业务活动。住宿服务是指提供住宿场所及配套服务等的活动。

e. 居民日常服务是指主要为满足居民个人及其家庭日常生活需求提供的服务,包括市容市政管理、家政、婚庆、养老、殡葬、照料和护理、救助救济、美容美发、按摩、桑拿、氧吧、足疗、沐浴、洗染、摄影扩印等服务。

f. 其他生活服务是指除文化体育服务、教育医疗服务、旅游娱乐服务、餐饮住宿服务和居民日常服务之外的生活服务。

② 销售无形资产是指转让无形资产所有权或者使用权的业务活动。无形资产包括技术、商标、著作权、商誉、自然资源使用权和其他权益性无形资产。

③ 销售不动产是指转让不动产所有权的业务活动。不动产是指不能移动或者移动后会引起性质、形状改变的财产,包括建筑物、构筑物等。

（4）进口货物

进口货物是指将货物从我国境外移送至我国境内的行为。税法规定,凡进入我国海关境内的货物,应于进口报关时向海关缴纳进口环节增值税。

2）属于征税范围的几个特殊项目

（1）货物期货,应当征收增值税,在期货的实物交割环节纳税。

（2）银行销售金银的业务。

（3）典当业的死当物品销售业务和寄售业代委托人销售寄售物品的业务。

（4）集邮商品（如邮票、首日封、邮折等）的生产以及销售。

3）属于征税范围的几个特殊行为

（1）视同销售行为

单位或个体经营者的下列行为,视同销售货物、服务、无形资产或者不动产行为。

① 将货物交付其他单位或者个人代销。

② 销售代销货物。

③ 设有两个以上机构并实行统一核算的纳税人,将货物从一个机构移送其他机构用于销售,但相关机构在同一县（市）的除外。

④ 将自产或者委托加工的货物用于免税项目、简易计税项目。

⑤ 将自产、委托加工的货物用于集体福利或个人消费。

⑥ 将自产、委托加工或购进的货物作为投资,提供给其他单位或个体工商户。

⑦ 将自产、委托加工或购进的货物分配给股东或投资者。

⑧ 将自产、委托加工或购进的货物无偿赠送给其他单位或者个人。

⑨ 向其他单位或者个人无偿提供服务、转让无形资产或者不动产,但用于公益事业或者以社会公众为对象的除外。

【提示】 视同销售行为中,所涉及的外购货物进项税额,凡符合规定的,允许作为当期进项税额抵扣。其中,购进货物用于④、⑤项的,进项税额不得抵扣;已经抵扣的,应作为进项税额转出处理。

（2）混合销售行为

一项销售行为如果既涉及货物又涉及服务,为混合销售。从事货物的生产、批发或者零售的单位和个体工商户的混合销售行为,按照销售货物缴纳增值税;其他单位和个体工商户的混合销售行为,按照销售服务缴纳增值税。

上述从事货物的生产、批发或者零售的单位和个体工商户,包括以从事货物的生产、批发或者零售为主,并兼营销售服务的单位和个体工商户在内。

（3）兼营行为

纳税人销售货物、加工修理修配劳务、服务、无形资产或者不动产,适用不同税率或者征收率的,应当分别核算适用不同税率或者征收率的销售额,未分别核算销售额的,按照以下方法适用税率或者征收率。

① 兼有不同税率的销售货物、加工修理修配劳务、服务、无形资产或者不动产,从高适用税率。

② 兼有不同征收率的销售货物、加工修理修配劳务、服务、无形资产或者不动产,从高适用征收率。

③ 兼有不同税率和征收率的销售货物、加工修理修配劳务、服务、无形资产或者不动产,从高适用税率。

纳税人兼营免税、减税项目的,应当分别核算免税、减税项目的销售额;未分别核算的,不得免税、减税。

（4）代购货物

代购货物,凡同时具备下列条件,代购环节货物本身不征收增值税,仅按其手续费收入计缴增值税;如果不同时具备以下条件,无论会计准则规定如何处理,均应缴纳增值税。

① 受托方不垫付资金。

② 销售方将发票开具给委托方,由受托方将发票转交给委托方。

③ 受托方按销售方实际收取的销售额和增值税税额与委托方结算款项,并另收手续费。

代理进口货物的行为,属于代购货物行为,应按增值税代购货物的征税规定执行。

2. 税率的选择

1）基本税率

增值税一般纳税人销售或者进口货物,提供加工、修理修配劳务,除低税率适用范围和销售个别旧货适用征收率外,自2019年4月1日起,税率为13%,这就是通常所说的基本税率。

2）低税率

增值税一般纳税人销售或者进口下列货物,按低税率计征增值税,从2019年4月1日起,低税率为9%：农产品（含粮食）、自来水、暖气、石油液化气、天然气、食用植物油、冷气、热水、煤气、居民用煤炭制品、食用盐、农机、饲料、农药、农膜、化肥、沼气、二甲醚、图书、报纸、杂志、音像制品、电子出版物。

【提示】 淀粉不属于农产品的范围,应按照13%征收增值税;工业用盐的增值税税率为9%,食用盐采用9%的低税率。

3）零税率

纳税人出口货物,税率为零,但国务院另有规定的除外。

【提示】 不适用零税率的货物：原油、柴油、援外货物、天然牛黄、麝香、铜及铜基合金、白银、糖和新闻纸等。

纳税人兼营不同税率的货物或者应税劳务（如某商场既销售税率为17%的商品,又销售税率为13%的粮食、食用油等;某农业机械厂既生产销售税率为13%的农机,又对外提供税率为17%的加工、修理修配业务）的,应当分别核算不同税率货物或者应税劳务的销售额;未分别核算销售额的,从高适用税率。

4) 销售服务、无形资产或者不动产的税率

(1) 提供交通运输、邮政、基础电信、建筑、不动产租赁服务，销售不动产，转让土地使用权，税率为9%。

(2) 提供有形动产租赁服务，税率为13%。

(3) 除了以上两种情形外，纳税人发生其他销售服务、无形资产应税行为，税率为6%。

(4) 境内单位和个人发生财政部和国家税务总局规定范围内的跨境应税行为，税率为零。

5) 征收率

(1) 小规模纳税人

① 销售货物、加工修理修配劳务、服务、无形资产的征收率为3%。

② 销售自己使用过的固定资产，减按2%征收率征收增值税。

③ 销售旧货，按3%征收率减按2%征收增值税。

④ 销售不动产（不含个体工商户销售购买的住房和其他个人销售不动产），按照5%的征收率征收增值税。

⑤ 房地产开发企业中的小规模纳税人，销售自行开发的房地产项目，按5%的征收率征收增值税。

⑥ 出租不动产（不含个人出租住房），按5%的征收率征收增值税。

(2) 一般纳税人

① 3%征收率（销售自产货物）。自2014年7月1日起，一般纳税人销售自产的下列货物，可选择按简易办法依3%征收率征收增值税。

a. 县级及县级以下小型水力发电单位生产的电力。小型水力发电单位，是指各类投资主体建设的装机容量为5万千瓦以下（含5万千瓦）的小型水力发电单位。

b. 建筑用和生产建筑材料所用的砂、土、石料。

c. 以自己采掘的砂、土、石料或其他矿物连续生产的砖、瓦、石灰（不含黏土实心砖、瓦）。

d. 用微生物、微生物代谢产物、动物毒素、人或动物的血液或组织制成的生物制品。

e. 自来水。

f. 商品混凝土（仅限于以水泥为原料生产的水泥混凝土）。

② 3%征收率。自2014年7月1日起，一般纳税人销售下列货物，暂按简易办法依3%征收率征收增值税。

a. 寄售商店代销寄售物品。

b. 典当业销售死当物品。

c. 经国务院或其授权机关批准认定的免税商店零售免税货物。

③ 3%征收率减按2%征收增值税。

a. 一般纳税人销售旧货，按简易办法依3%征收率减按2%征收增值税，不得抵扣进项税额。

b. 一般纳税人销售自己使用过的固定资产，区分不同情况征收增值税：一般纳税人

销售自己使用过的 2009 年 1 月 1 日或纳入营改增试点之日后购进或自制的固定资产,按照适用税率征收增值税;销售自己使用过的 2008 年 12 月 31 日或纳入营改增试点之日前购进或自制的固定资产,按 3% 征收率减按 2% 征收增值税并且不得开具增值税专用发票,或者依照 3% 征收率缴纳增值税,可开具增值税专用发票。

④ 3% 征收率(销售服务)。自 2016 年 5 月 1 日起,一般纳税人发生下列特定应税服务,可以选择简易计税方法按 3% 计税,但一经选择,36 个月内不得变更。

a. 公共交通运输服务。其包括轮客渡、公交客运、地铁、城市轻轨、出租车、长途客运、班车。

b. 经认定的动漫企业为开发动漫产品提供的动漫脚本编撰、形象设计、背景设计、动画设计、分镜、动画制作、摄制、描线、上色、画面合成、配音、配乐、音效合成、剪辑、字幕制作、压缩转码服务,以及在境内转让动漫版权。

c. 电影放映服务、仓储服务、装卸搬运服务、收派服务和文化体育服务。

d. 以纳入营改增试点之日前取得的有形动产为标的物提供的经营租赁服务。

e. 在纳入营改增试点之日前签订的尚未执行完毕的有形动产租赁合同。

f. 以清包工方式提供的建筑服务。清包工方式是指施工方不采购建筑工程所需的材料或只采购辅助材料,并收取人工费、管理费或者其他费用的建筑服务。

g. 为甲供工程提供的建筑服务。甲供工程是指全部或部分设备、材料、动力由工程发包方自行采购的建筑工程。

h. 为建筑工程老项目提供的建筑服务。工程老项目是指合同注明的开工日期在 2016 年 4 月 30 日前的建筑工程项目。

⑤ 5% 征收率(销售或出租不动产)。自 2016 年 5 月 1 日起,一般纳税人发生下列特定应税行为,可以选择简易计税方法计税,但一经选择,36 个月内不得变更。纳税人在不动产所在地按 5% 预缴税款后,向机构所在地主管税务机关进行纳税申报。

a. 销售其 2016 年 4 月 30 日前取得或者自建的不动产。

b. 房地产开发企业销售自行开发的房地产老项目。

c. 出租其 2016 年 4 月 30 日前取得的不动产。公路经营企业中的一般纳税人收取试点前开工的高速公路的车辆通行费,可依照 5% 的征收率减按 3% 征收增值税。

(3) 其他

① 其他个人销售其取得(不含自建)的不动产(不含其购买的住房),按照 5% 的征收率征税。

② 其他个人出租其取得的不动产(不含住房),按照 5% 的征收率征税。

③ 个人出租住房,按照 5% 的征收率减按 1.5% 征收增值税。

6) 增值税抵扣率(扣除率)

对企业从非增值税纳税人购进免税农产品,由于不能得到增值税专用发票,为了不增加企业的增值税税负,税法规定了按抵扣率计算抵扣进项税额。

增值税一般纳税人购进农产品,从按照简易计税方法依照 3% 征收率计算缴纳增值税的小规模纳税人取得增值税专用发票的,以增值税专用发票上注明的金额和 9% 的扣除率计算进项税额;取得(开具)农产品销售发票或收购发票的,以农产品销售发票或收购发票上注明的农产品买价和9%的扣除率计算进项税额(营改增试点期间,纳税人购进用于生产销售或委托受托加工13%税率货物的农产品扣除率为10%)。

3. 销项税额的计算

销项税额是纳税人发生应税行为,按照销售额和增值税税率计算,并向购买方收取的增值税税额,其计算公式为

$$销项税额 = 销售额 \times 税率$$

1) 一般销售方式下销售额的确定

销售额是指纳税人发生应税行为取得的全部价款和价外费用,但是不包括收取的销项税额,体现了增值税的价外税性质。因此,销售额的确定主要是确定价款和价外费用。

价外费用是指价外收取的各种性质的收费,包括价外向购买方收取的手续费、补贴、基金、集资费、返还利润、奖励费、违约金、滞纳金、延期付款利息、赔偿金、代收款项、代垫款项、包装费、包装物租金、储备费、优质费、运输装卸费以及其他各种性质的价外收费。无论其会计制度规定如何核算,均应并入销售额计算应纳税额。但下列项目不包括在内:①向购买方收取的销项税额;②受托加工应征消费税的消费品所代收代缴的消费税;③符合国家税收法律、法规规定条件代为收取的政府性基金或者行政事业性收费;④以委托方名义开具发票代委托方收取的款项。

纳税人按照人民币以外的货币结算销售额的,应当折合成人民币计算,折合率可以选择销售额发生的当天或者当月1日的人民币汇率中间价。纳税人应当在事先确定采用何种折合率,确定后12个月内不得变更。

税法规定各种性质的价外费用都要并入销售额计算征税的目的是防止企业以各种名义的收费减少销售额逃避纳税。但是在计算应缴税额时应当注意的是对增值税一般纳税人向购买方收取的价外费用和逾期包装物的押金应视作含税收入,在计算时应换算成不含税收入再并入销售额。

另外,纳税人发生应税行为价格明显偏低或偏高且不具有合理商业目的的,或者有视同销售行为而无销售额的,主管税务机关有权按下列顺序确定销售额。

(1) 按纳税人最近时期同类货物、劳务、服务、无形资产或者不动产的平均价格确定。

(2) 按其他纳税人最近时期同类货物、劳务、服务、无形资产或者不动产的平均价格确定。

(3) 按组成计税价格确定,组成计税价格的公式为

$$组成计税价格 = 成本 \times (1 + 成本利润率)$$

属于应征消费税的货物,其组成计税价格中应加计消费税额。成本利润率由国家税务总局确定。

2) 特殊销售货物方式下销售额的确定

在销售活动中,纳税人为了提高销售额会采用多种销售方式。由于销售方式的不同,纳税人的销售额的确定方式也会有所不同。

(1) 折扣、折让方式销售货物。纳税人采用的折扣方式一般有折扣销售、销售折扣和销售退回或折让3种形式。不同折扣方式下其计税销售额也有所差别。

① 折扣销售(商业折扣)。折扣销售是由于购货方购货数量较大等原因而给予购货

方的价格优惠。按税法规定：如果销售额和折扣额是在同一张发票上分别注明的，可以按折扣后的销售额征收增值税；如果将折扣额另开发票，不论其在财务上如何处理，均不得从销售额中减除折扣额。另外，折扣销售仅限于价格折扣，不包括实物折扣。实物折扣不得从货物销售额中减除，应按增值税条例"视同销售货物"中的"赠送他人"计征增值税。

② 销售折扣（现金折扣）。销售折扣是为了鼓励及早付款而给予购货方的一种折扣优待。销售折扣不得从销售额中减除。因为销售折扣发生在销货之后，是一种融资性质的理财费用。

③ 销售退回或折让。销售退回或折让是指货物售出后，由于品种、质量等原因，购货方要求予以退货或要求销货方给予购货方的一种价格折让。由于是货物的品种和质量问题而引起的销售额减少，对手续完备的销售退回或折让而退还给购货方的增值税，可从发生销售退回或折让的当期的销项税额中扣减。销售回扣实质上是一种变相的商业贿赂，不得从销售额中减除。

（2）以旧换新方式销售货物。以旧换新方式销售货物是指纳税人在销售过程中，折价收回同类旧货物，并以折价款部分冲减新货物价款的一种销售方式。

采取以旧换新方式销售货物的（金银首饰除外），应按新货物的同期销售价格确定销售额，不得扣减旧货物的收购价格，对有偿收回的旧货物，不得抵扣进项税额。金银首饰以旧换新业务，可按销售方实际收取的不含增值税的全部价款征收增值税。

（3）还本销售方式销售货物。还本销售方式销售货物是指将货物销售出去以后，到约定的期限再由销货方一次或分次将购货款部分或全部退还给购货方的一种销售方式，其实质是一种以提供货物换取还本不付息的融资行为。税法规定，纳税人采取还本销售方式销售货物，其销售额应是货物的销售全价，不得从销售额中减除还本支出。

（4）以物易物方式销售货物。以物易物方式销售货物是指购销双方不是以货币结算或主要不是以货币结算，而是以货物相互结算，实现货物购销，是一种较为特殊的货物购销方式。虽然这种方式没有涉及货币收支，但其本质也是一种购销行为。税法规定，以物易物双方都应作购销处理，以各自发出的货物核算销售额，并以此计算销项税额，以各自收到的货物按规定核算购货额，并以此计算进项税额。以物易物双方，如果未相互开具增值税专用发票，也应计算销项税额，但没有进项税额。如果双方相互开具了增值税专用发票，则双方既要计算销项税额，也可抵扣进项税额。

（5）包装物租金、押金的计价。①包装物租金作为价外费用，计入销售额计算销项税额。②纳税人为销售货物而出租、出借包装物所收取的押金，单独记账核算的，不计入销售额征税。③但对逾期未收回包装物而不再退还的押金，应换算成不含税收入后计入销售额，按所包装货物的税率计税。④对销售除啤酒、黄酒以外的其他酒类产品，其包装物押金一律计入销售额，一并计税。

3）在特殊销售服务、不动产、无形资产方式下销售额的确定

（1）折扣方式销售服务、无形资产或者不动产。如果将价款和折扣额在同一张发票上的"金额"栏分别注明的，纳税人可以按价款减除折扣额后的金额作为销售额计算缴纳增值税；如果没有在同一张发票上的"金额"栏分别注明的，纳税人不得按价款减除折扣额

后的金额作为销售额,应按价款作为销售额计算缴纳增值税。

(2) 贷款服务。以提供贷款服务取得的全部利息及利息性质的收入为销售额。

(3) 直接收费金融服务。以提供直接收费金融服务收取的手续费、佣金、酬金、管理费、服务费、经手费、开户费、过户费、结算费、转托管费等各类费用为销售额。

(4) 金融商品转让。按照卖出价扣除买入价后的余额为销售额。转让金融商品出现的正负差,按盈亏相抵后的余额为销售额。若相抵后出现负差,可结转下一纳税期与下期转让金融商品销售额相抵,但年末时仍出现负差的,不得转入下一个会计年度。金融商品转让,不得开具增值税专用发票。

(5) 经纪代理服务。以取得的全部价款和价外费用,扣除向委托方收取并代为支付的政府性基金或者行政事业性收费后的余额为销售额。向委托方收取的政府性基金或者行政事业性收费,不得开具增值税专用发票。

(6) 融资租赁和融资性售后回租业务。经批准提供融资租赁服务,以取得的全部价款和价外费用,扣除支付的借款利息、发行债券利息和车辆购置税后的余额为销售额;提供融资性售后回租服务,以取得的全部价款和价外费用(不含本金),扣除对外支付的借款利息、发行债券利息后的余额作为销售额。

(7) 航空运输企业的销售额。不包括代收的机场建设费和代售其他航空运输企业客票而代收转付的价款。

(8) 提供客运场站服务。以其取得的全部价款和价外费用,扣除支付给承运方运费后的余额为销售额。

(9) 提供旅游服务。可以选择以取得的全部价款和价外费用,扣除向旅游服务购买方收取并支付给其他单位或者个人的住宿费、餐饮费、交通费、签证费、门票费和支付给其他接团旅游企业的旅游费用后的余额为销售额。选择该办法计算销售额的试点纳税人,向旅游服务购买方收取并支付的上述费用,不得开具增值税专用发票,可以开具普通发票。

(10) 提供建筑服务适用简易计税方法的。以取得的全部价款和价外费用扣除支付的分包款后的余额为销售额。

(11) 房地产开发企业中的一般纳税人销售其开发的房地产项目(选择简易计税方法的房地产老项目除外),以取得的全部价款和价外费用,扣除受让土地时向政府部门支付的土地价款后的余额为销售额。

(12) 销售其2016年4月30日前取得(不含自建)的不动产选择简易计税方法的,以取得的全部价款和价外费用减去该项不动产购置原价或者取得不动产时的作价后的余额为销售额;自建的不动产,以取得的全部价款和价外费用为销售额。

上述(5)~(12)项的规定从全部价款和价外费用中扣除的价款,应当取得符合法律、行政法规和国家税务总局规定的有效凭证,否则不得扣除。同时纳税人取得的凭证属于增值税扣税凭证的,其进项税额不得从销项税额中抵扣。

4) 价税合计情况下含税销售额的换算

为了符合增值税价外税的特点,增值税纳税人在填写进销货发票及其他纳税凭证时应该分别填列不含税的销售额和相应的税款。在实际工作中,多方面原因使一般纳税人在销售货物、加工修理修配劳务、服务、无形资产或者不动产时,未开具增值税专用发票,或采用销售额和增值税额一起收取的方法,此种情况下销售价格是销售额和销项税额的合并定价,因而销售额是含税的销售额。

对于一般纳税人取得的含税销售额,在计算销项税额时,必须换算为不含税的销售额。含税销售额与不含税销售额的换算方法为

$$含税销售额 = 不含税销售额 \times (1 + 增值税税率)$$

$$不含税销售额 = 含税销售额 \div (1 + 增值税税率)$$

【提示】 销售价款中是否含税的判断可以遵循以下原则。

(1) 普通发票中注明的价款一定是含税价格,例如,商场向消费者销售的"零售价格"。

(2) 增值税专用发票中记载的"价格"一定是不含税价格。

(3) 增值税纳税人销售货物同时收取的价外收入或逾期包装物押金收入等一般为含税收入。

(4) 增值税混合销售行为中的销售服务收入在计算增值税时一般视为含税收入。

【例 2-1】

某电子设备生产厂(一般纳税人),本月向某商场批发货物一批,开具增值税专用发票注明价款为 200 万元;向消费者零售货物,开具普通发票注明价款为 50 万元。

要求:计算该电子设备生产厂本月的计税销售额。

分析:电子设备生产厂开具增值税专用发票注明价款是不含销项税额,不需换算;普通发票注明价款是含税销售额,需要换算。

$$向商场销售的销售额 = 200 \text{ 万元}$$

$$向消费者零售的销售额 = 50 \div (1 + 13\%) = 44.25(\text{万元})$$

$$合计计税销售额 = 200 + 44.25 = 244.25(\text{万元})$$

$$销项税额 = 244.25 \times 13\% = 31.7525(\text{万元})$$

4. 进项税额的计算

纳税人购进货物或者接受应税劳务和应税服务支付或者负担的增值税税额为进项税额。在同一项购销业务中,进项税额与销项税额相对应,即销售方收取的销项税额就是购买方支付的进项税额。

一般纳税人应纳增值税的核心是用收取的销项税额抵扣其支付的进项税额,余额就是纳税人应实际缴纳的增值税税额。但并不是所有的进项税额都可以抵扣。对此,税法明确规定了进项税额的抵扣范围。

1) 准予抵扣的进项税额

一般纳税人购进货物、加工修理修配劳务、服务、无形资产或者不动产所支付的进项税额,准予从销项税额中抵扣的有以下两种情形。

(1) 以票抵扣。纳税人购进货物、加工修理修配劳务、服务、无形资产或者不动产取得下列法定扣税凭证,其进项税额允许抵扣。

① 从销售方取得的增值税专用发票(含税控机动车销售统一发票,下同)上注明的增值税额。

② 从海关取得的海关进口增值税专用缴款书上注明的增值税额。

③ 从境外单位或者个人购进服务、无形资产或者不动产，自税务机关或者扣缴义务人取得的解缴税款的完税凭证上注明的增值税额。

适用一般计税方法的试点纳税人，自2016年5月1日后取得并在会计制度上按固定资产核算的不动产或者自2016年5月1日后取得的不动产在建工程，其进项税额应自取得之日起分2年从销项税额中抵扣，第一年抵扣比例为60%，第二年抵扣比例为40%。自2019年4月1日起纳税人取得不动产或者不动产在建工程的进项税额不再分2年抵扣，可在当月销项税额中一次性抵扣。

（2）计算抵扣。购进农产品，除取得增值税专用发票或者海关进口增值税专用缴款书外，从按照简易计税方法依照3%征收率计算缴纳增值税的小规模纳税人取得增值税专用发票的，以增值税专用发票上注明的金额和9%的扣除率计算进项税额；取得（开具）农产品销售发票或收购发票的，以农产品销售发票或收购发票上注明的农产品买价和9%的扣除率计算进项税额（营改增试点期间，纳税人购进用于生产销售或委托受托加工13%税率货物的农产品扣除率为10%）。计算公式如下：

$$进项税额 = 买价 \times 扣除率$$

（3）旅客运输服务的抵扣。自2019年4月1日起，纳税人购进国内旅客运输服务，其进项税额允许从销项税额中抵扣。纳税人未取得增值税专用发票的，暂按照以下规定确定进项税额。

① 取得增值税电子普通发票的，为发票上注明的税额。

② 取得注明旅客身份信息的航空运输电子客票行程单的，按照下列公式计算进项税额：

$$航空旅客运输进项税额 = (票价 + 燃油附加费) \div (1 + 9\%) \times 9\%$$

③ 取得注明旅客身份信息的铁路车票的，按照下列公式计算进项税额：

$$铁路旅客运输进项税额 = 票面金额 \div (1 + 9\%) \times 9\%$$

④ 取得注明旅客身份信息的公路、水路等其他客票的，按照下列公式计算进项税额：

$$公路、水路等其他旅客运输进项税额 = 票面金额 \div (1 + 3\%) \times 3\%$$

（4）加计抵减。自2019年4月1日至2021年12月31日，允许生产、生活性服务业纳税人按照当期可抵扣进项税额加计10%，抵减应纳税额（其中，自2019年10月1日至2021年12月31日，生活性服务业纳税人可加计15%抵减应纳税额）。生产、生活性服务业纳税人是指提供邮政服务、电信服务、现代服务、生活服务取得的销售额占全部销售额的比重超过50%的纳税人。

① 纳税人应按照当期可抵扣进项税额的10%（生活性服务业按15%）计提当期加计抵减额。按照现行规定不得从销项税额中抵扣的进项税额，不得计提加计抵减额。已计提加计抵减额的进项税额，按规定作进项税额转出的，应在进项税额转出当期，相应调减加计抵减额。计算公式如下：

$$当期计提加计抵减额 = 当期可抵扣进项税额 \times 10\%（或15\%）$$
$$当期可抵减加计抵减额 = 上期末加计抵减额余额 + 当期计提加计抵减额 - 当期调减加计抵减额$$

② 纳税人应按照现行规定计算一般计税方法下抵减前的应纳税额后，区分以下情形

加计抵减：抵减前的应纳税额等于零的，当期可抵减加计抵减额全部结转下期抵减；抵减前的应纳税额大于零，且大于当期可抵减加计抵减额的，当期可抵减加计抵减额全额从抵减前的应纳税额中抵减；抵减前的应纳税额大于零，且小于或等于当期可抵减加计抵减额的，以当期可抵减加计抵减额抵减应纳税额至零，未抵减完的当期可抵减加计抵减额，结转下期继续抵减。

③ 纳税人出口货物劳务、发生跨境应税行为不适用加计抵减政策，其对应的进项税额不得计提加计抵减额。纳税人兼营出口货物劳务、发生跨境应税行为且无法划分不得计提加计抵减额的进项税额，按照以下公式计算：

不得计提加计抵减额的进项税额 ＝ 当期无法划分的全部进项税额
 × 当期出口货物劳务和发生跨境应税行为的销售额
 ÷ 当期全部销售额

2）不得抵扣的进项税额

下列项目的进项税额不得从销项税额中抵扣。

（1）用于适用简易计税方法计税项目、免征增值税项目、集体福利或者个人消费的购进货物、加工修理修配劳务、服务、无形资产和不动产。其中涉及的固定资产、无形资产、不动产，仅指专用于上述项目的固定资产、无形资产（不包括其他权益性无形资产）、不动产。

（2）非正常损失的购进货物及相关的加工修理修配劳务和交通运输业服务。非正常损失（下同）是指因管理不善造成被盗、丢失、霉烂变质，以及因违反法律法规造成货物或者不动产被依法没收、销毁、拆除的情形。

（3）非正常损失的在产品、产成品所耗用的购进货物（不包括固定资产）、加工修理修配劳务或者交通运输业服务。

（4）非正常损失的不动产，以及该不动产所耗用的购进货物、设计服务和建筑服务。

（5）非正常损失的不动产在建工程所耗用的购进货物、设计服务和建筑服务。纳税人新建、改建、扩建、修缮、装饰不动产，均属于不动产在建工程。

（6）购进的贷款服务、餐饮服务、居民日常服务和娱乐服务。

（7）纳税人接受贷款服务向贷款方支付的与该笔贷款直接相关的投融资顾问费、手续费、咨询费等费用。

（8）财政部和国家税务总局规定的其他情形。

上述固定资产是指使用期限超过12个月的机器、机械、运输工具以及其他与生产经营有关的设备、工具、器具等。和会计准则相比，不包括不动产及不动产在建工程。

纳税人取得的增值税扣税凭证不符合法律、行政法规或者国家税务总局有关规定的，其进项税额不得从销项税额中抵扣。

上述第（1）种情形规定不得抵扣且未抵扣进项税额的固定资产、无形资产、不动产，发生用途改变，用于允许抵扣进项税额的应税项目，可在用途改变的次月按照下列公式计算可以抵扣的进项税额：

可以抵扣的进项税额＝固定资产、无形资产、不动产净值÷(1＋适用税率)×适用税率

固定资产、无形资产或者不动产净值是指纳税人根据财务会计制度计提折旧或摊销后的余额。

此外，一般计税方法的纳税人，兼营简易计税方法计税项目、免征增值税项目而无法划分不得抵扣的进项税额，按照下列公式计算不得抵扣的进项税额：

不得抵扣的进项税额＝当期无法划分的全部进项税额×（当期简易计税方法计税项目销售额＋免征增值税项目销售额）÷当期全部销售额

3）扣减进项税额

（1）已抵扣进项税额的购进货物（不含固定资产）、劳务、服务，发生不得抵扣进项税额的情形（简易计税方法计税项目、免征增值税项目除外）时，应当将该进项税额从当期进项税额中扣减；无法确定该进项税额的，按照当期实际成本计算应扣减的进项税额。

（2）已抵扣进项税额的固定资产、无形资产或者不动产，发生不得抵扣进项税额的情形时，按照下列公式计算不得抵扣的进项税额：

不得抵扣的进项税额＝固定资产、无形资产或者不动产净值×适用税率

（3）因销售折让、中止或者退回而退还给购买方的增值税额，应当从当期的销项税额中扣减；因销售折让、中止或者退回而收回的增值税额，应当从当期的进项税额中扣减。

【例2-2】

甲企业是增值税一般纳税人，2019年6月发生以下有关生产经营业务。

（1）从A公司购进生产用原材料，取得A公司开具的增值税专用发票，注明货款200万元、增值税26万元。合同约定运输由甲企业自己负责，甲企业支付运输公司运费取得增值税专用发票，注明运输费5万元，增值税0.45万元。

（2）从B公司购进维修设备用零部件，由于B公司为小规模纳税人，取得B公司开具的普通发票，注明价款11.7万元。

（3）从农业生产者手中购进免税农产品，收购凭证上注明收购货款是50万元。委托运输公司运输，取得增值税专用发票，注明运输费2万元，增值税0.18万元。

要求：计算该企业当月可以抵扣的进项税额。

分析：

（1）分别从A公司和运输公司取得了增值税专用发票，可以凭票抵扣。

进项税额 ＝ 26＋0.45 ＝ 26.45（万元）

（2）由于从B公司取得的是普通发票，所以不能抵扣进项税额。

（3）购进免税农产品，可以按收购凭证注明的收购价款计算抵扣10%（因为是用于生产销售13%税率的货物）；支付运输费取得增值税专用发票，可以凭票抵扣。

进项税额 ＝ 50×10%＋0.18 ＝ 5.18（万元）

当月可以抵扣的进项税额 ＝ 26.45＋5.18 ＝ 31.63（万元）

5. 建筑服务及不动产预缴税额的计算

（1）一般纳税人跨县（市）提供建筑服务，适用一般计税方法计税的，应以取得的全部价款和价外费用为销售额计算应纳税额。纳税人应以取得的全部价款和价外费用扣除支付的分包款后的余额，按照2%的预征率在建筑服务发生地预缴税款后，向机构所在地主管税务机关进行纳税申报。

（2）一般纳税人销售其2016年5月1日后取得（不含自建）的不动产，应适用一般计税方法，以取得的全部价款和价外费用为销售额计算应纳税额。纳税人应以取得的全部价款和价外费用减去该项不动产购置原价或者取得不动产时的作价后的余额，按照5%的预征率在不动产所在地预缴税款后，向机构所在地主管税务机关进行纳税申报。

（3）一般纳税人销售其2016年5月1日后自建的不动产，应适用一般计税方法，以取得的全部价款和价外费用为销售额计算应纳税额。纳税人应以取得的全部价款和价外费用，按照5%的预征率在不动产所在地预缴税款后，向机构所在地主管税务机关进行纳税申报。

（4）房地产开发企业采取预收款方式销售所开发的房地产项目，在收到预收款时按照3%的预征率预缴增值税。

（5）一般纳税人出租其2016年5月1日后取得的、与机构所在地不在同一县（市）的不动产，应按照3%的预征率在不动产所在地预缴税款后，向机构所在地主管税务机关进行纳税申报。

（6）一般纳税人销售其2016年4月30日前取得的不动产（不含自建），选择一般计税方法计税的，以取得的全部价款和价外费用为销售额计算应纳税额。纳税人应以取得的全部价款和价外费用减去该项不动产购置原价或者取得不动产时作价后的余额，按照5%的预征率在不动产所在地预缴税款后，向机构所在地主管税务机关进行纳税申报。

（7）房地产开发企业中的一般纳税人销售房地产老项目，以及一般纳税人出租其2016年4月30日前取得的不动产，选择一般计税方法计税的，应以取得的全部价款和价外费用，按照3%的预征率在不动产所在地预缴税款后，向机构所在地主管税务机关进行纳税申报。

（8）一般纳税人销售其2016年4月30日前自建的不动产，选择一般计税方法计税的，应以取得的全部价款和价外费用为销售额计算应纳税额。纳税人应以取得的全部价款和价外费用，按照5%的预征率在不动产所在地预缴税款后，向机构所在地主管税务机关进行纳税申报。

【例2-3】

某建筑企业（一般纳税人）机构所在地为A省，2019年8月在B省提供建筑服务（非简易计税项目）取得建筑服务收入（含税）1 635万元，支付分包款545万元。购入建筑材料可抵扣的进项税额为60万元。要求：计算在B省的预缴增值税款和回A省机构所在地纳税申报应缴的增值税款。

在B省建筑服务发生地预缴的增值税款 = (1 635 − 545) ÷ (1 + 9%) × 2% = 20（万元）

回A省机构所在地纳税申报时应缴的税款 = 1 635 ÷ (1 + 9%) × 9% − 20 − 60 − 545 ÷ (1 + 9%) × 9%

= 10（万元）

6. 应纳税额的计算

增值税销项税额与进项税额确定后就可以得出实际应纳的增值税税额，增值税一般纳税人应纳税额的计算公式为

$$应纳税额 = 当期销项税额 - 当期进项税额$$

如果计算结果为正数,则为当期应纳增值税;如果计算结果为负数,则形成留抵税额,待下期抵扣,下期应纳税额的计算公式变为

$$应纳税额 = 当期销项税额 - 当期进项税额 - 上期留抵税额$$

知识链接2-2 | 增值税优惠政策

增值税的减免项目等优惠政策,由国务院统一规定,任何地区和部门都不得擅自出台优惠政策,现行的优惠政策主要包括以下规定。

1. 增值税法定免税项目
(1) 农业生产者销售的自产农业产品。
(2) 避孕药品和用具。
(3) 古旧图书。
(4) 直接用于科学研究、科学试验和教学的进口仪器与设备。
(5) 外国政府、国际组织无偿援助的进口物资和设备。
(6) 由残疾人组织直接进口供残疾人专用的物品。
(7) 个人销售自己使用过的物品。

2. 其他减免税的有关规定
(1) 对销售下列自产货物实行免征增值税政策:①再生水;②以废旧轮胎为全部生产原料生产的胶粉;③翻新轮胎;④生产原料中掺兑废渣比例不低于30%的特定建材商品。
(2) 对污水处理劳务免征增值税。
(3) 销售下列自产货物实行增值税即征即退的政策:①以工业废气为原料生产的高纯度二氧化碳产品;②以垃圾为原料生产的电力或者热力,垃圾用量占发电燃料的比重不低于80%;③以煤炭开采过程中伴生的含弃物油母页岩为原料生产的页岩油;④以废旧沥青混凝土为原料生产的再生沥青混凝土,废旧沥青混凝土用量占生产原料的比重不低于30%;⑤采用旋窑法工艺生产并且生产原料中掺兑废渣比例不低于30%的水泥(包括水泥燃料)。
(4) 销售下列自产货物实现的增值税实行即征即退50%的政策:①以退役军用发射药为原料生产的涂料硝化棉粉,退役军用发射药在生产原料中的比重不低于90%;②对燃煤发电厂及各类工业企业产生的烟气、高硫天然气进行脱硫生产的副产品;③以废弃酒糟和酿酒底锅水为原料生产的蒸气、活性炭、白炭黑、乳酸、乳酸钙、沼气,废弃酒糟和酿酒底锅水在生产原料中所占的比重不低于80%;④以煤矸石、煤泥、石煤、油母页岩为燃料生产的电力和热力,煤矸石、煤泥、石煤、油母页岩用量占发电燃料的比重不低于60%;⑤利用风力产生的电力;⑥部分新型墙体材料产品。
(5) 对销售自产的综合利用生物柴油实行增值税先征后退政策。综合利用生物柴油是指以废弃的动物油和植物油为原料生产的柴油。废弃的动物油和植物油用量占生

产原料的比重不低于70%。

(6) 增值税一般纳税人销售其自行开发生产的软件产品(含将进口软件产品进行本地化改造后对外销售)按13%税率征收增值税后,对其增值税实际税负超过3%的部分实行即征即退政策。本地化改造是指对进口软件产品进行重新设计、改造、转换等,单纯对进口软件产品进行汉字化处理不包括在内。

(7) 对农民专业合作社销售本社成员生产的农业产品,视同农业生产者销售自产农业产品,免征增值税;对农民专业合作社向本社成员销售的农膜、种子、种苗、化肥、农药、农机免征增值税。

(8) 自2019年1月1日至2022年12月31日,对单位或者个体工商户将自产、委托加工或购买的货物通过公益性社会组织、县级及以上人民政府及其组成部门和直属机构,或直接无偿捐赠给目标脱贫地区的单位和个人,免征增值税。在政策执行期限内,目标脱贫地区实现脱贫的,可继续适用上述政策。目标脱贫地区包括832个国家扶贫开发工作重点县、集中连片特困地区县(新疆阿克苏地区6县1市享受片区政策)和建档立卡贫困村。

3. 营业税改征增值税试点期间优惠政策

1) 下列项目免征增值税

(1) 托儿所、幼儿园提供的保育和教育服务。

(2) 养老机构提供的养老服务。

(3) 残疾人福利机构提供的育养服务。

(4) 婚姻介绍服务。

(5) 殡葬服务。

(6) 残疾人员本人为社会提供的医疗服务。

(7) 医疗机构提供的医疗服务。

(8) 从事学历教育的学校提供的教育服务。

(9) 学生勤工俭学提供的服务。

(10) 农业机耕、排灌、病虫害防治、植物保护、农牧保险以及相关技术培训业务,家禽、牲畜、水生动物的配种和疾病防治。

(11) 纪念馆、博物馆、文化馆、文物保护单位管理机构、美术馆、展览馆、书画院、图书馆在自己的场所提供文化体育服务取得的第一道门票收入。

(12) 寺院、宫观、清真寺和教堂举办文化、宗教活动的门票收入。

(13) 行政单位之外的其他单位收取的符合相关规定条件的政府性基金和行政事业性收费。

(14) 个人转让著作权。

(15) 个人销售自建自用住房。

(16) 2018年12月31日前,公共租赁住房经营管理单位出租公共租赁住房。

(17) 台湾航运公司、航空公司从事海峡两岸海上直航、空中直航业务在大陆取得的运输收入。

(18) 纳税人提供的直接或者间接国际货物运输代理服务。

(19) 以下利息收入：①2016年12月31日前，金融机构农户小额贷款；②国家助学贷款；③国债、地方政府债；④人民银行对金融机构的贷款；⑤住房公积金管理中心用住房公积金在指定的委托银行发放的个人住房贷款；⑥外汇管理部门在从事国家外汇储备经营过程中，委托金融机构发放的外汇贷款；⑦统借统还业务中，企业集团或企业集团中的核心企业以及集团所属财务公司按不高于支付给金融机构的借款利率水平或者支付的债券票面利率水平，向企业集团或者集团内下属单位收取的利息。

(20) 被撤销金融机构以货物、不动产、无形资产、有价证券、票据等财产清偿债务。

(21) 保险公司开办的一年期以上人身保险产品取得的保费收入。

(22) 下列金融商品转让收入：①合格境外投资者(QFII)委托境内公司在我国从事证券买卖业务；②香港市场投资者(包括单位和个人)通过沪港通买卖上海证券交易所上市A股；③对香港市场投资者(包括单位和个人)通过基金互认买卖内地基金份额；④证券投资基金(封闭式证券投资基金，开放式证券投资基金)管理人运用基金买卖股票、债券；⑤个人从事金融商品转让业务。

(23) 金融同业往来利息收入。

(24) 符合规定条件的担保机构从事中小企业信用担保或者再担保业务取得的收入(不含信用评级、咨询、培训等收入)3年内免征增值税。

(25) 国家商品储备管理单位及其直属企业承担商品储备任务，从中央或者地方财政取得的利息补贴收入和价差补贴收入。

(26) 纳税人提供技术转让、技术开发和与之相关的技术咨询、技术服务。

(27) 同时符合下列条件的合同能源管理服务：①节能服务公司实施合同能源管理项目相关技术，应当符合国家质量监督检验检疫总局和国家标准化管理委员会发布的《合同能源管理技术通则》(GB/T 24915—2010)规定的技术要求；②节能服务公司与用能企业签订节能效益分享型合同，其合同格式和内容，符合《中华人民共和国合同法》和《合同能源管理技术通则》(GB/T 24915—2010)等规定。

(28) 2020年12月31日前，科普单位的门票收入，以及县级及以上党政部门和科协开展科普活动的门票收入。

(29) 政府举办的从事学历教育的高等、中等和初等学校(不含下属单位)，举办进修班、培训班取得的全部归该学校所有的收入。

(30) 政府举办的职业学校设立的主要为在校学生提供实习场所并由学校出资自办、由学校负责经营管理、经营收入归学校所有的企业，从事现代服务(不含融资租赁服务、广告服务和其他现代服务)、生活服务(不含文化体育服务、其他生活服务和桑拿、氧吧)业务活动取得的收入。

(31) 家政服务企业由员工制家政服务员提供家政服务取得的收入。

(32) 福利彩票、体育彩票的发行收入。

(33) 军队空余房产租赁收入。

(34) 为了配合国家住房制度改革，企业、行政事业单位按房改成本价、标准价出售住房取得的收入。

(35) 将土地使用权转让给农业生产者用于农业生产。

(36) 涉及家庭财产分割的个人无偿转让不动产、土地使用权。

(37) 土地所有者出让土地使用权和土地使用者将土地使用权归还给土地所有者。

(38) 县级以上地方人民政府或自然资源行政主管部门出让、转让或收回自然资源使用权（不含土地使用权）。

(39) 为安置随军家属就业而新开办的企业（随军家属必须占企业总人数的60%（含）以上，并有军（含）以上政治和后勤机关出具的证明）和从事个体经营的随军家属（必须有师以上政治机关出具的可以表明其身份的证明）自办理税务登记事项之日起，其提供的应税服务3年内免征增值税。

(40) 从事个体经营的军队转业干部和为安置自主择业的军队转业干部就业而新开办的企业（军队转业干部占企业总人数60%（含）以上），自办理税务登记事项之日起，其提供的应税服务3年内免征增值税。自主择业的军队转业干部必须持有师以上部队颁发的转业证件。

2) 不征收增值税项目

(1) 根据国家指令无偿提供的铁路运输服务、航空运输服务，属于公益事业的服务。

(2) 存款利息。

(3) 被保险人获得的保险赔付。

(4) 房地产主管部门或者其指定机构、公积金管理中心、开发企业以及物业管理单位代收的住宅专项维修资金。

(5) 在资产重组过程中，通过合并、分立、出售、置换等方式，将全部或者部分实物资产以及与其相关联的债权、负债和劳动力一并转让给其他单位和个人，其中涉及的不动产、土地使用权转让行为。

3) 增值税即征即退

(1) 一般纳税人提供管道运输服务，对其增值税实际税负超过3%的部分实行增值税即征即退政策。

(2) 经人民银行、银监会或者商务部批准从事融资租赁业务的试点纳税人中的一般纳税人，提供有形动产融资租赁服务和有形动产融资性售后回租服务，对其增值税实际税负超过3%的部分实行增值税即征即退政策。

增值税实际税负是指纳税人当期提供应税服务实际缴纳的增值税额占纳税人当期提供应税服务取得的全部价款和价外费用的比例。

4) 扣减增值税

自2019年1月1日至2021年12月31日期间，失业人员、退役士兵就业。①持就业失业登记证（注明"自主创业税收政策"或附着"高校毕业生自主创业证"）人员或退役士兵从事个体经营的，在3年内按照每户每年12 000元为限额依次扣减其当年实际应缴纳的增值税、城市维护建设税、教育费附加和个人所得税。限额标准最高可上浮20%，各省、自治区、直辖市人民政府可根据本地区实际情况,在此幅度内确定限额标准。纳税人年度应缴纳税款小于上述扣减限额的,减免税额以其实际缴纳的税款为限;大于上述扣减限额的,应当以上述扣减限额为限。②企业当年新招用持就业失业登记证人员或退役士兵,与其签订1年以上期限劳动合同并依法缴纳社会保险费的,在3年内按照实际招用人数予以定额依次扣减增值税、城市维护建设税、教育费附加和企业所得税优惠。定额标准为每人每年6 000元,最高可上浮30%(招用自主就业退役士兵的最高可上浮50%)。由试点地区省级人民政府根据本地区实际情况在此幅度内确定具体定额标准。

5)其他减免规定

(1)金融企业发放贷款后,自结息日起90天内发生的应收未收利息按现行规定缴纳增值税,自结息日起90天后发生的应收未收利息暂不缴纳增值税,待实际收到利息时按规定缴纳增值税。

(2)个人将购买不足2年的住房对外销售的,按照5%的征收率全额缴纳增值税。个人将购买2年及以上的住房对外销售的,免征增值税(北京市、上海市、广州市、深圳市除外);北京市、上海市、广州市、深圳市个人购买2年及以上非普通住房对外销售的,以销售收入减去购买房屋的价款后的差额按照5%的征收率缴纳增值税,购买2年及以上的普通住房对外销售的,免征增值税。

纳税人发生应税行为同时适用免税和零税率规定的,纳税人可以选择适用免税或者零税率。

【提示】

(1)即征即退是指税务机关将应征的增值税征收入库后,即时退还。先征后退是指按税法规定缴纳的税款,由税务机关征收入库后,再由税务机关按规定的程序给予部分或全部退税。先征后退与即征即退差不多,两者相比,先征后退有比较严格的退税程序和管理规定,只是在退税时间上有所差异而已。

(2)纳税人销售货物、劳务或应税服务适用免税规定的,可以放弃免税,依照条例的规定缴纳增值税。放弃免税后,36个月内不得再申请免税。

4. 起征点

对销售额未达到规定起征点的个人(包括小规模纳税人的个体工商户和其他个人),可以免缴增值税。从2011年11月1日起,增值税的起征点为:

销售货物的起征点为月销售额5 000~20 000元;

销售应税劳务的起征点为月销售额5 000~20 000元;

按次纳税的起征点为每次(日)销售额300~500元;

2021年12月31日前,对月销售额10万元以下(含本数)的增值税小规模纳税人,免征增值税。

国家税务总局各直属分局应在上述规定的幅度内,根据实际情况确定本地区适用的起征点,报国家税务总局备案。

【项目导入案例解析之一：增值税应纳税额的计算】

资料：项目2导入案例。

要求：计算湖南华宁实业有限公司2019年6月应纳的增值税税额。

（1）进项税额的计算

业务（1） 购进材料取得增值税专用发票，支付运费也取得货物运输业增值税专用发票，且已认证，其进项税额允许抵扣。则

$$允许抵扣进项税额 = 65\,000 + 108 = 65\,108(元)$$

业务（2） B材料货款以银行存款支付，取得专用发票，允许抵扣的进项税额 = $83\,200 + 270 = 83\,470$(元)。C材料已到达且验收入库但尚未收到专用发票，因而进项税额也不得抵扣。

业务（3） 购进包装物取得普通发票，其进项税额不得抵扣。

业务（4） 购进生产经营用固定资产取得增值税专用发票，支付运费也取得货物运输业增值税专用发票，且已认证，其进项税额允许抵扣。则

$$允许抵扣进项税额 = 13\,000 + 270 = 13\,270(元)$$

业务（5） 向农场收购农产品，取得经税务机关批准的收购凭证，按农产品买价和10%的扣除率计算进项税额，则

$$允许抵扣进项税额 = 100\,000 \times 10\% = 10\,000(元)$$

业务（6） B材料已到，验收入库。允许抵扣的进项税额前面已经计算。

业务（7） 接受加工劳务，取得增值税专用发票，且已认证，其进项税额允许抵扣，则

$$允许抵扣进项税额 = 260 元$$

业务（8） 购进企业经营用的小轿车自2013年8月1日起，其进项税额可以抵扣，则

$$允许抵扣进项税额 = 19\,500 元$$

（2）销项税额的计算

业务（9） 向小规模纳税人销售货物开具普通发票，其销售额为含税销售额，则

$$销项税额 = 28\,250 \div (1 + 13\%) \times 13\% = 3\,250(元)$$

业务（10） 采取预收货款方式销售货物，以货物发出的当天确定销售额，则

$$销项税额 = 510\,000 \times 13\% = 66\,300(元)$$

业务（11） 采取分期收款方式销售货物，以书面合同约定的收款日期的当天确定销项税额，则

$$销项税额 = 200\,000 \times 13\% = 26\,000(元)$$

业务（12） 委托其他纳税人代销货物的，以收到代销单位的代销清单的当天确定销售额，则

$$销项税额 = 5 \times 60\,000 \times 13\% = 39\,000(元)$$

业务（13） 随同产品出售并单独计价的包装物销售收入是企业的其他业务收入，按规定应计算缴纳增值税，则

销项税额 = 32 760 + 585 = 33 345(元)

业务(14)、(16)　以自产的货物用于职工集体福利用、无偿送人为视同销售货物行为,按税法应当计算缴纳增值税,应按税务机关认定的计税价格计算:

销项税额 = 80 000 × 13% + 200 000 × 13% = 36 400(元)

业务(15)　已抵扣进项税额的购进货物改变用途用于免税项目,已抵扣进项税额作进项税额转出,不得抵扣,则

进项税额转出 = 80 000 × 13% = 10 400(元)

业务(17)　提供应税劳务,开具普通发票,其销售额为含税销售额,则

销项税额 = 11 300 ÷ (1 + 13%) × 13% = 1 300(元)

业务(18)　对手续完备的销售退回退还给购买方的增值税,可从发生销售退回当期的销项税额中扣减,则

销项税额 = −25 740 元

业务(19)　购进货物发生非正常损失,应当将该项购进货物的进项税额从当期的进项税额中扣减,则

进项税额转出 = (31 500 − 4 600) × 13% + 4 600 × 9% = 3 911(元)

(3) 应纳税额的计算

当期允许抵扣进项税额合计 = 65 108 + 83 470 + 13 270 + 10 000
　　　　　　　　　　　　　+ 260 + 19 500 = 191 608(元)

当期销项税额合计 = 3 250 + 66 300 + 26 000 + 39 000 + 33 345 + 36 400
　　　　　　　　　+ 1 300 − 25 740 = 179 855(元)

当期进项税额转出合计 = 10 400 + 3 911 = 14 311(元)

上期留抵税额 = 2 000 元

当期应纳税额 = 179 855 − (191 608 − 14 311) − 2 000 = 558(元)

2.1.2　小规模纳税人应纳税额的计算

小规模纳税人销售货物、加工修理修配劳务、服务、无形资产或者不动产,实行按照销售额和增值税征收率计算应纳税额的简易计税办法,不得抵扣进项税额。小规模纳税人应纳税额的计算公式为

应纳税额 = 销售额 × 征收率

按照税法有关规定,小规模纳税人销售货物只能开具普通销货发票,不能使用增值税专用发票,其购进货物不论是否取得增值税专用发票,都不能抵扣进项税额,但购进税控收款机除外。

上述公式中的销售额为不含税销售额,纳税人采用销售额和应纳税额合并定价方法的,应将含税销售额换算成不含税销售额,其计算公式为

销售额 = 含税销售额 ÷ (1 + 征收率)

纳税人提供适用简易计税方法计税的,因销售折让、中止或者退回而退还给购买方的销售额,应当从当期销售额中扣减。扣减当期销售额后仍有余额造成多缴的税款,可以从

以后的应纳税额中扣减。

【例 2-4】

某商业企业为增值税小规模纳税人,2019 年第三季度发生以下销售业务。

(1) 销售给某小型超市一批肥皂,销售收入 206 000 元。

(2) 将本季所购化妆品销售给消费者,销售收入 41 200 元。

(3) 销售给某制造企业货物一批,取得销货款 30 000 元,由税务机关代开增值税专用发票。

(4) 提供给个人消费者餐饮服务,取得销售收入 144 200 元。

要求:计算该商业企业第三季度的应纳税额。

先将含税销售额换算为不含税销售额,即

$$\text{不含税销售额} = 206\,000 \div (1+3\%) + 41\,200 \div (1+3\%)$$
$$+ 144\,200 \div (1+3\%)$$
$$= 380\,000(\text{元})$$

本季应纳税额 $= (380\,000 + 30\,000) \times 3\% = 12\,300(\text{元})$

小规模纳税人销售或者出租不动产应纳税额计算的相关规定如下。

(1) 小规模纳税人销售其取得(不含自建)的不动产(不含个体工商户销售购买的住房和其他个人销售不动产),应以取得的全部价款和价外费用减去该项不动产购置原价或者取得不动产时作价后的余额为销售额,按照 5% 的征收率计算应纳税额。纳税人按照上述方法在不动产所在地预缴税款后,向机构所在地主管税务机关进行纳税申报。

(2) 小规模纳税人销售其自建的不动产,应以取得的全部价款和价外费用为销售额,按照 5% 的征收率计算应纳税额。纳税人按照上述方法在不动产所在地预缴税款后,向机构所在地主管税务机关进行纳税申报。

(3) 房地产开发企业中的小规模纳税人,销售自行开发的房地产项目,按照 5% 的征收率计税。

(4) 小规模纳税人出租其取得的不动产(不含个人出租住房),按照 5% 的征收率计算应纳税额。如果不动产与机构所在地不在同一县的,纳税人按照上述方法在不动产所在地预缴税款后,向机构所在地主管税务机关进行纳税申报。

(5) 小规模纳税人跨县(市)提供建筑服务,应以取得的全部价款和价外费用扣除支付的分包款后的余额为销售额,按照 3% 的征收率计算应纳税额。纳税人应按照上述计税方法在建筑服务发生地预缴税款后,向机构所在地主管税务机关进行纳税申报。

知识链接 2-3 | 增值税专用发票的使用与管理

增值税专用发票不仅具有商事凭证的作用,是兼具销货方纳税义务和购货方进项税额的合法证明,还具有完税凭证的作用。由于增值税专用发票的这一特殊作用,许多实行增值税的国家把这种发票称为"税务发票",并将其视同钞票和支票一样予以严格管理。

1. 增值税专用发票的开具范围

一般纳税人销售货物、加工修理修配劳务和销售服务、无形资产或者不动产,需向购买方、接受方开具专用发票。下列销售项目不得开具专用发票：①向消费者个人销售货物、加工修理修配劳务、服务、无形资产或者不动产的项目；②适用免征增值税规定的应税行为。

2. 增值税专用发票的基本内容和开具要求

增值税专用发票除包括普通发票的各项内容外,还包括纳税凭证(税收缴款书和完税凭证)的内容。增值税一般纳税人必须通过防伪税控系统开具专用发票,机开专用发票为三联,依次为记账联、抵扣联和发票联。

纳税人可以购买国家税务总局指定的生产厂家生产的专用开票设备自行开票；也可以不购买上述专用开票设备,按《国家税务总局增值税防伪税控主机共享服务系统管理暂行办法》的规定,聘请社会中介机构代为开票。

3. 专用发票抵扣联进项税额的抵扣

除购进免税农业产品和自营进口货物外,购进应税项目未按规定取得专用发票、未按规定保管专用发票者,不得抵扣进项税额。

除国家税务总局另有规定的除外,自2020年3月1日起,取消增值税扣税凭证的认证确认、稽查比对、申报抵扣的期限,一般纳税人对取得的增值税专用发票可以不再进行认证,通过增值税发票税控开票软件登录本省增值税发票查询平台,查询、选择用于申报抵扣、出口退税或者代办退税的增值税发票信息(以下简称"选择抵扣")。

4. 开具专用发票后发生退货或销售折让的处理

一般纳税人在开具专用发票当月,发生销货退回、开票有误等情形,收到退回的发票联、抵扣联符合作废条件的,按作废处理；开具时发现有误的,可及时作废。作废专用发票须在防伪税控系统中将相应的数据电文按"作废"处理,在纸质专用发票(含未打印的专用发票)各联次上注明"作废"字样,全联次留存。

一般纳税人取得专用发票后,发生销货退回、开票有误等情形但不符合作废条件的,或者因销货部分退回及发生销售折让的,购买方应向主管税务机关填报开具红字增值税专用发票申请单(以下简称申请单)。

主管税务机关对一般纳税人填报的申请单进行审核后,出具开具红字增值税专用发票通知单(以下简称通知单)。通知单应与申请单一一对应,购买方必须暂时依通知单所列增值税税额从当期进项税额中转出,未抵扣增值税进项税额的可列入当期进项税额,待取得销售方开具的红字专用发票后,与留存的通知单一并作为记账凭证。销售方凭购买方提供的通知单开具红字专用发票,在防伪税控系统中以销项负数开具。红字专用发票应与通知单一一对应。

5. 税务机关代开增值税专用发票

凡能够认真履行纳税义务的小规模纳税人,其销售货物或应税劳务可由税务机关代开增值税专用发票。但销售免税货物或将货物、应税劳务销售给消费者,以及小额零星销售的,不得代开增值税专用发票。小规模纳税人在税务机关代开增值税专用发票前,需先到税务机关临时申报应纳税额,持税务机关开具的税收缴款书,到其开户银行办理税款入库手续后,凭盖有银行转讫章的纳税凭证,税务机关方能代开增值税专用发票。

为小规模纳税人代开的增值税专用发票,"税额"栏填写纳税人实际缴纳的税额,即对销售额依照规定的征收率计算的增值税税额。一般纳税人取得由税务机关代开的增值税专用发票后,应以专用发票填写的税额作为其进项税额。

2.1.3 进口货物应纳税额的计算

纳税人(无论是一般纳税人还是小规模纳税人)进口货物,按规定的组成计税价格和规定的税率计算增值税税额,不得抵扣任何税额。其计算公式为

$$应纳税额 = 组成计税价格 \times 税率$$

组成计税价格包括以下两种情况。

(1) 进口货物只征收增值税的,其组成计税价格为

$$\begin{aligned}组成计税价格 &= 关税完税价格 + 关税 \\ &= 关税完税价格 \times (1 + 关税税率)\end{aligned}$$

(2) 进口货物同时征收消费税的,其组成计税价格为

$$\begin{aligned}组成计税价格 &= 关税完税价格 + 关税 + 消费税 \\ &= 关税完税价格 \times (1 + 关税税率) \div (1 - 消费税税率)\end{aligned}$$

关于"关税完税价格"的确认问题,将在项目5中详细介绍。

【例2-5】

某进出口公司,2019年11月进口一批化妆品,经海关审定的货物价款为360万元,运抵我国关境内输入地点起卸前的包装费为8万元,运输费为14万元,保险费为4万元。已知:化妆品关税税率为20%,消费税税率为15%,增值税税率为13%。要求:计算该批进口化妆品应缴纳的增值税。

$$应纳关税税额 = (360 + 8 + 14 + 4) \times 20\% = 77.2(万元)$$
$$组成计税价格 = (386 + 77.2) \div (1 - 15\%) = 544.94(万元)$$
$$应纳增值税税额 = 544.94 \times 13\% = 70.84(万元)$$

2.1.4 扣缴义务人应扣缴税额的计算

境外单位或者个人在境内销售服务、无形资产或者不动产,在境内未设有经营机构的,扣缴义务人按照下列公式计算应扣缴税额:

$$应扣缴税额 = 购买方支付的价款 \div (1 + 税率) \times 税率$$

【例 2-6】
境外公司为某纳税人提供咨询服务,合同价款 106 万元,且该境外公司没有在境内设立经营机构,应以服务购买方为增值税扣缴义务人。要求:计算购买方应当扣缴的税额。

应扣缴增值税额 = $106 \div (1+6\%) \times 6\% = 6$(万元)

任务 2.2 增值税纳税申报

2.2.1 增值税的征收管理

1. 纳税义务发生时间

（1）纳税人发生应税行为,为收讫销售款项或者取得索取销售款项凭据的当天;先开具发票的,为开具发票的当天。按销售结算方式的不同,具体分为下列几种形式。

① 采取直接收款方式销售货物,不论货物是否发出,均为收到销售款或者取得索取销售款凭据的当天。

② 采取托收承付和委托银行收款方式销售货物,为发出货物并办妥托收手续的当天。

③ 采取赊销和分期收款方式销售货物,为书面合同约定的收款日期的当天,无书面合同的或者书面合同没有约定收款日期的,为货物发出的当天。

④ 采取预收货款方式销售货物,为货物发出的当天,但生产销售生产工期超过 12 个月的大型机械设备、船舶、飞机等货物,为收到预收款或者书面合同约定的收款日期的当天。

⑤ 纳税人提供建筑服务、租赁服务采取预收款方式的,其纳税义务发生时间为收到预收款的当天。

⑥ 委托其他纳税人代销货物,为收到代销单位的代销清单或者收到全部或者部分货款的当天。未收到代销清单及货款的,为发出代销货物满 180 日的当天。

⑦ 销售应税劳务,为提供劳务同时收讫销售款或者取得索取销售款凭据的当天。

⑧ 纳税人从事金融商品转让的,为金融商品所有权转移的当天。

⑨ 纳税人发生视同销售行为,其纳税义务发生时间为货物移送、服务及无形资产转让完成的当天或者不动产权属变更的当天。

（2）进口货物,为报关进口的当天。

（3）增值税扣缴义务发生时间为纳税人增值税纳税义务发生的当天。

2. 增值税的纳税期限

增值税的纳税期限分别为 1 日、3 日、5 日、10 日、15 日、1 个月或者 1 个季度。纳税人的具体纳税期限,由主管税务机关根据纳税人应纳税额的大小分别核定;不能按照固定期限纳税的,可以按次纳税。

纳税人以1个月或者1个季度为1个纳税期的,自期满之日起15日内申报纳税;纳税人以1日、3日、5日、10日或者15日为1个纳税期的,自期满之日起5日内预缴税款,于次月1日起15日内申报纳税并结清上月应纳税款。扣缴义务人解缴税款的期限,依照纳税义务人规定执行。纳税人进口货物,应当自海关填发海关进口增值税专用缴款书之日起15日内缴纳税款。

以1个季度为纳税期限的规定适用于小规模纳税人、银行、财务公司、信托投资公司、信用社以及财政部和国家税务总局规定的其他纳税人。

3. 增值税纳税地点

(1) 固定业户应当向其机构所在地或者居住地主管税务机关申报纳税。总机构和分支机构不在同一县(市)的,应当分别向各自所在地的主管税务机关申报纳税;经国务院财政部和国家税务总局或者其授权的财政和税务机关批准,可以由总机构汇总向总机构所在地的主管税务机关申报纳税;跨县(市)提供建筑服务或者销售取得的不动产,应按规定在建筑服务发生或不动产所在地预缴税款后,向机构所在地主管税务机关进行纳税申报。

(2) 非固定业户应当向应税行为发生地主管税务机关申报纳税;未申报纳税的,由其机构所在地或者居住地的主管税务机关补征税款。

(3) 其他个人提供建筑服务,销售或者租赁不动产,转让自然资源使用权,应向建筑服务发生地、不动产所在地、自然资源所在地主管税务机关申报纳税。

(4) 进口货物,应当向报关地海关申报纳税。

(5) 扣缴义务人应当向其机构所在地或者居住地的主管税务机关申报缴纳其扣缴的税款。

2.2.2 增值税的纳税申报

1. 一般纳税人的纳税申报

1) 申报程序

一般纳税人办理纳税申报,需要经过专用发票认证(或选择抵扣)、抄税、报税、办理申报、税款缴纳等工作。

(1) 专用发票认证(或选择抵扣)。增值税专用发票的认证方式可选择手工认证和网上认证。手工认证是指单位办税员月底持专用发票"抵扣联"到所属主管税务机关服务大厅"认证窗口"进行认证;网上认证是指纳税人月底前通过扫描仪将专用发票抵扣联扫入认证专用软件,生成电子数据,将数据文件传给税务机关完成认证。自2019年3月1日起,一般纳税人对取得的增值税专用发票可以不再进行认证,通过增值税发票税控开票软件登录本省增值税发票查询平台,查询、选择用于申报抵扣、出口退税或者代办退税的增值税发票信息。

(2) 抄税。抄税是在当月的最后一天,通常是在次月1日早上开票前,利用防伪税控开票系统进行抄税处理,将本月开具增值税专用发票的信息读入IC卡(抄税完成后本月不允许再开具发票)。

(3)报税。报税是在报税期内,一般单位在每月15日前,将IC卡拿到税务机关,由税务人员将IC卡的信息读入税务机关的金税系统。经过抄税,税务机关确保了所有开具的销项发票都进入金税系统;经过报税,税务机关确保了所有抵扣的进项发票都进入金税系统,就可以在系统内由系统自动进行比对,确保任何一张抵扣的进项发票都有销项发票与其对应。

(4)办理申报。申报工作可分为上门申报和网上申报。上门申报是指在申报期内,携带填写的申报表、资产负债表、利润表及其他相关材料到主管税务机关办理纳税申报,税务机关审核后将申报表退还一联给纳税人;网上申报是指纳税人在征税期内,通过互联网将增值税纳税申报表主表、附表及其他必报资料的电子信息传送至电子申报系统。纳税人应从办理税务登记的次月1日起15日内,不论有无销售额,均应按主管税务机关核定的纳税期限按期向当地税务机关申报。

(5)税款缴纳。税务机关将申报表单据送到开户银行,由银行进行自动转账处理。对于未实行税库银联网的纳税人还需自己到税务机关指定的银行进行现金缴纳。

2)申报资料

电子信息采集系统一般纳税人纳税包括以下几项申报资料。

(1)必须填报的资料:①增值税纳税申报表(一般纳税人适用)和反映本期销售情况明细的附列资料(一)、反映本期进项税额明细的附列资料(二)、反映营改增纳税人服务、不动产和无形资产扣除明细的附列资料(三)、反映税额抵减情况表附列资料(四),以及增值税减免税申报明细表;②备份数据软盘和IC卡;③资产负债表和利润表。

(2)其他必报资料:①海关完税凭证抵扣清单;②代开发票抵扣清单;③主管国税机关规定的其他必报资料。

(3)备查资料:①已开具普通发票存根联;②符合抵扣条件并且在本期申报抵扣的增值税专用发票抵扣联;③海关进口货物完税凭证、购进农产品普通发票存根联原件及复印件;④收购发票;⑤代扣代缴税款凭证存根联;⑥主管税务机关规定的其他备查资料。备查资料是否需要在当期报送,由各级国家税务局确定。

【项目导入案例解析之二:增值税的纳税申报】

资料:项目2导入案例——应纳税额的计算。

要求:填报湖南华宁实业有限公司2019年6月应纳增值税纳税申报表及相关附表。填报情况如表2-2~表2-5所示。

操作步骤如下。

第一步:申报期内,凭"应交税费——应交增值税"明细账,填写增值税附表一、附表二,如表2-2和表2-3所示。

第二步:根据"应交税费——应交增值税"明细账、附表一、附表二、固定资产进项税额抵扣明细表,填写增值税纳税申报表,如表2-4所示。

表 2-2

增值税纳税申报表附列资料（一）
（本期销售情况明细）

税款所属时间：2019 年 6 月 1 日至 2019 年 6 月 30 日

纳税人名称：（公章）湖南华宁实业有限公司

金额单位：元至角分

项目及栏次		开具增值税专用发票		开具其他发票		未开具发票		纳税检查调整		合计			服务、不动产和无形资产扣除项目本期实际扣除金额	扣除后	
		销售额	销项（应纳）税额	销售额	销项（应纳）税额	销售额	销项（应纳）税额	销售额	销项（应纳）税额	销售额	销项（应纳）税额	价税合计		含税（免税）销售额	销项（应纳）税额
		1	2	3	4	5	6	7	8	9=1+3+5+7	10=2+4+6+8	11=9+10	12	13=11−12	14=13÷(100%+税率或征收率)×税率或征收率
一般计税方法计税	全部征税项目	1 13%税率的货物及加工修理修配劳务	1 268 500	164 905	35 000	4 550	80 000	10 400		8	1 383 500	179 855	—	—	—	—
		2 13%税率的服务、不动产和无形资产														
		3 9%税率的货物及加工修理修配劳务														
		4 9%税率的服务、不动产和无形资产														
		5 6%税率														
	其中：即征即退项目	6 即征即退货物及加工修理修配劳务														
		7 即征即退服务、不动产和无形资产														

续表

项目及栏次		开具增值税专用发票		开具其他发票		未开具发票		纳税检查调整		合计			服务、不动产和无形资产扣除项目本期实际扣除金额	扣除后	
		销售额	销项（应纳）税额	销售额	销项（应纳）税额	销售额	销项（应纳）税额	销售额	销项（应纳）税额	销售额	销项（应纳）税额	价税合计		含税（免税）销售额	销项（应纳）税额
		1	2	3	4	5	6	7	8	9=1+3+5+7	10=2+4+6+8	11=9+10	12	13=11-12	14=13÷(100%+税率或征收率)×税率或征收率
二、简易计税方法计税	6%征收率 8															
	5%征收率的货物及加工修理修配劳务 9a															
	5%征收率的服务、不动产和无形资产 9b															
	4%征收率 10															
	3%征收率的货物及加工修理修配劳务 11															
	3%征收率的服务、不动产和无形资产 12															
全部征税项目	预征率 % 13a								—	—	—	—	—	—	—	—
	预征率 % 13b								—	—	—	—	—	—	—	—
	预征率 % 13c								—	—	—	—	—	—	—	—
其中：即征即退项目	即征即退货物及加工修理修配劳务 14	—	—												
	即征即退服务、不动产和无形资产 15	—	—												

续表

项目及栏次		开具增值税专用发票		开具其他发票		未开具发票		纳税检查调整		合　　计			服务、不动产和无形资产扣除项目本期实际扣除金额	扣除后	
		销售额	销项(应纳)税额	销售额	销项(应纳)税额	销售额	销项(应纳)税额	销售额	销项(应纳)税额	销售额	销项(应纳)税额	价税合计		含税(免税)销售额	销项(应纳)税额
		1	2	3	4	5	6	7	8	9＝1＋3＋5＋7	10＝2＋4＋6＋8	11＝9＋10	12	13＝11－12	14＝13÷(100％＋税率或征收率)×税率或征收率
三、免抵退税	货物及加工修理修配劳务　16	—	—	—	—	—	—	—	—	—	—	—	—	—	—
	服务、不动产和无形资产　17	—	—	—	—	—	—	—	—	—	—	—	—	—	—
四、免税	货物及加工修理修配劳务　18	—	—	—	—	—	—	—	—	—	—	—	—	—	—
	服务、不动产和无形资产　19	—	—	—	—	—	—	—	—	—	—	—	—	—	—

表 2-3　　　　　　　增值税纳税申报表附列资料(二)
　　　　　　　　　　　　(本期进项税额明细)

税款所属时间：2019 年 6 月 1 日至 2019 年 6 月 30 日

纳税人名称：(公章)湖南华宁实业有限公司

填表日期：2019 年 7 月 14 日　　　　　金额单位：元至角分

一、申报抵扣的进项税额				
项　　目	栏次	份数	金　额	税　额
(一)认证相符的增值税专用发票	1＝2＋3	8	1 399 200	181 608
其中：本期认证相符且本期申报抵扣	2	8	1 399 200	181 608
前期认证相符且本期申报抵扣	3			
(二)其他扣税凭证	4	1	100 000	10 000
其中：海关进口增值税专用缴款书	5			
农产品收购发票或者销售发票	6	1	100 000	10 000
代扣代缴税收缴款凭证	7			
其他	8			
(三)本期用于购建不动产的扣税凭证	9	—	—	—
(四)本期不动产允许抵扣项税额	10			
(五)外贸企业进项税额抵扣证明	11			
当期申报抵扣进项税额合计	12＝1＋4－9＋10＋11	9	1 499 200	191 608

二、进项税额转出额		
项　　目	栏次	税　额
本期进项税额转出额	13＝14 至 23 之和	14 311
其中：免税货物用	14	10 400
集体福利、个人消费	15	
非正常损失	16	3 911
简易计税办法征税项目用	17	
免抵退税办法不得抵扣的进项税额	18	
纳税检查调减进项税额	19	
红字专用发票通知单注明的进项税额	20	
上期留抵税额抵减欠税	21	
上期留抵税额退税	22	
其他应作进项税额转出的情形	23	

续表

	三、待抵扣进项税额				
	项 目	栏次	份数	金 额	税 额
(一)认证相符的增值税专用发票		24	—		
	期初已认证相符但未申报抵扣	25			
	本期认证相符且本期未申报抵扣	26			
	期末已认证相符但未申报抵扣	27			
其中:按照税法规定不允许抵扣		28			
(二)其他扣税凭证		29=30至33之和			
其中:海关进口增值税专用缴款书		30			
	农产品收购发票或者销售发票	31			
	代扣代缴税收缴款凭证	32			
	其他	33			
		34		—	—

	四、其他				
	项 目	栏次	份数	金 额	税 额
本期认证相符的税控增值税专用发票		35	8	1 399 200	181 608
代扣代缴税额		36	—		

表 2-4　　　　　　　　　增值税纳税申报表
　　　　　　　　　　　　　(一般纳税人适用)

根据国家税收法律、法规及增值税相关规定制定本表。纳税人不论有无销售额,均应按税务机关核定的纳税期限填写本表,并向当地税务机关申报。

税款所属时间:自 2019 年 6 月 1 日至 2019 年 6 月 30 日　　填表日期:2019 年 7 月 14 日　　金额单位:元至角分

纳税人识别号						所属行业:制造业
纳税人名称	湖南华宁实业有限公司(公章)		法定代表人姓名		营业地址	
开户银行及账号			企业登记注册类型		电话号码	

	项 目	栏次	一般项目		即征即退项目	
			本月数	本年累计	本月数	本年累计
销售额	(一)按适用税率计税销售额	1	1 383 500			
	其中:应税货物销售额	2	1 373 500			
	应税劳务销售额	3	10 000			
	纳税检查调整的销售额	4				
	(二)按简易办法计税销售额	5				
	其中:纳税检查调整的销售额	6				
	(三)免、抵、退办法出口销售额	7			—	—
	(四)免税销售额	8			—	—
	其中:免税货物销售额	9				
	免税劳务销售额	10			—	—

· 60 ·

续表

项　目		栏次	一般项目		即征即退项目	
			本月数	本年累计	本月数	本年累计
税款计算	销项税额	11	179 855			
	进项税额	12	191 608			
	上期留抵税额	13	2 000	—		—
	进项税额转出	14	14 311			
	免、抵、退应退税额	15		—		—
	按适用税率计算的纳税检查应补缴税额	16				
	应抵扣税额合计	17＝12＋13－14－15＋16	179 297			
	实际抵扣税额	18（如 17＜11，则为 17，否则为 11）	179 297			
	应纳税额	19＝11－18	558			
	期末留抵税额	20＝17－18		—		—
	简易计税办法计算的应纳税额	21				
	按简易计税办法计算的纳税检查应补缴税额	22			—	—
	应纳税额减征额	23				
	应纳税额合计	24＝19＋21－23	558			
税款缴纳	期初未缴税额（多缴为负数）	25				
	实收出口开具专用缴款书退税额	26				
	本期已缴税额	27＝28＋29＋30＋31				
	① 分次预缴税额	28				
	② 出口开具专用缴款书预缴税额	29				
	③ 本期缴纳上期应纳税额	30				
	④ 本期缴纳欠缴税额	31				
	期末未缴税额（多缴为负数）	32＝24＋25＋26－27	558			
	其中：欠缴税额（≥0）	33＝25＋26－27		—		—
	本期应补（退）税额	34＝24－28－29	558			
	即征即退实际退税额	35	—			
	期初未缴查补税额	36		·		
	本期入库查补税额	37			—	—
	期末未缴查补税额	38＝16＋22＋36－37				
授权声明	如果你已委托代理人申报，请填写下列资料： 　　为代理一切税务事宜，现授权 （地址）　　　为本纳税人的代理申报人，任何与本申报表有关的往来文件，都可寄予此人。 　　　　　　　　　　授权人签字：		申报人声明	本纳税申报表是根据国家税收法律、法规及相关规定填报的，我确定它是真实的、可靠的、完整的。 　　　　　　　　　　声明人签字：		

主管税务机关：　　　　　　接收人：　　　　　　接收日期：

2. 小规模纳税人的纳税申报

小规模企业无论当季有无销售额，均应填报增值税纳税申报表（适用于小规模纳税人）于季满次月 15 日前报主管税务征收机关，如表 2-5 所示。

1）申报资料

（1）增值税小规模纳税人纳税申报表。

(2) 资产负债表和利润表。
(3) 主管税务机关要求的其他资料。
2) 申报表的格式与内容
小规模纳税人的增值税纳税申报表如表 2-5 所示。

表 2-5 增值税纳税申报表
（适用小规模纳税人）

纳税人识别号：□□□□□□□□□□□□□□□□□□□

纳税人名称（公章）：某商业企业　　　　　　　　　金额单位：元至角分

税款所属期：2019 年 4 月 1 日至 2019 年 6 月 30 日　　填表日期：2019 年 7 月 14 日

	项　目	栏次	本期数		本年累计	
			货物及劳务	服务、不动产和无形资产	货物及劳务	服务、不动产和无形资产
一、计税依据	（一）应征增值税不含税销售额（3%征收率）	1	410 000			
	税务机关代开的增值税专用发票不含税销售额	2	30 000			
	税控器具开具的普通发票不含税销售额	3	380 000			
	（二）应征增值税不含税销售额（5%征收率）	4				
	税务机关代开的增值税专用发票不含税销售额	5				
	税控器具开具的普通发票不含税销售额	6				
	（三）销售使用过的固定资产不含税销售额	7(7≥8)				
	其中：税控器具开具的普通发票不含税销售额	8				
	（四）免税销售额	9=10+11+12				
	其中：小微企业免税销售额	10				
	未达起征点销售额	11				
	其他免税销售额	12				
	（五）出口免税销售额	13(13≥14)				
	其中：税控器具开具的普通发票销售额	14				
二、税款计算	本期应纳税额	15	12 300			
	本期应纳税额减征额	16				
	本期免税额	17				
	其中：小微企业免税额	18				
	未达起征点免税额	19				
	应纳税额合计	20=15-16	12 300			
	本期预缴税额	21				
	本期应补（退）税额	22=20-21	12 300			

纳税人或代理人声明：本纳税申报表是根据国家税收法律法规及相关规定填报的，我确定它是真实的、可靠的、完整的。	如纳税人填报，由纳税人填写以下各栏：	
	办税人员（签章）：	财务负责人（签章）：
	法定代表人（签章）：	联系电话：
	如委托代理人填报，由代理人填写以下各栏：	
	代理人名称（公章）：	经办人（签章）：
		联系电话：

主管税务机关：　　　　　　　接收人：　　　　　　　接收日期：

【例2-7】

资料：沿用例2-4的资料。

要求：填报某商业企业小规模纳税人2019年第三季度应纳增值税纳税申报表。填报情况见表2-5。

3) 申报缴税

(1) 直接申报缴税方式

按主管税务机关规定的纳税期限携带填列准确无误的申报资料到申报征收窗口办理申报缴款手续。以国家税务机关填开的中华人民共和国税收通用缴款书为完税凭证，作为会计处理依据。

(2) 电子申报缴税方式

小规模纳税人的电子申报缴税方式与一般纳税人相同，小规模纳税人必须在法定申报期内将申报表录入电子申报缴税系统，通过计算机网络进行远程申报，根据"财税库银横向联网系统"协议向纳税人指定的银行账号适时进行税款划缴，以开户行领取的电子缴税付款凭证作为完税单据，进行会计核算。

任务2.3 增值税会计核算

增值税实行价外税是一种间接税，在每一个流通环节的增值部分征税。由于增值税一般纳税人和小规模纳税人在增值税计算方法上存在差异，因此增值税会计核算也不相同。

2.3.1 会计核算的依据

1. 进项税额（抵扣税）的记账依据

一般纳税人企业购入货物或接受应税劳务支付或者负担的增值税进项税额可以从销售货物或提供应税劳务向购买方收取的增值税销项税额中抵扣，但必须取得以下涉税原始凭证。

(1) 增值税专用发票。增值税专用发票记载了销售货物（提供劳务、服务）的售价、税率及税额等，购货方（接受劳务、服务方）以增值税专用发票上记载的购入货物（接受劳务、服务方）已支付的税额，作为抵扣税款和记账的依据。

(2) 海关进口增值税专用缴款书。企业进口货物需按规定缴纳进口增值税，其缴纳的增值税税额在海关进口增值税专用缴款书上注明。企业以专用缴款书上注明的增值税税额，作为抵扣税款和记账的依据。

(3) 农产品收购凭证或销售发票。一般纳税人购进免税农产品，按经主管税务机关批准使用的收购凭证上注明的买价和9%的扣除率计算进项税额（营改增试点期间，纳税人购进用于生产销售或委托受托加工13%税率货物的农产品扣除率为10%），按照计算出的进项税额作为抵扣税款和记账的依据。

(4) 税控机动车销售统一发票。从 2013 年 8 月 1 日起,企业购进生产经营用的摩托车、小汽车、游艇的进项税额可以抵扣,企业可以税控机动车销售统一发票上注明的增值税税额作为抵扣税款和记账的依据。

(5) 旅客运输服务发票。自 2019 年 4 月 1 日起,纳税人购进国内旅客运输服务,其进项税额允许从销项税额中抵扣。未取得增值税专用发票的,暂按规定计算确定的进项税额进行抵扣。

2. 销项税额的记账依据

销项税额以符合税法规定的应税销售额和适用税率计算而得。一般销售方式下,以开具的增值税发票不含税销售额为应税销售额计算销项税额,作为记账的依据;特殊销售方式与视同销售业务按税法规定确定应税销售额计算销项税额,作为记账的依据。

2.3.2 会计科目的设置

1. 一般纳税人会计科目的设置

为了准确反映应纳增值税的核算和缴纳情况,一般纳税人应在"应交税费"科目下设置"应交增值税"二级科目。如果是辅导期增值税一般纳税人,应在"应交税费"科目下另开设"待扣进项税额"二级科目进行核算。

(1) "应交税费——应交增值税"科目

"应交税费——应交增值税"账户的借方发生额,反映企业购进货物、劳务或接受应税服务所支付的进项税额,以及实际已缴纳的增值税税额;其贷方发生额反映企业销售货物、劳务、服务、不动产或无形资产所收取的销项税额、出口货物退税额,以及进项税额转出数;期末借方余额反映企业尚未抵扣的增值税税额。

企业在"应交税费——应交增值税"二级账户内,一般可设置"进项税额""已交税金""出口抵减内销产品应纳税额""销项税额""出口退税""进项税额转出""转出未交增值税""转出多交增值税"等明细专栏,并按规定进行核算,如表 2-6 所示。

表 2-6　　　　　　　　　应交税费——应交增值税明细账

年		凭证号数	摘要	借方						贷方					余额
月	日			合计	进项税额	已交税金	减免税款	出口抵减内销产品应纳税额	转出未交增值税	合计	销项税额	出口退税	进项税额转出	转出多交增值税	

① "进项税额"专栏,记录一般纳税人购入货物、加工修理修配劳务、服务、无形资产或不动产而支付或负担的、准予从当期销项税额中抵扣的增值税税额。

②"已交税金"专栏,记录一般纳税人本月实际缴纳当月的增值税额。

③"出口抵减内销产品应纳税额"专栏,记录一般纳税人按"免、抵、退"办法计算的出口货物的进项税额抵减内销产品的应纳税额。

④"转出未交增值税"专栏,记录一般纳税人当月发生的应交未交增值税额在月末转入"未交增值税"明细科目贷方的税额。

⑤"销项税额"专栏,记录一般纳税人销售货物、劳务、服务、不动产或无形资产应收取的增值税税额。若销货退回应冲销的销项税额,用红字登记。

⑥"出口退税"专栏,记录一般纳税人出口货物、加工修理修配劳务、服务、无形资产按规定退回的增值税税额。若退税后发生退货或退关而补交已退的税款,用红字登记。

⑦"进项税额转出"专栏,记录一般纳税人购进货物、加工修理修配劳务、服务、无形资产或不动产等发生非正常损失以及其他原因而不应从销项税额中抵扣,按规定转出的进项税额。

⑧"转出多交增值税"专栏,记录一般纳税人本月多交的增值税额在月末转入"未交增值税"明细科目借方的税额。

营业税改征增值税后,一般纳税人视业务情况需要增设"销项税额抵减"专栏,用以记录一般纳税人因按规定扣减销售额而减少的销项税额;"减免税款"专栏,用以记录允许抵扣的税控设备价款和技术维护费的税款。

(2)"应交税费——未交增值税"科目

"应交税费——未交增值税"科目核算一般纳税人月份终了从"应交增值税"或"预交增值税"明细科目转入当月应交未交、多交或预交的增值税税额,以及当月缴纳以前期间未交的增值税税额。

(3)"应交税费——预交增值税"科目

"应交税费——预交增值税"科目核算一般纳税人转让不动产、提供不动产经营租赁服务、提供建筑服务、采用预收款方式销售自行开发的房地产项目等,以及其他按现行增值税制度应预交的增值税税额。

(4)"应交税费——待抵扣进项税额"科目

"应交税费——待抵扣进项税额"科目核算一般纳税人已取得增值税扣税凭证并经税务机关认证,按照现行增值税制度规定准予以后期间从销项税额中抵扣的进项税额。

(5)"应交税费——待认证进项税额"科目

"应交税费——待认证进项税额"科目核算一般纳税人由于未经税务机关认证而不得从当期销项税额中抵扣的进项税额。包括一般纳税人已取得增值税扣税凭证、按照现行增值税制度规定准予从销项税额中抵扣,但尚未经税务机关认证的进项税额;一般纳税人已申请稽核但尚未取得稽核相符结果的海关缴款书的进项税额。

(6)"应交税费——待转销项税额"科目

"应交税费——待转销项税额"科目核算一般纳税人销售货物、加工修理修配劳务、服务、无形资产或不动产,已确认相关收入(或利得)但尚未发生增值税纳税义务而需于以后期间确认为销项税额的增值税税额。

(7)"应交税费——简易计税"科目

"应交税费——简易计税"科目核算一般纳税人采用简易计税方法发生的增值税计提、扣减、预交、缴纳等业务。

企业视业务情况需要还可在"应交税费"科目下增设:"转让金融商品应交增值税"明细科目,核算增值税纳税人转让金融商品发生的增值税税额;"代扣代交增值税"明细科目,核算纳税人购进在境内未设经营机构的境外单位或个人在境内的应税行为代扣代交的增值税;"增值税留抵税额"明细科目,核算兼有服务、无形资产或者不动产的原增值税一般纳税人,截至纳入营改增试点之日前的增值税期末留抵税额按照现行增值税制度规定不得从销售服务、无形资产或不动产的销项税额中抵扣的增值税留抵税额。

2．小规模纳税人会计科目的设置

小规模纳税人只需在"应交税费"科目下设置"应交增值税"明细科目,不需要设置上述专栏及除"转让金融商品应交增值税""代扣代交增值税"外的明细科目。采用三栏式账页,其贷方发生额反映企业销售货物、劳务、服务、不动产或无形资产应缴纳的增值税税额;借方发生额反映企业已缴纳的增值税税额;期末贷方余额反映企业应交未交的增值税税额;期末借方余额反映企业多交的增值税税额。

2.3.3 会计核算实务

1．一般纳税人销项税额的会计核算

企业销售货物、劳务、服务、不动产或无形资产,应按实现的营业收入和按规定收取的增值税税额,借记"应收账款""应收票据""银行存款"等科目,按实现的营业收入,贷记"主营业务收入"等科目,按专用发票上注明的增值税税额,贷记"应交税费——应交增值税(销项税额)"。发生的销货退回,做相反会计分录。

(1)直接收款销售方式

税法规定,企业采取直接收款销售方式销售货物,不论货物是否发出,均以收到销售款或者取得索取销售款凭据的当天作为销售收入实现、纳税义务发生和开出增值税发票的时间。

【例2-8】

夏新电视机厂(一般纳税人)本月向某商场销售100台电视机,每台不含税售价为6 000元,夏新电视机厂开增值税发票注明价款为600 000元,税额为96 000元。商场以支票形式支付货款及税款。

夏新电视机厂的会计处理如下：

借：银行存款　　　　　　　　　　　　　　　678 000
　　贷：主营业务收入　　　　　　　　　　　　　　　600 000
　　　　应交税费——应交增值税（销项税额）　　　 78 000

（2）预收货款销售方式

企业采用预收货款销售方式销售货物的，以货物发出的当天作为销售收入实现、纳税义务发生和开出增值税发票的时间。

【例 2-9】

宏鑫工厂和某公司签订供货合同，货款金额为 100 000 元，应交增值税为 13 000 元，该公司先预付货款的 50%，余款等到货后 1 个月内支付。

宏鑫工厂的会计处理如下：

① 预收款项时

借：银行存款　　　　　　　　　　　　　　　 50 000
　　贷：预收账款——某公司　　　　　　　　　　　　 50 000

② 发出货物，开具专用发票时

借：预收账款——某公司　　　　　　　　　　 113 000
　　贷：主营业务收入　　　　　　　　　　　　　　　100 000
　　　　应交税费——应交增值税（销项税额）　　　 13 000

③ 收到余款时

借：银行存款　　　　　　　　　　　　　　　 67 000
　　贷：预收账款　　　　　　　　　　　　　　　　　 67 000

（3）赊销和分期收款销售方式

企业采取赊销和分期收款销售方式销售货物的，其纳税义务发生时间为书面合同约定的收款日期的当天；无书面合同或书面合同没有约定收款日期的，以货物发出的当天作为纳税义务发生的时间，发出商品时，借记"长期应收款"，贷记"主营业务收入"；同时结转销售成本。按合同约定的收款日期开具发票时，借记"银行存款""应收账款"等，贷记"长期应收款""应交税费——应交增值税（销项税额）"。

【例 2-10】

华茂公司以分期收款销售方式销售产品 20 台给某公司，每台售价为 60 000 元，该产品成本为 420 000 元，货已经发出。按合同规定货款分 3 个月付清，本月 25 日为第一次付款日。开出增值税专用发票注明销售额为 400 000 元，增值税为 52 000 元，货款尚未收到。

华茂公司的会计处理如下：

① 发出商品时

借：长期应收款　　　　　　　　　　　　　 1 200 000
　　贷：主营业务收入　　　　　　　　　　　　　　1 200 000

借：主营业务成本　　　　　　　　　　　　　 420 000
　　贷：库存商品　　　　　　　　　　　　　　　　　420 000

② 约定收款日时
借：应收账款　　　　　　　　　　　　　　　　452 000
　　贷：长期应收款　　　　　　　　　　　　　　400 000
　　　　应交税费——应交增值税（销项税额）　　52 000

在以后约定的收款日，作相同的账务处理。

（4）兼营业务

纳税人销售货物、加工修理修配劳务、服务、无形资产或者不动产适用不同税率的，应当分别核算适用不同税率的销售额，未分别核算销售额的，从高适用税率。

【例2-11】

2019年6月，A物流企业，本月提供交通运输收入100万元，物流辅助收入100万元，按照适用税率，分别开具增值税专用发票，款项已收。当月委托上海B企业一项运输业务，取得B企业开具的增值税专用发票，款项已付，价款20万元，注明的增值税税额为1.8万元。

A物流企业的会计处理如下：

① 取得运输收入的会计处理
借：银行存款　　　　　　　　　　　　　　　　1 090 000
　　贷：主营业务收入——运输　　　　　　　　1 000 000
　　　　应交税费——应交增值税（销项税额）　　90 000

② 取得物流辅助收入的会计处理
借：银行存款　　　　　　　　　　　　　　　　1 060 000
　　贷：其他业务收入——物流　　　　　　　　1 000 000
　　　　应交税费——应交增值税（销项税额）　　60 000

③ 取得B企业增值税专用发票后的会计处理
借：主营业务成本　　　　　　　　　　　　　　200 000
　　应交税费——应交增值税（进项税额）　　　18 000
　　贷：银行存款　　　　　　　　　　　　　　218 000

（5）委托代销

委托其他纳税人代销货物，以收到代销单位的代销清单或者收到全部或者部分货款的当天作为销售收入实现、纳税义务发生和开出增值税发票的时间。委托代销主要有两种方式：视同买断方式和收取手续费方式。下面举例说明收取手续费方式。

【例2-12】

太平洋商场收到某百货商店代销电视机的代销清单，列明销售电视机为300台，每台售价为1 500元，价款为450 000元，销项税额为58 500元，按不含税代销价的5%结算代销手续费，款项已经收到。

太平洋商场的会计处理如下：

借：银行存款　　　　　　　　　　　　　　　　486 000
　　销售费用　　　　　　　　　　　　　　　　22 500
　　贷：主营业务收入——电视机　　　　　　　450 000

　　　　应交税费——应交增值税（销项税额）　　　　　58 500

（6）将自产或委托加工的货物用于集体福利

　　企业将自产或委托加工的货物用于集体福利。从会计角度看，此种情况属于非销售活动，不记入有关收入类科目，但按税法规定属于视同销售行为，应按自产或委托加工货物的成本与税务机关核定的货物计税依据计算缴纳增值税，纳税义务发生时间为货物移送的当天。

【例 2-13】

　　东方集团公司将自产产品一批作为公司职工集体福利使用，实际成本共计 100 000 元，税务机关认定的计税价格为 120 000 元，未开具发票。

　　该公司的会计处理如下：

　　借：应付职工薪酬　　　　　　　　　　　　　115 600
　　　　贷：库存商品　　　　　　　　　　　　　　　100 000
　　　　　　应交税费——应交增值税（销项税额）　　15 600

（7）用于对外投资、捐赠的货物

　　企业将自产、委托加工或购买的货物作投资，提供给其他单位或者个体工商户销售活动使用；无偿捐赠给其他单位或个人的，按税法规定属于视同销售行为。

【例 2-14】

　　天启机械公司将自产的一台设备投资于某企业，该设备市场售价为 9 万元，成本为 6 万元。

　　该公司的会计处理如下：

　　借：长期股权投资　　　　　　　　　　　　　101 700
　　　　贷：主营业务收入　　　　　　　　　　　　　90 000
　　　　　　应交税费——应交增值税（销项税额）　　11 700

【例 2-15】

　　天启机械公司将价值为 200 000 元（税务机关认定的计税价格为 250 000 元）的 5 台设备无偿捐赠给灾区救灾使用，同时开具增值税专用发票。

　　该公司的会计处理如下：

　　借：营业外支出　　　　　　　　　　　　　　232 500
　　　　贷：库存商品　　　　　　　　　　　　　　　200 000
　　　　　　应交税费——应交增值税（销项税额）　　32 500

（8）将自产、委托加工的货物分配给股东

　　纳税人将自产、委托加工的货物分配给股东，货物的所有权也发生了转移，所以同样要作为销售缴纳增值税，纳税义务的确认时间为货物移送的当天。

【例 2-16】

　　天启机械公司将自产的价值为 500 000 元的设备作为股利分配给股东，账面成本为 480 000 元。

　　该公司的会计处理如下：

　　借：应付股利　　　　　　　　　　　　　　　565 000

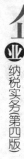

  贷：主营业务收入   500 000
    应交税费——应交增值税（销项税额）   65 000

（9）以物易物方式销售货物

  采取以物易物方式销售的双方都应作购销处理，以各自发出的货物核算销售额并计算销项税额，以各自收到的货物按规定核算购货额并计算进项税额。

【例 2-17】

  天启机械公司以自产的 10 台设备与钢材厂互换钢材，已知每台设备不含税价格为 50 万元，从钢材厂换回的钢材已入库，对方开来的增值税专用发票上注明钢材价款为 400 万元，增值税为 640 000 元，并开出转账支票，补价 1 160 000 元。

  天启机械公司的会计处理如下：

借：原材料   4 000 000
  应交税费——应交增值税（进项税额）   520 000
  银行存款   1 130 000
  贷：主营业务收入   5 000 000
    应交税费——应交增值税（销项税额）   650 000

（10）销售自己使用过的固定资产

  自 2009 年 1 月 1 日起，纳税人销售自己使用过的固定资产（即纳税人根据会计准则已经计提折旧的固定资产），应区分不同情形征收增值税：销售自己使用过的自 2009 年 1 月 1 日以后购进或者自制的固定资产，按照适用税率征收增值税；销售自己使用过的 2008 年 12 月 31 日或纳入营改增试点之日前购进或自制的固定资产，按 3% 征收率减按 2% 征收增值税并且不得开具增值税专用发票，或者依照 3% 征收率缴纳增值税，可开具增值税专用发票。

【例 2-18】

  2019 年 7 月 15 日，天启机械公司转让当年 1 月购入的生产用固定资产，原值 100 000 元，已提折旧 4 000 元，转让价 50 000 元（含增值税）。转让自 2009 年 1 月 1 日以前购进或者自制的生产用固定资产，原值 200 000 元，已提折旧 100 000 元，转让价 110 000 元（含增值税）。

  天启机械公司的会计处理如下：

① 转让自 2019 年 1 月购入的固定资产

借：固定资产清理   96 000
  累计折旧   4 000
  贷：固定资产   100 000
借：银行存款   50 000
  贷：固定资产清理   44 247.79
    应交税费——应交增值税（销项税额）   5 752.21
借：资产处置损益——处置固定资产损失   51 752.21
  贷：固定资产清理   51 752.21

② 转让自 2009 年 1 月 1 日以前年度的固定资产

借：固定资产清理   100 000
  累计折旧   100 000

```
        贷：固定资产                                    200 000
    借：银行存款                                        110 000
        贷：固定资产清理                                107 864.08
            应交税费——应交增值税（销项税额）[110 000÷(1+3%)×2%]
                                                        2 135.92
    借：固定资产清理                                    7 864.08
        贷：资产处置损益——处置固定资产利得              7 864.08
```

2. 一般纳税人进项税额的会计核算

企业购进货物、接受应税劳务、服务、无形资产或者不动产时，按增值税专用发票上注明的增值税税额，借记"应交税费——应交增值税（进项税额）"科目，按发票上记载的应计入成本的金额，借记"在途物资""原材料""周转材料""库存商品""生产成本""管理费用""委托加工物资"等科目；按应付或实际支付的金额，贷记"应付账款""应付票据""银行存款"等科目。购入货物发生退货时，作相反的会计处理。

（1）可抵扣进项税额的核算

① 购入材料、商品等取得增值税专用发票

一般纳税人从国内采购货物或接受应税劳务，应按增值税专用发票上注明的增值税税额，借记"应交税费——应交增值税（进项税额）"科目；按照增值税专用发票上注明的应计入采购成本的金额，借记"在途物资""原材料""库存商品""周转材料""制造费用""管理费用"等科目；按应付或实际已付的价款、税费总额，贷记"应付账款""应付票据""银行存款""库存现金"等科目。

【例 2-19】

某企业购进一批材料已验收入库，取得增值税专用发票上注明价款 100 000 元，税款 13 000 元；支付运费取得增值税专用发票，注明运输费 2 000 元，税款 180 元；支付装卸费取得增值税专用发票，注明装卸费 1 000 元，税款 60 元。全部款项已用银行存款支付。

该企业的会计处理如下：

增值税进项税额 = 13 000 + 180 + 60 = 13 240（元）

采购总成本 = 100 000 + 2 000 + 1 000 = 103 000（元）

```
    借：原材料                                          103 000
        应交税费——应交增值税（进项税额）                13 240
        贷：银行存款                                    116 240
```

② 购入免税农产品进项税额的核算

纳税人购入免税农产品，按购入农产品买价的 9%（或按 10%）计算进项税额，借记"应交税费——应交增值税（进项税额）"科目；按买价扣除按规定可扣除的进项税额，借记"在途物资""原材料""库存商品"等科目；按应付或实际已付的价款，贷记"应付账款""银行存款""库存现金"等科目。

【例 2-20】

某农副产品加工公司购入免税农产品一批，收购价为 40 000 元，货物已经验收入库，货款已经支付。

该公司的会计处理如下：

借：原材料　　　　　　　　　　　　　　　　　　　　　36 400
　　应交税费——应交增值税（进项税额）　　　　　　　 3 600
　　　贷：银行存款　　　　　　　　　　　　　　　　　 40 000

③ 接受应税劳务进项税额的核算

企业接受加工、修理修配劳务，应使用增值税专用发票，分别反映加工、修理修配的成本和进项税额。

【例 2-21】

某企业委托乙加工厂加工材料一批，支付加工费 4 000 元（不含税），材料加工完成后验收入库。

该企业的会计处理如下：

借：委托加工物资　　　　　　　　　　　　　　　　　 4 000
　　应交税费——应交增值税（进项税额）　　　　　　　　 520
　　　贷：应付账款——乙加工厂　　　　　　　　　　　 4 520

④ 接受投资或捐赠的进项税额的核算

纳税人接受投资或捐赠转入的货物，按专用发票上注明的增值税税额，借记"应交税费——应交增值税（进项税额）"科目；按确认投资或捐赠货物的价值，借记"原材料""库存商品"等科目，贷记"实收资本""营业外收入"等科目。下面以接受捐赠为例进行核算。

【例 2-22】

某公司接受某基金会捐赠环保材料一批，增值税专用发票上注明价款为 50 000 元，税款为 6 500 元，设备已经运达。

该公司的会计处理如下：

借：原材料　　　　　　　　　　　　　　　　　　　　　50 000
　　应交税费——应交增值税（进项税额）　　　　　　　 6 500
　　　贷：营业外收入　　　　　　　　　　　　　　　　 56 500

⑤ 进口货物进项税额的核算

企业进口物资，应按其组成计税价格和规定的税率计税，依法缴纳增值税，按海关进口增值税专用缴款书上注明的增值税税额，借记"应交税费——应交增值税（进项税额）"科目；按进口货物的实际成本，借记"原材料""库存商品"等科目，贷记"银行存款""应付账款"等科目。

【例 2-23】

某进口公司从 A 公司进口货物一批（非应税消费品），关税完税价格折合人民币 10 万元，该货物适用的关税税率为 15%，增值税税率为 13%。货物已验收入库，货款尚未支付。

该公司的会计处理如下：

应交关税 = 100 000 × 15% = 15 000（元）

应交增值税税额 = （100 000 + 15 000）× 13% = 14 950（元）

借：原材料 115 000
　　应交税费——应交增值税(进项税额) 14 950
　　贷：应付账款 129 950

⑥ 购入固定资产进项税额的核算

自2009年1月1日起,增值税一般纳税人购进(包括接受捐赠、实物投资)或者自制(包括改扩建、安装)固定资产(不含不动产,下同)发生的进项税额,可凭增值税专用发票、海关进口增值税专用缴款书从销项税额中抵扣,其进项税额记入"应交税费——应交增值税(进项税额)"科目。

【例2-24】

某公司购入生产用设备1台,取得增值税专用发票,注明价款120 000元,税款15 600元。

该公司的会计处理如下：

借：固定资产 120 000
　　应交税费——应交增值税(进项税额) 15 600
　　贷：银行存款 135 600

【提示】 纳税人购进固定资产发生下列情形的,进项税额不得抵扣而应计入固定资产的成本：将固定资产专用于免税项目；将固定资产专用于集体福利或个人消费项目。

⑦ 购入不动产进项税额的核算

纳税人自2019年4月1日起取得不动产或者不动产在建工程的进项税额不再分2年抵扣,可在当月销项税额中一次性抵扣。其进项税额分别记入"应交税金——应交增值税(进项税额)""应交税金——待抵扣进项税额"科目。

【例2-25】

2019年6月16日,东方公司(增值税一般纳税人)购买了一层写字楼用于办公,不含税价1 000万元,进项税额90万元。

该公司的会计处理如下：

借：固定资产 10 000 000
　　应交税费——应交增值税(进项税额) 900 000
　　贷：银行存款 10 900 000

(2) 不得抵扣进项税额的核算

① 取得普通发票的购进货物的核算

一般纳税人在购入货物时(不包括购进免税农业产品),只取得普通发票的,应按发票累计全部价款入账,不得将增值税分离出来进行抵扣处理。在进行会计处理时,借记"在途物资""原材料""制造费用""管理费用""其他业务成本"等科目；贷记"银行存款""应付票据""应付账款"等科目。

② 购入用于集体福利等项目的货物或劳务的核算

企业购入货物及接受应税劳务直接用于职工集体福利等，按其专用发票上注明的增值税税额，计入购入货物及接受劳务的成本，借记"应付职工薪酬"等科目，贷记"银行存款"等科目。需要注意的是，纳税人购进用于交际应酬的货物不允许抵扣进项税额。

③ 购进货物过程中发生非正常损失的会计处理

企业在货物购进过程中，如果因管理不善造成货物被盗、发生霉烂、变质以及因违反法律、法规造成货物或者不动产被依法没收、销毁、拆除而产生的损失，称为非正常损失，其进项税额不得抵扣。增值税暂行条例规定非正常损失不再包括自然灾害造成的损失。

(3) 进项税额转出的会计处理

已抵扣进项税额的购进货物或者应税劳务改变用途，用于免税项目、简易计税项目、集体福利或个人消费的，应当将该项购进货物或者应税劳务的进项税额从当期的进项税额中扣减。

① 将购进的货物用于非货币性福利

纳税人将外购的货物用于集体福利或个人消费的，其进项税额不得抵扣。企业以外购的货物作为非货币性福利提供给职工的，应当按照该产品的公允价值确定应付职工薪酬金额，其收入和成本的会计处理与正常商品销售相同，进项税额作转出处理。

【例 2-26】

甲公司将外购的商品一批分给职工，该商品售价为 10 000 元，进价为 8 500 元（已取得专用发票），增值税税率为 13%。

该公司的会计处理如下：

借：应付职工薪酬——非货币性福利　　　　　　　　　　9 605
　　贷：库存商品　　　　　　　　　　　　　　　　　　8 500
　　　　应交税费——应交增值税（进项税额转出）　　　1 105

② 发生非正常损失

购进的物资、在产品、产成品发生因管理不善造成的非正常损失，其进项税额应相应转入有关科目不得抵扣。借记"待处理财产损溢"科目，贷记"应交税费——应交增值税（进项税额转出）"科目。

【例 2-27】

甲企业由于管理不严造成原材料被盗，损失价值共计 25 000 元，增值税税率为 13%。后经主管部门批准，该损失作为营业外支出处理。

甲企业的会计处理如下：

借：待处理财产损溢——待处理流动资产损溢　　　　　28 250
　　贷：库存商品　　　　　　　　　　　　　　　　　25 000
　　　　应交税费——应交增值税（进项税额转出）　　　3 250

借：营业外支出　　　　　　　　　　　　　　　　　　　　28 250
　　贷：待处理财产损溢——待处理流动资产损溢　　　　28 250

3. 一般纳税人已交增值税的会计核算

企业购销等业务发生的进项税额、销项税额，平时均在"应交税费——应交增值税"的明细科目有关专栏中核算。月末，结出借、贷方合计和余额，计算企业当月应交未纳的增值税税额，并结转相关科目。

当月未交增值税额＝（销项税额＋出口退税＋进项税额转出）－（进项税额
　　　　　　　　　　＋期初留抵税额＋已交税金＋出口抵减内销产品应纳税额）

月末根据计算的未交增值税税额，作会计分录如下：
借：应交税费——应交增值税（转出未交增值税）
　　贷：应交税费——未交增值税

如果月末计算的未交增值税税额为负数，在没有预交增值税的情况下，属于尚未抵扣的增值税税额，不需要进行账务处理；在预交增值税的情况下，说明是多交了增值税税额，月末作会计分录如下（转出多交增值税只能在本月已交税金的金额范围内转回）：
借：应交税费——未交增值税
　　贷：应交税费——应交增值税（转出多交增值税）

4. 减免增值税的会计核算

减免增值税分先征收后返还、即征即退、直接减免3种形式，其会计处理也有所不同，但企业收到返还的增值税都应通过"营业外收入——政府补助"账户进行核算，作为企业利润总额的组成部分。

采用先征收后返还、即征即退办法进行减免的企业，在销售货物时，应按正常会计核算程序核算应缴纳增值税税额。当办理增值税退还手续，收到退税款时，直接作会计分录如下：
借：银行存款
　　贷：营业外收入——政府补助

直接减免增值税不属于政府补助。如果是免税，在作会计处理时，借记"应收账款"等科目，贷记"主营业务收入"科目，即不反映"应交税费"的贷项；若是减税，只按应交增值税的税额，贷记"应交税费"科目即可。

【项目导入案例解析之三：增值税的会计核算】

资料：项目2导入案例。
要求：编制湖南华宁实业有限公司2019年6月的会计分录。
业务（1）　应作会计分录如下：
借：原材料——A材料　　　　　　　　　　　　　　　501 200
　　应交税费——应交增值税（进项税额）　　　　　　 65 108
　　贷：银行存款　　　　　　　　　　　　　　　　　566 308
业务（2）　应作会计分录如下：
借：在途物资——B材料　　　　　　　　　　　　　　643 000

```
        应交税费——应交增值税(进项税额)            83 470
    贷:银行存款                                726 470
```
C 材料已入库,先按合同价暂估入账,待收到专用发票等结算凭证后,再作正常会计处理:
```
    借:原材料——C 材料                        60 000
        贷:应付账款——浙江宏图公司              60 000
    业务(3)   应作会计分录如下:
    借:周转材料——包装物                      3 510
        贷:银行存款                            3 510
    业务(4)   应作会计分录如下:
    借:固定资产——在用机床                    103 000
        应交税费——应交增值税(进项税额)        13 270
        贷:银行存款                            116 270
    业务(5)   应作会计分录如下:
    借:原材料                                  90 000
        应交税费——应交增值税(进项税额)        10 000
        贷:银行存款                            100 000
    业务(6)   应作会计分录如下:
    借:原材料——B 材料                        643 000
        贷:在途物资——B 材料                    643 000
    业务(7)   应作会计分录如下:
    借:委托加工物资                            2 000
        应交税费——应交增值税(进项税额)        260
        贷:应付账款——乙加工厂                  2 260
    业务(8)   应作会计分录如下:
    借:固定资产——小轿车                      150 000
        应交税费——应交增值税(进项税额)        19 500
        贷:银行存款                            169 500
    业务(9)   应作会计分录如下:
    借:银行存款                                28 250
        贷:其他业务收入——甲材料                25 000
           应交税费——应交增值税(销项税额)      3 250
    业务(10)  应作会计分录如下:
    ① 13 日预收款项时
    借:银行存款                                300 000
        贷:预收账款——乙公司                    300 000
    ② 18 日发出货物,开具专用发票时
    借:预收账款——乙公司                      576 300
```

贷：应交税费——应交增值税（销项税额）　　　　　66 300
　　　　主营业务收入——M产品　　　　　　　　　　510 000
③ 收到余款时
借：银行存款　　　　　　　　　　　　　　　　　　276 300
　　贷：预收账款　　　　　　　　　　　　　　　　　276 300
业务(11)　应作会计分录如下：
① 发出商品时
借：长期应收款　　　　　　　　　　　　　　　　1 200 000
　　贷：主营业务收入——W产品　　　　　　　　1 200 000
借：主营业务成本　　　　　　　　　　　　　　　　420 000
　　贷：库存商品　　　　　　　　　　　　　　　　420 000
② 约定收款日时
借：应收账款　　　　　　　　　　　　　　　　　　226 000
　　贷：长期应收款　　　　　　　　　　　　　　　200 000
　　　　应交税费——应交增值税（销项税额）　　　 26 000
在以后约定的收款日，作相同的账务处理。
业务(12)　应作会计分录如下：
借：银行存款　　　　　　　　　　　　　　　　　　324 000
　　销售费用　　　　　　　　　　　　　　　　　　 15 000
　　贷：主营业务收入——W产品　　　　　　　　　300 000
　　　　应交税费——应交增值税（销项税额）　　　 39 000
业务(13)　应作会计分录如下：
借：银行存款　　　　　　　　　　　　　　　　　　289 845
　　贷：主营业务收入——M产品　　　　　　　　　252 000
　　　　其他业务收入——周转材料　　　　　　　　 4 500
　　　　应交税费——应交增值税（销项税额）　　　 33 345
业务(14)　应作会计分录如下：
借：应付职工薪酬　　　　　　　　　　　　　　　　 70 400
　　贷：库存商品——W产品　　　　　　　　　　　 60 000
　　　　应交税费——应交增值税（销项税额）　　　 10 400
业务(15)　应作会计分录如下：
借：在建工程　　　　　　　　　　　　　　　　　　 90 400
　　贷：原材料——A材料　　　　　　　　　　　　 80 000
　　　　应交税费——应交增值税（进项税额转出）　 10 400
业务(16)　应作会计分录如下：
借：营业外支出　　　　　　　　　　　　　　　　　186 000
　　贷：库存商品——V产品　　　　　　　　　　　160 000
　　　　应交税费——应交增值税（销项税额）　　　 26 000

业务(17)　应作会计分录如下：

借：银行存款　　　　　　　　　　　　　　　　11 300
　　贷：主营业务收入　　　　　　　　　　　　　　　10 000
　　　　应交税费——应交增值税(销项税额)　　　　 1 300

业务(18)　应作会计分录如下：

借：银行存款　　　　　　　　　　　　　　　　223 740
　　贷：主营业务收入——M产品　　　　　　　　　198 000
　　　　应交税费——应交增值税(销项税额)　　　25 740

业务(19)　应作会计分录如下：

借：待处理财产损溢——待处理流动资产损溢　　35 411
　　贷：原材料——甲材料　　　　　　　　　　　　31 500
　　　　应交税费——应交增值税(进项税额转出)　　3 911
借：营业外支出　　　　　　　　　　　　　　　35 411
　　贷：待处理财产损溢——待处理流动资产损溢　　35 411

2.3.4　小规模纳税人的会计核算

1. 小规模纳税人销售的核算

小规模纳税人发生应税行为实行简易计税方法，按3％征收率(不动产按5％)计算税额。以不含税销售额乘以征收率，计算其应交增值税。小规模纳税人一般不得为购买方开具增值税专用发票，如果购买方特别提出开具专用发票的要求，小规模纳税人应持普通发票前往税务机关换开专用发票。无论是否开具专用发票，小规模纳税人均按实现的应税收入和征税率计算应纳税额，并记入"应交税费——应交增值税"科目。实现销售时，按价税合计数，借记"银行存款""应收账款"等科目；按不含税销售额，贷记"主营业务收入""其他业务收入"等科目；按规定收取的增值税，贷记"应交税费——应交增值税"科目。

【例2-28】

三林商贸公司被认定为小规模纳税人，本月销售货物一批，价款为88 000元(含税)，开具普通发票，货款已收。

三林商贸公司的会计处理如下：

借：银行存款　　　　　　　　　　　　　　　　88 000
　　贷：主营业务收入　　　　　　　　　　　　　　85 436.89
　　　　应交税费——应交增值税　　　　　　　　　2 563.11

上交本月应纳增值税时的会计处理如下：

借：应交税费——应交增值税　　　　　　　　　 2 563.11
　　贷：银行存款　　　　　　　　　　　　　　　　 2 563.11

2. 小规模纳税人购进的核算

简易办法计算应纳增值税的小规模纳税人,购进货物、接受劳务、服务、无形资产或者不动产时,不论是否取得增值税专用发票,其支付给销售方的增值税税额都不得抵扣,而应计入购进货物或接受劳务的成本。依据这一特点,在会计处理时,应按全部价款和税款,借记"在途物资""原材料""库存商品""固定资产""管理费用""主营业务成本""制造费用"等科目,贷记"银行存款""应付账款"等科目。

【例 2-29】

某小规模纳税企业购进商品的价款为 100 000 元,增值税税款为 13 000 元,支付运费 2 000 元,装卸费 1 000 元。上述款项均由银行存款支付。

该企业的会计处理如下:

借:库存商品　　　　　　　　　　　　　　　116 000
　　贷:银行存款　　　　　　　　　　　　　　116 000

任务2.4　增值税出口退(免)税

出口退(免)税是一种国际惯例,是指一个国家或地区对符合一定条件的出口货物在报关出口时免征国内或区内间接税和退还出口货物在国内或区内生产、流通或出口环节已缴纳的间接税的一项税收制度。因为当货物输入或进口时,货物的输入国或进口国一般要征收进口关税和进口环节的国内流转税,而这部分货物在输入或进口前已在国内或区内征收了流转税。如果不予退税,就会使这部分货物(即出口货物)负担双重流转税,即出口国的流转税与进口国的进口环节流转税。在其他条件相同时,对比销售地产品,此部分货物就没有竞争力。因此,出口退(免)税是为了平衡税负,使本国出口货物与其他国家或地区的货物具有相对平等的税收条件,这在客观上有利于发展外向型经济、增加出口、扩大出口创汇。

知识链接2-4　出口货物退(免)税的政策类型、范围和退税率

1. 出口货物退(免)税的政策类型

我国对出口货物增值税的退(免)税政策主要有以下 3 种,分别适用不同的企业、行为和货物,如表 2-7 所示。

2. 出口货物退(免)税的范围

对出口的凡属于已征或应征增值税、消费税的货物,除国家明文规定不予退(免)税的货物,以及出口企业从小规模纳税人处购进,持有普通发票的部分货物外,其他出口货物都属于出口退(免)税的范围。一般而言,应同时具备以下 4 个条件。

(1) 属于增值税、消费税范围的货物。

(2) 报关离境的货物。

表 2-7　　　　　　　出口货物退(免)税的政策类型

政策类型	适 用 对 象
又免又退	① 生产企业自营或委托代理出口自产货物； ② 外贸企业及实行外贸企业财务制度的工贸企业自营或委托代理出口货物； ③ 出口企业从小规模纳税人购进并取得增值税专用发票的抽纱、工艺品、香料油、山货、草柳竹藤制品、渔网渔具、松香、五倍子、生漆、鬃尾、山羊板皮、纸制品 12 类货物； ④ 特定企业出口的特定货物
只免不退	① 属于生产企业的小规模纳税人自营出口或委托外贸企业代理出口的自产货物； ② 外贸企业从小规模纳税人处购进并持有普通发票的货物出口； ③ 外贸企业直接购进国家规定的免税货物(包括免税农业产品)出口的； ④ 其他的免税货物或项目
不免不退	① 国家计划外出口的原油； ② 援外出口货物； ③ 天然牛黄、麝香、铜及铜基合金(出口电解铜按 13% 退税率退还增值税)、白银等

(3) 财务上作销售处理的货物。

(4) 出口收汇并已核销的货物。

生产企业承接国外修理修配业务，以及利用国际金融组织或外国政府贷款采用国际招标方式、国内企业中标或外国企业中标后分包给国内企业销售的货物，可以比照出口货物，实行免、抵、退税管理办法。

出口的机械手表(含机芯)、化妆品、乳胶制品和其他橡胶制品、黄金首饰、珠宝玉石、水貂皮、鱼翅、鲍鱼、海参、鱼唇、干贝、燕窝等货物，除国家指定的出口企业可以退税外，其他非指定的企业不能享受出口退税。

3. 出口应税服务、无形资产退(免)税的范围

单位和个人提供适用零税率的应税服务和无形资产，如果属于适用增值税一般计税方法的，生产企业实行免抵退税办法，外贸企业外购服务或者无形资产出口实行免退税办法，外贸企业直接将服务或自行研发的无形资产出口，视同生产企业连同其出口货物统一实行免抵退税办法。如果属于适用简易计税方法的，实行免征增值税办法。

1) 适用增值税零税率的范围

自 2016 年 5 月 1 日起，单位和个人销售下列服务和无形资产适用增值税零税率。

(1) 国际运输服务是：①在境内载运旅客或货物出境；②在境外载运旅客或货物入境；③在境外载运旅客或货物。

(2) 航天运输服务。

(3) 向境外单位提供的完全在境外消费的下列服务：①研发服务；②合同能源管理服务；③设计服务；④广播影视节目(作品)的制作和发行服务；⑤软件服务；⑥电路设计及测试服务；⑦信息系统服务；⑧业务流程管理服务；⑨离岸服务外包业务；⑩转让技术。

(4) 财政部和国家税务总局规定的其他服务。

2) 应税服务免税的范围

单位和个人提供的下列应税服务或无形资产免征增值税,但财政部和国家税务总局规定适用零税率的除外。

(1) 下列服务:①工程项目在境外的建筑服务;②工程项目在境外的工程监理服务;③工程、矿产资源在境外的工程勘察勘探服务;④会议展览地点在境外的会议展览服务;⑤存储地点在境外的仓储服务;⑥标的物在境外使用的有形动产租赁服务;⑦在境外提供的广播影视节目(作品)的播映服务;⑧在境外提供的文化体育服务、教育医疗服务、旅游服务。

(2) 为出口货物提供的邮政服务、收派服务、保险服务。

(3) 向境外单位提供的完全在境外消费的下列服务和无形资产:①电信服务;②知识产权服务;③物流辅助服务(仓储服务、收派服务除外);④鉴证咨询服务;⑤专业技术服务;⑥商务辅助服务;⑦广告投放地在境外的广告服务;⑧无形资产。

(4) 以无运输工具承运方式提供的国际运输服务。

(5) 为境外单位之间的货币资金融通及其他金融业务提供的直接收费金融服务,且该服务与境内的货物、无形资产和不动产无关。

(6) 财政部和国家税务总局规定的其他服务。

按照国家有关规定应取得相关资质的国际运输服务项目,纳税人取得相关资质的,适用增值税零税率政策,未取得的,适用增值税免税政策。

4. 出口货物(服务)增值税退税率

1994年实行新税制,对出口货物增值税实行了零税率,货物出口时,按其征税率退税。从1995年7月1日起,连续多次调低了出口货物退税率。为抵御1997年亚洲金融危机、2008年由美国引起的全球金融危机,缓解出口企业生存压力,解决人员就业问题,扭转出口增量回落现象,保持我国外贸经济平稳发展,国家及时运用财税政策适当调整了出口退税率。目前,我国的出口货物的退税率在5%~13%。

服务和无形资产的退税率为其在境内提供服务和无形资产的增值税税率,即6%、9%和13%三档。实行退(免)税办法的服务和无形资产,如果主管税务机关认定出口价格偏高的,有权按照核定的出口价格计算退(免)税,核定的出口价格低于外贸企业购进价格的,低于部分对应的进项税额不予退税,转入成本。境内的单位和个人销售适用增值税零税率的服务或无形资产的,可以放弃适用增值税零税率,选择免税或按规定缴纳增值税。放弃适用增值税零税率后,36个月内不得再申请适用增值税零税率。

2.4.1 出口货物(服务)增值税退税额的计算

出口货物(服务)只有在适用既免税又退税的政策时,才会涉及如何计算退税问题。由于各类企业对于出口货物或服务的会计核算不同,有的对出口货物或服务单独核算,有的对出口货物或服务和内销统一核算。目前主要有两种退税计算方法:一是"免、抵、退"办法,主要适用于自营和委托出口自产货物的生产企业以及提供适用零税率的应税服务和无形资产的企业;二是"先征后退"办法,主要适用于收购货物出口的外贸企业。

1. 货物出口"免、抵、退"税的计算办法

生产企业自营或委托外贸企业代理出口自产货物,除另有规定外,增值税一律实行"免、抵、退"管理办法。这里所说的生产企业是指独立核算,经主管国家税务机关认定为增值税一般纳税人,并且具有实际生产能力的企业和企业集团。

"免"税是指对生产企业出口的自产货物和视同自产货物,免征本企业生产销售环节增值税;"抵"税是指生产企业出口的自产货物和视同自产货物所耗用的原材料、零部件、燃料、动力等所含应予退还的进项税额,抵顶内销货物的应纳税额;"退"税是指生产企业出口的自产货物和视同自产货物在当月内应抵顶的进项税额大于应纳税额时,对未抵顶完的税额部分予以退税。

(1) 当期应纳税额的计算

当期应纳税额
= 当期内销货物的销项税额
  −(当期进项税额 − 当期免、抵、退税不得免征和抵扣税额)− 上期留抵税额

当期免、抵、退税不得免征和抵扣税额
= 当期出口货物离岸价 × 外汇人民币折合价
  ×(当期出口货物征税率 − 出口货物退税率)
  − 当期免、抵、退税不得免征和抵扣税额抵减额

当期免、抵、退税不得免征和抵扣税额抵减额
= 当期免税购进原材料价格 ×(出口货物征税率 − 出口货物退税率)

免税购进原材料包括从国内购进免税原材料和进料加工免税进口料件,其中进料加工免税进口料件的价格为组成计税价格。其计算公式为

进料加工免税进口料件的组成计税价格 = 货物到岸价 + 海关实征关税
                                    + 海关实征消费税

如果当期没有免税购进原材料,前述公式中的"当期免、抵、退税不得免征和抵扣税额抵减额"不用计算。

若上述计算结果为正数,说明从内销货物销项税额中抵扣后仍有余额,该余额则为企业当期应纳的增值税税额,无退税额;若计算结果为负数,则当期期末留抵税额 = 当期应纳税额绝对数,则有应退税额,应退税额大小待下面步骤分析确定。

(2) 当期免、抵、退税额的计算

① 当期免、抵、退税额 = 出口货物离岸价 × 外汇人民币折合价 × 出口货物退税率 − 免、抵、退税额抵减额

② 免、抵、退税额抵减额 = 免税购进原材料价格 × 出口货物退税率

【提示】 出口货物离岸价(FOB)以出口发票计算的离岸价为准。出口发票不能如实反映实际离岸价的,企业必须按照实际离岸价向主管国家税务机关进行申报,同时主管国家税务机关有权依照《税收征收管理法》《增值税暂行条例》等有关规定予以核定。

如果当期没有免税购进原材料,"免、抵、退税额抵减额"就不用计算。

(3) 当期应退税额和免、抵税额的计算

① 如果当期应纳税额≥0,则

当期应退税额 = 0

② 如果当期应纳税额＜0,且当期期末留抵税额＜当期免、抵、退税额,则

　　当期应退税额＝当期期末留抵税额

　　当期免抵税额＝当期免、抵、退税额－当期应退税额

③ 如果当期应纳税额＜0,且当期期末留抵税额≥当期免、抵、退税额,则

　　当期应退税额＝当期免、抵、退税额

　　当期免、抵、退税额＝0

公式中的"当期"是指一个纳税申报期,征税率和退税率是指出口货物的征税率和退税率。当期期末留抵税额根据当期增值税纳税申报表中"期末留抵税额"确定。

【例2-30】

长沙山河股份有限公司是一家有出口经营权的生产企业,为增值税一般纳税人,2019年7月发生以下业务。

① 1～30日取得内销收入为人民币400万元,共取得增值税进项税额90万元人民币。两种货物退税率均为7%。该企业没有免税购进原材料,期初没有留抵税额。

② 6日出口6 000千克制冷机组油,出口收入40万美元(FOB),出口发票号C10808150,出口报关单号169941494001,仅有核销单号116659444,出口商品代码为8418991000,美元汇率为1∶6.3。

③ 10日出口编号8418的印刷品205千克,出口收入9.7万美元(FOB),出口发票号C10808274,出口报关单号518941494201,核销单号116659455,出口商品代码为8418999990(单证信息完整),美元汇率为1∶6.3。

则

免、抵、退税不得免征和抵扣税额＝400 000×6.3×(13%－7%)＋97 000×6.3
　　　　　　　　　　　　　　×(13%－7%)＝187 866(元)

当期应纳税额＝4 000 000×13%－(900 000－187 866)＝－192 134(元)

免、抵、退税额＝400 000×6.3×7%＋97 000×6.3×7%＝219 177(元)

由于当期期末留抵税额＝192 134元

当期期末留抵税额＜当期免、抵、退税额时,则

　　当期应退税额＝192 134元

　　当期免、抵税额＝219 177－192 134＝27 043(元)

【例2-31】

假定该公司8月出口收入32万美元(FOB),内销收入为人民币200万元,9月购进原材料等615.38万元人民币,取得增值税专用发票注明进项税额80万元人民币。本月结转已销产品成本为370万元人民币。美元汇率为1∶6.4。

则

免、抵、退税不得免征和抵扣税额＝320 000×6.4×(13%－7%)＝122 880(元)

当期应纳税额＝2 000 000×13%－(800 000－122 880)＝－417 120(元)

免、抵、退税额＝320 000×6.4×7%＝143 360(元)

期末留抵税额＝417 120元

所以,当期期末留抵税额＞当期免、抵、退税额时,则

　　当期应退税额＝143 360元

当期免、抵、退税额＝143 360－143 360＝0(元)
下期留抵税额＝417 120－143 360＝273 760(元)

【例 2-32】

假定该公司 9 月出口 64 万美元(FOB)，内销收入为人民币 350 万元，10 月共取得增值税进项税额 40 万元人民币，美元汇率为 1：6.35。

则

免、抵、退税不得免征和抵扣税额＝640 000×6.35×(13%－7%)＝243 840(元)
当期应纳税额＝3 500 000×13%－(400 000－243 840)－273 760＝25 080(元)
免、抵、退税额＝640 000×6.35×7%＝284 480(元)
期末留抵税额＝0 元

所以，当期期末留抵税额＜当期免、抵、退税额时，则

当期应退税额＝0 元
当期免、抵、退税额＝284 480 元

9 月应纳增值税 25 080 元。

2．应税服务、无形资产出口"免、抵、退"税的计算办法

免、抵、退税办法是指零税率应税服务、无形资产提供者提供零税率应税服务和无形资产，免征增值税，相应的进项税额抵减应纳增值税税额(不包括适用增值税即征即退、先征后退政策的应纳增值税税额)，未抵减完的部分予以退还。具体计算步骤如下。

(1) 计算零税率应税服务(含无形资产)当期免、抵、退税额

当期零税率应税服务免、抵、退税额
＝当期零税率应税服务免、抵、退税计税价格×外汇人民币牌价×零税率应税服务退税率

零税率应税服务免、抵、退税计税价格为提供零税率应税服务取得的全部价款，扣除支付给非试点纳税人价款后的余额。

(2) 计算当期应退税额和当期免抵税额

① 当期期末留抵税额≤当期免、抵、退税额时

当期应退税额＝当期期末留抵税额
当期免抵税额＝当期免、抵、退税额－当期应退税额

② 当期期末留抵税额＞当期免、抵、退税额时

当期应退税额＝当期免、抵、退税额
当期免抵税额＝0

"当期期末留抵税额"为当期增值税纳税申报表的"期末留抵税额"。

零税率应税服务提供者如同时有货物出口的，可结合现行出口货物免、抵、退税公式一并计算免、抵、退税。

【例 2-33】

国内某大型航空公司主要经营国内和经批准的境外航空客、货、邮、行李运输业务及延伸服务，注册地点在上海浦东，2011 年年底被上海市国税局认定为增值税一般纳税人，2019 年 6 月经营情况如下：国内运输收入 24 000 万元，国际运输业务收入 15 000 万元，航空地面服务收入 9 000 万元；油料支出飞机维修等可抵扣的进项税额为 4 000 万元。

则其 6 月应退增值税税额计算如下：

① 当期应纳税额＝24 000×9％＋9 000×6％－4 000＝－1 300（万元）
   即期末留抵税额＝1 300 万元
② 免、抵、退税额＝15 000×9％＝1 350（万元）
③ 当期应退税额＝1 300 万元
④ 当期免抵税额＝1 350－1 300＝50（万元）

3. "先征后退"的计算办法

"先征后退"是指出口货物在生产（购货）环节按规定缴纳增值税，货物出口后由收购出口货物的企业向其主管出口退税的税务机关申请办理出口货物退税。"先征后退"方式目前主要适用于有进出口经营权的外贸企业直接出口或委托其他外贸企业代理出口的货物，以及其他特准退税的企业出口的货物。

（1）对有进出口经营权的外贸企业收购货物直接出口或委托其他外贸企业代理出口的货物，应按照购进货物所取得的增值税专用发票上注明的计税金额和该货物适用的退税率计算退税。其计算公式如下：

应退税额＝出口货物不含增值税的购进金额×出口退税率

或　　　　　　　　＝出口货物的进项税额－出口货物不予退税的税额

出口货物不予退税的税额＝出口货物不含增值税的购进金额×（增值税法定税率－退税税率）

【例 2-34】

某进出口公司 2019 年 6 月出口美国平纹布 2 000 米，进货增值税专用发票列明单价 20 元／平方米，计税金额 40 000 元，退税税率 10％。则

应退税额＝2 000×20×10％＝4 000（元）

（2）外贸企业委托生产企业加工收回后出口的货物，按照委托加工增值税专用发票注明的金额和出口货物的退税率计算退税额，外贸企业应将加工的原材料作价销售给受托加工的生产企业，受托加工的生产企业应将原材料成本并入加工费用开具发票。其计算公式如下：

应退税额＝委托加工的增值税退（免）税计税依据×出口货物退税率

【例 2-35】

某进出口公司 2019 年 6 月购进牛仔布委托加工成服装出口。取得牛仔布及加工费增值税专用发票，注明计税金额 12 000 元（退税税率 10％）。则

应退税额＝12 000×10％＝1 200（元）

（3）外贸企业从小规模纳税人购进并持普通发票的货物出口，不得退税，但对出口抽纱、工艺品、香料油、山货、松香、五倍子等 12 类货物，考虑其占我国出口比重较大及其生产、采购的特殊因素，凭税务机关代开的增值税专用发票予以退税。计算公式如下：

应退税额＝税务机关代开的增值税专用发票注明的金额×退税率

【例 2-36】

某进出口公司 2019 年 4 月购进某增值税小规模纳税人生产的抽纱工艺品 2 000 打

(套)全部出口,取得税务机关代开的增值税专用发票,发票注明金额 50 000 元,退税税率为 3%。则

$$应退税额 = 50\ 000 \times 3\% = 1\ 500(元)$$

2.4.2 出口货物退(免)增值税的会计核算

1. 生产企业出口货物免、抵、退税的核算

生产企业货物出口销售,免缴本环节的增值税,并按规定的退税率计算出口货物的进项税额,抵减内销产品的应纳税额。这类货物免征出口环节增值税,其耗用的购进货物所负担的进项税额,记入"应交税费——应交增值税(进项税额)"科目;按该货物适用的增值税税率与退税率之差乘以出口货物离岸价折合人民币的金额,计算当期出口货物不予抵扣或退税的税额。借记"主营业务成本"科目,贷记"应交税费——应交增值税(进项税额转出)"科目;企业按照国家规定的退税率计算的出口货物的进项税额抵减内销产品的应纳税额时,借记"应交税费——应交增值税(出口抵减内销产品应纳税额)"科目,贷记"应交税费——应交增值税(出口退税)"科目。对因出口比重较大,在规定期限内不足以抵减的,不足部分可按有关规定给予退税,借记"其他应收款"科目,贷记"应交税费——应交增值税(出口退税)"科目;企业在实际收到退回的税款时,借记"银行存款"科目,贷记"其他应收款"科目。

【例 2-37】

沿用例 2-30 资料,作会计分录如下:

(1) 实现内销收入时

借:银行存款　　　　　　　　　　　　　　4 520 000
　　贷:主营业务收入　　　　　　　　　　　　4 000 000
　　　　应交税费——应交增值税(销项税额)　　520 000

(2) 实现出口销售收入时

借:银行存款　　　　　　　　　　　　　　3 131 100
　　贷:主营业务收入——外销制冷机组油收入　2 520 000
　　　　　　　　　　——外销印刷品收入　　　　611 100

(3) 结转当期不予抵扣税额时

借:主营业务成本　　　　　　　　　　　　187 866
　　贷:应交税费——应交增值税(进项税额转出)　187 866

(4) 抵减内销产品销项税额时

借:应交税费——应交增值税(出口抵减内销产品应纳税额)
　　　　　　　　　　　　　　　　　　　　27 043
　　贷:应交税费——应交增值税(出口退税)　　27 043

(5) 结转应收(或收到)退税款时

借:其他应收款(银行存款)　　　　　　　　192 134
　　贷:应交税费——应交增值税(出口退税)　　192 134

【例 2-38】

沿用例 2-31 资料，作会计分录如下：

(1) 购进原材料等时

借：原材料　　　　　　　　　　　　　　　　6 153 800
　　应交税费——应交增值税(进项税额)　　　　800 000
　　贷：银行存款　　　　　　　　　　　　　　　　6 953 800

(2) 实现内销收入时

借：银行存款　　　　　　　　　　　　　　　　2 260 000
　　贷：主营业务收入　　　　　　　　　　　　　　2 000 000
　　　　应交税费——应交增值税(销项税额)　　　　260 000

(3) 实现出口销售收入时

借：银行存款　　　　　　　　　　　　　　　　2 048 000
　　贷：主营业务收入　　　　　　　　　　　　　　2 048 000

(4) 结转产品销售成本时

借：主营业务成本　　　　　　　　　　　　　　3 700 000
　　贷：库存商品　　　　　　　　　　　　　　　　3 700 000

(5) 计算出口货物当期不予抵扣或退税的税额，调整出口商品成本时

借：主营业务成本　　　　　　　　　　　　　　122 880
　　贷：应交税费——应交增值税(进项税额转出)　　122 880

(6) 结转应收退税款

借：其他应收款　　　　　　　　　　　　　　　143 360
　　贷：应交税费——应交增值税(出口退税)　　　　143 360

【例 2-39】

沿用例 2-32 资料，作会计分录如下：

(1) 实现内销收入时

借：银行存款　　　　　　　　　　　　　　　　3 955 000
　　贷：主营业务收入　　　　　　　　　　　　　　3 500 000
　　　　应交税费——应交增值税(销项税额)　　　　455 000

(2) 实现出口销售收入时

借：银行存款　　　　　　　　　　　　　　　　4 064 000
　　贷：主营业务收入　　　　　　　　　　　　　　4 064 000

(3) 结转当期不予抵扣或退税的税款

借：主营业务成本　　　　　　　　　　　　　　243 840
　　贷：应交税费——应交增值税(进项税额转出)　　243 840

(4) 出口抵减内销产品销项税额时

借：应交税费——应交增值税(出口抵减内销产品应纳税额)
　　　　　　　　　　　　　　　　　　　　　　284 480

  贷：应交税费——应交增值税（出口退税）   284 480

（5）上缴当期应纳增值税时

借：应交税费——应交增值税（已交税金）   25 080

  贷：银行存款   25 080

2. 外贸企业出口货物退（免）增值税的核算

  外贸企业购进货物时，应按照增值税专用发票上注明的增值税税额，借记"应交税费——应交增值税（进项税额）"科目；按照增值税专用发票上记载的应计入采购成本的金额，借记"材料采购""库存商品""销售费用"等科目；按照应付或实际支付的金额，贷记"应付账款""应付票据""银行存款"等科目；外贸企业按照规定的退税率计算应收出口退税款时，借记"其他应收款"科目，贷记"应交税费——应交增值税（出口退税）"科目；收到出口退税款时，借记"银行存款"科目，贷记"其他应收款"科目；按照出口货物购进时取得的增值税专用发票上记载的进项税额或应分摊的进项税额与按照国家规定的退税率计算的应退税额的差额，借记"主营业务成本"科目，贷记"应交税费——应交增值税（进项税额转出）"科目。

（1）库存商品成本和销售成本单独计算的核算

【例 2-40】

  某外贸进出口公司当期收购 A 设备 100 台，专用发票上注明价款 700 万元，税款 91 万元，合计 791 万元。当月全部出口，出口 FOB 价折合人民币 1 000 万元，购进出口设备取得增值税专用发票，注明运输费 1 万元，税款 0.09 万元。所有货款、运费均以存款付讫。在规定时间内办妥退税事宜，退税税率为 10%，已收到退税款。

  某外贸进出口公司的会计处理如下：

① 购进 A 设备时

借：应交税费——应交增值税（进项税额）   910 000

  在途物资   7 000 000

  贷：银行存款   7 910 000

② 购进商品入库时

借：库存商品   7 000 000

  贷：在途物资   7 000 000

③ 出口 A 设备时

借：应收账款   10 000 000

  贷：主营业务收入   10 000 000

④ 支付运费时

借：销售费用   10 000

  应交税费——应交增值税（进项税额）   900

  贷：银行存款   10 900

⑤ 结转销售成本时

借：主营业务成本   7 000 000

  贷：库存商品   7 000 000

⑥ 计算不予退税的税额时

不予抵扣或退税的税额＝91＋0.09－700×10％＝21.09（万元）

借：主营业务成本　　　　　　　　　　　　　　210 900
　　贷：应交税费——应交增值税（进项税额转出）　　210 900

⑦ 计算应退增值税税额时

应退税额＝700×10％＝70（万元）

借：其他应收款　　　　　　　　　　　　　　　700 000
　　贷：应交税费——应交增值税（出口退税）　　　700 000

⑧ 收到退税款时

借：银行存款　　　　　　　　　　　　　　　　700 000
　　贷：其他应收款　　　　　　　　　　　　　　700 000

（2）库存商品成本和销售成本采用加权平均价格计算的核算

【例 2-41】

某机械设备进出口公司对焊接设备的购进和销售采用加权平均的方法核算其库存。2019 年 6 月 7 日，该公司购入焊接设备 100 件，不含税单价 20 元；20 日购入焊接设备 200 件，不含税单价 18 元。24 日公司出口销售焊接设备 300 件。上月月末焊接设备库存 150 件，平均不含税单价为 21 元。增值税税率为 13％，退税税率为 10％。

某机械设备进出口公司的会计处理如下：

本月出口销售焊接设备的
加权平均单位成本 ＝（21×150＋20×100＋18×200）÷（150＋100＋200）

＝19.44（元）

本月焊接设备应退税款＝300×19.44×10％＝583.20（元）

① 申报退税时

借：其他应收款　　　　　　　　　　　　　　　583.20
　　贷：应交税费——应交增值税（出口退税）　　　583.20

② 结转不予抵扣或退税的税额时

不予抵扣或退税的税额＝300×19.44×（13％－10％）＝174.96（元）

借：主营业务成本　　　　　　　　　　　　　　174.96
　　贷：应交税费——应交增值税（进项税额转出）　　174.96

（3）从小规模纳税人购进特准退税出口货物的核算

【例 2-42】

沿用例 2-36 资料，作会计处理如下：

① 申报退税时

借：其他应收款　　　　　　　　　　　　　　　1 500
　　贷：应交税费——应交增值税（出口退税）　　　1 500

② 收到出口退税时

借：银行存款　　　　　　　　　　　　　　　　1 500
　　贷：其他应收款　　　　　　　　　　　　　　1 500

2.4.3 出口货物退(免)税管理

1. 出口货物退(免)税的登记

(1) 对外贸易经营者、没有出口经营资格委托出口的生产企业、特定退(免)税的企业和人员,需在商务部门备案登记代理出口协议签订之日起30日内携带有关资料,填写出口货物退(免)税认定表(见表2-8),到国家税务机关办理出口货物退(免)税认定登记手续。

办理出口货物退(免)税认定登记需要提供以下资料:①出口货物退(免)税认定表;②出口货物退(免)税专职办税员委托书;③企业法人营业执照(副本);④国税税务登记证(副本);⑤对外贸易经营者备案登记表(外资企业提供中华人民共和国外商投资企业批准证书);⑥海关进出口货物收发人报关注册登记证书;⑦银行开户许可证或开立单位银行结算账户申请书;⑧增值税一般纳税人申请认定表;⑨无进出口经营权的企业委托出口需提供委托代理出口合同或协议。

(2) 已办理出口货物退(免)税认定手续的出口商,其认定内容发生变化的,要在有关管理机关批准变更之日起30日内,携带相关证件向国家税务机关办理出口货物退(免)税认定变更手续。

(3) 出口商发生解散、破产、撤销,以及其他依法应终止出口货物退(免)税事项的,应先到商务部门注销对外贸易经营者备案登记和海关注销海关进出口货物收发人报关注册登记,再到主管国家税务机关填报出口企业退税登记认定注销审批表,办理出口货物退(免)税认定注销。

2. 办理出口退税人员

出口企业应设专职或兼职办理出口退税的人员,经税务机关培训考核后,发给办税员证。没有办税员证的人员不得办理出口退税业务。企业更换办税员要及时通知主管其退税业务的税务机关,注销原办税员证。凡未及时通知的,原办税员在被更换后与税务机关发生的一切退税活动和责任,均由出口企业负责。

3. 出口货物退(免)税申报

已办理出口退税认定的生产企业,在货物报关离境并按规定作出口销售后,在增值税法定纳税期限内向主管国家税务机关办理增值税纳税和免、抵税申报。出口企业向征税机关的退税部门办理免、抵、退税申报时,应提供出口货物免、抵、退税申报表和经征税部门审核签章的当期增值税纳税申报表及有关退税凭证。出口货物退(免)税申报表分两类:生产企业的申报表有生产企业出口货物免、抵、退税申报明细表(格式见表2-9)、生产企业出口货物免、抵、退税申报汇总表(格式见表2-10);外贸企业的申报表有外贸企业出口货物退税汇总申报表(格式见表2-11)等。

(1) 生产企业在货物报关出口之日[以出口货物报关单(出口退税专用)上注明的出口日期为准]起90日内,到主管国家税务机关办理"免、抵、退"税申报,同时报送出口货物"免、抵、退"税电子申报数据。

表 2-8　　　　　　　出口货物退（免）税认定表

编号：

经营者中文名称					
经营者英文名称					
海关代码			拼音助记符		
电话		传真		邮编	
住所			电子邮箱		
经营场所(中文)					
经营场所(英文)					
纳税人识别号			纳税人类型	一般纳税人（　　）	
				小规模纳税人（　　）	
纳税信用等级					
主管征税机关名称					

注册类型	代码		预算级次		行业归属	代码		隶属关系	
	文字					文字			

对外贸易经营者备案登记表编号			经营者类型	

工商登记	注册号		企业法人代表（个体工商负责人）姓名	
	注册日期		注册资金（企业资产/个人财产）	
	有效期		（人民币或美元）	

开户银行			账号	
经营者授权办税人员	姓名		电话	
	姓名		电话	
主管外汇管理局				
附送件				

	出口退税办法的认定			退税机关认定
经营者类型及退税计算方法	1. 生产企业免、抵、退税			
	2. 流通企业购进法	① 加权平均法		
		② 单票对应法		
	3. 其他			
纸质凭证申报方式	上门申报（　　） 邮寄申报（　　）	电子数据申报方式		上门申报（　　） 邮寄申报（　　）
是否分部核算	是（　　）；否（　　）	分部核算部门代码		

分支机构	名称	纳税人登记号	负责人	电话	部门代码

变更登记	日期	变更项目	经办人

认定机关签章　　　　　　　　　　　　　　　　　　　　年　月　日

表2-9 生产企业出口货物免、抵、退税申报明细表

企业代码：
企业名称：长沙山河股份有限公司
纳税人识别号：
所属期：2019年7月
单位：元至角分

序号	出口发票号码	出口报关单号	出口日期	代理证明号	核销单号	出口商品代码	出口商品名称	计量单位	出口数量	出口销售额 美元	出口销售额 人民币	征税税率	退税税率	出口销售额乘征退税率之差	出口销售额乘退税税率	海关进料加工手册	单证不齐标志	备注
1	2	3	4	5	6	7	8	9	10	11	12	13	14	15=12×(13−14)	16=12×14	17	18	19
0001	C10808150	169941494001	7月6日		116659444	8418991000	制冷机组	千克	6 000	400 000	2 520 000	13%	7%	151 200	176 400		H	
0002	C10808274	518941494201	7月10日		116659455	8418999990	印刷品油	千克	205	97 000	611 100	13%	7%	36 666	4 277			
合计									6 205	497 000	3 131 100			187 866	219 177			

出口企业（公章）　　　　　　　　　　　退税部门（章）

兹声明以上申报无讹并愿意承担一切法律责任。

经办人：　　企业负责人：　　财务负责人：　　年　月　日　　　　经办人：　　复核人：　　负责人：　　年　月　日

注：① 生产企业应按当期出口并在财务上做销售后的所有出口明细报本表，一式三份。
② 对单证不齐的在"单证不齐标志"栏内做相应标志，缺少报关单的填列"B"，缺少核销单的填列"H"，缺少代理证明的填列"D"，缺少两项以上的，同时填两个以上对应字母，单证齐全后销号；对前期单证不齐、当期收集齐全的，可在当期免、抵、退税申报时填报本表，并在"单证齐标志"栏内填写原申报时的所属期和申报序号。
③ 中标销售的机电产品，应在"备注"栏内填注"ZB"标志，退税部门人工审单时应审核退税凭证；计算机审核时将做特殊处理。

表 2-10 　　　　　　　　生产企业出口货物免、抵、退税申报汇总表

纳税人识别号：　　　　　　　　纳税人名称(公章)：
海关代码：　　　　　　　　税款所属期限：自 2019 年 7 月 1 日至 2019 年 7 月 31 日
申报日期：　　　　　　　　　　　　　　　　　　　金额单位：元至角分

项　目	栏　次	当期 (a)	本年累计 (b)	与增值税纳税申报表差额 (c)
当期免、抵、退税出口货物销售额(美元)	1	497 000		—
当期免、抵、退税出口货物销售额	2＝3＋4	3 131 100		
其中：单证不齐销售额	3	2 520 000		
单证齐全销售额	4	611 100		
前期出口货物当期收齐单证销售额	5			—
单证齐全出口货物销售额	6＝4＋5	611 100		
不予免、抵、退税出口货物销售额	7			
出口销售额×征、退税率之差	8	187 866		
上期结转免、抵、退税不得免征和抵扣税额抵减额	9		—	—
免、抵、退税不得免征和抵扣税额抵减额	10			—
免、抵、退税不得免征和抵扣税额	11(如 8＞9＋10,则为 8－9－10;否则为 0)	187 866		
结转下期免、抵、退税不得免征和抵扣税额抵减额	12(如 9＋10＞8,则为 9＋10－8;否则为 0)			
出口销售额×退税率	13	219 177		
上期结转免、抵、退税额抵减额	14		—	—
免、抵、退税额抵减额	15			
免、抵、退税额	16(如 13＞14＋15,则为 13－14－15;否则为 0)	219 177		
结转下期免、抵、退税额抵减额	17(如 14＋15＞13,则为 14＋15－13;否则为 0)		—	—
增值税纳税申报表期末留抵税额	18	192 134		
计算退税的期末留抵税额	19＝18－11c	192 134	—	—
当期应退税额	20(如 16＞19,则为 19;否则为 16)	192 134		—
当期免抵税额	21＝16－20	27 043		—
出口企业申明：		退税部门		
兹声明以上申报无讹并愿意承担一切法律责任。 经办人： 财务负责人：　　　　　　　　(公章) 企业负责人：　　　　　　年　月　日		经办人： 复核人：　　　　　　(章) 负责人：　　　　　　年　月　日		

表 2-11 外贸企业出口货物退税汇总申报表

(适用于增值税一般纳税人)

申报年月：   年   月   申报批次：
纳税人识别号：   海关代码：
纳税人名称(公章)：   申报日期：   年 月 日   金额单位：元至角分、美元

出口企业申报			主管退税机关审核	
出口退税出口申报明细	份,记录	条	审核情况	机审情况
出口发票	张,出口额	美元		
出口报关单	张			
代理出口货物证明	张		本次机审通过退增值税税额	元
收汇核销单	张,收汇额	美元	其中：上期结转疑点退增值税	元
远期收汇证明	张,其他凭证	张	本期申报数据退增值税	元
出口退税进货明细申报表	份,记录	条		
增值税专用发票	张,其中非税控专用发票	张	本次机审通过退消费税税额	元
普通发票	张,专用税票	张	其中：上期结转疑点退消费税	元
其他凭证	张,总进货金额	元	本期申报数据退消费税	元
总进货税额	元			
其中：增值税	元,消费税	元	结余疑点数据退增值税	元
本月申报退税额	元		结余疑点数据退消费税	元
其中：增值税	元,消费税	元		
进料应抵扣税额	元		授权人申明	
申请开具单证			(如果你已委托代理申报人,请填写下列资料)	
代理出口货物证明	份,记录	条		
代理进口货物证明	份,记录	条	为代理出口货物退税申报事宜,现授权	
进料加工免税证明	份,记录	条	为本纳税人的代理申报人,任何与本申报表有关的文件都可寄予此人	
来料加工免税证明	份,记录	条		
出口货物转内销证明	份,记录	条		
补办报关单证明	份,记录	条		
补办收汇核销单证明	份,记录	条		
补办代理出口证明	份,记录	条	授权人签字　　　　(盖章)	
内销抵扣专用发票　　张,其他非退税专用发票　　张				
申报人申明			审单人：　　　审核人：	
此表各栏目填报内容是真实、合法的,与实际出口货物情况相符。此次申报的出口业务不属于"四自三不见"等违背正常出口经营程序的出口业务。否则,本企业愿意承担由此产生的相关责任。			年　月　日	
			签批人：　　　　(公章)	
企业填表人： 财务负责人：　　　　(公章) 企业负责人：　　　　年 月 日			年　月　日	

（2）小规模纳税人出口货物，于货物报关出口之日（以出口货物报关单上注明的出口日期为准）的次月起4个月内的各申报期（申报期为每月1～15日），到主管国家税务机关办理出口货物免税核销申报，并同时报送出口货物免税核销电子申报数据。

（3）出口企业代理其他企业出口后，应在货物报关出口之日起60日内凭出口货物报关单、代理出口协议，向主管国家税务机关申请开具代理出口货物证明，并及时转给委托出口企业。如因资料不齐等特殊原因，代理出口企业无法在60日内申请开具代理出口证明的，在60日内向主管国家税务机关提出书面延期申请。经批准后，可延期30日申请开具代理出口证明。

【例2-43】

沿用例2-30的资料。

要求：填列长沙山河股份有限公司2019年7月生产企业出口货物免、抵、退税申报明细表和生产企业出口货物免、抵、退税申报汇总表，填列格式内容如表2-9和表2-10所示。

4．退税凭证资料

办理出口退税时，必须提供以下凭证。

（1）购进出口货物的增值税专用发票（抵扣联）和出口销售发票。申请退消费税的企业，还应提供税收（出口货物专用）缴款书或出口货物完税分割单。

（2）盖有海关验讫章的出口货物报关单（出口退税专用）。

（3）查账时提供出口货物销售明细账。

（4）有委托业务的，需提供由受托方税务机关签发的代理出口证明；有远期收汇业务的，需提供由当地外经贸主管部门签发的中、远期结汇证明。

课后练习

一、判断题

1．我国现行的增值税是对在我国境内销售货物、提供加工修理修配劳务以及销售服务、无形资产、不动产的单位和个人，就其取得的应税销售额计算税款，并实行税款抵扣制的一种流转税。（   ）

2．增值税的计税依据是不含增值税的价格，它的最终承担者是经营者。（   ）

3．混合销售是指销售多种产品或提供多种劳务的行为。（   ）

4．纳税人出口货物，税率为零，因此一般纳税人的税率有两档，即基本税率和零税率。（   ）

5．免征增值税的农业产品按照买价的10%的扣除率计算进项税额，准予抵扣。（   ）

6．一般纳税人外购货物所支付的运输费用，可按取得增值税专用发票注明的税款金额凭票抵扣。（   ）

7．纳税人采取折扣方式销售货物，销售额和折扣额不在同一张发票上分别注明的，

可按折扣后销售额征收增值税。（　　）

8. 进口货物纳税义务发生的时间为报关进口后 15 日。（　　）

9. 以 1 个月为一期的纳税人，于期满后 15 日内申报纳税。（　　）

10. 总机构和分支机构不在同一县（市）的，应当分别向各自所在地主管税务机关申报纳税。（　　）

11. 增值税专用发票只限于增值税的一般纳税人和小规模纳税人领购使用，非增值税纳税人不得领购使用。（　　）

12. 销项税额＝销售额×税率，由销售方自己承担。（　　）

13. 应纳税额等于当期销项税额减去当期进项税额，因此，所有的进项税额都可以抵扣，不足部分可以结转下期继续抵扣。（　　）

14. 小规模纳税人一律按照销售额的 3% 的征收率计算应纳税款，不得抵扣进项税额。（　　）

15. 一般纳税人与小规模纳税人的计税依据相同，都是不含税的销售额。（　　）

二、单项选择题

1. 我国现行的增值税采用（　　）。
   A. 价内税　　　B. 价外税　　　C. 定额税　　　D. 累进税

2. 下列货物适用 13% 增值税税率的是（　　）。
   A. 生产销售啤酒　　　　　　　B. 生产销售煤炭
   C. 生产销售石油液化气　　　　D. 生产销售暖气

3. 下列各项中，不免征增值税的有（　　）。
   A. 接受外国政府无偿捐赠的进口货物
   B. 高校食堂为某公司提供外销快餐
   C. 纳税人生产、销售、批发和零售滴灌带和滴灌管产品
   D. 农业生产者销售自产农产品

4. 下列货物目前允许按 9% 抵扣进项税额的是（　　）。
   A. 购进免税农产品　　　　　　B. 购进废旧物资
   C. 租入机器设备　　　　　　　D. 购进原材料

5. 进口货物的增值税由（　　）征收。
   A. 进口地税务机关　　　　　　B. 海关
   C. 交货地税务机关　　　　　　D. 进口方所在地税务机关

6. 纳税人销售的下列货物中，属于免征增值税的货物是（　　）。
   A. 农业机械　　　B. 煤炭　　　C. 日用百货　　　D. 自产的农产品

7. 某零售企业为一般纳税人，月销售收入为 39 550 元，该企业当月计税销售额为（　　）元。
   A. 35 000　　　B. 39 757　　　C. 38 632　　　D. 47 911

8. 某服装厂将自产的服装作为福利发给本厂职工，该批产品制造成本共计 10 万元，利润率为 10%，按当月同类产品的平均售价计算为 18 万元，计征增值税的销售额为（　　）万元。
   A. 10　　　B. 9　　　C. 11　　　D. 18

9. 某单位采取折扣方式销售货物,折扣额单独开发票,增值税销售额的确定方法是( )。
  A. 扣除折扣额的销售额   B. 不扣除折扣额的销售额
  C. 折扣额   D. 加上折扣额的销售额

10. 某商场实行还本销售家具,家具现售价16 500元(不含增值税),5年后还本,该商场增值税的计税销售额是( )。
  A. 16 500元   B. 3 300元   C. 1 650元   D. 不征税

11. 在"免、抵、退"办法中,当期应退税额应根据( )原则确定。
  A. "期末留抵税额"与"当期免、抵、退税额"孰小
  B. "期末留抵税额"与"当期免、抵、退税额"孰大
  C. "当期应纳税额"与"当期免、抵、退税额"孰小
  D. "当期应纳税额"与"当期免、抵、退税额"孰大

三、多项选择题

1. 应交增值税的行业是( )。
  A. 商业   B. 建筑业   C. 交通运输业   D. 制造业

2. 划分一般纳税人和小规模纳税人的标准有( )。
  A. 销售额达到规定标准   B. 经营效益好
  C. 会计核算健全   D. 有上级主管部门

3. 依据增值税的有关规定,不办理增值税一般纳税人资格登记的有( )。
  A. 个体经营者以外的其他个人
  B. 选择按照小规模纳税人纳税的非企业性单位
  C. 从事货物生产业务的小规模企业
  D. 选择按照小规模纳税人纳税的不经常发生应税行为的企业

4. 我国现行增值税的征收范围包括( )。
  A. 在中国境内销售货物   B. 在中国境内提供应税劳务
  C. 进口货物   D. 过境货物

5. 下列各项中,属于增值税征税范围的有( )。
  A. 销售钢材   B. 销售自来水   C. 销售电力   D. 销售房屋

6. 下列行为中,属于视同销售货物应征增值税的行为有( )。
  A. 委托他人代销货物   B. 销售代销货物
  C. 将自产的货物分给职工做福利   D. 将外购的货物用于免征增值税项目

7. 一般纳税人销售货物,适用9%税率的有( )。
  A. 销售图书   B. 销售机器
  C. 销售化妆品   D. 销售化肥

8. 下列货物免征增值税的有( )。
  A. 将自产的饮料作为福利发放给本厂职工
  B. 出售自己使用过的汽车
  C. 国际组织无偿援助的进口物资和设备

D. 古旧图书

9. 根据增值税有关规定,一般纳税人在下列( )情况下,不可以开具增值税专用发票。
   A. 商品零售企业出售给消费者的货物
   B. 生产企业出售给小规模纳税人的货物
   C. 生产企业出售给一般纳税人的货物
   D. 生产企业出售给批发企业的货物

10. 在以下( )情况下,只开具普通发票而不开具专用发票。
    A. 向消费者销售货物或者提供应税劳务的
    B. 销售免税货物的
    C. 小规模纳税人销售货物或者提供应税劳务的
    D. 向小规模纳税人销售货物或者提供应税劳务的

11. 某单位外购以下货物,按增值税有关规定不能作为进项税额抵扣的有( )。
    A. 外购的固定资产设备   B. 外购货物用于免税项目
    C. 外购货物用于集体福利   D. 外购货物用于无偿赠送他人

12. 办理出口退税时,必须提供( )。
    A. 购进出口货物的增值税专用发票
    B. 购进内销货物的增值税专用发票
    C. 出口货物销售明细账
    D. 盖有海关验讫章的出口货物报关单(出口退税专用)

四、业务题

1. 某电视机厂2019年6月发生下列几笔购销业务。
   (1) 向某商场销售彩色电视机120台,每台售价2 850元(不含税),销货款已收到。
   (2) 购入电子元器件,价款为18万元,取得增值税专用发票,注明的增值税进项税额为23 400元。
   (3) 为装修该厂展销厅,购入建筑装饰材料,支付价税合计款为113 000元,取得增值税专用发票,注明的进项税额为13 000元。
   要求:计算该电视机厂当月应纳增值税税额。

2. 某饮料厂7月销售汽水、果茶饮料,实现销售额60万元,收取增值税销项税额为7.8万元;当月购入白糖、山楂、柠檬酸等原料为15万元,取得增值税专用发票,注明的增值税进项税额为19 500元,原料都已入库。另外,厂领导考虑到职工暑期工作辛苦,对全厂200名职工每人发送一箱汽水、一箱果茶,每箱汽水成本为50元,售价为80元;每箱果茶成本为80元,售价为135元。当月该厂为职工食堂购进一台大冰柜,取得的增值税专用发票上注明的进项税额是4 160元,还为厂里的幼儿园购进一批儿童桌椅、木床,取得的增值税专用发票上注明的进项税额为1 040元。
   要求:计算该饮料厂当月应纳增值税税额。

3. 某机械厂为增值税一般纳税人,采用直接收款结算方式销售货物,本月发生下列经济业务。
   (1) 10月开出增值税专用发票,销售甲产品50台,单价为8 000元,并交予购货方。

(2) 将 20 台乙产品分配给投资者,单位成本为 6 000 元,没有同类产品销售价格。

(3) 基本建设工程领用材料 1 000 千克,不含税单价为 50 元,计为 50 000 元。

(4) 改建、扩建幼儿园领用材料 200 千克,不含税单价为 50 元,计为 10 000 元。改建、扩建幼儿园领用乙产品一台。

(5) 本月丢失钢材 8 吨,不含税单价为 2 000 元,作待处理财产损溢处理。

(6) 本月发生购进货物的全部进项税额为 70 000 元。购销货物增值税税率均为 13%。

要求:根据以上资料试计算该机械厂本月应交增值税税额,并进行会计处理。

4. 某环球贸易公司从日本进口彩色电视机 200 台,10 月 5 日报关,海关审定的关税完税价格为每台 1 000 元,关税税率为 10%,增值税税率为 13%。

要求:计算该环球贸易公司此批进口彩电的应纳增值税税额。

5. 某商场为增值税一般纳税人,从事百货的批发和零售业务,2019 年 6 月发生以下经济业务。

(1) 6 月上旬,购进一批货物,取得增值税专用发票,注明的货款为 10 万元,增值税为 1.3 万元,向小规模纳税人销售货物金额为 22 600 元,柜台零售货物金额为 11 300 元。

(2) 6 月中旬,购进一批货物,取得增值税专用发票,注明的货款为 20 万元,增值税为 2.6 万元,向一般纳税人销售一批货物,货款为 120 万元。

(3) 以库存商品不含税价值为 20 000 元(市场价)为女职工个人发放福利。

(4) 6 月下旬,购进一批货物,取得增值税专用发票,注明的货款为 5 万元,增值税为 6 500 元。柜台零售货物的销售额为 226 000 元,另外卖出一台空调机给消费者个人,含税价款为 5 650 元,并上门为顾客安装,另外收取安装费 113 元。

要求:

(1) 根据以上资料计算 6 月应纳增值税税额。

(2) 进行涉税业务的会计处理。

6. 某自营出口生产企业本季度出口日用工业品 48 000 美元,报关出口当天美元兑人民币的汇率为 1∶6.2,该季度内销产品 800 000 元,增值税税率为 13%,出口退税率为 11%。当期购进原材料进项税额为 152 000 元。

要求:根据上述业务计算该企业应纳(退)税额并作相应会计处理(该企业实行"免、抵、退"办法)。

项目 3　消费税计算申报与核算

技能目标

1. 能判断哪些项目应征收消费税,会根据业务资料计算应纳消费税税额。
2. 会根据业务资料填制消费税纳税申报表及税款缴纳书。
3. 能根据业务资料进行消费税的涉税会计业务处理。
4. 基本会办理出口货物退(免)消费税工作。

知识目标

1. 掌握消费税的基本法律知识、应纳消费税的计算。
2. 掌握消费税的纳税申报表的填制方法。
3. 熟悉消费税涉税业务的会计处理。
4. 理解消费税出口退税的计算。
5. 熟悉消费税出口退税的申报规定及消费税出口退税的会计处理。

案例导入

消费税与增值税的计税依据都一样吗

2019年6月,某高校会计专业毕业生李玲到ABC股份有限责任公司报税岗位进行顶岗实习。该公司主要生产经营酒类、卷烟和高档化妆品,6月发生以下经济业务。

(1) 6月1日销售高档化妆品100套,已知增值税专用发票上注明的价款为30 000元,税额为3 900元,款已收到。

(2) 6月4日将自己生产的啤酒20吨销售给家乐超市,货款已收到;另外,将10吨送给客户及顾客免费品尝。该啤酒出厂价为2 800元/吨,成本为2 000元/吨。

(3) 6月10日销售粮食散装白酒20吨,单价为7 000元,价款为140 000元。

(4) 6月20日用自产粮食白酒10吨抵偿华盛超市货款70 000元,不足或多余部分不再结算。该粮食白酒每吨本月售价为 5 500～6 500 元,平均售价为 6 000 元。

(5) 6 月 25 日将一批自产的高档化妆品作为福利发给职工个人,这批高档化妆品的成本为 10 000 元。假设该类高档化妆品不存在同类消费品销售价格。

(6) 2014 年 5 月 10 日将外购的烟叶 100 000 元发给嘉华加工公司,委托其加工成烟丝。嘉华加工公司代垫辅助材料 4 000 元(款已付),本月应支付的加工费为 36 000 元(不含税)、增值税为 4 680 元。6 月 5 日 ABC 股份有限责任公司以银行存款付清全部款项和代缴的消费税;6 日收回已加工的烟丝并全部生产成卷烟 10 箱;25 日该批卷烟全部用于销售,总售价为 300 000 元,款已收到。

(7) 6 月 26 日向陈氏超市销售用上月外购烟丝生产的卷烟 20 个标准箱,每标准条调拨价格为 80 元,共计 400 000 元(购入烟丝支付含增值税价款为 90 400 元),采取托收承付结算方式,货已发出并办妥托收手续。

(8) 6 月 28 日从国外购进成套高档化妆品,关税完税价格为 80 000 美元,关税税率为 50%。假定当日美元兑人民币的汇率为 1∶6.60,货款全部以银行存款付清。

(9) 6 月 30 日从国外进口卷烟 320 箱(每箱 250 条,每条 200 支),支付买价 2 000 000 元,支付到达我国海关前的运输费用 120 000 元,保险费用 80 000 元,关税税率为 20%,款项全部以银行存款付清。

请问:李玲将会学到消费税纳税申报的哪些能力?消费税的计算与增值税的计算有哪些不同?

任务 3.1 消费税税款的计算

消费税是对在我国境内从事生产、委托加工和进口应税消费品的单位和个人,就其应税消费品的销售额或销售量征收的一种税。在我国的税制结构体系中,消费税是增值税的配套税种,它是在普遍征收增值税的基础上,根据国家产业政策的要求,选择消费品中的特殊消费品、奢侈品、高能耗消费品和不可再生的资源消费品征收的,发挥其特殊的调节作用。目前,对烟、酒、高档化妆品、贵重首饰及珠宝玉石、鞭炮焰火、成品油、摩托车、小汽车、高尔夫球及球具、高档手表、游艇、木制一次性筷子、实木地板、电池、涂料 15 类产品征收消费税。

消费税征税环节单一,只在消费品的生产环节和进口环节(金银首饰除外)一次性征收,其他环节不再征收(从 2009 年 5 月 1 日起对卷烟在批发环节加征一道消费税)。对应税消费品实行按产品设计税率、税额,一物一税,大部分消费品实行比例税率,少数消费品实行定额税率,个别消费品还实行从量、从价双重征收,有利于国家对产业结构和消费结构的宏观调节。

3.1.1 直接对外销售应税消费品应纳税额的计算

按照现行消费税法规定,直接对外销售应税消费品应纳税额的计算一般有 3 种方法,即从价定率法、从量定额法、从价定率和从量定额复合计税法。

1. 从价定率法应纳税额的计算

消费税是价内税,即以含消费税的价格作为计税价格,应纳税额的计算取决于应税消费品的销售额和适用税率两个因素。其计算公式为

应纳税额 = 应税消费品的计税销售额 × 消费税税率

(1) 计税销售额的一般规定

纳税人对外销售其生产的应税消费品,应当以其销售额为依据计算纳税。这里的销售额包括向购货方收取的全部价款和价外费用。由于消费税和增值税实行交叉征收,消费税实行价内税,增值税实行价外税,因此实行从价定率征收消费税的消费品,其消费税税基和增值税税基是一致的,即都是以含消费税而不含增值税的销售额作为计税基数,所以在项目2中有关增值税确认销售额的规定同样适用于消费税,在此不再重复。

(2) 计税销售额的特殊规定

① 包装物及押金的计税销售额。应税消费品连同包装物销售的,无论包装物是否单独计价,也无论在会计上如何核算,均应并入应税消费品的销售额中缴纳消费税。如果包装物不作价随同产品销售而是收取押金,此项押金不并入应税消费品的销售额中纳税。但对因逾期未收回的包装物不再退还的和已收取一年以上的押金,应并入应税消费品的销售额,按照应税消费品的适用税率缴纳消费税;对既作价随同应税消费品销售,又另外收取的包装物的押金,凡纳税人在规定的期限内不予退还的,均应并入应税消费品的销售额,按照应税消费品的适用税率缴纳消费税。

对酒类产品生产企业销售酒类产品(按从价定率法征收的)而收取的包装物押金,无论押金是否返还与会计上如何核算,均需计入酒类产品销售额中,依酒类产品的适用税率征收消费税。但以上规定不适用于实行从量定额征收消费税的啤酒和黄酒产品。

② 纳税人销售的应税消费品,如果是以外汇计算销售额的,应当按外汇牌价折合成人民币计算应纳税额。

③ 纳税人通过自设非独立核算门市部销售的自产应税消费品,应当按照门市部对外销售金额缴纳消费税。

④ 纳税人用于换取生产资料和消费资料、投资入股和抵偿债务等方面的应税消费品,应当以纳税人同类应税消费品的最高销售价格作为计税依据计算消费税。

【提示】 几种包装物押金的税务处理比较见表3-1。

表 3-1　　　　　　　　　包装物押金的税务处理比较

押金种类	收取时,未逾期	逾期时
一般应税消费品包装物押金	不缴纳增值税,不缴纳消费税	缴纳增值税、消费税(押金需换算为不含税价)
酒类产品(除啤酒、黄酒外)包装物押金	缴纳增值税、消费税(押金需换算为不含税价)	不再缴纳增值税、消费税
啤酒、黄酒包装物押金	不缴纳增值税,不缴纳消费税	只缴纳增值税,不缴纳消费税(因为从量定额征收)

(3) 消费税的税目税率

消费税实行比例税率、定额税率和从量定额与从价定率相结合的复合计税3种形式，共设置了20余档不同的税率(税额)。多数消费品采用比例税率，最高税率为56%，最低税率为1%；对成品油和黄酒、啤酒等实行定额税率；对卷烟、粮食白酒、薯类白酒实行从量定额与从价定率相结合计算应纳税额的复合计税办法。具体见表3-2。

表3-2　　　　　　　　　消费税税目税率(税额)表

税目			税率(税额)	备注
一、烟	1. 卷烟	甲类卷烟(生产环节)	56% 150元/箱(0.6元/条；0.06元/包；0.003元/支)	① 卷烟包括进口卷烟、白包卷烟、手工卷烟和未经国务院批准纳入计划的企业及个人生产的卷烟。 ② 甲类卷烟：每标准条(200支，下同)调拨价70元(含70元，不含增值税，下同)以上；乙类卷烟：每标准条调拨价70元以下。 ③ 自2015年5月10日起，对卷烟批发环节按11%比例税率、每支0.005元的定额税率双征计征消费税
		乙类卷烟(生产环节)	36% 150元/箱(0.6元/条；0.06元/包；0.003元/支)	
		甲、乙类卷烟(批发环节)	11% 0.005元/支	
	2. 雪茄烟(生产环节)		36%	包括各种规格、型号的雪茄烟
	3. 烟丝(生产环节)		30%	烟丝包括以烟叶为原料加工生产的不经卷制的散装烟，如斗烟、莫合烟、烟末、水烟、黄红烟丝等
二、酒	1. 白酒		20% 0.5元/斤	① 酒是指酒精度在1度以上的各种酒类饮料。 ② 甲类啤酒：出厂价(含包装物及押金)3 000元(含3 000元，不含增值税，下同)以上；乙类啤酒：出厂价3 000元以下。 ③ 娱乐业、饮食业自制啤酒，一律按250元/吨征税。 ④ 调味料酒不属于本税目征税范围
	2. 啤酒(含果啤)	甲类啤酒	250元/吨	
		乙类啤酒	220元/吨	
	3. 黄酒		240元/吨	
	4. 其他酒		10%	
三、高档化妆品			15%	① 高档化妆品包括高档美容、修饰类化妆品、高档护肤类化妆品和成套化妆品。 ② 高档美容、修饰类化妆品和高档护肤类化妆品是指生产(进口)环节销售(完税)价格(不含增值税)在10元/毫升(克)或15元/片(张)及以上的美容、修饰类化妆品和护肤类化妆品。 ③ 舞台、戏剧、影视演员化妆用的上妆油、卸妆油和油彩，不属于本税目征税范围
四、贵重首饰及珠宝玉石	零售环节		5%	特指金银首饰、铂金首饰及钻石饰品
	其他环节		10%	其他贵重首饰和珠宝玉石
五、鞭炮焰火			15%	体育上用的发令纸、鞭炮药引线不属于本税目征税范围

续表

税 目		税率(税额)	备 注
六、成品油	1. 汽油	1.52元/升	① 汽油包括甲醇汽油和乙醇汽油。 ② 柴油包括生物柴油。 ③ 溶剂油包括橡胶填充油和溶剂油原料。 ④ 燃料油包括蜡油、船用重油、常压重油、减压重油
	2. 柴油	1.2元/升	
	3. 石脑油	1.52元/升	
	4. 溶剂油	1.52元/升	
	5. 润滑油	1.52元/升	
	6. 燃料油	1.2元/升	
	7. 航空煤油	1.2元/升	
七、摩托车	气缸容量在250毫升	3%	从2014年12月1日起对发动机气缸容量在250毫升(不含)以下小排量摩托车不征消费税
	气缸容量在250毫升以上的	10%	
八、小汽车	1. 乘用车(生产、进口环节)		① 征收范围包括含驾驶员座位在内最多不超过9个座位(含)的,在设计和技术特性上用于载运乘客和货物的各类乘用车。 ② 电动汽车、沙滩车、雪地车、卡丁车、高尔夫车不属于本税目征税范围
	气缸容量(排气量,下同)在1.0升(含)以下的	1%	
	气缸容量在1.0升以上至1.5升(含)的	3%	
	气缸容量在1.5升以上至2.0升(含)的	5%	
	气缸容量在2.0升以上至2.5升(含)的	9%	
	气缸容量在2.5升以上至3.0升(含)的	12%	
	气缸容量在3.0升以上至4.0升(含)的	25%	
	气缸容量在4.0升以上的	40%	
	2. 中轻型商用客车(生产、进口环节)	5%	征收范围包括含驾驶员座位在内的座位数为10～23个座(含23个座)的,在设计和技术特性上用于载运乘客和货物的各类中轻型商用客车
	3. 超豪华小汽车(零售环节)	10%(生产、进口环节按子税目1和子税目2的规定征收)	每辆零售价格130万元(不含增值税)及以上的乘用车和中轻型商用客车
九、高尔夫球及球具		10%	包括高尔夫球、球杆(杆头、杆身和握把)、球包(袋)
十、高档手表		20%	每只不含增值税价格1万元以上(含)
十一、游艇		10%	是指长度大于8米小于90米,船体由玻璃钢、钢、铝合金、塑料等多种材料制作而成,可以在水上移动的水上浮载体
十二、木制一次性筷子		5%	包括以木材为原料经过锯段、浸泡、旋切、刨切、烘干、筛选、包装等环节加工而成的各类一次性使用的筷子
十三、实木地板		5%	包括实木复合地板、未经涂饰的素板

续表

税　目	税率（税额）	备　注
十四、电池	4%	征税范围包括原电池、蓄电池、燃料电池、太阳能电池和其他电池。原电池是按不可以充电设计的电池,包括锌原电池、锂原电池和其他原电池；蓄电池是按可充电、重复使用设计的电池,包括酸性蓄电池、碱性或其他非酸性蓄电池、氧化还原液流电池和其他蓄电池；燃料电池是指通过一个电化学过程,将连续供应的反应物和氧化剂的化学能直接转换为电能的电化学发电装置；太阳能电池是指将太阳光能转换成电能的装置
十五、涂料	4%	是指涂于物体表面能形成具有保护、装饰或特殊性能的固态涂膜的一类液体或固体材料的总称

注：① 自 2014 年 12 月 1 日起,提高成品油消费税率,取消了酒精、汽车轮胎、气缸容量在 250 毫升以下摩托车、含铅汽车等产品征收的消费税。

② 自 2015 年 2 月 1 日起,电池、涂料征收消费税。但对无汞原电池、锂原电池、金属氢化物镍蓄电池、锂离子蓄电池、太阳能电池、燃料电池和全钒液流电池免征消费税；对施工状态下挥发性有机物含量低于 420 克/升（含）的涂料免征消费税。

③ 自 2016 年 10 月 1 日起,取消对普通美容、修饰类化妆品征收消费税,仅对高档美容、修饰类化妆品、高档护肤类化妆品和成套化妆品征收消费税,并将税率由原来的 30% 降为 15%。

④ 自 2016 年 12 月 1 日起,对超豪华小汽车,在生产（进口）环节按现行税率征收消费税基础上,在零售环节加征消费税,税率为 10%。

【例 3-1】

某日化厂为增值税一般纳税人,2019 年 6 月销售高档化妆品,开具的增值税专用发票上注明的销售额为 300 000 元；开具的普通发票上注明的销售额为 45 200 元。要求计算该日化厂 6 月应缴纳的消费税税额。

计税依据 = 300 000 + 45 200 ÷ (1 + 13%) = 340 000（元）

应纳消费税税额 = 340 000 × 15% = 51 000（元）

2. 从量定额法应纳税额的计算

按从量定额法计算消费税,应纳税额的计算取决于应税消费品的销售数量和单位税额两个因素。其基本计算公式为

应纳税额 = 应税消费品的销售数量 × 单位税额

（1）应税消费品销售数量的确定

根据应税消费品的应税行为,应税消费品的销售数量具体规定如下。

① 销售应税消费品的,为应税消费品的销售数量。纳税人通过自设的非独立核算门市部销售自产应税消费品的,应当按照门市部对外销售数量征收消费税。

② 自产自用应税消费品的（用于连续生产应税消费品的除外）,为应税消费品的移送使用数量。

③ 委托加工应税消费品的,为纳税人收回的应税消费品数量。

④ 进口的应税消费品,为海关核定的应税消费品进口征税数量。

（2）计量单位的换算标准

《中华人民共和国消费税暂行条例》（以下简称《消费税暂行条例》）规定，黄酒、啤酒以吨为税额单位；汽油、柴油等成品油以升为计量单位。考虑到在实际销售过程中，一些纳税人会把吨与升这两个计量单位混用，为了规范不同产品的计量单位，以准确计算应纳税额，吨与升这两个计量单位须进行换算，如表 3-3 所示。

表 3-3   吨、升换算表

名　称	单 位 换 算	名　称	单 位 换 算
啤酒	1 吨 = 988 升	溶剂油	1 吨 = 1 282 升
黄酒	1 吨 = 962 升	润滑油	1 吨 = 1 126 升
汽油	1 吨 = 1 388 升	燃料油	1 吨 = 1 015 升
柴油	1 吨 = 1 176 升	航空煤油	1 吨 = 1 246 升
石脑油	1 吨 = 1 385 升		

【例 3-2】

某炼油厂采购原油 40 吨，加工成无铅汽油 12 吨，计算其应纳消费税税额。

应纳消费税税额 = 12 × 1 388 × 1.52 = 25 317.12（元）

3. 从价定率和从量定额复合计税法应纳税额的计算

现行消费税的征税范围中，实行复合征税方法的消费品有卷烟、粮食白酒和薯类白酒。其计算公式为

应纳税额 = 应税消费品销售额 × 比例税率 + 应税消费品销售数量 × 单位税额

计税依据中从量定额部分与前面规定相同：生产销售卷烟、粮食白酒、薯类白酒从量定额计税依据为实际销售数量。进口、委托加工、自产自用卷烟、粮食白酒、薯类白酒从量定额计税依据分别为海关核定的进口征税数量、委托方收回数量、移送使用数量。

【例 3-3】

某卷烟厂出售卷烟 20 个标准箱，每标准条调拨价格 80 元，共计 400 000 元，烟丝 45 000 元，采用托收承付结算方式，货已发出并办妥托收手续。其应纳消费税税额计算如下：

应纳消费税税额 = 20 × 150 + 400 000 × 56% + 45 000 × 30% = 240 500（元）

在消费税税率运用和计税依据确定中应注意以下几个具体问题。

（1）对纳税人兼营不同税率的应税消费品，应当分别核算其销售额或销售数量。未分别核算销售额或销售数量的，或者将不同税率的应税消费品组成成套消费品销售的，从高适用。

（2）白包卷烟、手工卷烟、自产自用没有同牌号规格调拨价格的卷烟、委托加工没有同牌号规格调拨价格的卷烟、未经国务院批准纳入计划的企业和个人生产的卷烟，除定额税率征收外，一律按 56% 的比例税率征收。

（3）非标准条（每条包装多于或者少于 200 支）包装卷烟应当折算成标准条包装卷烟的数量，依其实际销售收入计算确定其折算成标准条包装后的实际销售价格，并确定适用的比例税率。折算的实际销售价格高于计税价格的，应按照折算的实际销售价格确定适用比例税率；折算的实际销售价格低于计税价格的，应按照同牌号规格标准条包装卷烟的计税价格和适用税率征税。卷烟的折算标准如下：

1 箱 = 250 条； 1 条 = 10 包； 1 包 = 20 支

(4) 白酒生产企业向商业销售单位收取的"品牌使用费"是随着应税白酒的销售而向购货方收取的,属于应税白酒销售价款的组成部分,因此,不论企业采取何种方式或以何种名义收取价款,均应并入白酒的销售额中缴纳消费税。

(5) 从 2009 年 8 月 1 日起,白酒生产企业销售给销售单位的白酒,生产企业消费税计税价格低于销售单位对外销售价格(不含增值税,下同)70% 以下的,税务机关应核定消费税最低计税价格;已核定最低计税价格的白酒,销售单位对外销售价格持续上涨或下降时间达到 3 个月以上、累计上涨或下降幅度在 20%(含)以上的白酒,税务机关重新核定最低计税价格。

4. 已纳消费税扣除的计算

为了避免重复征税,现行税法规定,将外购应税消费品继续生产应税消费品销售的,准予从应纳消费税税额中按当期生产领用数量计算扣除外购已税消费品已纳的消费税税款。

(1) 扣税范围

① 外购已税烟丝为原料生产的卷烟。
② 外购已税高档化妆品为原料生产的高档化妆品。
③ 外购已税珠宝玉石为原料生产的贵重首饰及珠宝玉石。
④ 外购已税鞭炮焰火为原料生产的鞭炮焰火。
⑤ 外购已税摩托车为原料生产的摩托车(如用外购两轮摩托车改装成三轮摩托车)。
⑥ 外购已税杆头、杆身和握把为原料生产的高尔夫球球杆。
⑦ 外购已税木制一次性筷子为原料生产的木制一次性筷子。
⑧ 外购已税实木地板为原料生产的实木地板。
⑨ 外购已税石脑油为原料生产的应税消费品。
⑩ 外购已税润滑油为原料生产的润滑油,已税汽油、柴油为原料生产的汽油、柴油。

(2) 扣税方法

上述当期准予扣除的外购应税消费品已纳消费税税款的,在计税时按当期生产领用数量计算。

① 从价定率

$$\text{当期准予扣除的外购应税消费品已纳税款} = \text{当期准予扣除的外购应税消费品买价} \times \text{外购应税消费品适用税率}$$

$$\text{当期准予扣除的外购应税消费品买价} = \text{期初库存的外购应税消费品买价} + \text{当期购进的外购应税消费品买价} - \text{期末库存的外购应税消费品买价}$$

外购已税消费品的买价是指购货发票上注明的销售额(不包括增值税税款)。

纳税人用外购已税珠宝玉石生产的改在零售环节征收消费税的金银首饰(镶嵌首饰),在计税时一律不得扣除外购珠宝玉石的已纳税款。允许扣除已纳税款的应税消费品只限于从工业企业购进的应税消费品和进口环节已缴纳消费税的应税消费品,对从境内商业企业购进应税消费品的已纳税款一律不得扣除。

② 从量定额

$$\text{当期准予扣除的外购应税消费品已纳税款} = \text{当期准予扣除的外购应税消费品数量} \times \text{外购应税消费品单位税额}$$

$$\text{当期准予扣除的外购应税消费品数量} = \text{期初库存的外购应税消费品数量} + \text{当期购进的外购应税消费品数量} - \text{期末库存的外购应税消费品数量}$$

【例 3-4】

某化妆品厂 11 月发生如下业务:①购进化工 A 材料 20 千克,价款 100 000 元,增值税 13 000 元;②购进散装香粉 10 千克,价款 100 000 元,增值税 13 000 元;③生产口红及精致香粉,领用 A 材料 10 千克及散装香粉 5 千克;④销售口红 5 箱,不含税价 50 000 元;⑤销售香粉 1 箱,含税价 339 000 元。其应纳增值税及消费税税额计算如下:

销售香粉的不含增值税价款 = 339 000 ÷ (1 + 13%) = 300 000(元)

增值税销项税额 = 50 000 × 13% + 300 000 × 13% = 45 500(元)

应纳增值税税额 = 销项税额 − 进项税额 = 45 500 − (13 000 + 13 000) = 19 500(元)

应纳消费税税额 = (50 000 + 300 000) × 15% − 100 000 ÷ 2 × 15% = 45 000(元)

3.1.2 自产自用应税消费品应纳税额的计算

1. 自产自用应税消费品的确定

所谓"自产自用",是指纳税人生产应税消费品后,不是直接用于对外销售,而是用于自己连续生产应税消费品或用于其他方面。根据《消费税暂行条例》规定,纳税人用于连续生产应税消费品,不缴纳消费税;用于其他方面的,于移送使用时缴纳消费税。

所谓"连续生产应税消费品",是指作为生产最终应税消费品的直接材料,并构成最终产品实体的应税消费品。对自产自用的应税消费品,用于连续生产应税消费品的不再征税,体现了税不重征和计税简便的原则,避免了重复征税。例如,卷烟厂生产的烟丝,如果直接对外销售,应缴纳消费税,但如果烟丝用于本厂连续生产卷烟,其烟丝就不征收消费税,只对最终生产出来的卷烟征收消费税。

所谓"用于其他方面",是指纳税人用于生产非应税消费品和在建工程、管理部门、非生产机构、提供劳务,以及用于馈赠、赞助、集资、广告、样品、职工福利、奖励等方面的应税消费品。企业自产的应税消费品虽然没有用于销售或连续生产应税消费品,但只要是用于税法所规定的范围都要视同销售,依法缴纳消费税。

2. 自产自用应税消费品计税依据的确定

根据《消费税暂行条例》规定,纳税人自产自用的应税消费品,凡用于其他方面应当纳税的,其销售额的核算包括以下顺序。

(1) 按照纳税人生产的当月同类消费品的销售价格计算纳税。

(2) 如果当月同类消费品各期销售价格高低不同,应按销售数量加权平均计算。但销售的应税消费品有下列情况之一的,不得列入加权平均计算:①销售价格明显偏低又无正当理由的;②无销售价格的。

(3) 如果当月无销售或者当月未完结,应按照同类消费品上月或最近月份的销售价格计算纳税。

(4) 没有同类消费品销售价格的,按照组成计税价格计算纳税。

实行从价定率法计算纳税的组成计税价格计算公式为

组成计税价格 = (成本 + 利润) ÷ (1 − 比例税率)

利润 = 成本 × 成本利润率

实行复合计税法计算纳税的组成计税价格计算公式为

组成计税价格 =（成本 + 利润 + 自产自用数量 × 定额税率）÷（1 - 比例税率）

上述公式中所说的"成本"是指应税消费品的产品生产成本。公式中所称的"成本利润率"是指应税消费品全国平均成本利润率，由国家税务总局确定（见表3-4）。

表 3-4　　　　　　　　应税消费品全国平均成本利润率

货物名称	成本利润率/%	货物名称	成本利润率/%
1. 甲类卷烟	10	11. 摩托车	6
2. 乙类卷烟	5	12. 高尔夫球及球具	10
3. 雪茄烟	5	13. 高档手表	20
4. 烟丝	5	14. 游艇	10
5. 粮食白酒	10	15. 木制一次性筷子	5
6. 薯类白酒	5	16. 实木地板	5
7. 其他酒	5	17. 乘用车	8
8. 高档化妆品	5	18. 中轻型商用客车	5
9. 鞭炮焰火	5	19. 电池	4
10. 贵重首饰、珠宝玉石	6	20. 涂料	7

3. 自产自用应税消费品应纳税额的计算

（1）从价定率法征税的应税消费品应纳税额的计算

应纳消费税税额 = 自产自用同类应税消费品销售额或组成计税价格 × 适用税率

（2）从量定额法征税的应税消费品应纳税额的计算

应纳消费税税额 = 应税消费品移送使用数量 × 单位税额

（3）复合计税法征税的应税消费品应纳税额的计算

应纳消费税税额 = 自产自用同类应税消费品销售额或组成计税价格 × 适用税率
　　　　　　　　+ 应税消费品移送使用数量 × 单位税额

【例 3-5】

某酒厂将自产薯类白酒 1 吨发放给职工作福利，该薯类白酒对外销售价格为每吨 7 000 元，生产成本为 4 000 元/吨，成本利润率为 5%。其应纳消费税税额计算如下：

应纳消费税税额 = 7 000 × 20% + 2 000 × 0.5 = 2 400（元）

如果该种薯类白酒没有同类消费品的销售价格，其生产成本为 4 000 元，则其组成计税价格计算如下：

消费税组成计税价格 = [4 000 × (1 + 5%) + 2 000 × 0.5] ÷ (1 - 20%)
　　　　　　　　　　= 6 500（元）

应纳消费税税额 = 6 500 × 20% + 2 000 × 0.5 = 2 300（元）

3.1.3　委托加工应税消费品应纳税额的计算

1. 委托加工应税消费品的确定

委托加工应税消费品是指由委托方提供原料和主要材料，受托方只收取加工费和代垫部分辅助材料加工的应税消费品。对于由受托方提供原材料生产的应税消费品,或者受托方先将原材料卖给委托方,然后再接受加工的应税消费品,以及由受托方以委托方名义购进原材料生产的应税消费品,无论纳税人在财务上是否作销售处理,都不得作为委托加工应税消费品,而应当按照销售自制应税消费品缴纳消费税。由此可见,作为委托加工的应税消费品,必须具备两个条件:其一是由委托方提供原料和主要材料;其二是受托方只收取加工费和代垫部分辅助材料。无论是委托方还是受托方,凡不符合规定条件的,都不能按委托加工应税消费品进行税务处理,只能按照销售自制应税消费品缴纳消费税。这种处理方法体现了税收管理的源泉控制原则,避免了应缴税款的流失。

2. 委托加工应税消费品计税依据的确定

委托加工应税消费品,按照受托方的同类消费品的销售价格计算纳税,同类消费品的销售价格是指受托方当月销售的同类消费品的销售价格,如果当月同类消费品各期销售价格高低不同,应按销售数量加权平均计算。但销售的应税消费品有下列情况之一的,不得列入加权平均计算:①销售价格明显偏低又无正当理由的;②无销售价格的。如果当月无销售或者当月未完结,应按照同类消费品上月或最近月份的销售价格计算纳税。没有同类消费品销售价格的,按照组成计税价格计算纳税。

实行从价定率法计算纳税的组成计税价格计算公式为

组成计税价格 =(材料成本 + 加工费)÷(1 − 比例税率)

实行复合计税法计算纳税的组成计税价格计算公式为

组成计税价格 =(材料成本 + 加工费 + 委托加工数量 × 定额税率)
÷(1 − 比例税率)

上述公式中的"材料成本"是指委托方所提供加工材料的实际成本。委托加工应税消费品的纳税人必须在委托加工合同上如实注明(或以其他方式提供)材料成本,凡未提供材料成本的,受托方所在地主管税务机关有权核定其材料成本。可见,税法严格规定委托方提供原料和主要材料必须如实提供材料成本,其目的是防止假冒委托加工应税消费品或少报材料成本逃避纳税的问题。

公式中的"加工费"是指受托方加工应税消费品向委托方收取的全部费用(包括代垫辅助材料的实际成本,不包括增值税税金),这是税法对受托方的要求。受托方必须如实提供向委托方收取的全部费用,这样才能既保证组成计税价格及代收代缴消费税准确计算出来,也使受托方按加工费得以正确计算其应纳的增值税。

3. 委托加工应税消费品应纳税额的计算

(1) 从价定率法征税的应税消费品应纳税额的计算

应纳消费税税额 = 委托加工同类应税消费品销售额或组成计税价格 × 适用税率

(2) 从量定额法征税的应税消费品应纳税额的计算

应纳消费税税额 = 纳税人收回的应税消费品数量 × 单位税额

(3) 复合计税法征税的应税消费品应纳税额的计算

应纳消费税税额 = 委托加工同类应税消费品销售额或组成计税价格 × 适用税率
+ 纳税人收回的应税消费品数量 × 单位税额

4. 委托加工应税消费品消费税的缴纳

(1) 对委托加工应税消费品的应纳消费税,采取由受托方代收代缴税款的办法,由受托方在向委托方交货时代收代缴消费税。委托方将收回的应税消费品,以不高于受托方的计税价格出售的,为直接出售,不再缴纳消费税;委托方以高于受托方的计税价格出售的,不属于直接出售,需按照规定申报缴纳消费税,在计税时准予扣除受托方已代收代缴的消费税。受托方必须严格履行代收代缴义务,否则要承担税收法律责任。

(2)纳税人委托个体经营者加工应税消费品,一律在收回加工应税消费品后向所在地主管税务机关缴纳消费税。

(3)受托方没有代收代缴消费税的,委托方应补交税款,补税的计税依据为:①已直接销售的,按销售额计税;②未销售或不能直接销售的(如收回后用于连续生产等),按组成计税价格计税。

【例 3-6】

甲企业受托加工一批高档化妆品,委托方提供的材料成本为 95 000 元,双方协议加工费为 5 240 元。甲企业应代收代缴的消费税税额计算如下:

组成计税价格 = (95 000 + 5 240) ÷ (1 − 15%) = 117 929.41(元)

应代收代缴消费税税额 = 117 929.41 × 15% = 17 689.41(元)

5. 委托加工收回的应税消费品已纳税款的扣除

纳税人委托加工收回的应税消费品已由受托方代收代缴消费税,如果委托方收回货物后用于连续生产应税消费品的,其已纳税款准予按照规定从连续生产的应税消费品应纳消费税税额中扣除,这种扣税方法与外购已税消费品连续生产应税消费品的扣税范围、扣税方法、扣税环节相似。

(1)扣税范围

① 以委托加工收回的已税烟丝为原料生产的卷烟。
② 以委托加工收回的已税高档化妆品为原料生产的高档化妆品。
③ 以委托加工收回的已税珠宝玉石为原料生产的贵重首饰及珠宝玉石。
④ 以委托加工收回的已税鞭炮焰火为原料生产的鞭炮焰火。
⑤ 以委托加工收回的已税摩托车为原料生产的摩托车。
⑥ 以委托加工收回的已税杆头、杆身和握把为原料生产的高尔夫球球杆。
⑦ 以委托加工收回的已税木制一次性筷子为原料生产的木制一次性筷子。
⑧ 以委托加工收回的已税实木地板为原料生产的实木地板。
⑨ 以委托加工收回的已税石脑油为原料生产的应税消费品。
⑩ 以委托加工收回的已税润滑油为原料生产的润滑油,已税汽油、柴油为原料生产的汽油、柴油。

(2)扣税方法

$$\begin{aligned}\text{当期准予扣除的委托加工应税消费品已纳税款} = & \text{期初库存的委托加工应税消费品已纳税款} + \text{当期收回的委托加工应税消费品已纳税款} \\ & - \text{期末库存的委托加工应税消费品已纳税款}\end{aligned}$$

纳税人用委托加工收回的已税珠宝玉石生产的改在零售环节征收消费税的金银首饰,在计税时一律不得扣除委托加工收回的珠宝玉石的已纳消费税税款。委托加工应税消费品已纳税款为代扣代收税款凭证注明的受托方代收代缴的消费税税额。

【提示】 委托加工业务中委托方与受托方的关系见表 3-5。

表 3-5　　　　　委托加工业务中委托方与受托方的关系

项　　目	委　托　方	受　托　方
委托加工成立的条件	提供原料和主要材料	只收取加工费和代垫辅料
加工及提货时涉及的流转税	① 购进材料涉及增值税进项税。 ② 支付加工费涉及增值税进项税。 ③ 视同自产消费品应缴消费税	① 购买辅料涉及增值税进项税。 ② 收取加工费和代垫辅料涉及增值税销项税
消费税纳税环节	提货时受托方代收代缴（受托方为个体户的除外）	交货时代收代缴委托方消费税
代收代缴后消费税的相关处理	① 不高于受托方计税价格直接出售的不再缴纳消费税。 ② 连续加工应税消费品销售后在出厂环节缴纳的消费税,可按规定在生产领用后抵扣已纳消费税	及时解缴代收代缴税款

3.1.4 进口应税消费品应纳税额的计算

纳税人进口应税消费品,按照组成计税价格和规定的税率计算应纳税额,组成计税价格包括到岸价格、关税和消费税三部分。

1. 进口一般货物应纳税额的计算

（1）实行从价定率法应纳税额的计算

应纳税额的计算公式：

$$应纳税额 = 组成计税价格 \times 消费税税率$$

$$组成计税价格 = (关税完税价格 + 关税) \div (1 - 消费税税率)$$

公式中所称的"关税完税价格",是指海关核定的关税计税价格。

（2）实行从量定额法应纳税额的计算

应纳税额的计算公式：

$$应纳税额 = 应税消费品数量 \times 消费税单位税额$$

（3）实行从价定率和从量定额复合征税法应纳税额的计算

应纳税额的计算公式：

应纳税额 = 组成计税价格 × 消费税税率 + 应税消费品数量 × 消费税单位税额

组成计税价格 =（关税完税价格 + 关税 + 进口数量 × 消费税单位税额）
　　　　　　　÷（1 - 消费税比例税率）

【提示】　进口环节消费税除国务院另有规定者外,一律不得给予减税、免税。

【例 3-7】

某公司进口成套高档化妆品一批,该批高档化妆品关税完税价格为 40 万元,关税税率为 50%。其应纳消费税税额计算如下：

消费税组成计税价格 = 400 000 ×（1 + 50%）÷（1 - 15%）= 705 882.35（元）

应纳消费税税额 = 705 882.35 × 15% = 105 882.35（元）

2. 进口卷烟应纳消费税税额的计算

从 2009 年 5 月 1 日起,进口卷烟的消费税适用比例税率进行了调整,计算其消费税应纳税额包括以下方法。

(1) 确定进口卷烟消费税的适用比例税率

每标准条进口卷烟(200支)确定消费税适用比例税率的价格
＝(关税完税价格＋关税＋消费税定额税)÷(1－消费税税率)

其中,关税完税价格和关税为每标准条的关税完税价格及关税税额;消费税定额税为每标准条(200支)0.6元(依据现行消费税定额税率折算而成);消费税税率固定为36%。

每标准条进口卷烟(200支)确定消费税适用比例税率的价格≥70元人民币的,适用比例税率为56%;每标准条进口卷烟(200支)确定消费税适用比例税率的价格＜70元人民币的,适用比例税率为36%。

(2) 计算进口卷烟应纳消费税税额

进口卷烟消费税组成计税价格 ＝(关税完税价格＋关税＋消费税定额税)
÷(1－进口卷烟消费税适用比例税率)

应纳消费税税额 ＝ 进口卷烟消费税组成计税价格×进口卷烟消费税适用比例税率
＋海关核定的进口卷烟数量×消费税定额税率

其中,消费税定额税率为每标准箱(50 000支)150元。

【例3-8】

某公司从境外进口10箱卷烟,经海关核定,关税的完税价格为100 000元,关税为25 000元。应纳消费税税额计算如下:

① 每标准条进口卷烟适用比例税率的价格＝(100 000＋25 000＋150×10)÷(1－36%)÷(10×250)＝79.06(元)＞70元,所以,进口卷烟的适用比例税率为56%。

② 进口卷烟消费税组成计税价格 ＝(关税完税价格＋关税＋消费税定额税)÷(1－进口卷烟消费税适用比例税率)＝(100 000＋25 000＋150×10)÷(1－56%)＝287 500(元)。

③ 应纳消费税税额＝进口卷烟消费税组成计税价格×进口卷烟消费税适用比例税率＋海关核定的进口卷烟数量×消费税定额税率＝287 500×56%＋10×150＝162 500(元)。

3. 进口应税消费品已纳的消费税税款的扣除

在对用进口已税产品连续生产应税消费品计算征税时,准予扣除外购的应税消费品已纳的消费税税款。准予扣除的范围同"外购已税消费品连续生产应税产品后销售"的扣除范围。

当期准予扣除的进口应税消费品已纳税款 ＝ 期初库存的进口应税消费品已纳税款 ＋ 当期进口应税消费品已纳税款 － 期末库存的进口应税消费品已纳税款

进口应税消费品已纳税款为海关进口消费税专用缴款书注明的进口环节消费税。

3.1.5 批发和零售环节应税消费品应纳税额的计算

1. 批发环节应纳消费税税额的计算

批发环节的应税消费品特指卷烟,在我国境内从事卷烟批发业务的所有单位和个人,应就其批发销售的所有牌号、规格的卷烟,自2015年5月10日起,按11%的比例税率、每支0.005元的定额税率双重计征消费税。此外,计算批发环节卷烟消费税还应注意以下事项。

(1) 应将卷烟销售额与其他商品销售额分开核算,未分开核算的,一并征收消费税。

(2) 卷烟批发企业之间销售的卷烟不缴纳消费税,只有将卷烟销售给零售商等其他单位和个人时才缴纳消费税。

(3) 卷烟批发企业在计算卷烟消费税时不得扣除卷烟生产环节已缴纳的消费税税额。

【例 3-9】

某市烟草集团公司属增值税一般纳税人，持有烟草批发许可证，2019 年 6 月收回委托加工的卷烟 200 箱，集团公司将其中 20 箱销售给烟草批发商 N 企业，取得含税销售收入 83.62 万元；80 箱销售给烟草零售商 Y 专卖店，取得不含税销售收入 320 万元；100 箱作为股本与 F 企业合资成立一家烟草零售经销商 Z 公司。

要求：

(1) 计算集团公司向 N 企业销售卷烟应缴纳的消费税税额。

(2) 计算集团公司向 Y 专卖店销售卷烟应缴纳的消费税税额。

(3) 计算集团公司向 Z 公司投资应缴纳的消费税税额。

计算过程如下：

(1) 因为 N 企业是烟草批发商，批发商之间不征收消费税，因此，向 N 企业销售卷烟应纳的消费税税额为零元。

(2) 向 Y 专卖店销售卷烟应纳消费税税额 = 320×11% + 80×50 000×0.005÷10 000 = 37.2（万元）。

(3) 向 Z 公司投资应纳消费税税额 = 100×320÷80×11% + 100×50 000×0.005÷10 000 = 46.5（万元）。

2. 零售环节应纳消费税税额的计算

零售环节的应税消费品特指金银首饰、钻石及钻石饰品。"金银首饰"特指金、银和金基、银基合金首饰，以及金、银和金基、银基合金的镶嵌首饰。自 2016 年 12 月 1 日起，对超豪华小汽车，在生产（进口）环节按现行税率征收消费税基础上，在零售环节加征消费税，税率为 10%。

对既销售金银首饰，又销售非金银首饰的生产经营单位，应分别核算两类商品的销售额。凡划分不清楚或不能分别核算的，在生产环节销售的，一律从高适用税率征收消费税；在零售环节销售的，一律按金银首饰征收消费税。金银首饰与其他产品组成套装消费品销售的，应按销售额全额征收消费税。对纳税人采取以旧换新方式销售金银首饰的，按实际收取的不含增值税价款计算消费税。

【例 3-10】

东方珠宝店是一家经批准有权经营金银首饰的珠宝零售店，为增值税一般纳税人，2019 年 6 月涉税业务如下：

(1) 金银首饰及珠宝玉石零售金额共计 246 600 元，其中：金银首饰 107 460 元，钻石及钻石饰品 95 940 元，其他首饰 43 200 元。

(2) 采取以旧换新方式销售金项链 100 条，新项链每条零售价 3 000 元，旧项链每条作价 2 000 元，每条项链实收差价款 1 000 元。

要求：计算东方珠宝店 6 月应缴纳的消费税税额。

计算分析过程如下：

(1) 根据消费税法规定，金银首饰和珠宝玉石的消费税在零售环节缴纳，其他首饰消费税应在生产、进口或委托加工环节缴纳。

应纳消费税税额 = (107 460 + 95 940)÷(1+13%)×5% = 9 000（元）

(2) 金银首饰零售环节以旧换新应以实际取得不含税价款为消费税计税依据。

应纳消费税税额＝100×1 000÷(1+13%)×5%＝4 424.78(元)

【项目导入案例解析之一：消费税应纳税额的计算】

资料：项目3导入案例。

ABC股份有限责任公司6月应纳消费税税额计算如下：

（1）销售高档化妆品应纳消费税税额＝30 000×15%＝4 500(元)

（2）销售啤酒应纳消费税税额＝20×220＝4 400(元)

　　免费品尝啤酒应纳消费税税额＝10×220＝2 200(元)

（3）销售粮食白酒应纳消费税税额＝140 000×20%＋20×2 000×0.5＝48 000(元)

（4）抵偿货款白酒应纳消费税税额＝6 500×10×20%＋10×2 000×0.5＝23 000(元)

（5）组成计税价格＝10 000×(1+5%)÷(1-15%)＝12 352.94(元)

　　应纳消费税税额＝12 352.94×15%＝1 852.94(元)

（6）烟丝组成计税价格＝(100 000+4 000+36 000)÷(1-30%)＝200 000(元)

　　代收代缴烟丝的消费税税额＝200 000×30%＝60 000(元)

　　每条卷烟价格＝300 000÷(10×250)＝120(元)

　　按56%税率计税，卷烟应纳消费税税额＝300 000×56%＋10×150－60 000
　　　　　　　　　　　　　　　　　　　＝109 500(元)

（7）外购烟丝已纳的消费税税额＝90 400÷(1+13%)×30%＝24 000(元)

　　出售卷烟应纳的消费税税额＝(400 000×56%＋20×150)－24 000＝203 000(元)

（8）进口高档化妆品组成计税价格＝80 000×6.60×(1+50%)÷(1-15%)
　　　　　　　　　　　　　　　　＝931 764.71(元)

　　海关代征的高档化妆品消费税税额＝931 764.71×15%＝139 764.71(元)

（9）每条进口卷烟消费税适用比例税率的价格 $= \dfrac{\dfrac{2\,000\,000+120\,000+80\,000}{320\times 250}\times(1+20\%)+0.6}{1-36\%} = 52.5(元)$

每条卷烟价格小于70元，适用消费税税率为36%。

海关代征的卷烟消费税税额＝320×250×52.5×36%＋320×250×0.6＝1 560 000(元)

ABC股份有限责任公司6月应申报缴纳的消费税税额
＝4 500＋4 400＋2 200＋48 000＋23 000
　＋1 852.94＋109 500＋203 000
＝396 452.94(元)

海关代征的消费税税额＝139 764.71＋1 560 000＝1 699 764.71(元)

嘉华公司代收代缴的消费税税额＝60 000元

任务3.2　消费税纳税申报

3.2.1　消费税的征收管理

1. 纳税义务发生时间

纳税人生产的应税消费品应于销售时纳税，进口应税消费品应于报关进口环节纳税，但金银首饰、钻石及钻石饰品在零售环节纳税。消费税纳税义务的发生时间,以货款结算方式或行为发生时间分别确定。

(1) 纳税人销售的应税消费品,其纳税义务发生时间如下。

① 采取赊销和分期收款结算方式的,为纳税人书面合同约定的收款日期的当天,书面合同没有约定收款日期或者无书面合同的,为发出应税消费品的当天。

② 采取预收货款结算方式的,为纳税人发出应税消费品的当天。

③ 采取托收承付和委托银行收款方式销售的应税消费品,为纳税人发出应税消费品并办妥托收手续的当天。

④ 采取其他结算方式的,为纳税人收讫销售款或者取得索取销售款凭据的当天。

(2) 自产自用的应税消费品,其纳税义务的发生时间,为纳税人移送使用的当天。

(3) 委托加工的应税消费品,其纳税义务的发生时间,为纳税人提货的当天。

(4) 进口的应税消费品,其纳税义务的发生时间,为纳税人报关进口的当天。

2. 纳税期限

按照《消费税暂行条例》规定,消费税的纳税期限分别为 1 日、3 日、5 日、10 日、15 日、1 个月或者 1 个季度。由主管税务机关根据纳税人应纳税额的大小分别核定其具体的纳税期限;如果不能按照固定期限纳税的,则可以按次纳税。

纳税人以 1 个月或者 1 个季度为 1 个纳税期的,自期满之日起 15 日内申报纳税;以 1 日、3 日、5 日、10 日或者 15 日为一期纳税的,自期满之日起 5 日内预缴税款,于次月 1 日起 15 日内申报纳税并结清上月应纳税款。

纳税人进口应税消费品,应当自海关填发税款缴款书之日起 15 日内缴纳税款。

3. 纳税地点

(1) 纳税人销售的应税消费品,以及自产自用的应税消费品,除国家另有规定外,应当向纳税人机构所在地或居住地主管税务机关申报纳税。

(2) 委托加工的应税消费品,由受托方向其所在地主管税务机关代收代缴消费税税款;委托个人加工的应税消费品,由委托方向其机构所在地或者居住地主管税务机关申报纳税。

(3) 进口的应税消费品,由进口人或者其代理人向报关地海关申报纳税。

(4) 纳税人到外县(市)销售或委托外县(市)代销自产应税消费品的,于应税消费品销售后,回纳税人机构所在地或居住地缴纳消费税。

(5) 纳税人的总机构与分支机构不在同一县(市)的,应当分别向各自机构所在地的主管税务机关申报纳税。但经财政部、国家税务总局或者其授权的财政、税务机关批准,可以由总机构汇总向总机构所在地的主管税务机关申报纳税。

(6) 纳税人销售的应税消费品,如因质量等原因由购买者退回时,经机构所在地或者居住地主管税务机关审核批准后,可退还已缴纳的消费税税款,但不能自行直接抵减应纳税款。

3.2.2 消费税的纳税申报

纳税人无论当期有无销售或是否赢利,均应在次月 1 日起 15 日内根据应税消费品分别填写烟类应税消费品消费税纳税申报表(见表3-6)、酒类应税消费品消费税纳税申报表(见表3-7)、成品油消费税纳税申报表(见表3-8)、小汽车消费税纳税申报表(见表3-9)、电池消费税纳税申报表、涂料消费税纳税申报表、其他应税消费品消费税纳税申报表(见表3-10),向主管税务机关进行纳税申报。

除了纳税申报表以外,每类申报表都有附表:本期准予扣除计算表、本期代收代缴税额计算表、生产经营情况表、准予扣除消费税凭证明细表等,在申报时一并填写。

表3-6　　　　　　　烟类应税消费品消费税纳税申报表

税款所属期:2019 年 6 月 1 日至 2019 年 6 月 30 日

纳税人名称(公章):　　　　纳税人识别号:

填表日期:2019 年 7 月 15 日　单位:(卷烟)万支、(雪茄烟)支、(烟丝)千克　金额单位:元(列至角分)

应税消费品名称	适用税率		销售数量	销售额	应纳税额
	定额税率	比例税率			
卷烟	30元/万支	56%	150	700 000	396 500
卷烟	30元/万支	36%			
雪茄烟	—	36%			
烟丝		30%			
合　计	—		—		

本期准予扣除税额:84 000	声　明
本期减(免)税额:	此纳税申报表是根据国家税收法律的规定填报的,我确定它是真实的、可靠的、完整的。 经办人(签章): 财务负责人(签章):
期初未缴税额:	联系电话:
本期缴纳前期应纳税额:	(如果你已委托代理人申报,请填写) 　　　授权声明
本期预缴税额:	为代理一切税务事宜,现授权_____
本期应补(退)税额:312 500	_____(地址)为本纳税人的代理申报人,任何与本申报表有关的往来文件,都可寄予此人。
期末未缴税额:	授权人(签章):

以下由税务机关填写

受理人(签章):　　　受理日期:　年　月　日　　　受理税务机关(章):

表3-7　　　　　　　酒类应税消费品消费税纳税申报表

税款所属期:2019 年 6 月 1 日至 2019 年 6 月 30 日

纳税人名称(公章):　　　　纳税人识别号:

填表日期:2019 年 7 月 15 日　　　　　　　　金额单位:元(列至角分)

应税消费品名称	适用税率		销售数量	销售额	应纳税额
	定额税率	比例税率			
粮食白酒	0.5元/斤	20%	60 000	205 000	71 000
薯类白酒	0.5元/斤	20%			
啤酒	250元/吨	—			

续表

应税消费品名称	适用税率		销售数量	销售额	应纳税额
	定额税率	比例税率			
啤酒	220元/吨	—	30		6 600
黄酒	240元/吨	—			
其他酒	—	10%			
合　计	—	—	—	—	77 600

本期准予扣除税额：	声　明
本期减(免)税额：	此纳税申报表是根据国家税收法律的规定填报的,我确定它是真实的、可靠的、完整的。
期初未缴税额：	经办人(签章)： 财务负责人(签章)： 联系电话：
本期缴纳前期应纳税额：	(如果你已委托代理人申报,请填写)
本期预缴税额：	授权声明 为代理一切税务事宜,现授权_____
本期应补(退)税额：77 600	_____(地址)为本纳税人的代理申报人,任何与本申报表有关的往来文件,都可寄予此人。
期末未缴税额：	授权人(签章)：

以下由税务机关填写

受理人(签章)：　　　　受理日期：　年　月　日　　　　受理税务机关(章)：

表 3-8　　　　　　　　成品油消费税纳税申报表

税款所属期：　年　月　日至　年　月　日

纳税人名称(公章)：　　　　　　　纳税人识别号：

填表日期：　年　月　日　　　　计量单位：升　　　金额单位：元(列至角分)

应税消费品名称	适用税率/(元/升)	销售数量	销售额	应纳税额
汽油	1.52			
柴油	1.20			
石脑油	1.52			
溶剂油	1.52			
润滑油	1.52			
燃料油	1.20			
航空煤油	1.20			
合　计			—	—

本期准予扣除税额：	声　明
本期减(免)税额：	此纳税申报表是根据国家税收法律的规定填报的,我确定它是真实的、可靠的、完整的。
期初未缴税额：	经办人(签章)： 财务负责人(签章)： 联系电话：

续表

本期缴纳前期应纳税额：	（如果你已委托代理人申报,请填写）
本期预缴税额：	授权声明
本期应补（退）税额：	为代理一切税务事宜,现授权_____（地址）为本纳税人的代理申报人,任何与本申报表有关的往来文件,都可寄予此人。
期末未缴税额：	授权人（签章）：

以下由税务机关填写

受理人（签章）：　　　　受理日期：　年　月　日　　　　受理税务机关（章）：

表 3-9　　　　　　　　　**小汽车消费税纳税申报表**

税款所属期：　　年　月　日至　　年　月　日

纳税人名称（公章）：　　　　纳税人识别号：□□□□□□□□□□□□□□□

填表日期：　年　月　日　　　计量单位：辆　　　金额单位：元（列至角分）

应税消费品名称	项目	适用税率/%	销售数量	销售额	应纳税额
乘用车	气缸容量≤1.0升	1			
	1.0升＜气缸容量≤1.5升	3			
	1.5升＜气缸容量≤2.0升	5			
	2.0升＜气缸容量≤2.5升	9			
	2.5升＜气缸容量≤3.0升	12			
	3.0升＜气缸容量≤4.0升	25			
	气缸容量＞4.0升	40			
中轻型商用客车		5			
合　计		—		—	—

本期准予扣除税额：	声　明
	此纳税申报表是根据国家税收法律的规定填报的,我确定它是真实的、可靠的、完整的。
本期减（免）税额：	经办人（签章）：
	财务负责人（签章）：
期初未缴税额：	联系电话：
本期缴纳前期应纳税额：	（如果你已委托代理人申报,请填写）
本期预缴税额：	授权声明
本期应补（退）税额：	为代理一切税务事宜,现授权_____（地址）为本纳税人的代理申报人,任何与本申报表有关的往来文件,都可寄予此人。
期末未缴税额：	授权人（签章）：

以下由税务机关填写

受理人（签章）：　　　　受理日期：　年　月　日　　　　受理税务机关（章）：

表 3-10 其他应税消费品消费税纳税申报表

税款所属期：2019 年 6 月 1 日至 2019 年 6 月 30 日

纳税人名称（公章）： 　　　纳税人识别号：

填表日期：2019 年 7 月 15 日 　　　金额单位：元（列至角分）

应税消费品名称 \ 项目	适用税率/%	销售数量	销售额	应纳税额
高档化妆品	15		42 352.94	6 352.94
合 计	—	—		6 352.94

本期准予扣除税额：

本期减（免）税额：

期初未缴税额：

本期缴纳前期应纳税额：

本期预缴税额：

本期应补（退）税额：6 352.94

期末未缴税额：

声　明

此纳税申报表是根据国家税收法律的规定填报的，我确定它是真实的、可靠的、完整的。

经办人（签章）：

财务负责人（签章）：

联系电话：

（如果你已委托代理人申报，请填写）

授权声明

为代理一切税务事宜，现授权_____（地址）为本纳税人的代理申报人，任何与本申报表有关的往来文件，都可寄予此人。

授权人（签章）：

以下由税务机关填写

受理人（签章）：　　受理日期：　年　月　日　　受理税务机关（章）：

【项目导入案例解析之二：消费税的纳税申报】

资料：项目 3 导入案例及应纳税额的计算情况。

要求：填报 ABC 股份有限责任公司 2019 年 6 月消费税纳税申报表。

填报情况见表 3-6、表 3-7 和表 3-10。

任务3.3　消费税会计核算

3.3.1　会计核算的依据

消费税的会计核算依据有以下 3 种。

（1）销货发票。发票是纳税行为发生的原始依据，发票分增值税专用发票和普通发票两种，二者均可作为计算缴纳消费税的依据。

（2）应税凭证。应税凭证是消费税纳税申报表，它是确定本期应纳、已纳和未纳消费税,以及是否正确计算应纳消费税税额的记账依据。

(3)完税凭证。完税凭证是税收(消费税专用)缴款书,企业缴纳消费税后,以加盖收款专用章的"收据联"所载金额,作为完成纳税义务和账务处理的依据。

3.3.2 会计科目的设置

为了正确反映和核算消费税有关纳税事项,纳税人应在"应交税费"科目下设置"应交消费税"二级科目。本科目的借方反映企业实际缴纳的消费税和待抵扣的消费税;贷方反映按规定应缴纳的消费税;期末余额在贷方,反映尚未缴纳的消费税。期末借方余额,反映多缴或待抵扣的消费税。

由于消费税属于价内税,即销售额中含有应负担的消费税税额,应将消费税作为费用、成本的内容加以核算,因此,还应设置与之相应的会计科目,如"税金及附加""其他业务成本""长期股权投资""在建工程""营业外支出""应付职工薪酬"等科目。

3.3.3 会计核算实务

1. 一般销售的核算

消费税是一种价内税,纳税人销售应税消费品的售价中包含了消费税。因此,纳税人缴纳的消费税应记入"税金及附加"科目,从销售收入中得到补偿。纳税人生产的需要缴纳消费税的消费品,在销售时应当按照应交消费税借记"税金及附加"科目,贷记"应交税费——应交消费税"科目。实际缴纳消费税时,借记"应交税费——应交消费税"科目,贷记"银行存款"科目。发生销货退回及退税时作相反的会计分录。

2. 视同销售的核算

(1) 用于在建工程、职工福利或者直接转为固定资产

纳税人将自产的应税消费品用于在建工程或直接转为固定资产的,应于货物移送使用时,按同类消费品的平均销售价格计算应纳消费税和应纳增值税;贷记"应交税费——应交消费税""应交税费——应交增值税"科目;按移送的货物成本,贷记"库存商品"科目;按应纳的增值税、消费税和移送货物的成本之和,借记"在建工程""固定资产"科目。

(2) 用于捐赠、赞助、广告

纳税人将自产的应税消费品用于捐赠、赞助和广告的,应于货物移送使用时,按同类消费品的平均销售价格或组成计税价格计算应纳消费税和应纳增值税,贷记"应交税费——应交消费税""应交税费——应交增值税"科目;按移送的货物成本,贷记"库存商品"科目;按应纳的增值税、消费税和移送货物的成本之和,借记"营业外支出""销售费用"科目。

(3) 应税消费品换取生产资料、消费资料

纳税人以生产的应税消费品用于换取生产资料和消费资料属于非货币性资产交换,应按非货币性资产交换的办法进行处理,按换入资产可抵扣的增值税进项税额,借记"应交税费——应交增值税(进项税额)"科目;按换出应税消费品应支付的相关税费,贷记"应交税费——应交增值税(销项税额)""应交税费——应交消费税"等科目。

【提示】纳税人用于换取生产资料和消费资料、投资入股和抵偿债务等方面的应税

消费品,应当以纳税人同类应税消费品的最高销售价格作为计税依据计算消费税;而增值税仍以同类产品的平均销售价格作为计税依据。

(4) 应税消费品用于投资入股

纳税人以生产的应税消费品换入长期股权投资的(长期债权投资的处理相同),按对外投资处理办法借记有关投资科目;按投资移送应税消费品的售价或组成计税价格,贷记"主营业务收入"科目;按应交的增值税税额,贷记"应交税费——应交增值税(销项税额)"科目;按应交的消费税税额,贷记"应交税费——应交消费税"科目,借记"营业税金及附加"科目;按移送的货物成本,借记"主营业务成本"科目,贷记"库存商品"科目。

(5) 应税消费品用于抵偿债务

纳税人以生产的应税消费品清偿债务,应按应付账款的账面余额,借记"应付账款"科目;按用于清偿债务的应税消费品的公允价值,贷记"主营业务收入"科目;按应交的增值税销项税额,贷记"应交税费——应交增值税(销项税额)"科目;按其差额,贷记"营业外收入"等科目或借记"营业外支出"等科目;按应交的消费税税额,贷记"应交税费——应交消费税"科目,借记"税金及附加"科目;同时按照该用于抵债的应税消费品的账面余额,借记"主营业务成本"科目,贷记"库存商品"科目。

3. 包装物押金的核算

(1) 随同商品出售但单独计价的包装物

随同商品出售但单独计价的包装物,其收入贷记"其他业务收入"科目;按规定应缴纳的消费税,借记"税金及附加"科目,贷记"应交税费——应交消费税"科目,同时结转包装物的成本。

(2) 出租、出借包装物逾期的押金

纳税人出租、出借包装物逾期未退还的包装物押金,应从"其他应付款"科目转入"其他业务收入"科目,并按照应缴纳的消费税,借记"税金及附加"科目,贷记"应交税费——应交消费税"科目。

4. 委托加工的应税消费品的核算

委托加工的应税消费品,由受托方所在地主管税务机关代收代缴消费税税款;委托个人加工的应税消费品,由委托方向其机构所在地或者居住地主管税务机关申报纳税。

(1) 委托方的账务处理

① 委托加工的应税消费品收回后直接销售的,不再征收消费税。委托方应将受托方代收代缴的消费税计入委托加工的应税消费品成本,借记"委托加工物资"等科目,贷记"银行存款""应付账款"等科目。

② 委托加工的应税消费品收回后用于连续生产应税消费品按规定准予抵扣的,委托方应按代收代缴的消费税税额,借记"应交税费——应交消费税"科目,贷记"银行存款""应付账款"等科目。待加工成最终应税消费品销售时,按最终应税消费品应缴纳的消费税税额,借记"税金及附加"科目,贷记"应交税费——应交消费税"科目。

(2) 受托方的账务处理

受托方按应收的消费税税额,借记"银行存款""应收账款"等科目,贷记"应交税费——应交消费税"科目。

5. 进口应税消费品的核算

进口应税消费品时,由海关代征的进口消费税,应计入应税消费品的成本中,根据海关完税凭证上注明的消费税税额,借记"固定资产""在途物资""库存商品""应交税金——应交增值税(进项税额)"等科目,贷记"银行存款""应付账款"等科目。

【项目导入案例解析之三:消费税的会计核算】

资料:项目3导入案例。

要求:编制ABC股份有限责任公司2019年6月的会计分录。

业务(1) 销售高档化妆品,计提消费税

借:银行存款	33 900	
贷:主营业务收入		30 000
应交税费——应交增值税(销项税额)		3 900

计提消费税:

借:税金及附加	4 500	
贷:应交税费——应交消费税		4 500

业务(2) 销售啤酒给超市

借:银行存款	63 280	
贷:主营业务收入		56 000
应交税费——应交增值税(销项税额)		7 280

计提消费税:

借:税金及附加	4 400	
贷:应交税费——应交消费税		4 400

啤酒给客户及顾客免费品尝:

借:营业外支出	25 840	
贷:库存商品		20 000
应交税费——应交增值税(销项税额)		3 640
——应交消费税		2 200

业务(3) 销售粮食白酒

借:银行存款	158 200	
贷:主营业务收入		140 000
应交税费——应交增值税(销项税额)		18 200

计提消费税:

借:税金及附加	48 000	
贷:应交税费——应交消费税		48 000

业务(4) 抵偿债务

借:应付账款——华盛超市	70 000	
贷:主营业务收入		60 000

```
            应交税费——应交增值税(销项税额)              7 800
            营业外收入——债务重组利得                    2 200
   计提消费税:
   借:税金及附加                                      23 000
        贷:应交税费——应交消费税                             23 000
   业务(5)   高档化妆品作为福利发给职工个人
   借:应付职工薪酬                                    13 958.82
        贷:主营业务收入                                      12 352.94
            应交税费——应交增值税(销项税额)              1 605.88
   计提消费税:
   借:税金及附加                                      1 852.94
        贷:应交税费——应交消费税                             1 852.94
   业务(6)   发出委托加工材料
   借:委托加工物资                                    100 000
        贷:原材料——烟叶                                    100 000
   支付辅助材料费、加工费及增值税:
   借:委托加工物资                                    40 000
        应交税费——应交增值税(进项税额)              4 680
        贷:银行存款                                           44 680
   支付消费税时:
   借:应交税费——应交消费税                          60 000
        贷:银行存款                                           60 000
   完工入库:
   借:库存商品                                        140 000
        贷:委托加工物资                                       140 000
   销售卷烟:
   借:银行存款                                        339 000
        贷:主营业务收入                                       300 000
            应交税费——应交增值税(销项税额)              39 000
   计提消费税:
   借:税金及附加                                      169 500
        贷:应交税费——应交消费税                             169 500
   业务(7)   上月购入烟丝时
   借:原材料——烟丝                                    80 000
        应交税费——应交增值税(进项税额)              10 400
        贷:银行存款                                            90 400
   领用烟丝投入生产时:
   借:生产成本                                         56 000
```

```
        应交税费——应交消费税              24 000
    贷：原材料——烟丝                              80 000
```
销售卷烟：
```
借：应收账款                        452 000
    贷：主营业务收入                              400 000
        应交税费——应交增值税(销项税额)        52 000
```
计提消费税：
```
借：税金及附加                      227 000
    贷：应交税费——应交消费税                  227 000
```
业务(8)　进口高档化妆品，支付货款时
```
借：在途物资                        528 000
    贷：银行存款                                  528 000
```
支付关税时：
```
借：在途物资                        264 000
    贷：银行存款                                  264 000
```
支付增值税、消费税时：
```
借：在途物资                        139 764.71
    应交税费——应交增值税(进项税额) 121 129.41
    贷：银行存款                                  260 894.12
```
业务(9)　进口卷烟，支付货款、运输费用、保险费用时
```
借：在途物资                      2 200 000
    贷：银行存款                                2 200 000
```
支付关税时：
```
借：在途物资                        440 000
    贷：银行存款                                  440 000
```
支付增值税、消费税时：
```
借：在途物资                      1 560 000
    应交税费——应交增值税(进项税额)   546 000
    贷：银行存款                                2 106 000
```
申报缴纳当月消费税：
```
借：应交税费——应交消费税        396 452.94
    贷：银行存款                                  396 452.94
```

任务3.4　消费税出口退税

纳税人出口应税消费品与已纳增值税出口货物一样，国家都是给予退(免)税优惠的。出口应税消费品同时涉及退(免)增值税和消费税，且退(免)消费税与出口货物退(免)增

值税在退(免)税范围的限定、退(免)税办理程序、退(免)税审核及管理上都有许多一致的地方。这里仅就出口应税消费品退(免)消费税某些不同于出口货物退(免)增值税的特殊规定作介绍。

3.4.1 出口应税消费品退(免)税政策适用范围

出口应税消费品退(免)税消费税在政策适用上分为3种情况。

1. 出口免税并退税

适用"出口免税并退税"政策的是：有出口经营权的外贸企业购进应税消费品直接出口，以及外贸企业受其他外贸企业委托代理出口应税消费品。需要注意的是，外贸企业只有受其他外贸企业委托，代理出口应税消费品才可办理退税，外贸企业受其他企业(主要是非生产性的商贸企业)委托，代理出口应税消费品是不予退(免)税的。这个政策限定与前述出口货物退(免)增值税的政策规定是一致的。

2. 出口免税但不退税

适用"出口免税但不退税"政策的是：有出口经营权的生产性企业自营出口或生产企业委托外贸企业代理出口自产的应税消费品，依据其实际出口数量免征消费税，不予办理退还消费税。这里，免征消费税是指对生产性企业按其实际出口数量免征生产环节的消费税；不予办理退还消费税是指因已免征生产环节的消费税，该应税消费品出口时已不含有消费税，所以也无须再办理退还消费税了。这与前述出口货物退(免)增值税的规定不一致，原因是消费税仅在生产环节征收，生产环节免征，出口的应税消费品就不含消费税；而增值税却在货物销售的各个环节征收，生产企业出口货物时，已纳的增值税须退还。

3. 出口不免税也不退税

适用"出口不免税也不退税"政策的是：除生产性企业、外贸企业外的其他企业，具体是指一般商贸企业，这类企业委托外贸企业代理出口应税消费品一律不予退(免)税。

3.4.2 出口应税消费品的退税率

计算出口应税消费品应退消费税的税率或单位税额，依据《消费税暂行条例》所附消费税税目税率(税额)表执行。这是退(免)消费税与退(免)增值税的一个重要区别。

当出口的货物是应税消费品时，其退还增值税要按规定的退税率计算，其退还消费税则按该应税消费品所适用的消费税税率计算。企业应将不同消费税税率的出口应税消费品分开核算和申报，凡划分不清适用税率的，一律从低适用税率，计算应退消费税税额。

3.4.3 出口应税消费品退税额的计算

1. 从价征收计算退税额

从价定率计征消费税的应税消费品，应依照外贸企业从工厂购进货物时征收消费税的价格计算应退消费税税额，其计算公式为

$$应退消费税税额 = 出口货物的工厂销售额 \times 税率$$

公式中"出口货物的工厂销售额"不包含增值税,对含增值税的购进金额应换算成不含增值税的金额。

2. 从量征收计算退税额

从量定额计征消费税的应税消费品,应按货物购进和报关出口的数量计算应退消费税税额,其计算公式为

$$应退消费税税额 = 出口数量 \times 单位税额$$

3. 复合征收计算退税额

复合计征消费税的应税消费品,应按货物购进和报关出口的数量,以及外贸企业从工厂购进货物时征收消费税的价格计算应退消费税税额,其计算公式为

$$应退消费税税额 = 出口货物的工厂销售额 \times 税率 + 出口数量 \times 单位税额$$

3.4.4 出口应税消费品的会计处理

生产性企业直接出口自产应税消费品时,按规定予以直接免税,不计算应交消费税;生产性企业将应税消费品销售给外贸企业,由外贸企业自营出口的,按先征后退办法进行核算。

1. 直接免税

生产性企业直接出口应税消费品的,可以在出口时直接予以免税。免税后发生退货或退关的,也可以暂不办理补税,待其转为国内销售时,再申报缴纳消费税。

【例 3-11】

某卷烟厂自营出口烟丝一批,价款为 300 万元人民币,后有 10% 的货物退回,转作国内销售,内销价格按外销价格的 80% 计算。

应作会计分录如下:

(1) 自营出口时

借:银行存款　　　　　　　　　　　　　　　3 000 000
　　贷:主营业务收入　　　　　　　　　　　　　3 000 000

(2) 收到退货时

借:主营业务收入　　　　　　　　　　　　　300 000
　　贷:银行存款　　　　　　　　　　　　　　　300 000

(3) 转作内销时

借:银行存款　　　　　　　　　　　　　　　271 200
　　贷:主营业务收入　　　　　　　　　　　　　240 000
　　　　应交税费——应交增值税(销项税额)　　31 200

(4) 计提消费税时(烟丝消费税税率为 30%)

借:税金及附加　　　　　　　　　　　　　　72 000
　　贷:应交税费——应交消费税　　　　　　　　72 000

生产性企业委托外贸企业代理出口应税消费品,在将应税消费品移交外贸企业时,计算消费税,借记"应收出口退税"科目,贷记"应交税费——应交消费税"科目;实际向税务

机关缴纳时,借记"应交税费——应交消费税"科目,贷记"银行存款"科目;待商品出口后收到外贸企业转来的有关出口凭证,申请取得退税款时,借记"银行存款"科目,贷记"应收出口退税"科目;支付代理手续费,借记"主营业务成本"科目,贷记"银行存款"科目。已出口的应税消费品发生退关、退货而补交消费税时,作相反的会计分录。

代理出口应税消费品的外贸企业将应税消费品出口后,收到代理手续费时,借记"银行存款"科目,贷记"其他业务收入"科目。

2. 先征后退

外贸企业从生产企业购入货物自营出口应税消费品时,在产品报关出口后,申请出口退税。退税后若发生退货或退关,应及时补交消费税。

【例 3-12】

外贸公司从某化妆品厂购入高档化妆品一批,增值税专用发票注明价款250万元,增值税32.5万元,外贸公司将该批高档化妆品销往国外,离岸价为50万美元(当日外汇牌价1∶6.3),并按规定申报办理消费税退税。消费税税率为15%,增值税退税率为10%。上述款项均已收付。

应作会计分录如下:

(1) 购入高档化妆品验收入库时

借:库存商品　　　　　　　　　　　　　　　2 500 000
　　应交税费——应交增值税(进项税额)　　　　325 000
　　贷:银行存款　　　　　　　　　　　　　　　　2 825 000

(2) 高档化妆品报关出口时

借:银行存款　　　　　　　　　　　　　　　3 150 000
　　贷:主营业务收入　　　　　　　　　　　　　　3 150 000

(3) 结转销售成本时

借:主营业务成本　　　　　　　　　　　　　2 500 000
　　贷:库存商品　　　　　　　　　　　　　　　　2 500 000

(4) 不得抵扣或退税税额,调整出口成本

借:主营业务成本　　　　　　　　　　　　　　75 000
　　贷:应交税费——应交增值税(进项税额转出)　　75 000

(5) 申请退税时

应退增值税税额=2 500 000×10%=250 000(元)
应退消费税税额=2 500 000×15%=375 000(元)

借:其他应收款　　　　　　　　　　　　　　625 000
　　贷:应交税费——应交增值税(出口退税)　　　250 000
　　　　主营业务成本　　　　　　　　　　　　　　375 000

(6) 收到出口退税时

借:银行存款　　　　　　　　　　　　　　　625 000
　　贷:其他应收款　　　　　　　　　　　　　　　625 000

课后练习

一、判断题

1. 对应税消费品征收消费税与征收增值税的征税环节是一样的,都是在应税消费品的批发、零售环节征收。（ ）
2. 应税消费品的销货方在销货时为购货方代垫的运费,凡符合税法规定条件的可不作为消费税的计税依据,由销货方与购货方另行结算。（ ）
3. 纳税人将自产自用的应税消费品用作广告或样品,应于移送使用时按销售应税消费品计算缴纳消费税。（ ）
4. 对应税消费品征收消费税后,不再征收增值税。（ ）
5. 委托加工的应税消费品,受托方在交货时已代收代缴消费税,委托方收回后直接出售的,不再征收消费税。（ ）
6. 卷烟与酒类产品的计税办法实行从量定额与从价定率相结合的复合计税法。（ ）
7. 用外购已缴税的应税消费品连续生产应税消费品计算征收消费税时,按当期购入数量计算准予扣除消费税税款。（ ）
8. 纳税人将自产的应税消费品,用于连续生产应税消费品,不需要缴纳消费税。（ ）
9. 对于接受投资、赠与、抵债等方式取得的已税消费品,其所含的消费税税额不能扣除。（ ）
10. 纳税人销售的应税消费品,如因质量等原因由购买者退回的,已缴纳的消费税税务机关不予退还,但可由纳税人自行抵减下期应纳税款。（ ）

二、单项选择题

1. 下列消费品中,实行从量征收的是（　　）。
    A. 黄酒　　　　　B. 其他酒　　　　　C. 小汽车　　　　　D. 高尔夫球
2. 委托加工应税消费品是指（　　）。
    A. 由受托方以委托方名义购进原材料生产的产品
    B. 由受托方提供原材料生产的产品
    C. 由受托方将原材料卖给委托方,然后再接受加工的产品
    D. 由委托方提供原材料和主要材料,受托方只收取加工费和代垫部分辅助材料加工的产品
3. 现行消费税的计税依据是指（　　）。
    A. 含消费税而不含增值税的销售额　　B. 含消费税且含增值税的销售额
    C. 不含消费税而含增值税的销售额　　D. 不含消费税也不含增值税的销售额
4. 纳税人用外购应税消费品连续生产应税消费品,在计算纳税时,其外购应税消费品的已纳消费税税款应按下列（　　）办法处理。

A. 该已纳税款当期可以全部扣除
B. 该已纳税款当期可扣除50%
C. 可对外购应税消费品当期领用部分的已纳税款予以扣除
D. 该已纳税款当期不得扣除

5. 自产自用应税消费品计算消费税时,若没有同类应税消费品销售价格的,按组成计税价格计算,其组成计税价格为(　　)。
   A. (成本＋利润)÷(1－消费税税率)
   B. (成本＋利润)÷(1＋消费税税率)
   C. (成本＋利润)÷(1－增值税税率或征收率)
   D. (成本＋利润)÷(1＋增值税税率或征收率)

6. 纳税人进口应税消费品,应当自海关填发税款缴款书之日起(　　)日内缴纳税款。
   A. 5　　　　B. 7　　　　C. 10　　　　D. 15

7. 某酒厂某月生产税率为20%的粮食白酒,又生产税率为10%的其他酒,该厂未分别核算上述两种酒的销售额,在计算消费税应纳税额时,应使用的税率为(　　)。
   A. 20%　　　B. 15%　　　C. 不确定　　　D. 10%

8. 某化妆品厂为增值税一般纳税人,本月销售高档化妆品取得专用发票上注明的销售额为400 000元,价外费用为8 588元,增值税税额为52 988元,则消费税的计税依据为(　　)元。
   A. 12 228　　B. 407 600　　C. 408 892　　D. 400 000

9. 某卷烟厂将一批特制的烟丝作为福利分给本厂职工,已知该批烟丝的生产成本为10 000元,其应纳消费税为(　　)元。
   A. 4 200　　B. 3 000　　C. 4 500　　D. 4 285

10. 委托加工应税消费品的组成计税价格为(　　)。
    A. (材料成本＋加工费)÷(1－消费税税率)
    B. (材料成本＋利润)÷(1－消费税税率)
    C. (材料成本＋加工费)÷(1＋消费税税率)
    D. (材料成本＋利润)÷(1＋消费税税率)

11. 进口应税消费品组成计税价格为(　　)。
    A. (关税完税价格＋关税)÷(1－消费税税率)
    B. (关税完税价格＋关税)÷(1＋消费税税率)
    C. (关税完税价格＋关税)×消费税税率
    D. (关税完税价格－关税)÷(1－消费税税率)

12. 消费税纳税人发生下列行为,其具体纳税地点正确的是(　　)。
    A. 纳税人到外县(市)销售应税消费品的,应向销售地主管税务机关申报缴纳消费税
    B. 纳税人直接销售应税消费品的,必须向纳税人所在地主管税务机关申报缴纳消费税

C. 委托加工应税消费品的,一律由受托方向其所在地主管税务机关缴纳消费税
D. 进口应税消费品,由进口人或者其代理人向报关地海关申报纳税

13. 按照现行消费税制度规定,纳税人委托加工应税消费品,由受托方代收代缴税款,以下( )可以由委托方回原地纳税。
    A. 委托国有企业加工应税消费品
    B. 委托私营企业加工应税消费品
    C. 委托外商投资企业加工应税消费品
    D. 委托个人加工应税消费品

14. 委托加工应税消费品委托方收回后直接用于销售,支付代扣代缴消费税的会计分录为( )。
    A. 借:委托加工物资
         贷:银行存款
    B. 借:税金及附加
         贷:银行存款
    C. 借:应交税费——应交消费税
         贷:银行存款
    D. 借:应交税费——代扣消费税
         贷:银行存款

15. 某外贸公司6月从生产企业购进高档化妆品一批,取得增值税专用发票,注明价款为25万元,增值税为3.25万元,当月该批高档化妆品全部出口取得销售收入35万元。该外贸公司出口高档化妆品应退的消费税为( )万元。
    A. 3.75   B. 4.2   C. 4.85   D. 5.25

三、多项选择题

1. 下列消费品中属于消费税征税范围的有( )。
   A. 贵重首饰   B. 鞭炮
   C. 木制一次性筷子   D. 摩托车

2. 纳税人自产自用的应税消费品,用于( )的,应缴纳消费税。
   A. 在建工程   B. 职工福利
   C. 管理部门   D. 连续生产应税消费品

3. 我国消费税的特点有( )。
   A. 征税项目具有普遍性 B. 征税环节具有单一性(除卷烟外)
   C. 征税方法具有多样性 D. 税收调节具有特殊性

4. 在从量定额计算消费税时,其计税依据包括( )。
   A. 销售应税消费品,为销售数量
   B. 委托加工应税消费品,为加工收回的应税消费品数量
   C. 自产自用应税消费品,为移送使用数量
   D. 进口应税消费品,为进口应税数量

5. 在下列情形中,对于( )在计税时准予扣除外购或委托加工应税消费品已纳的

消费税税款。

  A. 用外购已税的烟丝生产的卷烟

  B. 用外购已税的高档化妆品生产的高档化妆品

  C. 以委托加工收回的已税实木地板为原料生产的实木地板

  D. 以委托加工收回的已税白酒为原料生产的白酒

6. 下列表述中，正确的规定有（　　）。

  A. 消费税是价内税

  B. 消费税是价外税

  C. 实行从价定率征收的消费品，是以含消费税而不含增值税的销售额为计税依据的

  D. 实行从价定率征收的消费品，是以含有消费税和增值税的销售额为计税依据的

7. 消费税纳税环节包括（　　）。

  A. 批发环节　　　　　　　　　　B. 进口环节

  C. 零售环节　　　　　　　　　　D. 生产销售环节

8. 下列应税消费品中，采用复合计税法计算消费税的有（　　）。

  A. 烟丝　　　　　　　　　　　　B. 卷烟

  C. 白酒　　　　　　　　　　　　D. 高档化妆品

9. 下列消费品中采用从量定额计征消费税的有（　　）。

  A. 啤酒　　　　B. 游艇　　　　C. 成品油　　　　D. 实木地板

10. 下列表述中符合消费税纳税义务发生时间规定的有（　　）。

  A. 纳税人生产销售应税消费品，采取托收承付结算方式的，为发出应税消费品的当天

  B. 纳税人自产自用的应税消费品，为移送使用的当天

  C. 纳税人委托加工的应税消费品，为纳税人提货的当天

  D. 纳税人进口的应税消费品，为报关进口的次日

11. 木材加工厂将自产的一批实木地板用于在建工程的会计分录为（　　）。

  A. 借：在建工程
    贷：应交税费——应交增值税（销项税额）

  B. 借：在建工程
    贷：应交税费——应交消费税

  C. 借：税金及附加
    贷：应交税费——应交消费税

  D. 借：在建工程
    贷：库存商品

12. 某烟草商进口烟丝，报关时由海关征收的税种有（　　）。

  A. 关税　　　B. 增值税　　　C. 城市维护建设税　　　D. 消费税

四、业务题

1. 某化妆品公司为庆祝"三八"妇女节，特别生产精美套装高档化妆品，全公司

600名职工每人发一套,此套高档化妆品没有供应市场,每套生产成本为100元,若国家税务总局确定高档化妆品全国平均成本利润率为5%,成套高档化妆品消费税税率为30%。

要求:计算该公司应纳消费税税额,并作账务处理。

2. 某酒厂向当地举办的酒文化节无偿赠送500瓶薯类白酒,计250千克,每瓶酒的市场价格为67.8元(含增值税),成本价为40元。

要求:计算该酒厂应纳消费税税额,并作账务处理。

3. 某黄酒厂5月销售情况如下。

(1) 销售瓶装黄酒100吨,每吨5 000元(含增值税),随黄酒发出不单独计价包装箱1 000个,一个月内退回,每个收取押金100元,共收取押金100 000元。

(2) 销售散装黄酒40吨,取得含增值税的价款180 000元。

(3) 作为福利发给职工个人黄酒10吨,成本价为40 000元,参加展示会赞助4吨,价款为16 000元,市场销售价(不含增值税)为5 000元。

要求:计算该黄酒厂本月应纳消费税税额,并作账务处理。

4. A卷烟厂2019年8月发生以下经济业务。

(1) 8月5日购买一批烟叶,取得增值税专用发票上注明的价款为10万元,增值税为1.3万元。

(2) 8月15日,将8月5日购进的烟叶发往B烟厂,委托B烟厂加工烟丝,收到的专用发票上注明的支付加工费为4万元,税款为5 200元。

(3) A卷烟厂收回烟丝后领用一半用于卷烟生产,另一半用于直接对外出售,取得价款18万元,增值税为23 400元。

(4) 8月25日,A卷烟厂销售卷烟100箱,每箱不含税售价为5 000元,款项存入银行。

(5) B烟厂无同类烟丝销售价格。

要求:计算该厂当期应纳的消费税,并分别为A卷烟厂、B烟厂作账务处理。

5. 某日化厂2019年8月发生以下经济业务。

(1) 从国外进口一批高档化妆品,关税完税价格为60 000元,缴纳关税为35 000元。

(2) 以价值80 000元的原材料委托他厂加工防皱高档化妆品,支付加工费55 000元,该批加工产品已收回(防皱高档化妆品,受托方没有同类货物价格可以参照)。

要求:计算该日化厂当期应纳的消费税。

项目4 关税计算缴纳与核算

技能目标

1. 能根据有关规定计算进出口商品应纳关税税额。
2. 能填制海关进出口关税专用缴款书。
3. 能根据进出口业务进行关税的会计处理。

知识目标

1. 掌握进出口商品应纳关税税额的计算。
2. 熟悉关税的会计处理。
3. 了解关税的基本知识。

案例导入

关税的申报与其他流转税一致吗

刘军是浙江东方革业股份有限公司的报关员,该企业具有进出口经营权,单位编号为31330423RD41001417。2019年4月公司从美国进口工业皮革10吨,进口货物许可证号为3321588106,批准文号为120082316,进口工业皮革的FOB价格为每吨5 000美元,运费为6 000美元,保险费率为3‰,运输方式为江海运输,运输工具名称为BUEKCY110/452。15日,货物到达我国宁波口岸,提货单号为KHCLB238265,刘军持相关材料到海关进行报关,海关编号为054861842,进口工业皮革的关税税率为14%,外汇牌价为1美元=6.70元人民币。刘军应如何计算这批进口商品应缴纳多少关税?该批进口商品海关应代征多少增值税?进口商品关税专用缴款书如何填报?

任务 4.1 关税税款的计算

关税是由海关对进出国境或关境的货物和物品征收的一种流转税。货物是指贸易性商品,其纳税人是经营进出口货物的收、发货人;物品是指入境旅客随身携带的行李物品、个人邮递物品、运输工具服务人员携带的自用物品,以及其他方式进境的个人物品,其纳税人是物品的持有人、所有人或收件人。

国境是一个国家以边界为界限,全面行使主权的境域,包括领土、领海和领空。关境是一个国家关税法令完全施行的境域。一般情况下,一个国家的国境与关境是一致的,但当一个国家在国境内设立自由贸易港、自由贸易区、保税区、保税仓库时,关境就小于国境;当几个国家结成关税同盟,成员国之间相互取消关税,对外实行共同的关税税则时,就其成员国而言,关境就大于国境。关税税额的计算公式为

$$应纳关税税额 = 关税完税价格 \times 关税税率$$

4.1.1 关税完税价格的确定

关税完税价格是海关计征关税所使用的计税价格,是海关以进出口货物的实际成交价格为基础审定完税价格。实际成交价格是一般贸易项下进口或出口货物的买方为购买该项货物向卖方实际支付或应当支付的价格。实际成交价格不能确定时,完税价格由海关依法估定。纳税人向海关申报的价格不一定等于完税价格,只有经海关审核并接受的申报价格才能作为完税价格。

1. 进口货物完税价格的确定

1) 一般进口货物完税价格的确定

进口货物以海关审定的成交价格为基础的到岸价格为完税价格。到岸价格包括货价及货物运抵我国境内输入地点起卸前的运费、包装费、保险费和其他劳务费。"我国境内输入地"为入境海关地,包括内陆河、江口岸,一般为第一口岸。"成交价格"是指买方为购买该货物,并按有关规定调整后的实付或应付价格,即买方为购买进口货物直接或间接支付的总额。具体要注意以下几点。

(1) 下列费用或价值未包含在进口货物的成交价格中,应一并计入完税价格。

① 特许权使用费,但与进口货物无关或者不构成进口货物向境内销售条件的不计入完税价格。

② 除购货佣金以外的佣金和经纪费,比如卖方佣金。

③ 货物运抵我国境内输入地点起卸前由买方支付的包装费、运费、保险费和其他劳务费。

④ 由买方负担的与进口货物视为一体的容器费用。

⑤ 由买方负担的包装材料和包装劳务的费用。

⑥ 卖方直接或间接从买方对该货物进口后转售(含处置和使用)所得中获得的收益。

(2) 下列费用,如在货物的成交价格中单独列明的,应从完税价格中扣除。
① 工业设施、机械设备类货物进口后发生的基建、安装、调试、技术指导等费用。
② 货物运抵境内输入地点起卸后的运输费用、保险费用和其他相关费用。
③ 进口关税及其他国内税收。
④ 为在境内复制进口货物而支付的费用。
⑤ 境内外技术培训及境外考察费用。
(3) 进口货物完税价格中的运费和保险费按下列规定确定。
① 进口货物的运费,应当按照实际支付的费用计算。如果进口货物的运费无法确定的,海关应当按照该货物的实际运输成本或者该货物进口同期运输行业公布的运费率(额)计算运费。

运输工具作为进口货物,利用自身动力进境的,海关在审查确定完税价格时,不再另行计入运费。
② 进口货物的保险费,应当按照实际支付的费用计算。如果进口货物的保险费无法确定或者未实际发生,海关应当按照"货价加运费"两者总额的3‰计算保险费。
③ 邮运进口的货物,应当以邮费作为运输及其相关费用、保险费。
④ 以境外边境口岸价格条件成交的铁路或者公路运输进口货物,海关应当按照境外边境口岸价格的1%计算运输及其相关费用、保险费。

2) 进口货物海关估价的方法
进口货物的成交价格不符合成交价格条件或者成交价格不能确定的,海关经了解有关情况,并与纳税义务人进行价格磋商后,依次以下列方法审查确定该货物的完税价格。

(1) 相同货物成交价格估价法。其是指海关以与进口货物同时或者大约同时向我国境内销售相同货物的成交价格为基础,审查确定进口货物完税价格的估价方法。
(2) 类似货物成交价格估价法。其是指海关以与进口货物同时或者大约同时向我国境内销售类似货物的成交价格为基础,审查确定进口货物完税价格的估价方法。
(3) 倒扣价格估价方法。其是指海关以进口货物、相同或者类似进口货物在境内的销售价格为基础,扣除境内发生的关税和进口环节海关代征税及其他国内税、运费、保险费、利润等相关规定费用后,审查确定进口货物完税价格的估价方法。
(4) 计算价格估价方法。其是指海关按照下列各项总和计算出完税价格:生产该货物所使用的料件成本和加工费用;向境内销售同等级或者同种类货物通常的利润和一般费用;该货物运抵境内输入地点起卸前的运输及相关费用、保险费。
(5) 其他合理方法。其是指海关以客观量化的数据资料为基础审查确定进口货物完税价格的估价方法。

3) 特殊进口货物完税价格的确定
(1) 运往境外加工的货物
运往境外加工的货物,出境时已向海关报明,并在海关规定期限内复运进境的,应当以境外加工费和料件费,以及该货物复运进境的运输及其相关费用、保险费为基础审查确定完税价格。

(2) 运往境外修理的货物

运往境外修理的机械器具、运输工具或其他货物,出境时已向海关报明,并在海关规定期限内复运进境的,应当以境外修理费和料件费为基础审查确定完税价格。

(3) 租赁方式进口的货物

租赁方式进口的货物,按照下列方法审查确定完税价格。

① 以租金方式对外支付的租赁货物,在租赁期间以海关审查确定的租金作为完税价格,利息应当予以计入。

② 留购的租赁货物以海关审查确定的留购价格作为完税价格。

③ 纳税义务人申请一次性缴纳税款的,可以选择申请按照进口货物海关估价的方法确定完税价格,或者按照海关审查确定的租金总额作为完税价格。

(4) 暂时进境货物

经海关批准的暂时进境货物,应按照一般进口货物估价办法的规定,估定完税价格。

(5) 留购的进口货样等货物

国内单位留购的进口货样、展览品及广告陈列品,以海关审定的留购价格为完税价格。

2. 出口货物完税价格的确定

(1) 以成交价格为基础的完税价格

出口货物的完税价格,由海关以该货物的成交价格为基础审查确定,并应当包括货物运至我国境内输出地点装载前的运输及其相关费用、保险费。但不包括出口关税税额。

出口货物的成交价格是指该货物出口销售到我国境外时买方向卖方实付或应付的价格。但下列费用应予扣除。

① 成交价格中含有支付给国外的佣金,与货物成交价格分列的,应予扣除;未单独列明的,则不予扣除。

② 出口货物的销售价格如果包括离境口岸至境外口岸之间的运费、保险费的,该运费、保险费应予扣除。

出口货物完税价格计算公式为

$$完税价格 = 离岸价格 \div (1 + 出口关税税率)$$

(2) 由海关估定的完税价格

出口货物的发货人或其代理人应如实向海关申报出口货物售予境外的价格,对出口货物的成交价格不能确定时,完税价格由海关依次按下列方法予以估定。

① 同时或大约同时向同一国家或地区销售出口的相同货物的成交价格。

② 同时或大约同时向同一国家或地区销售出口的类似货物的成交价格。

③ 根据境内生产相同或类似货物的成本、利润和一般费用、境内发生的运输及其相关费用、保险费计算所得的价格。

④ 按照其他合理方法估定的价格。

4.1.2 关税税率的确定

我国《进出口关税条例》规定,进出口货物应当依照税则规定的归类原则归入合适的税号,确定适用的税率。

关税税率是整个关税制度的核心要素。目前我国的关税税率主要包括以下几种。

1. 进口货物税率

改革开放后,我国多次降低进口关税税率。从1992年年初的44.4%(简单算术平均,下同)降至1996年年初的23%;1997年10月1日起,平均税率为17%;2001年12月11日起,我国正式成为世界贸易组织成员,2001年平均税率为15.3%;按2002年的新税则,我国的关税总水平已降至12.7%;2006年,我国的关税总水平为9.9%;2015年6月1日、2016年1月1日、2017年1月1日、2017年12月1日,三年内四次降低关税税率。2018年7月1日起,我国又大幅度降低关税,将服装鞋帽、厨房和体育健身用品等进口关税平均税率由15.9%降至7.1%;将洗衣机、冰箱等家用电器进口关税平均税率由20.5%降至8%;将养殖类、捕捞类水产品和矿泉水等加工食品进口关税平均税率从15.2%降至6.9%;将洗涤用品和护肤、美发等化妆品及部分医药健康类产品进口关税平均税率由8.4%降至2.9%。

进口关税设置最惠国税率、协定税率、特惠税率、普通税率、暂定税率、配额税率等税率,对进口货物在一定期限内可以实行暂定税率。

(1) 最惠国税率:适用原产于与我国共同适用最惠国待遇条款的世界贸易组织成员国或地区的进口货物;或原产于与我国签订有相互给予最惠国待遇条款的双边贸易协定的国家或地区的进口货物;或原产于我国境内的进口货物。

(2) 协定税率:适用原产于我国参加的含有关税优惠条款的区域性贸易协定的有关缔约方的进口货物。

(3) 特惠税率:适用原产于与我国签订有特殊优惠关税协定的国家或地区的进口货物。

(4) 普通税率:适用原产于上述国家或地区以外的国家或地区的进口货物。

(5) 暂定税率:是对某些税号中的部分货物在适用最惠国税率的前提下,通过法律程序暂时实施的进口税率,具有非全税目的特点,低于最惠国税率。

适用最惠国税率的进口货物有暂定税率的,应当适用暂定税率;适用协定税率、特惠税率的进口货物有暂定税率的,应当从低适用税率;适用普通税率的进口货物,不适用暂定税率。

(6) 配额税率:配额内关税是对一部分实行关税配额的货物,按低于配额外税率的进口税率征收的关税。按照国家规定实行关税配额管理的进口货物,关税配额内的,适用关税配额税率;关税配额外的,其税率的适用按照前述的规定执行。

2. 出口货物税率

为鼓励国内企业出口创汇,又做到能够控制一些商品的盲目出口,因而我国对绝大部分出口货物不征收出口关税,只对少数产品征收出口关税。目前主要是对鳗鱼苗、部分有色金属矿砂及其精矿、生锑、磷、氟钽酸钾、苯、山羊板皮、部分铁合金、钢铁废碎料、铜和铝原料及其制品、镍锭、锌锭、锑锭等30多种商品征收出口关税。上述范围内有20多种商品实行0~20%暂定税率,10多种商品为零关税,事实上我国真正征收出口关税的商品只有近20种,其税率都很低。

3. 特别关税

特别关税包括报复性关税、反倾销税与反补贴税、保障性关税。征收特别关税的货物、适用国别、税率、期限和征收办法,由国务院关税税则委员会决定,海关总署负责实施。

（1）报复性关税。其是指为报复他国对本国出口货物的关税歧视,而对相关国家的进口货物征收的一种进口附加税。任何国家或地区对其进口的原产于我国的货物征收歧视性关税或者给予其他歧视性待遇的,我国对原产于该国家或者地区的进口货物征收报复性关税。

（2）反倾销税与反补贴税。其是指进口国海关对外国的倾销商品,在征收关税的同时附加征收的一种特别关税,其目的在于抵消他国补贴。倾销是指正常贸易过程中以低于正常价值的出口价格,大量输出商品到另一国家或地区市场的行为,是一种不公平的贸易做法；补贴是出口国（或地区）政府或者其任何公共机构提供的并为接受者带来利益的财政资助,以及任何形式的对收入或者价格的支持,是一种比较隐蔽的降低经营者经营成本的措施。

（3）保障性关税。当某类商品进口量剧增,对我国相关产业带来巨大威胁或损害时,可按有关法规规定,采取保障措施,征收保障性关税。任何国家或地区对我国出口成品采取歧视性保障措施的,我国可以根据实际情况对该国或地区采取相应的税收措施。

知识链接4-1 关税优惠政策

关税减免是对某些纳税人和征税对象给予鼓励与照顾的一种特殊调节手段。关税减免是贯彻国家关税政策的一项重要措施,其权限属于中央,未经中央许可,各地海关不得擅自决定减免。关税减免主要包括以下几种。

1. 法定减免

法定减免是依照关税基本法规的规定,对列举的课税对象直接给予的减免,包括以下几种情形。

（1）下列货物经海关审查无讹,可以免税：关税额在人民币50元以下的一票货物；无商业价值的广告品和货样；外国政府、国际组织无偿赠送的物资；进出境运输工具装载的途中必需的燃料、物料和饮食用品。

（2）有下列情形之一的进口货物,海关可以酌情减免：在境外运输途中或起卸时,遭受损坏或者损失的；起卸后海关放行前,因不可抗力遭受损坏或损失的；海关查验已经破漏、损坏或腐烂,经证明不是保管不慎造成的。

（3）为境外厂商加工、装配成品和为制造外销产品而进口原材料、辅料、零件部件、配套件和包装物者,海关按照实际加工出口的成品数量,免征进口关税；或对进口料件先征进口关税,再按照实际加工出口的成品数量予以退税。

（4）经海关核准暂进境或暂出境并在6个月内复运出境或复运进境的特定货物,若货物收发货人向海关缴纳相当于税款的保证金或提供担保者,准予暂时免纳关税。

（5）我国缔结或者参加的国际条约所规定减征、免征关税的货物、物品。

2. 特定减免

特定减免是指关税基本法规确定的法定减免以外,由国务院授权的机关颁布法规、规章特别规定的减免。特定减免税货物一般有地区、企业和用途的限制,如科教用品、残疾人专用品、扶贫、慈善性捐赠物资、加工贸易产品、边境贸易进口物资、保税区进出口货物、出口加工区进出口货物等。

3. 临时减免

临时减免是指法定减免和特定减免范围以外的其他减免税,即由国务院根据《海关法》对某个单位、某类商品、某个项目或者某批进出口货物的特殊情况,给予特别照顾,一案一批,专文下达的减免税。一般有单位、品种、期限、金额或数量等限制,不能比照执行。

4.1.3 关税应纳税额的计算

1. 进口货物应纳关税的计算

(1) 从价关税应纳税额的计算

$$关税税额 = 应税进口货物数量 \times 单位完税价格 \times 关税税率$$

具体分以下几种情况。

① 以我国口岸到岸价格(CIF)成交的,或者和我国毗邻的国家以两国共同边境地点交货价格成交的进口货物,其成交价格即为完税价格。应纳关税计算公式为

$$应纳进口关税税额 = CIF \times 关税税率$$

【例 4-1】

某进出口公司某年 10 月从美国进口一批甲醛,到岸价格为 CIF 上海 USD400 000,另外在货物成交过程中,公司向卖方支付佣金 USD20 000,已知当时外汇牌价为 USD100=¥630,甲醛进口关税税率为 15%。计算该公司进口该批货物应纳的关税。

该批甲醛的完税价格包括到岸价格和支付给卖方的佣金,故

$$完税价格 = (400\,000 + 20\,000) \times 6.3 = 2\,646\,000(元)$$

$$应纳进口关税税额 = 2\,646\,000 \times 15\% = 396\,900(元)$$

② 以国外口岸离岸价(FOB)或国外口岸到岸价格成交的,应另加从发货口岸或国外交货口岸运到我国口岸以前的运杂费和保险费作为完税价格。应纳关税计算公式为

$$应纳进口关税税额 = (FOB + 运杂费 + 保险费) \times 关税税率$$

在国外口岸成交情况下,完税价格中包括的运杂费、保险费,原则上应按实际支付的金额计算,若无法得到实际支付金额,也可以外贸系统海运进口运杂费率或按协商规定的固定运杂费率计算运杂费,保险费按中国人民保险公司的保险费率计算。计算公式为

$$应纳税额 = (FOB + 运杂费) \times (1 + 保险费率) \times 关税税率$$

【项目导入案例解析之一:关税应纳税额的计算】

资料:项目 4 导入案例。

$$完税价格 = (50\,000 + 6\,000) \times 6.70 \times (1 + 3‰) = 376\,325.60(元)$$

应纳关税税额＝376 325.60×14％＝52 685.58(元)

海关应代征增值税税额＝(376 325.60＋52 685.58)×13％＝55 771.45(元)

③ 以国外口岸离岸价格加运费(即 CFR 价格)成交的,应另加保险费作为完税价格。应纳关税计算公式为

$$应纳进口关税税额＝(CFR＋保险费)×关税税率$$
$$＝CFR×(1＋保险费率)×关税税率$$

【例 4-2】

某企业从中国香港进口原产地为韩国的设备 3 台,该设备的总成交价格为 CFR 上海港 HKD180 000,保险费率为 3‰,设备进口关税税率为 10％,当日外汇牌价 HKD100＝￥82。计算其应纳的进口关税税额。

$$完税价格＝180 000×0.82×(1＋3‰)＝148 042.8(元)$$
$$应纳进口关税税额＝148 042.8×10％＝14 804.28(元)$$

④ 特殊进口商品关税计算。特殊进口货物种类繁多,需在确定完税价格基础上,再计算应纳税额,应纳关税计算公式为

$$应纳税额＝特殊进口货物完税价格×关税税率$$

【例 4-3】

某公司 2018 年以 100 万元的价格进口一台设备。2019 年 2 月因出现故障运往美国修理,出境时已向海关报明。同年 5 月,按海关规定期限复运进境。此时,该仪器的国际市场价为 150 万元。若经海关审定的修理费和料件费为 40 万元,进口关税税率为 5％。计算该设备复运进境时应纳的进口关税税额。

根据规定,运往境外修理的设备,出境时已向海关报明,并在海关规定期限内复运进境的,按海关审定的境外修理费和料件费作为完税价格,故

$$应纳关税税额＝40×5％＝2(万元)$$

(2) 从量关税应纳税额的计算

$$关税税额＝应税进口货物数量×单位税额$$

(3) 复合关税应纳税额的计算

$$关税税额＝应税进口货物数量×单位税额＋应税进口货物数量×单位完税价格×关税税率$$

【提示】 我国目前实行的复合关税都是先计征从量关税,再计征从价关税,出口关税税额的计算也是如此。

2. 出口货物应纳关税的计算

(1) 从价关税应纳税额的计算

$$关税税额＝应税出口货物数量×单位完税价格×关税税率$$

具体分以下几种情况。

① 以我国口岸离岸价格(FOB)成交的出口关税计算公式:

$$应纳关税税额＝FOB÷(1＋关税税率)×关税税率$$

② 以国外口岸到岸价格(CIF)成交的出口关税计算公式:

$$应纳关税税额＝(CIF-保险费-运费)÷(1+关税税率)×关税税率$$

③ 以国外口岸价格加运费价格(CFR)成交的出口关税计算公式：

$$应纳关税税额＝(CFR-运费)÷(1+关税税率)×关税税率$$

【例 4-4】

某进出口公司出口产品一批，成交价格为 FOB 大连 USD193 800，其中含支付国外佣金 USD3 800，另外进口方还支付货物包装费 USD5 000，当日的外汇牌价为 USD100＝￥630，关税税率为 10%。计算应交出口关税。

FOB 价格内包含的支付国外的佣金应扣除，而买方在出口货物 FOB 价外另支付的包装费应计入完税价格。则

不含佣金的 FOB 价格＝193 800－3 800＝USD190 000

完税价格＝(190 000＋5 000)÷(1＋10%)＝USD177 272.73

应交出口关税＝177 272.73×6.3×10%＝111 681.82(元)

(2) 从量关税应纳税额的计算

$$出口关税税额＝应税出口货物数量×单位货物税额$$

(3) 复合关税应纳税额的计算

$$出口关税税额＝应税出口货物数量×单位税额＋应税出口货物数量×单位完税价格×关税税率$$

(4) 滑准税应纳税额的计算

$$出口关税税额＝应税出口货物数量×单位完税价格×滑准税税率$$

任务 4.2 货物报关与关税缴纳

4.2.1 进出口货物的报关

1. 报关时间

进口货物的纳税人应当自运输工具申报进境之日起 14 日内，向货物的进境地海关申报，如实填写海关进口货物报关单，并提交进口货物的发票、装箱清单、进口货物提货单或运单、关税免税或免予查验的证明文件等。

出口货物的发货人除海关特准外，应当在装货的 24 小时以前，填报出口货物报关单，交验出口许可证和其他证件，申报出口，由海关放行，否则货物不得离境出口。

2. 报关应提交的相关材料

进出口货物时应当提交以下材料：①进出口货物报关单(见表 4-1 和表 4-2)；②合同；③发票；④装箱清单；⑤载货清单(舱单)；⑥提(运)单；⑦代理报关授权委托协议；⑧进出口许可证件；⑨海关要求的加工贸易手册(纸质或电子数据的)及其他进出口有关单证。

表 4-1　　　　　　　　　中华人民共和国海关出口货物报关单

预录入编号：　　　　　　　　　　　　　　海关编号：

收发货人	出口口岸		出口日期	申报日期
生产销售单位	运输方式		运输工具名称	提运单号
申报单位	监管方式		征免性质	备案号
贸易国(地区)	运抵国(地区)		指运港	境内货源地
许可证号	成交方式	运费	保费	杂费
合同协议号	件数	包装种类	毛重(千克)	净重(千克)
集装箱号	随附单据			
标记唛码及备注				
项号　商品编号　商品名称、规格型号　数量及单位　原产国(地区)　单价　总价　币制　征免				
特殊关系确认：	价格影响确认：		支付特许权使用费确认：	
录入员　录入单位	兹申明对以上内容承担如实申报、依法纳税之法律责任		海关批注及签章	
报关人员	申报单位(签章)			

表 4-2　　　　　　　　　中华人民共和国海关进口货物报关单

预录入编号：　　　　　　　　　　　　　　海关编号：

收发货人	进口口岸		进口日期	申报日期
消费使用单位	运输方式		运输工具名称	提运单号
申报单位	监管方式		征免性质	备案号
贸易国(地区)	启运国(地区)		装货港	境内目的地
许可证号	成交方式	运费	保费	杂费
合同协议号	件数	包装种类	毛重(千克)	净重(千克)
集装箱号	随附单证			
标记唛码及备注				
项号　商品编号　商品名称、规格型号　数量及单位　原产国(地区)　单价　总价　币制　征免				
特殊关系确认：	价格影响确认：		支付特许权使用费确认：	
录入员　录入单位	兹申明对以上内容承担如实申报、依法纳税之法律责任		海关批注及签章	
报关人员	申报单位(签章)			

4.2.2 关税的缴纳

1. 缴纳地点

根据纳税人的申请及进出口货物的具体情况,关税可以在关境地缴纳,也可在主管地缴纳。关境地缴纳是指进出口货物在哪里通关,纳税人就在哪里缴纳关税,这是最常见的做法。主管地纳税是指纳税人住址所在地海关监管其通关并征收关税,它只适用于集装箱运载的货物。

2. 缴纳凭证

海关在接受进出口货物通关手续申报后,逐票计算应征关税并向纳税人或其代理人填发海关进(出)口关税专用缴款书(见表 4-3),纳税人或其代理人持海关进(出)口关税专用缴款书在规定期限内向银行办理税款交付手续。

表 4-3　　　　　　海关进(出)口关税专用缴款书(收据联)

收入系统：　　　　　填发日期：　年　月　日　　　　　No.

收款单位	收入机关			缴款单位(人)	名　称		第一联：(收据)国库收款签章后交缴款单位或缴款人
	科　目	预算级次			科　目		
	收缴国库				开户银行		
税号	货物名称	数量	单位	完税价格/¥	税率/%	税款金额/¥	
金额人民币(大写)					合计(¥)		
申请单位编号		报关单编号		填制单位		收缴国库(银行)	
合同(批文)号		运输工具号					
缴款日期　年　月　日		提/装货单号					
备注	一般征税：			制单人：复核人：			
	国际代码：						

从填发缴款书之日起限 15 日内缴纳(期末遇法定节假日顺延),逾期按日征收税款总额万分之五的滞纳金。

海关填发的海关进(出)口关税专用缴款书一式六联：第一联为"收据",由国库收款签章后交缴款单位或缴款人;第二联为"付款凭证",由缴库单位开户银行作付出凭证;第三联为"收款凭证",由收款国库作收入凭证;第四联为"回执",由国库盖章后退回海关财务部门;第五联为"报查",关税由国库收款后将退回海关,进口环节税送当地税务机关;第六联为"存根",是由填发单位存查。

进出口货物收货人或其代理人缴纳税款后,应将盖有"收讫"章的海关进(出)口关税专用缴款书第一联送签发海关验核,海关凭此予以办理有关手续。

3. 缴纳期限

纳税人应当自海关填发税款缴款书之日起 15 日内,向指定银行缴纳税款。如果关税缴纳期限的最后 1 日是周末或法定节假日,则关税缴纳期限顺延至周末或法定节假日过后的第 1 个工作日。

关税纳税人因不可抗力或者在国家税收政策调整的情形下,不能按期缴纳税款的,经海关总署批准,可以延期缴纳税款,但最长不得超过 6 个月。

【项目导入案例解析之二:关税报关与缴纳】

资料:项目 4 导入案例及关税应纳税额的计算情况。

要求:填制报关单、关税专用缴款书、增值税专用缴款书,如表 4-4～表 4-6 所示。

表 4-4　　　　中华人民共和国海关进口货物报关单

预录入编号:××××××　　　　　　　　海关编号:054861842

收发货人 31330423RD41001417 浙江东方革业股份有限公司		进口口岸 浙江宁波		进口日期 2019.4.15	申报日期 2019.4.15
消费使用单位 31330423RD41001417 浙江东方革业股份有限公司		运输方式 江海运输	运输工具名称 BUEKCY110/452		提运单号 KHCLB238265
申报单位 31330423RD41001417 浙江东方革业股份有限公司		监管方式 一般贸易		征免性质 一般征税	备案号
贸易国(地区) 美国		启运国(地区) 美国		装货港 美国	境内目的地 宁波
许可证号 3321588106		成交方式 FOB	运费 USD6 000	保费 3‰	杂费
合同协议号		件数	包装种类 纸箱	毛重(千克)	净重(千克) 10 000
集装箱号		随附单据			
标记唛码及备注					
项号 商品编号 商品名称、规格型号		数量及单位	原产国(地区)	单价　　　总价	币制　征免
皮革		10 吨	美国	USD5 000　50 000	美元　照章征税
特殊关系确认:		价格影响确认:		支付特许权使用费确认:	
录入员　录入单位		兹申明对以上内容承担如实申报、依法纳税之法律责任		海关批注及签章	
报关人员		申报单位(签章)			

表 4-5　　　　　海关进口关税专用缴款书（收据联）

收入系统：税务系统　　　　填发日期：2019 年 4 月 15 日　　　　No.××××

收款单位	收入机关	中央金库			缴款单位（人）	名　称	浙江东方革业股份有限公司	第一联：（收据）国库收款签章后交缴款单位或缴款人
	科　目	进口关税	预算级次	中央		账　号	××××××××	
	收缴国库	中国人民银行宁波支行				开户银行	××宁波分行	
	税号	货物名称	数量	单位	完税价格/¥	税率/%	税款金额/¥	
	××	皮革	10	吨	376 325.60	14	52 685.58	
	金额人民币（大写）伍万贰仟陆佰捌拾伍元伍角捌分						合计（¥）52 685.58	
	申请单位编号	31330423RD41001417	报关单编号		054861842	填制单位	收缴国库（银行）	
	合同（批文）号	120082316	运输工具号		BUEEKCY 110/452			
	缴款日期	2019 年 4 月 29 日	提/装货单号		KHCLB 238265			
备注	一般征税：照章征税					制单人： 复核人：		
	国际代码：××××××							

表 4-6　　　　　海关进口增值税专用缴款书（收据联）

收入系统：税务系统　　　　填发日期：2019 年 4 月 15 日　　　　No.××××

收款单位	收入机关	中央金库			缴款单位（人）	名　称	浙江东方革业股份有限公司	第一联：（收据）国库收款签章后交缴款单位或缴款人
	科　目	进口增值税	预算级次	中央		账　号	××××××××	
	收缴国库	中国人民银行宁波支行				开户银行	××宁波分行	
	税号	货物名称	数量	单位	完税价格/¥	税率/%	税款金额/¥	
	××	皮革	10	吨	429 011.18	13	55 771.45	
	金额人民币（大写）伍万伍仟柒佰柒拾壹元肆角伍分						合计（¥）55 771.45	
	申请单位编号	31330423RD41001417	报关单编号		054861842	填制单位	收缴国库（银行）	
	合同（批文）号	120082316	运输工具号		BUEEKCY 110/452			
	缴款日期	2019 年 4 月 29 日	提/装货单号		KHCLB 238265			
备注	一般征税：照章征税					制单人： 复核人：		
	国际代码：××××××							

4.2.3　关税的强制执行

根据《海关法》规定，纳税人或其代理人应当在海关规定的缴款期限内缴纳税款，逾期未缴的即构成关税滞纳。为保证海关决定的有效执行和国家财政收入的及时入库，《海关法》赋予海关对关税滞纳的纳税人有强制执行的权力。强制主要有以下两类措施。

1. 征收滞纳金

滞纳金自关税缴纳期限届满滞纳之日起，至纳税人缴纳关税之日止，按滞纳税款

0.5‰的比例按日征收,周末或法定节假日不予扣除。其计算公式为

$$关税滞纳金金额 = 滞纳关税税额 \times 0.5‰ \times 滞纳天数$$

2. 强制征收

纳税人自海关填发缴款书之日起3个月仍未缴纳税款的,经海关关长批准,海关可以采取强制措施扣缴。强制措施主要有强制扣缴和变价抵扣两种。

(1) 强制扣缴

强制扣缴是指海关依法自行或向人民法院申请采取从纳税人的开户银行或者其他金融机构的存款中将相当于纳税人应纳税款的款项强制划拨入国家金库的措施。即书面通知其开户银行或者其他金融机构从其存款中扣缴税款。

(2) 变价抵扣

变价抵扣是指如果纳税人的银行账户中没有存款或存款不足以强制扣缴时,海关可以将未放行的应税货物依法变卖,以销售货物所得价款抵缴应缴税款。如果该货物已经放行,海关可以将该纳税人的其他价值相当于应纳税款的货物或其他财产依法变卖,以变卖所得价款抵缴应缴税款。

强制扣缴和变价抵扣的税款含纳税人未缴纳的税款滞纳金。

4.2.4 关税的退还

关税的退还是指关税纳税人缴纳税款后,因某种原因的出现,海关将实际征收多于应当征收的税款退还给原纳税人的一种行政行为。根据《海关法》规定,海关多征的税款,海关发现后应当立即退还。

按规定,有下列情形之一的,纳税人可以自缴纳税款之日起1年内,书面声明理由,连同原缴税凭证及相关资料向海关申请退还税款并加算银行同期活期存款利息,逾期不予受理。

(1) 因海关误证,多纳税款的。

(2) 海关核准免验进口的货物,在完税后发现有短缺情况,经海关审查认可的。

(3) 已征出口关税的货物,因故未装运出口,申报退关,经海关查明属实的。

对已征出口关税的出口货物和已征进口关税的进口货物,因货物品种或规格原因(非其他原因)原状复运进境或出境的,经海关查验属实的,也应退还已征关税,海关应当在受理退税申请之日起30日内作出书面答复并通知退税申请人。

4.2.5 关税的补征和追征

关税的补征和追征是海关在纳税人按海关规定缴纳关税后,发现实际征收税额少于应当征收的税额时,责令纳税人补缴所差税款的一种行政行为。

关税的补征是非因纳税人违反海关规定造成少征关税。根据《海关法》规定,进出境货物或物品放行后,海关发现少征或漏征税款,应当自缴纳税款或者货物、物品放行之日起1年内,向纳税人补征。

关税的追征是由于纳税人违反海关规定造成少征关税。因纳税人违反规定而造成的

少征或者漏征的税款,自纳税人应缴纳税款之日起3年以内可以追征,并从缴纳税款之日起按日加收少征或者漏征税款0.5‰的滞纳金。

4.2.6 关税的纳税争议

为保护纳税人合法权益,我国《海关法》和《关税条例》都规定了纳税人对海关确定的进出口货物的征税、减税、补税或者退税等有异议时,有提出申诉的权利。在纳税义务人同海关发生纳税争议时,可以向海关申请复议,但同时应当在规定期限内按海关核定的税额缴纳关税,逾期则构成滞纳,海关有权按规定采取强制执行措施。

纳税争议的内容一般为进出境货物和物品的纳税人对海关在原产地认定、税则归类、税率或汇率适用、完税价格确定、关税减征、免征、追征、补征和退还等征税行为是否合法或适当,是否侵害了纳税义务人的合法权益,而对海关征收关税的行为表示异议。

纳税争议的申诉程序:纳税义务人自海关填发税款缴款书之日起30日内,向原征税海关的上一级海关书面申请复议。逾期申请复议的,海关不予受理。海关应当自收到复议申请之日起60日内作出复议决定,并以复议决定书的形式正式答复纳税人;纳税人对海关复议决定仍然不服的,可以自收到复议决定书之日起15日内,向人民法院提起诉讼。

任务4.3 关税会计核算

4.3.1 会计核算的依据

1. 合同、发票及各种付款的结算凭证

企业发生进出口业务在支付和收取各种相关的款项时,必须取得原始凭证和结算凭证。主要有发票、汇票、收账通知单、保险单、进口付汇核销单、出口收汇核销单等。进口货物的各种原始凭证和结算凭证不仅是确定关税完税价格、计算应纳税额的依据,而且也是记账的原始依据。

2. 应税凭证

关税的应税凭证包括"进出口货物报关单"和"进出口货物许可证"。经海关对"报关单"和"许可证"所报的进出口货物检查验收和审定完税价格之后,纳税人以经过验收签字的单、证作为核算应纳关税的记账依据。

3. 完税凭证

关税的完税凭证是海关向纳税人开具的进出口货物海关进(出)口关税专用缴款书以及海关代收的增值税、消费税完税凭证海关进(出)口增值税专用缴款书、海关进(出)口消费税专用缴款书,纳税人按规定的期限缴纳税款后,凭国库经收处收款签章后的"收据联"作为完税凭证,证明已完成税款缴纳义务,依此进行完税的账务处理。

4.3.2 会计科目的设置

有进出口货物的企业在核算关税时,应设置"应交税费"科目,并在该科目下设"应交进口关税""应交出口关税"两个明细科目分别对进、出口关税进行账务处理。企业发生进口关税时,借记"在途物资"科目,贷记"应交税费——应交进口关税"科目,进口当时直接支付关税的,也可不通过"应交税费"科目,直接贷记"银行存款"科目;发生出口货物应纳关税时,应借记"税金及附加"科目,贷记"应交税费——应交出口关税"科目;缴纳税金时,借记"应交税费——应交进口关税或出口关税"科目,贷记"银行存款"科目。

需要强调的是,在实际工作中,由于企业经营进出口业务的形式和内容不同,具体会计核算方式有所区别。

4.3.3 会计核算实务

1. 自营进出口关税的核算

自营进出口是指由有进出口自营权的企业办理对外洽谈和签订进出口合同,执行合同并办理运输、开证、付汇全过程,并自负进出口盈亏。

企业自营进口商品计算应纳关税额时,借记"在途物资"等科目,贷记"应交税费——应交进口关税"科目,进口当时直接支付关税的,也可不通过"应交税费"科目;企业自营出口商品计算应纳关税额时,借记"税金及附加"等科目,贷记"应交税费——应交出口关税"科目。

【项目导入案例解析之三:关税的会计核算】

资料:项目 4 导入案例。

要求:进行会计处理。

(1) 购进商品并计算应纳关税时

借:在途物资　　　　　　　　　　　　　　429 011.18

　　贷:应交税费——应交进口关税　　　　　52 685.58

　　　　银行存款　　　　　　　　　　　　376 325.60

(2) 实际缴纳税款时

借:应交税费——应交进口关税　　　　　　52 685.58

　　　　　　——应交增值税(进项税额)　　55 771.45

　　贷:银行存款　　　　　　　　　　　　108 457.03

(3) 商品验收入库时

借:库存商品　　　　　　　　　　　　　　429 011.18

　　贷:在途物资　　　　　　　　　　　　429 011.18

【例 4-5】

根据例 4-4 的资料,要求进行会计处理。

(1) 销售时

　　　　　　　取得款项=(193 800+5 000)×6.3=1 252 440(元)

借:银行存款　　　　　　　　　　　　　　1 252 440

　　贷:主营业务收入　　　　　　　　　　1 252 440

支付国外佣金和包装费,冲销收入时。

借:主营业务收入　　　　　　　　　　　55 440
　　贷:银行存款　　　　　　　　　　　　　　　55 440

(2)应交关税时

借:税金及附加　　　　　　　　　　　111 681.82
　　贷:应交税费——应交出口关税　　　　　　　111 681.82

(3)缴纳关税时

借:应交税费——应交出口关税　　　　111 681.82
　　贷:银行存款　　　　　　　　　　　　　　111 681.82

2. 代理进出口关税的核算

代理进出口是外贸企业接受国内委托方的委托,办理对外洽谈和签订进出口合同,执行合同并办理运输、开证、付汇全过程的进出口业务。受托企业不负担进出口盈亏,只按规定收取一定比例的手续费,因此,受托企业进出口商品计算应纳关税时,借记"应收账款"等有关科目,贷记"应交税费——应交进(出)口关税"科目;代交进出口关税时,借记"应交税费——应交进(出)口关税"科目,贷记"银行存款"科目;收到委托单位的税款时,借记"银行存款"科目,贷记"应收账款"科目。

【例 4-6】

某外贸公司受甲单位委托代理进口商品一批,成交价格为 FOB 纽约 USD10 000,另支付运费 USD500,包装费 USD200,保险费 USD300,代理手续费按 CIF 价的 2%收取,关税税率为 10%,外汇牌价为 USD100＝￥630,甲单位已将款项 USD12 400 汇入外贸公司的存款户。现该批商品运达,向甲单位办理结算。计算其应纳关税,并作相应会计处理。

(1)关税税额的计算

应纳关税税额＝(10 000＋500＋200＋300)×6.3×10%＝6 930(元)

代理手续费＝11 000×6.3×2%＝1 386(元)

(2)外贸公司的有关会计处理

① 收到甲单位划来货款时

借:银行存款　　　　　　　　　　　　78 120
　　贷:应付账款——甲单位　　　　　　　　　　78 120

② 对外付汇进口商品时

借:应收账款——外商　　　　　　　　69 300
　　贷:银行存款　　　　　　　　　　　　　　69 300

③ 计算并缴纳关税时

借:应付账款——甲单位　　　　　　　6 930
　　贷:应交税费——应交进口关税　　　　　　6 930

借:应交税费——应交进口关税　　　　6 930
　　贷:银行存款　　　　　　　　　　　　　　6 930

④ 将进口商品交付甲单位并收取手续费时

借：应付账款——甲单位　　　　　　　　　　70 686
　　贷：其他业务收入（或主营业务收入）　　　　　1 386
　　　　应收账款——外商　　　　　　　　　　69 300

⑤ 将甲单位余款退回时

借：应付账款——甲单位　　　　　　　　　　504
　　贷：银行存款　　　　　　　　　　　　　　504

【例 4-7】

某进出口公司代理乙企业出口商品一批，该商品的 FOB 价格折合人民币 300 000 元，出口关税税率为 20%，手续费为 12 800 元。计算其应纳关税税额，并作相应会计处理。

（1）计算并缴纳关税

$$应纳税额 = 300\,000 \div (1 + 20\%) \times 20\% = 50\,000(元)$$

借：应收账款——乙企业　　　　　　　　　　50 000
　　贷：应交税费——应交出口关税　　　　　　50 000
借：应交税费——应交出口关税　　　　　　　50 000
　　贷：银行存款　　　　　　　　　　　　　　50 000

（2）计算应收手续费时

借：应收账款——乙企业　　　　　　　　　　12 800
　　贷：其他业务收入（或主营业务收入）　　　12 800

（3）收到乙单位支付的税款及手续费时

借：银行存款　　　　　　　　　　　　　　　62 800
　　贷：应收账款——乙企业　　　　　　　　　62 800

课后练习

一、判断题

1. 关税的征税对象是贸易性商品，不包括入境旅客携带的个人行李和物品。（　　）
2. 关税完税价格是纳税人向海关申报的价格，即货物实际成交价格。（　　）
3. 出口货物的完税价格，是由海关以该货物向境外销售的成交价格为基础审查确定，包括货物运至我国境内输出地点装卸前的运输费、保险费，但不包括出口关税。（　　）
4. 远洋客轮上的船员携带进口的自用物品，不属于关税征税对象。（　　）
5. 进口人向境外卖方支付的佣金，构成关税完税价格；而进口人向境外采购代理人支付的买方佣金，不构成关税完税价格。（　　）
6. 如一国境内设有自由贸易港时，关境大于国境。（　　）
7. 实际成交价格是一般贸易项下进出口货物的买方为购买该货物向卖方实际支付或应当支付的价格。（　　）

8. 外国政府、国际组织、国际友人和中国港、澳、台同胞无偿赠送的物资,经海关审查无误,可以免税。（　　）

9. 关税的补征是因纳税人违反海关规定造成少征关税。（　　）

10. 对已征出口关税的出口货物和已征进口关税的进口货物,因某种原因复运进境或出境的,经海关查验属实的,应退还已征的关税。（　　）

二、单项选择题

1. 我国关税由（　　）征收。
   A. 税务机关　　　　　　　　　B. 海关
   C. 工商行政管理部门　　　　　D. 人民政府

2. 海关对逾期未缴的关税,按日加收（　　）滞纳金。
   A. 0.2%　　B. 0.05%　　C. 2%　　D. 0.1%

3. 在进口货物正常成交价格中若含（　　）,可以从中扣除。
   A. 包装费　　　　　　　　　　B. 运输费
   C. 卖方付的回扣　　　　　　　D. 保险费

4. 进出口货物的纳税人或代理人,应当自海关填发税款缴纳书之日起（　　）日内缴纳税款。
   A. 5　　B. 10　　C. 15　　D. 30

5. 特别关税包括报复性关税、反倾销税与反补贴税、保障性关税。征收特别关税由（　　）决定。
   A. 海关总署　　　　　　　　　B. 国家税务总局
   C. 财政部　　　　　　　　　　D. 国务院关税税则委员会

6. 《进出口关税条例》规定,关税税额在人民币（　　）元以下的一票货物,可以免税。
   A. 5　　B. 10　　C. 50　　D. 100

7. 因收发货人或其代理人违反规定而造成的少征或漏征的税款,自纳税人义务应缴纳税款之日起,海关在（　　）年内可以追征。
   A. 1　　B. 2　　C. 3　　D. 5

8. 下列项目中不计入进口完税价格的有（　　）。
   A. 货物价款　　　　　　　　　B. 进口关税
   C. 运杂费　　　　　　　　　　D. 由买方负担的包装费

9. 某外贸企业收购一批货物出口,离岸价格15万元,该批货物应纳出口关税(关税税率为50%)为（　　）万元。
   A. 5　　B. 7.5　　C. 10　　D. 15

10. 某公司进口一批货物,海关于某年3月1日填发关税专用缴款书,但公司迟至3月27日才缴纳500万元的关税。海关应征收关税滞纳金（　　）万元。
    A. 2.75　　B. 3　　C. 6.5　　D. 6.75

三、多项选择题

1. 下列货物、物品进境时,属于关税纳税对象的是（　　）。
   A. 个人邮递物品　　　　　　　B. 馈赠物品
   C. 贸易性商品　　　　　　　　D. 海员自用物品

2. 进口货物的关税税率形式有（　　）。
   A. 最惠国税率　　　　　　　　B. 协定税率
   C. 特惠税率　　　　　　　　　D. 普通税率
3. 以下属于关税减免项目的有（　　）。
   A. 关税税额在人民币500元以下的一票货物
   B. 无商业价值的广告品和货样
   C. 外国政府、国际组织无偿赠送的物资
   D. 在海关放行前损失的货物
4. 进口货物的完税价格还包括（　　）。
   A. 由买方负担的购货佣金以外的佣金和经纪费
   B. 由买方负担的在审查确定完税价格时与该货物视为一体的容器的费用
   C. 由买方负担的包装材料费用和包装劳务费用
   D. 进口货物运抵境内输入地点起卸后的运输及其相关费用、保险费
5. 出口货物离岸价格可扣除（　　）。
   A. 出口关税
   B. 出口货物国内段运输、装卸等费用
   C. 售价中包含的离境口岸至境外口岸之间的运输费用
   D. 包含在成交价格中的支付给境外的佣金
6. 关税征收管理规定中，关于补征和追征的期限为（　　）。
   A. 补征期1年内　　　　　　　　B. 追征期1年内
   C. 补征期3年内　　　　　　　　D. 追征期3年内
7. 下列应征进口关税的货物有（　　）。
   A. 运往境外加工复运进境的货物　　B. 正在国内举办展览会的进口汽车展品
   C. 外国政府无偿赠送的物资　　　　D. 海关核准免验进口的物资
8. 关税的纳税人包括（　　）。
   A. 进口货物的收货人　　　　　　B. 进口个人邮件的收件人
   C. 进口货物的发货人　　　　　　D. 携带进境物品的携带人

四、业务题

1. 某公司从日本进口500吨化肥，货物以境外口岸离岸价格成交，每吨2 000美元，外汇牌价为1美元＝6.2元人民币，货物运达我国境内输入地点起卸前的运输费、保险费和其他劳务费用为每吨人民币1 000元，关税税率为10％。
   要求：计算应缴纳的关税并进行会计处理。
2. 信光公司从德国进口商品一批，货价420万元，运费80万元，保险费按货价加运费的0.3％确定，其他杂费10万元，关税税率为20％。
   要求：计算应纳关税、海关代征的增值税并进行会计处理。
3. 某公司出口生丝一批，离岸价格为450万元人民币，关税税率为50％。
   要求：计算应纳出口关税并进行会计处理。
4. 某出版社印刷厂有一台印刷机1月运往香港修理，出境时已向海关报明该机械的

原值为200万元。6月此机械按海关规定期限复运进境,海关审查确定的修理费为40万元,料件费为60万元。该机械复运进境时的市价为300万元,关税税率为10%。

要求:计算该机械应纳的关税并进行会计处理。

5. 某外贸公司10月发生以下经济业务。

经有关部门批准从境外进口小汽车20辆,每辆货价20万元,运抵我国海关前的运输费、保险费为每辆2万元。公司向海关缴纳了相关税款,并取得了完税凭证。

该公司委托运输公司将小汽车从海关运回本单位,支付运费5万元,取得了运输公司开具的普通发票。当月售出小汽车16辆,每辆含税销售额56.5万元,公司自用两辆小汽车作为本单位固定资产(小汽车关税税率为20%,增值税税率为13%,消费税税率为5%)。

要求:

(1)计算小汽车在进口环节应缴纳的关税、增值税和消费税。

(2)计算国内销售环节10月应缴纳的增值税。

(3)根据上述业务进行会计处理。

企业所得税计算申报与核算

项目5

技能目标

1. 能判断居民纳税人、非居民纳税人,会根据业务资料计算应纳企业所得税税额。
2. 会根据业务资料填制企业所得税月(季)度预缴纳税申报表和企业所得税年度纳税申报表及相关附表,能办理年终企业所得税的汇算清缴工作。
3. 能根据业务资料进行所得税会计业务处理。

知识目标

1. 掌握企业所得税的基本法规知识、应税所得额的调整和应缴所得税税额的计算。
2. 理解企业所得税的月(季)度预缴、年终汇算清缴的相关规定。
3. 熟悉企业所得税涉税业务的会计处理。

案例导入

能直接用税前利润计算企业所得税吗

2019年3月,会计专业应届毕业生陈某到甲公司报税岗位顶岗实习,此时正值企业进行2018年度企业所得税年度汇算清缴工作。

甲公司为居民企业,2018年境内经营业务如下:

(1) 取得销售收入2 500万元;

(2) 销售成本1 100万元;

(3) 发生销售费用670万元(其中广告费450万元),管理费用480万元(其中业务招待费15万元、新技术的研究开发费用为40万元),财务费用60万元;

(4) 销售税金160万元(含增值税120万元);

(5) 营业外收入70万元,营业外支出50万元(含通过公益性社会团体向贫困山区捐款36.24万元,支付税收滞纳金6万元);

(6) 连续 12 个月以上的权益性投资收益 34 万元（已在投资方所在地按 15% 的税率缴纳了所得税）；

(7) 计入成本、费用中的实发工资总额 150 万元，拨缴职工工会经费 3 万元，支出职工福利费 23 万元，职工教育经费 6 万元。

甲公司 2018 年已预缴了企业所得税 50 万元。

甲公司在 A、B 两国设有分支机构，在 A 国机构的税后所得为 28 万元，A 国所得税税率为 30%；在 B 国机构的税后所得为 24 万元，B 国所得税税率为 20%。在 A、B 两国已分别缴纳所得税 12 万元、6 万元。假设在 A、B 两国应税所得额的计算与我国税法相同，该企业汇总时选择"不分国不分项"方式抵免境外所得税税额。

请问：陈某将学到企业所得税纳税申报的哪些内容？此案例能直接用会计利润计算所得税税额吗？

任务 5.1 企业所得税税款的计算

企业所得税是国家对境内企业生产、经营所得和其他所得依法征收的一种税。纳税义务人为我国境内的企业和其他取得收入的组织（以下统称企业），个人独资企业、合伙企业不征收企业所得税，而征收个人所得税。其应纳税额的计算公式为

应纳所得税税额＝应纳税所得额×适用税率

5.1.1 应纳税所得额的确定

应纳税所得额是指纳税人每一纳税年度的收入总额减除不征税收入、免税收入、各项扣除以及允许弥补的以前年度亏损后的余额。实际工作中，应根据国家税务总局 2017 年 12 月公布的《中华人民共和国企业所得税年度纳税申报表（A 类 A100000）》的规定，在企业会计利润总额的基础上，加减纳税调整额及相关项目金额后计算出应纳税所得额。其计算公式为

应纳税所得额＝利润总额－境外所得＋纳税调整增加额－纳税调整减少额
　　　　　　－免税、减计收入及加计扣除＋境外应税所得抵减境内亏损
　　　　　　－所得减免－抵扣应纳税所得额－弥补以前年度亏损

下面按顺序分析各项目的计算过程。

1. 利润总额的确定

利润总额是指按会计准则核算计算的会计利润总额，数据可直接取自利润表。

利润总额＝营业收入－营业成本－税金及附加－期间费用－资产减值损失
　　　　＋公允价值变动收益＋投资收益＋营业外收入－营业外支出

1) 营业收入

营业收入是指纳税人当期发生的，主要经营业务和其他经营业务取得的收入总额，包括会计核算中的主营业务收入和其他业务收入。

(1) 主营业务收入包括销售商品收入、提供劳务收入、建造合同收入、让渡资产使用权收入和其他收入。

(2) 其他业务收入包括材料销售收入、出租固定资产收入、出租无形资产收入、出租包装物和商品收入及其他收入。

2）营业成本

营业成本是纳税人经营主要业务和其他业务发生的实际成本总额。包括会计核算中的主营业务成本和其他业务成本。

(1) 主营业务成本包括销售商品成本、提供劳务成本、建造合同成本、让渡资产使用权成本和其他支出。

(2) 其他业务成本包括材料销售成本、出租固定资产成本、出租无形资产成本、包装物出租成本和其他支出。

3）税金及附加

税金及附加是指企业发生的除企业所得税和允许抵扣的增值税以外的各项税金及其附加。它包括消费税、城市维护建设税、资源税、土地增值税和教育费附加等。企业缴纳的增值税因其属于价外税，也不属于本项目。

4）期间费用

期间费用是指企业在生产经营活动中发生的销售费用、管理费用和财务费用，已经计入成本的有关费用除外。

(1) 销售费用是指纳税人在销售商品过程中发生的包装费、广告费等费用和为销售本企业商品而专设的销售机构的职工薪酬、业务费等经营费用。

(2) 管理费用是指纳税人为组织和管理企业生产经营所发生的管理费用。

(3) 财务费用是指纳税人为筹集生产经营所需资金等而发生的筹资费用。

5）资产减值损失

资产减值损失是指纳税人计提的各项资产减值准备所形成的损失。

6）公允价值变动收益

公允价值变动收益是指纳税人交易性金融资产、交易性金融负债、采取公允价值模式计量的投资性房地产、衍生工具、套期保期业务等公允价值变动形成的应计入当期损益的利得或损失。

7）投资收益

投资收益是指纳税人以各种方式对外投资所取得的收益或投资损失。企业持有的交易性金融资产处置和出让时，处置收益部分应当自"公允价值变动损益"项目转出，列入本项目，包括境外投资应纳税所得额。

8）营业外收入

营业外收入是指纳税人发生的与其经营活动无直接关系的各项收入。

9）营业外支出

营业外支出是指纳税人发生的与其经营活动无直接关系的各项支出。

知识链接5-1　居民企业和非居民企业

居民企业是指依照一国法律、法规在该国境内成立,或者实际管理机构、总机构在该国境内的企业。实际管理机构是指对企业的生产经营、人员、账务、财产等实施实质性全面管理和控制的机构。例如,在我国注册成立的沃尔玛(中国)公司,通用汽车(中国)公司,就是我国的居民企业;在英国、百慕大群岛等国家和地区注册的公司,但实际管理机构在我国境内,也是我国的居民企业。居民企业应当就其来源于中国境内、境外的所得缴纳企业所得税。

非居民企业是指按照一国税法规定不符合居民企业标准的企业,即依照外国(地区)法律、法规成立且实际管理机构不在中国境内,但在中国境内设立机构、场所的,或者在中国境内未设立机构、场所,但有来源于中国境内所得的企业。例如,在我国设立的代表处及其他分支机构等外国企业。非居民企业在中国境内设立机构、场所的,应当就其来源于中国境内的所得,以及发生在中国境外但与其所设机构、场所有实际联系的所得,缴纳企业所得税。非居民企业在中国境内未设立机构、场所的,或者虽设立机构、场所但取得的所得与其所设机构、场所没有实际联系的,应当就其来源于中国境内的所得缴纳企业所得税。

2. 境外所得

境外所得是指纳税人发生的分国(地区)别取得的境外税后所得计入利润总额的金额。其金额为纳税人中国境外税前所得减去其来源于境外的股息、红利等权益性投资收益由外国企业在境外实际缴纳的所得税税额后的余额。

3. 纳税调整项目

在计算应纳税所得额时,纳税人按照会计准则、会计制度核算与税收规定不一致的项目,应当进行纳税调整。根据国家税务总局2014年11月公布的纳税调整明细表(A105000)的规定,纳税调整项目分为收入类调整项目、扣除类调整项目、资产类调整项目、特殊事项调整项目和特别纳税调整项目,每个项目涉及纳税调整增加和纳税调整减少的内容,现按照纳税调整明细表的顺序分别说明如下。

1)收入类调整项目

(1)收入类纳税调整增加的项目

① 视同销售收入是指会计上不作为销售核算,而在税收上应作为应税收入缴纳企业所得税的收入,主要包括非货币性交换视同销售收入、用于市场推广或销售视同销售收入、用于交际应酬视同销售收入、用于职工奖励或福利视同销售收入、用于股息分配视同销售收入、用于对外捐赠视同销售收入、用于对外投资项目视同销售收入、提供劳务视同销售收入和其他视同销售收入。

《企业所得税法实施条例》规定:"企业发生非货币性资产交换,以及将货物、财产、劳务用于捐赠、偿债、赞助、集资、广告、样品、职工福利或者利润分配等用途的,应当视同销售货物、转让财产或者提供劳务,但国务院财政、税务主管部门另有规定的除外。"

国家税务总局国税函〔2008〕828号对企业处置资产是否作为企业所得税视同销售处理,以"资产所有权属在形式和实质上是否改变为原则",具体明确如下。

企业发生下列情形的处置资产,除将资产转移至境外以外,由于资产所有权属在形式和实质上均不发生改变,应作为内部处置资产,不视同销售确认收入,相关资产的计税基础延续计算:将资产用于生产、制造、加工另一产品;改变资产形状、结构或性能;改变资产用途(如自建商品房转为自用或经营);将资产在总机构及其分支机构之间转移;上述两种或两种以上情形的混合;其他不改变资产所有权属的用途。

企业将资产移送他人的下列情形,因资产所有权属已发生改变而不属于内部处置资产,应按规定视同销售确定收入:用于市场推广或销售;用于交际应酬;用于职工奖励或福利;用于股息分配;用于对外捐赠;其他改变资产所有权属的用途。

视同销售行为的计税收入额按下列规定确认:企业自制的资产,按企业同类资产同期对外销售价格确定销售收入;外购的资产,按购入时的价格确定销售收入。

【例 5-1】

东方股份公司将自产 A 产品一批转为公司免税项目工程建设用,实际成本共计 60 000 元,税务机关认定的计税价格为 80 000 元。是否要进行纳税调整?

按《企业会计准则》进行会计处理时,不作为销售,不确认利润。

根据《增值税暂行条例》规定,应作为视同销售,应缴纳增值税。

$$应纳税额 = 80\ 000 \times 16\% = 12\ 800(元)$$

根据企业所得税法相关规定,上述业务由于资产所在权属未改变,应作为企业内部处置资产,不确认视同销售收入,不影响应纳税所得额,不需要进行纳税调整。

【例 5-2】

东方股份公司将自产 B 产品以福利形式分给本公司职工个人,实际成本共计 40 000 元,同类产品不含税售价为 50 000 元。是否要进行纳税调整?

按《企业会计准则》进行会计处理时,作为销售,确认利润额 10 000 元(50 000-40 000)。

根据《增值税暂行条例》规定,应作为视同销售,应缴纳增值税。

$$应纳税额 = 50\ 000 \times 16\% = 8\ 000(元)$$

根据企业所得税法相关规定,上述业务属于企业所得税视同销售行为,应按同类产品售价确认计税销售收入 50 000 元,允许扣除销售成本 40 000 元,即确认应纳税所得额 10 000 元。由于应纳税所得额与会计利润额相等,不需要进行纳税调整。

若将自产的 B 产品无偿赠送给本企业以外的其他人,则按《企业会计准则》进行会计处理时,对外赠送不作为销售,不确认利润额。

根据《增值税暂行条例》规定,应作为视同销售,应缴纳增值税 8 000 元。

根据《企业所得税法》相关规定,上述业务属于企业所得税视同销售行为,应确认应纳税所得额 10 000 元。由于会计不确认利润额,故需要调增纳税所得额 10 000 元。

【提示】 增值税的视同销售行为与企业所得税的视同销售行为不完全相同。主要表现在:法律依据不同;两者的具体内容不同;两者的计量方法不同。

② 交易性金融资产初始投资调整是指纳税人根据税法规定确认交易性金融资产初

始投资金额与会计核算的交易性金融资产初始投资账面价值的差额,调增纳税所得额。

(2) 收入类纳税调整减少的项目

按权益法核算长期股权投资对初始投资成本调整确认收益,是指纳税人采取权益法核算下,初始投资成本小于取得投资时应享有被投资单位可辨认净资产公允价值份额的,两者之间的差额会计核算中计入取得投资当期的营业外收入的金额。税收规定对这部分收入不征税,调减纳税所得额。

(3) 收入类纳税调整视情况增减的项目

① 未按权责发生制原则确认的收入是指会计上按照权责发生制原则确认收入,计税时未按权责发生制确认的收入,如分期收款销售商品销售收入的确认、税收规定按收付实现制确认的收入、持续时间超过 12 个月的收入的确认、利息收入的确认、租金收入的确认等企业财务会计处理办法与税收规定不一致应进行纳税调整产生的时间性差异的项目金额。税收规定的收入大于会计核算确认的收入,其差额应调整增加纳税所得额;反之,则应调整减少纳税所得额。

② 投资收益是指纳税人根据《中华人民共和国企业所得税法》及其实施条例以及企业会计制度、企业会计准则核算的投资项目的持有收益、处置收益中,会计核算与税收的差异金额。会计核算确认的投资收益大于税收规定的收入,其差额应调整减少纳税所得额;反之,则应调整增加纳税所得额。

税法实施条例规定,对来自所有非上市企业,以及连续持有上市公司股票 12 个月以上取得的股息、红利收入,给予免税,不再实行补税率差的做法;纳税人因收回、转让或清算处置股权投资发生的股权投资损失,可以税前扣除,但在每一纳税年度扣除的股权投资损失,不得超过当年实现的股权投资收益和投资转让所得,超过部分可按规定向以后年度结转扣除。

③ 公允价值变动净收益是指企业以公允价值计量且其变动计入当期损益的金融资产、金融负债以及投资性房地产的公允价值,其税法规定的计税基础与会计处理不一致应进行纳税调整的金额。

当纳税人所有的按照公允价值计量且其变动计入当期损益的金融资产、金融负债以及投资性房地产按照税收规定确认的期末与期初的差额大于根据会计准则核算的期末与期初的差额时,其差额应调整增加纳税所得额;反之,则应调整减少纳税所得额。

④ 不征税收入包括财政拨款、行政事业性收费、政府性基金及其他不征税收入。

a. 财政拨款是指各级人民政府对纳入预算管理的事业单位、社会团体等组织拨付的财政资金,但国务院和国务院财政、税务主管部门另有规定的除外。

b. 行政事业性收费是指依照法律、行政法规等有关规定,按照国务院规定程序批准,在实施社会公共管理,以及在向公民、法人或者其他组织提供特定公共服务过程中,向特定对象收取并纳入财政管理的费用。

c. 政府性基金是指纳税人依照法律、行政法规等有关规定,代政府收取的具有专项用途的财政资金。

d. 其他不征税收入是指纳税人取得的,由国务院财政、税务主管部门规定专项用途并经国务院批准的财政性资金。财政性资金是指企业取得的来源于政府及其有关部门的财政补助、补贴、贷款贴息,以及其他各类财政专项资金,包括直接减免的增值税和即征即退、先征后退、先征后返的各种税收,但不包括企业按规定取得的出口退税款。

纳税人符合税法规定不征税收入条件并作为不征税收入处理,且已计入当期损益的金额,应调减纳税所得额;纳税人以前年度取得财政性资金且已作为不征税收入处理,在5年(60个月)内未发生支出且未缴回财政部门或其他拨付资金政府部门的,应调增纳税所得额。

【提示】 企业的不征税收入用于支出所形成的费用,不得在计算应纳税所得额时扣除;企业的不征税收入用于支出所形成的资产,其计算的折旧、摊销不得在计算应纳税所得额时扣除。

⑤ 销售折扣、折让和退回是指不符合税收规定的销售折扣和折让应进行纳税调整的金额和发生的销售退回因会计处理与税法规定有差异需纳税调整的金额。税收规定对折扣额另开发票的,不得从销售额中减除折旧额,应调增纳税所得额;销货退回影响损益的跨期时间性差异,应调减纳税所得额。

⑥ 其他是指纳税人其他因会计处理与税法规定有差异需纳税调整的收入类项目金额。

2)扣除类调整项目

(1)扣除类纳税调整增加的项目

① 业务招待费是指企业发生的与生产经营活动有关的业务招待费支出,按照发生额的60%扣除,但最高不得超过当年销售(营业)收入的5‰,超过部分应调增纳税所得额。

【例 5-3】

某企业2018年实现销售收入2 000万元,请计算以下两种情况下业务招待费的纳税调整额。第一种情况:若实际发生业务招待费40万元;第二种情况:若实际发生业务招待费15万元。

业务招待费发生扣除最高限额=2 000×5‰=10(万元)

第一种情况:实际发生40万元,40×60%=24(万元);税前可扣除10万元,纳税调整增加额=40-10=30(万元)。

第二种情况:实际发生15万元,15×60%=9(万元);税前可扣除9万元,纳税调整增加额=15-9=6(万元)。

② 捐赠支出分为公益性捐赠支出和非公益性捐赠支出。公益性捐赠是指企业通过公益性社会团体或者县级以上人民政府及其部门,用于《中华人民共和国公益事业捐赠法》规定的公益事业的捐赠。

企业发生的公益性捐赠支出,不超过年度会计利润总额12%的部分,准予据实扣除。超过部分和非公益性捐赠支出不允许税前扣除,应调增纳税所得额。

【提示】 与流转税的关系:企业将自产货物用于捐赠,按公允价值缴纳增值税;视同对外销售缴纳所得税;但会计上不确认收入和利润。

【例 5-4】

某企业2018年开具增值税专用发票取得收入3 510万元。收入对应的销售成本2 480万元,期间费用为360万元,营业外支出200万元(其中180万元为公益性捐赠支出),销售税金及附加60万元。计算公益性捐赠支出纳税调整额。

年度利润总额＝3 510－2 480－360－200－60＝410(万元)
捐赠扣除限额＝410×12％＝49.2(万元)
纳税调整增加额＝180－49.2＝130.8(万元)

③ 罚金、罚款和被没收财物的损失。纳税人的生产、经营因违反国家法律、法规和规章,被有关部门处以的罚款、被没收财物的损失,以及因违反税法规定,被处以的滞纳金、罚金,不得扣除,应调增纳税所得额。但纳税人按照经济合同规定支付的违约金(包括银行罚息)、罚款和诉讼费,不属于行政性罚款,允许在税前扣除。

④ 税收滞纳金、加收利息是指纳税人会计核算计入当期损益的税收滞纳金、加收利息。其不得在税前扣除,应调增纳税所得额。

⑤ 赞助支出是指纳税人会计核算计入当期损益的不符合税法规定的公益性捐赠的赞助支出的金额,包括直接向受赠人的捐赠、赞助支出等,应调增纳税所得额。不含广告性的赞助支出,如果属于广告性赞助支出,可参照广告费用的相关规定扣除。

⑥ 佣金和手续费支出。纳税人会计核算计入当期损益的佣金和手续费金额扣除税法规定允许税前扣除的金额后的余额,应调增纳税所得额。

⑦ 不征税收入用于支出所形成的费用是指符合条件的不征税收入用于支出所形成的计入当期损益的费用化支出金额,应调增纳税所得额。

⑧ 与收入无关的支出是指纳税人实际发生与取得收入无关的支出。如企业已出售给职工个人住房的折旧费、维修管理费,应调增纳税所得额。

⑨ 境外所得分摊的共同支出是指纳税人境外分支机构应合理分摊的总部管理费等有关成本费用和实际发生与取得境外所得有关但未直接计入境外所得应纳税所得的成本费用支出,应调增纳税所得额。

(2) 扣除类纳税调整减少的项目

视同销售成本是指纳税人按税收规定计算的与视同销售收入对应的成本,每一笔被确认为视同销售的经济事项,在确认计算应税收入的同时,均有与此收入相配比的应税成本。其主要包括非货币性交换视同销售成本、用于市场推广或销售视同销售成本、用于交际应酬视同销售成本、用于职工奖励或福利视同销售成本、用于股息分配视同销售成本、用于对外捐赠视同销售成本、用于对外投资项目视同销售成本、提供劳务视同销售成本和其他视同销售成本。

(3) 扣除类纳税调整视情况增减的项目

① 职工薪酬包括工资薪金支出、职工福利费支出、工会经费支出、职工教育经费支出、各类基本社会保障性缴款、住房公积金、补充养老保险、补充医疗保险和其他。

a. 工资薪金支出是指纳税人每一纳税年度支付给在本企业任职或者受雇的员工的所有现金形式或者非现金形式的劳动报酬,包括基本工资、奖金、津贴、补贴、年终加薪、加班工资,以及与员工任职或者受雇有关的其他支出。企业发生的合理工资薪金支出,准予扣除,对明显不合理的工资、薪金,则不予扣除。

b. 纳税人实际支出的职工福利费、工会经费,分别按照工资薪金总额的14％、2％计算限额扣除,超过部分应调增纳税所得额;纳税人的职工教育经费按工资薪金总额的

2.5%计算扣除(自2018年1月1日起,从2.5%提高到8%),超过部分,准予在以后纳税年度结转扣除,本年度应调增纳税所得额;当本年度职工教育经费低于工资薪金总额的8%时,差额准予结转以前年度累计未扣除的职工教育经费金额,应调减纳税所得额。

【提示】 软件生产企业发生的职工教育经费中的职工培训费用,可以全额在企业所得税前扣除。

c. 纳税人依照国务院有关主管部门或者省级人民政府规定的范围和标准为职工缴纳的基本养老保险费、基本医疗保险费、失业保险费、工伤保险费、生育保险费等基本社会保险费和住房公积金,准予扣除。超过规定范围和标准部分应调增纳税所得额。

d. 纳税人为投资者或者职工支付的补充养老保险费、补充医疗保险费,在国务院财政、税务主管部门规定的范围和标准内,准予扣除。除纳税人依照国家有关规定为特殊工种职工支付的人身安全保险费和国务院财政、税务主管部门规定可以扣除的其他商业保险费外,纳税人为投资者或者职工支付的商业保险费,不得扣除,应调增纳税所得额。

② 广告费和业务宣传费支出。企业发生的符合条件的广告费和业务宣传费支出,除国务院财政、税务主管部门另有规定外,不超过当年销售(营业)收入15%的部分,准予扣除;超过部分,准予在以后纳税年度结转扣除,本年度调增纳税所得额。当本年度广告费和业务宣传费低于当年扣除限额时,差额准予结转以前年度累计未扣除的广告费和业务宣传费金额,应调减纳税所得额。纳税人因行业特点等特殊原因确需提高广告费扣除比例的,须报国家税务总局批准。对化妆品制造或销售、医药制造和饮料制造(不含酒类制造)企业发生的广告费和业务宣传费支出,不超过当年销售(营业)收入30%的部分,准予扣除,超过部分,准予在以后纳税年度结转扣除;烟草企业的烟草广告费和业务宣传费支出,一律不得在计算应纳税所得额时扣除。

【提示】 企业计算业务招待费、广告费和业务宣传费的扣除限额时,其计算基础均是"销售(营业)收入",具体包括企业发生非货币性资产交换,以及将货物、财产、劳务用于捐赠、偿债、赞助、集资、广告、样品、职工福利或者利润分配等用途应当视同销售(营业)的收入额,也就是会计核算中所涉及的主营业务收入、其他业务收入和视同销售收入,但不包括"营业外收入"和"投资收益"。

【例5-5】

某服装厂2018年销售收入3 000万元,发生现金折扣100万元;转让技术使用权收入200万元,广告费支出1 000万元,业务宣传费40万元。计算广告宣传费的纳税调整额。

广告费和业务宣传费扣除标准=(3 000+200)×15%=480(万元)

广告费和业务宣传费实际发生额=1 000+40=1 040(万元),超标准1 040-480=560(万元),纳税调整增加额560万元。

③ 利息支出。在生产、经营期间,非金融企业向金融企业借款的利息支出、金融企业的各项存款利息支出和同业拆借利息支出、企业经批准发行债券的利息支出,按照实际发生数扣除;非金融企业向非金融企业借款的利息支出,不超过按照金融企业同期同类贷款利率计算的数额的部分,准予扣除。企业为购置、建造固定资产、无形资产和经过12个月以上的建造才能达到预定可销售状态的存货发生借款的,在有关资产购置、建造期间发

生的合理的借款费用,应当作为资本性支出计入有关资产的成本,调增纳税所得额。纳税人从关联方取得的借款金额超过其注册资本50%的,超过部分利息支出,不论利率高低,全额不得在税前扣除,未超过的部分只能按金融机构同期利率计算扣除。此外,纳税人逾期归还银行贷款,向银行支付的加收罚息,不属于行政性罚款,允许在税前扣除。

比较会计与税法对利息支出的规定,两者的主要差异表现为向非金融企业和关联方借款利息支出的扣除规定。

【例 5-6】

某居民企业2018年发生财务费用40万元,其中含向非金融企业借款250万元所支付的年利息20万元(当年金融企业贷款的年利率为5.8%)。计算利息支出的纳税调整额。

利息支出税前扣除额 = 250 × 5.8% = 14.5(万元)

财务费用纳税调整增加额 = 20 - 14.5 = 5.5(万元)

④ 与未实现融资收益相关在当期确认的财务费用。具有融资性质的分期收款销售商品时,根据会计准则企业应当按照应收的合同或协议价款的公允价值确定收入金额,即按照其未来现金流量现值或商品现销价格计算确定,合同或协议价款与其公允价值之间的差额,应当在合同或协议期间内,按照实际利率法摊销,分期冲减财务费用。税收规定分期收款销售商品,按合同或协议确定的时间确认收入,不存在未实现融资收益抵减当期财务费用问题,企业发生与未实现融资收益相关在当期确认的财务费用时应调增纳税所得额。

⑤ 跨期扣除是指纳税人维简费(即专项用于维持简单再生产的资金)、安全生产费用、预提费用、预计负债等跨期扣除项目调整情况。当纳税人按会计核算计入当期损益的跨期扣除项目金额大于按照税法规定允许税前扣除的金额时,其差额调增纳税所得额;反之,则调减纳税所得额。

⑥ 其他是指纳税人因会计处理与税法规定有差异需要纳税调整的其他扣除类项目金额。

3) 资产类调整项目

(1) 资产折旧、摊销

① 固定资产折旧。下列差异可能导致固定资产计税折旧额与会计折旧额不一致,在计算企业所得税应税所得额时,应作纳税调整。

A. 固定资产初始成本与计税基础的差异。税法规定,固定资产以历史成本为计税基础,企业会计准则规定固定资产一般应以历史成本为计量基础,因此,两者一般不存在差异。但下列情况可能导致固定资产初始成本与计税基础的差异。

a. 超过正常信用条件购入固定资产。税法规定,外购固定资产以购买价款和支付的相关税费以及直接归属于使该资产达到预定用途发生的其他支出为计税基础;企业会计准则规定,超过正常信用条件购入固定资产,按应付购买价款的现值为固定资产的入账价值,应付购买价款与其现值之间的差额作为未确认融资费用。由此将造成固定资产的初始成本与计税基础之间的差异。

b. 融资租入固定资产。税法规定,融资租入的固定资产,以租赁合同约定的付款总额和承租人在签订租赁合同过程中发生的相关费用为计税基础,租赁合同未约定付款总额的,以该资产的公允价值和承租人在签订租赁合同过程中发生的相关费用为计税基础；企业会计准则规定，融资租入固定资产，以租赁开始日租赁资产的公允价值与最低租赁付款额的现值两者中的较低者为基础确定租入固定资产的入账价值，以最低租赁付款额为长期应付款，其差额作为未确认融资费用。由此将造成固定资产的初始成本与计税基础之间的差异。

根据税法规定，准予税前扣除的固定资产折旧，是以按税法确定的固定资产计税基础为基数计算的计税折旧额，固定资产初始成本与计税基础的不同将直接导致会计折旧与计税折旧之间存在差异，从而导致应纳税所得额与会计利润的不同，必须进行纳税调整。

【提示】 企业固定资产投入使用后，由于工程款项尚未结清而未取得全额发票的，可暂按合同规定的金额计入固定资产计税基础计提折旧，待发票取得后进行调整。但该项调整应在固定资产投入使用后 12 个月内进行。

B. 固定资产折旧范围的差异。税法规定，除房屋建筑物以外未投入使用的固定资产、已足额提取折旧仍继续使用的固定资产、与经营活动无关的固定资产和单独估价作为固定资产入账的土地不得计提折旧；企业会计准则规定，除已提足折旧继续使用的固定资产和单独估价作为固定资产入账的土地外，所有的固定资产均应计提折旧。

当税法规定的折旧范围与会计确定折旧范围不一致时，必将造成计税折旧与会计折旧之间差异，进而必须进行纳税调整。

C. 固定资产折旧方法的差异。税法规定，固定资产应采用直线法计提折旧，但特殊原因确需加速折旧的，可缩短折旧年限或采取加速折旧的方法。采取缩短折旧年限方法的，最低折旧年限不得低于企业所得税法规定折旧年限的 60%；采取加速折旧方法的，可以采取双倍余额递减法或年数总和法。所谓"特殊原因"，是指由于技术进步，产品更新换代较快；常年处于强震动、高腐蚀状态的原因。企业会计准则规定，企业应根据固定资产所包含的经济利益预期实现方式，合理选择固定资产折旧方法，如年限平均法、工作量法、双倍余额递减法和年数总和法等。

对生物药品制造业，专用设备制造业，铁路、船舶、航空航天和其他运输设备制造业，计算机、通信和其他电子设备制造业，仪器仪表制造业，信息传输、软件和信息技术服务业 6 个行业的企业 2014 年 1 月 1 日后新购进的固定资产和轻工、纺织、机械、汽车 4 个领域重点行业的企业 2015 年 1 月 1 日后新购进的固定资产，可缩短折旧年限或采取加速折旧的方法。

当企业采用的折旧方法不符合税法规定时，就会造成会计折旧与计税折旧之间的差异，进而必须进行纳税调整。

D. 固定资产折旧年限的差异。《企业所得税法》按不同种类固定资产分别规定了计算折旧的最低年限：房屋、建筑物为 20 年；飞机、火车、轮船、机器、机械和其他生产设备为 10 年；与生产经营活动有关的器具、工具、家具等为 5 年；飞机、火车、轮船以外的运输工具为 4 年；电子设备为 3 年。企业会计准则要求企业根据固定资产的性质和使用情况，合理确定固定资产的使用寿命，并按使用寿命分期计提折旧。

对 2014 年 1 月 1 日后新购进的下列固定资产，单位价值不超过 100 万元的，允许一次性计入当期成本费用在计算应纳税所得额时扣除，不再分年度计算折旧，单位价值超过 100 万元的，可缩短折旧年限或采取加速折旧的方法：所有行业企业专门用于研发的仪器、设备；生物药品制造业，专用设备制造业，铁路、船舶、航空航天和其他运输设备制造业,计算机、通信和其他电子设备制造业,仪器仪表制造业,信息传输、软件和信息技术服务业6个行业和2015年1月1日以后购进的轻工、纺织、机械、汽车4个领域重点行业的小型微利企业供研发和生产经营共用的仪器、设备。

自2014年1月1日起,对所有行业企业持有的单位价值不超过5000元的固定资产(包括2018年1月1日至2020年12月31日期间新购进,单位价值不超过500万元的设备、器具),允许一次性计入当期成本费用在计算应纳税所得额时扣除,不再分年度计算折旧。

当税法规定的折旧年限与会计确定的折旧年限不一致时,必将造成计税折旧与会计折旧之间差异,进而必须进行纳税调整。

E. 固定资产减值的差异。税法规定,不符合国务院财政、税务主管部门规定的各项资产减值准备、风险准备等准备金支出,不得在计算应纳税所得额时扣除。企业持有各项资产期间的资产增值或减值,除国务院财政、税务主管部门规定可以确认损益外,不得调整该项资产的计税基础;企业会计准则规定,在会计期末,当固定资产存在减值迹象,经测试可收回金额低于其账面价值的,应确认资产的减值损失,同时计提固定资产减值准备。计提减值准备后的固定资产,应当按照计提减值准备后的账面价值及尚可使用年限重新计算确定折旧率、折旧额。由此将造成其以后期间计税折旧和会计折旧之间的差异,进而必须进行纳税调整。

【例 5-7】

2018年4月20日购进一台机械设备,取得增值税专用发票上注明价款600万元(购入成本),设备当月投入使用。按税法规定该设备按直线法折旧,期限为10年,残值率5%,企业将设备购入成本一次性计入费用在税前作了扣除。计算此项业务应当调整的纳税所得额。

税法规定可扣除的折旧额 $= 600 \times (1-5\%) \div 10 \div 12 \times 8 = 38$(万元)

外购设备应调增的应纳税所得额 $= 600 - 38 = 562$(万元)

② 生产性生物资产折旧是指企业为生产农产品、提供劳务或者出租等而持有的生物资产,包括经济林、薪炭林、产畜和役畜等。生产性生物资产折旧在会计核算与税收规定不一致时,需要按税收规定进行纳税调整。

生产性生物资产按照以下方法确定计税基础:外购的生产性生物资产,以购买价款和支付的相关税费为计税基础;通过捐赠、投资、非货币性资产交换、债务重组等方式取得的生产性生物资产,以该资产的公允价值和支付的相关税费为计税基础。

生产性生物资产应当按照直线法计算折旧,企业应当自生产性生物资产投入使用月份的次月起计算折旧;停止使用的生产性生物资产,应当自停止使用月份的次月起停止计算折旧。企业应当根据生产性生物资产的性质和使用情况,合理确定生产性生物资产的预计净残值,预计净残值一经确定,不得变更。生产性生物资产计算折旧的最低年限如下:林木类生产性生物资产为10年;畜类生产性生物资产为3年。

③ 无形资产摊销是指企业为生产产品、提供劳务、出租或者经营管理而持有的、没有实物形态的非货币性长期资产,包括专利权、商标权、著作权、土地使用权、非专利技术、特许权使用费等。无形资产摊销在会计核算与税收规定不一致时,需要按税收规定进行纳税调整。

无形资产按照以下方法确定计税基础:外购的无形资产,以购买价款和支付的相关税费以及直接归属于使该资产达到预定用途发生的其他支出为计税基础;自行开发的无形资产,以开发过程中该资产符合资本化条件后至达到预定用途前发生的支出为计税基础;通过捐赠、投资、非货币性资产交换、债务重组等方式取得的无形资产,以该资产的公允价值和支付的相关税费为计税基础。

无形资产按照直线法计算的摊销费用,准予扣除,摊销年限不得低于10年;作为投资或者受让的无形资产,有关法律规定或者合同约定了使用年限的,可以按照规定或者约定的使用年限分期摊销;外购商誉的支出,在企业整体转让或者清算时,准予扣除。

下列无形资产不得计算摊销费用扣除:①自行开发的支出已在计算应纳税所得额时扣除的无形资产;②自创商誉;③与经营活动无关的无形资产;④其他不得计算摊销费用扣除的无形资产。

【例5-8】

某市区的一个企业,2018年1月购买一项无形资产的所有权。购买时支付60万元。会计上按5年直线法摊销。计算2018年纳税所得额应调整的金额。

会计上按5年直线法摊销时,每年摊销额=60÷5=12(万元);

税法规定无形资产摊销年限不低于10年,则每年摊销额=60÷10=6(万元);

纳税调整增加额=12-6=6(万元)。

④ 长期待摊费用的摊销是指不能全部计入当年损益,应当在以后年度内分期摊销的各项费用。其包括固定资产的改建支出(含已足额提取折旧的固定资产的改建支出和租入固定资产改建支出)、固定资产的大修理支出和开办费等。长期待摊费用的摊销在会计核算与税收规定不一致时,需要按税收规定进行纳税调整。

a. 固定资产的改建支出是指改变房屋或者建筑物结构、延长使用年限等发生的支出。已足额提取折旧的固定资产的改建支出按照固定资产预计尚可使用年限分期摊销;租入固定资产的改建支出按照合同约定的剩余租赁期限分期摊销。其他改建的固定资产延长使用年限的,应当适当延长折旧年限。

b. 固定资产的大修理支出是指同时符合下列条件的支出:修理支出达到取得固定资产时的计税基础50%以上;修理后固定资产的使用年限延长2年以上。

固定资产的大修理支出按照固定资产尚可使用年限分期摊销。

其他应当作为长期待摊费用的支出自支出发生月份的次月起,分期摊销,摊销年限不得低于3年。

(2) 资产减值准备金

纳税人未经财政、税务部门核实的准备金,如坏账准备金、存货跌价准备金、短期投资跌价准备金、理赔费用准备金、固定资产减值准备金、长期投资减值准备金、无形资产减值准备金以及国家税收法规规定可提取的准备金之外的任何形式的准备金,不得扣除,应调增纳税所得额。企业按会计准则因价值恢复、资产转让等原因转回准备金时,调减纳税所得额。企业资产损失实际发生时,经报主管税务机关核定后,在实际发生年度按其发生额扣除。

(3) 资产损失

企业在生产经营活动中发生的固定资产和存货的盘亏、毁损、报废损失,转让财产损失,呆账损失,坏账损失,自然灾害等不可抗力因素造成的损失以及其他损失,减除责任人赔偿和保险赔款后的余额,依照税务主管部门的规定扣除。企业已经作为损失处理的资产,在以后纳税年度又全部或部分收回时,应当计入当期收入。企业发生的各类财产损失的扣除额按以下原则确定。

① 货币资产损失。其包括现金损失、银行存款损失和应收及预付款项损失等。

a. 现金损失。企业清查出的现金短缺减除责任人赔偿后的余额,作为现金损失在计算应纳税所得额时扣除。

b. 银行存款损失。企业将货币性资金存入法定具有吸收存款职能的机构,因该机构依法破产、清算,或政府责令停业、关闭等原因,确实不能收回的部分,作为存款损失在计算应纳税所得额时扣除。

c. 应收及预付款项损失。企业除贷款类债权外的应收、预付账款符合下列条件之一的,减除可收回金额后确认的无法收回的应收、预付款项,可以作为坏账损失在计算应纳税所得额时扣除:债务人依法宣告破产、关闭、解散、被撤销,或被依法注销、吊销营业执照,其清算财产不足清偿的;债务人死亡,或依法被宣告失踪、死亡,其财产或遗产不足清偿的;债务人逾期3年以上未清偿,且有确凿证据证明已无力清偿债务的;与债务人达成债务重组协议或法院批准破产重组计划后,无法追偿的;因自然灾害、战争等不可抗力导致无法收回的;国务院财政、税务主管部门规定的其他条件。

② 非货币资产损失。其包括存货损失、固定资产损失、无形资产损失、在建工程损失、生产性生物资产损失等。

对企业盘亏的固定资产或存货,以该固定资产的账面净值或存货的成本减除责任人赔偿后的余额,作为固定资产或存货盘亏损失在计算应纳税所得额时扣除;对企业毁损、报废的固定资产或存货,以该固定资产的账面净值或存货的成本减除残值、保险赔款和责任人赔偿后的余额,作为固定资产或存货毁损、报废损失在计算应纳税所得额时扣除;对企业被盗的固定资产或存货,以该固定资产的账面净值或存货的成本减除保险赔款和责任人赔偿后的余额,作为固定资产或存货被盗损失在计算应纳税所得额时扣除;企业因存货盘亏、毁损、报废、被盗等原因不得从增值税销项税额中抵扣的进项税额,可以与存货损失一起在计算应纳税所得额时扣除。

③ 投资损失。企业的股权投资符合下列条件之一的,减除可收回金额后确认的无法收回的股权投资,可以作为股权投资损失在计算应纳税所得额时扣除:被投资方依法宣告破产、关闭、解散、被撤销,或被依法注销、吊销营业执照的;被投资方财务状况严重恶化,累计发生巨额亏损,已连续停止经营3年以上,且无重新恢复经营改组计划的;对被投资方不具有控制权,投资期限届满或投资期限已超过10年,且被投资单位因连续3年经营亏损导致资不抵债的;被投资方财务状况严重恶化,累计发生巨额亏损,已完成清算或清算期超过3年的;国务院财政、税务主管部门规定的其他条件。

企业的各项财产损失,应在损失发生当年申报扣除,不得提前或延后。非因计算错误或其他客观原因,企业未及时申报的财产损失,逾期不得扣除。确因税务机关原因未能按期扣除的,经税务机关批准后,应调整该财产损失发生年度的纳税申报表,并相应抵退税款,不得改变财产损失所属纳税年度。

(4) 其他

其他是指纳税人因会计处理与税法规定有差异需要纳税调整的其他资产类项目金额。

4) 特殊事项调整项目

(1) 企业重组

企业重组包括债务重组、股权收购、资产收购、企业合并、企业分立和其他等项目,发生企业重组的纳税人,按税法确认的所得(或损失)与按会计核算确认的损益金额的差额若大于0,应调增纳税所得额;反之若小于0,则调减纳税所得额。对于发生债务重组业务且选择特殊性税务处理(即债务重组所得可以在5个纳税年度均匀计入应纳税所得额)的纳税人,重组日所属纳税年度的以后纳税年度,也在本项目进行债务重组的纳税调整。

(2) 政策性搬迁

政策性搬迁是指由于社会公共利益的需要,在政府主导下企业进行整体搬迁或部分搬迁。企业在搬迁期间发生的搬迁收入和搬迁支出,可以暂不计入当期应纳税所得额,而在完成搬迁的年度,对搬迁收入和支出进行汇总清算,进行纳税所得额的调整。

① 搬迁收入包括搬迁过程中从本企业以外(包括政府或其他单位)取得的搬迁补偿收入,以及本企业搬迁资产处置收入等。搬迁补偿收入是指企业由于搬迁取得的货币性和非货币性补偿收入。其具体包括对被征用资产价值的补偿;因搬迁、安置而给予的补偿;对停产停业形成的损失而给予的补偿;资产搬迁过程中遭到毁损而取得的保险赔款和其他补偿收入。搬迁资产处置收入是指企业由于搬迁而处置企业各类资产所取得的收入。企业由于搬迁处置存货而取得的收入,应按正常经营活动取得的收入进行所得税处理,不作为企业搬迁收入。

② 搬迁支出包括搬迁费用支出,以及由于搬迁所发生的企业资产处置支出。搬迁费用支出是指企业搬迁期间所发生的各项费用,包括安置职工实际发生的费用、停工期间支付给职工的工资及福利费、临时存放搬迁资产而发生的费用、各类资产搬迁安装费用以及其他与搬迁相关的费用。资产处置支出是指企业由于搬迁而处置各类资产所发生的支出,包括变卖及处置各类资产的净值、处置过程中所发生的税费等支出。

③ 搬迁所得或损失。企业的搬迁收入扣除搬迁支出后的余额,若大于0,为企业的搬迁所得,调增搬迁完成年度的纳税所得额;若小于0,则为搬迁损失,可选择一次性扣除或分期扣除的办法调减纳税所得额。

(3) 特殊行业准备金

特殊行业准备金包括保险公司的准备金、证券行业的风险基金、期货行业的风险准备金、金融行业的损失准备金、中小企业信用担保机构的赔偿准备金等。

特殊行业纳税人按会计核算计入当期损益的金额与按税法规定允许税前扣除的金额的差额若大于0,应调增纳税所得额;反之若小于0,则调减纳税所得额。

(4) 房地产开发企业特定业务计算的纳税调整额

房地产开发企业特定业务计算的纳税调整额是指房地产企业销售未完工产品、未完工产品转完工产品特定业务按税法规定纳税调整的金额。

房地产企业销售未完工开发产品取得销售收入按税收规定计算的纳税调整额与房地产企业销售的未完工产品转完工产品按税法规定计算的纳税调整额的差额若大于0,应调增纳税所得额；反之若小于 0，则调减纳税所得额。

5）特别纳税调整项目

特别纳税调整是税务机关对各种避税行为进行特定纳税事项所作的调整，包括针对纳税人转让定价、资本弱化、避税港避税及其他情况所进行的税务调整。

（1）企业与其关联方之间的业务往来，不符合独立交易原则而减少企业或者其关联方应纳税收入或者所得额的，税务机关有权按照合理方法进行调整。

（2）企业与其关联方共同开发、受让无形资产，或者共同提供、接受劳务发生的成本，在计算应纳税所得额时应当按照独立交易原则进行分摊。企业与其关联方分摊成本时，应当按照成本与预期收益相配比的原则进行，并在税务机关规定的期限内，按照税务机关的要求报送有关资料。企业与其关联方分摊成本时违反独立交易原则或配比原则的，其自行分摊的成本不得在计算应纳税所得额时扣除。

（3）由居民企业，或者由居民企业和中国居民控制的设立在实际税负明显低于我国法定税率水平的国家（地区）的企业，即低于我国法定税率的 50%，并非由于合理的经营需要而对利润不作分配或者减少分配的，上述利润中应归属于该居民企业的部分，应当计入该居民企业的当期收入。

（4）企业从其关联方接受的债权性投资与权益性投资的比例超过规定标准而发生的利息支出，不得在计算应纳税所得额时扣除。

企业实施其他不具有合理商业目的的安排而减少其应纳税收入或者所得额的，税务机关有权按照合理方法调整。税务机关作出纳税调整，需要补征税款的，应当补征税款，并按照规定加收利息。

税务机关根据规定对企业作出特别纳税调整的，自税款所属纳税年度的次年 6 月 1 日起至补缴税款之日止的期间，按日加收利息，并按照税款所属纳税年度中国人民银行公布的与补税期间同期的人民币贷款基准利率加 5 个百分点计算；企业按规定提供有关资料的，可以只按规定的人民币贷款基准利率计算利息。加收的利息，不得在计算应纳税所得额时扣除。

企业与其关联方之间的业务往来，不符合独立交易原则，或者企业实施其他不具有合理商业目的的安排的，税务机关有权在该业务发生的纳税年度起 10 年内，进行纳税调整。

4. 免税、减计收入及加计扣除

免税、减计收入及加计扣除是指纳税人属于税法规定的免税收入、减计收入和加计扣除金额的合计。

（1）免税收入

免税收入是指纳税人本年度发生的根据税收规定免征企业所得税的收入和所得，具体包括国债利息收入、符合条件的居民企业之间的股息、红利等权益性投资收益、符合条件的非营利组织的收入和其他专项优惠。

① 国债利息收入是指企业持有国务院财政部门发行的国债取得的利息收入。其是到期的利息收入，不是中途转让的收益。

② 符合条件的居民企业之间的股息、红利等权益性投资收益是指居民企业直接投资于另一居民企业所取得的投资收益，不包括连续持有居民企业公开发行并上市流通的股

票不足 12 个月取得的投资收益。税收政策规定对来自所有非上市企业,以及连续持有上市公司股票 12 个月以上取得的股息、红利等投资收益,给予免税,不再补税率差。

③ 符合条件的非营利组织的收入是指同时符合下列条件的非营利组织的收入:依法履行非营利组织登记手续;从事公益性或者非营利性活动;取得的收入除用于与该组织有关的、合理的支出外,全部用于登记核定或者章程规定的公益性或者非营利性事业;财产及其孳息不用于分配;按照登记核定或者章程规定,该组织注销后的剩余财产用于公益性或者非营利性目的,或者由登记管理机关转赠给与该组织性质、宗旨相同的组织,并向社会公告;投入人对投入该组织的财产不保留或者享有任何财产权利;工作人员工资福利开支控制在规定的比例内,不变相分配该组织的财产。

我国相关管理办法规定,非营利组织一般不能从事营利性活动。因此,为规范此类组织的活动,防止其从事经营性活动可能带来的税收漏洞,《企业所得税法实施条例》规定,对非营利组织的营利性活动取得的收入,不予免税。但国务院财政、税务主管部门另有规定的除外。

④ 其他专项优惠是指纳税人除上述已列明免税收入以外的,按税收规定可以免税的其他收入,如中国清洁发展机制基金取得的收入,证券投资基金从证券市场取得的收入,取得的地方政府债券利息所得或收入,受灾地区企业取得的救灾和灾后恢复重建款项等收入等。

(2) 减计收入

减计收入包括综合利用资源生产产品取得的收入和其他专项优惠。

① 综合利用资源生产产品取得的收入是指纳税人以《资源综合利用企业所得税优惠目录》内的资源作为主要原材料,生产非国家限定并符合国家和行业相关标准的产品所取得的收入,减按 90% 计入收入总额。调减按政策规定减计 10% 收入的部分。

② 其他专项优惠是指金融、保险等机构取得的涉农利息、保费收入和取得的中国铁路建设债券利息收入,对企业持有发行的中国铁路建设债券取得的利息收入,减半征收企业所得税,调减按政策规定减计 50% 收入的部分。

(3) 加计扣除

加计扣除主要包括开发新技术、新产品、新工艺发生的研究开发费用;企业安置残疾人员所支付的工资和国家鼓励安置的其他就业人员所支付的工资等可以加计扣除的税收优惠政策。

① 开发新技术、新产品、新工艺所发生的研究开发费用包括新产品设计费,工艺流程制定费,设备调整费,原材料和半成品的试验费,技术图书资料费,未纳入国家计划的中间试验费,研究机构人员的工资,研究设备的折旧,与新产品的试制、技术研究有关的其他经费以及委托其他单位进行科研试制的费用,未形成无形资产的,可不受比例限制在据实扣除的基础上,按照研究开发费用 75% 加计扣除,加计扣除部分已形成企业年度亏损,可以用以后年度所得弥补,但结转年限最长不超过 5 年;形成无形资产的,按照无形资产成本的 175% 摊销。

② 企业安置残疾人员所支付的工资,在按照支付给残疾职工工资据实扣除的基础上,按照支付给残疾职工工资的 100% 加计扣除。残疾人员的范围适用《中华人民共和国残疾人保障法》的有关规定。

③ 国家鼓励安置的其他就业人员所支付的工资,可以在计算应纳税所得额时加计扣

除。国家鼓励安置的其他就业人员是指下岗失业人员、军队转业干部、城镇退役士兵、随军家属等。

5. 境外应税所得抵减境内亏损

境外应税所得抵减境内亏损是指纳税人在计算缴纳企业所得税时,其境外营业机构的盈利可以抵减境内营业机构的亏损。即当"利润总额"加上"纳税调整增加额"减去"境外所得""纳税调整减少额"和"免税、减计收入及加计扣除"后的余额为负数时,境外应税所得可以用于抵减境内亏损,最大不得超过企业当年的全部境外应税所得;若为正数时,如以前年度无亏损额,则不需要抵减;如以前年度有亏损额,则可以抵减以前年度亏损额,最大不得超过企业当年的全部境外应税所得。

6. 所得减免

所得减免是指按照税法规定减征、免征企业所得税项目的所得。其主要包括农林牧渔业项目,国家重点扶持的公共基础设施项目,符合条件的环境保护节能节水项目,符合条件的技术转让项目和其他专项优惠项目。

7. 抵扣应纳税所得额

抵扣应纳税所得额是指创业投资企业采取股权投资方式投资于未上市的中小高新技术企业 2 年以上的,可以按照其投资额的 70% 在股权持有满 2 年的当年抵扣该创业投资企业的应纳税所得额;当年不足抵扣的,可以在以后纳税年度结转抵扣。

8. 弥补以前年度亏损

弥补以前年度亏损是指纳税人按税收规定可以在税前弥补的以前年度亏损额。税法中的亏损称为应税亏损,它是指对财务会计亏损按税法调整后的应纳税所得额为负数的金额。企业某一年度发生的亏损可以用下一年度的所得弥补;下一年度的所得不足以弥补的,可以逐年延续弥补,但最长不超过 5 年,自 2018 年 1 月 1 日起,高新技术企业和科技型中小企业亏损结转年限由 5 年延长至 10 年。亏损弥补应注意以下问题。

(1) 亏损弥补期应连续计算,不得间断,不论弥补亏损期间是否盈利或亏损。

(2) 连续发生亏损,其亏损弥补期应按每个年度分别计算,按先亏先补的顺序弥补,不能将每个亏损年度的亏损弥补期相加。

(3) 企业境外业务之间的盈亏可以互相弥补,但企业境外投资除合并、撤销、依法清算外形成的亏损不得用境内盈利弥补。

【提示】 企业自开始生产经营的年度,为开始计算企业损益的年度,企业从事生产经营之前进行筹办活动期间发生筹办费用支出,不得计算为当期的亏损。

知识链接5-2 | 所得税优惠政策

1. 促进技术创新和科技进步

(1) 对国家需要重点扶持的高新技术企业,减按 15% 的税率征收企业所得税。

(2) 对经济特区(深圳、珠海、汕头、厦门和海南)和上海浦东新区内登记注册的国家需要重点扶持的高新技术企业,自取得第一笔生产经营收入所属纳税年度起,第一年至第二年免征企业所得税,第三年至第五年按照25%的法定税率减半征收企业所得税。

(3) 企业为开发新技术、新产品、新工艺发生的研究开发费用,未形成无形资产计入当期损益的,在按照规定据实扣除的基础上,按照研究开发费用的50%加计扣除;形成无形资产的,按照无形资产成本的150%摊销。在2018年1月1日到2020年12月31日期间,企业开展研发活动中实际发生的研发费用加计扣除比例由50%提高至75%;形成无形资产的,按无形资产成本的175%在税前摊销。

(4) 创业投资企业采取股权投资方式投资于未上市的中小高新技术企业两年以上的,可以按照其投资额的70%在股权持有满两年的当年抵扣该创业投资企业的应纳税所得额;当年不足抵扣的,可以在以后纳税年度结转抵扣。在京津冀、上海、广东、安徽、四川、武汉、西安、沈阳8个全面创新改革试验地区和苏州工业园区开展试点,从2017年1月1日起,对公司制创业投资企业采取股权投资方式直接投资于种子期、初创期科技型企业满2年的,可以按照投资额的70%在股权持有满2年的当年抵扣该公司制创业投资企业的应纳税所得额;当年不足抵扣的,可以在以后纳税年度结转抵扣。自2018年1月1日起有关优惠政策推广到全国。

(5) 企业的固定资产由于技术进步等原因,确需加速折旧的,可以缩短折旧年限或者采取加速折旧的方法。采取缩短折旧年限方法的,最低折旧年限不得低于规定折旧年限的60%;采取加速折旧方法的,可以采取双倍余额递减法或者年数总和法。

(6) 在一个纳税年度内,居民企业技术转让所得不超过500万元的部分,免征企业所得税;超过500万元的部分,减半征收企业所得税。

2. 鼓励基础设施建设

从事国家重点扶持的公共基础设施项目投资经营的所得,自项目取得第一笔生产经营收入所属纳税年度起,第一年至第三年免征企业所得税,第四年至第六年减半征收企业所得税。国家重点扶持的公共基础设施项目,是指《公共基础设施项目企业所得税优惠目录》规定的港口码头、机场、铁路、公路、城市公共交通、电力、水利等项目,不包括企业承包经营、承包建设和内部自建自用的项目。

3. 扶持农、林、牧、渔业发展

(1) 企业从事下列项目的所得,免征企业所得税:蔬菜、谷物、薯类、油料、豆类、棉花、麻类、糖料、水果、坚果的种植;农作物新品种的选育;中药材的种植;林木的培育和种植;牲畜、家禽的饲养;林产品的采集;灌溉、农产品初加工、兽医、农技推广、农机作业和维修等农、林、牧、渔服务业项目;远洋捕捞。

(2) 企业从事下列项目的所得,减半征收企业所得税:花卉、茶以及其他饮料作物和香料作物的种植;海水养殖、内陆养殖。

4. 支持环境保护、节能节水、资源综合利用、安全生产

(1) 从事符合条件的环境保护、节能节水项目的所得,自项目取得第一笔生产经营收入所属纳税年度起,第一年至第三年免征企业所得税,第四年至第六年减半征收企业所得税。

(2) 企业以《资源综合利用企业所得税优惠目录》规定的资源作为主要原材料并符合规定比例,生产国家非限制和禁止并符合国家和行业相关标准的产品取得的收入,可以在计算应纳税所得额时减按90%计入收入总额。

(3) 企业购置用于环境保护、节能节水、安全生产等专用设备投资额的10%可以从企业当年的应纳税额中抵免;当年不足抵免的,可以在以后5个纳税年度结转抵免。企业购置的专用设备在5年内转让、出租的,应当停止享受企业所得税优惠,并补缴已经抵免的企业所得税税款。

5. 促进公益事业和照顾弱势群体

(1) 企业发生的公益性捐赠支出,在年度利润总额12%以内的部分,准予在计算应纳税所得额时扣除。

(2) 企业安置残疾人员的,在按照支付给残疾职工工资据实扣除的基础上,按照支付给残疾职工工资的100%加计扣除。残疾人员的范围适用《中华人民共和国残疾人保障法》的有关规定。

(3) 企业安置国家鼓励的其他就业人员所支付的工资,可以在计算应纳税所得额时加计扣除;国家鼓励安置的其他就业人员是指下岗失业人员、军队转业干部、城镇退役士兵、随军家属等。

(4) 纳税人从事国家非限制和禁止行业并符合规定条件的小型微利企业减按20%的税率征收。

(5) 自2019年1月1日至2021年12月31日,对小型微利企业年应纳税所得额不超过100万元的部分,减按25%计入应纳税所得额,按20%的税率缴纳企业所得税;对年应纳税所得额超过100万元但不超过300万元的部分,减按50%计入应纳税所得额,按20%的税率缴纳企业所得税。

小型微利企业是指从事国家非限制和禁止行业,并符合下列条件的企业:工业企业,年度应纳税所得额不超过30万元,从业人数不超过100人,资产总额不超过3 000万元;其他企业,年度应纳税所得额不超过30万元,从业人数不超过80人,资产总额不超过1 000万元。在2019年1月1日至2021年12月31日期间,将小型微利企业条件放宽为从事国家非限制和禁止行业,且同时符合年度应纳税所得额不超过300万元、从业人数不超过300人、资产总额不超过5 000万元三个条件的企业。

(6) 民族自治地方的自治机关对本民族自治地方的企业应缴纳的企业所得税中属于地方分享的部分,可以决定减征或者免征。自治州、自治县决定减征或者免征的,须报省、自治区、直辖市人民政府批准。

(7) 自2019年1月1日至2022年12月31日,企业通过公益性社会组织或者县级(含县级)以上人民政府及其组成部门和直属机构,用于目标脱贫地区的扶贫捐赠支出,准予在计算企业所得税应纳税所得额时据实扣除。在政策执行期限内,目标脱贫地区实现脱贫的,可继续适用上述政策。

企业同时从事适用不同企业所得税待遇的项目的,其优惠项目应当单独计算所得,并合理分摊企业的期间费用;没有单独计算的,不得享受企业所得税优惠。

5.1.2 应纳所得税税额的计算

1. 平时预缴所得税税额的计算

企业所得税实行按年计征、分月(季)预缴、年终汇算清缴,多退少补的办法,实行查账征收方式申报企业所得税的居民纳税人及在中国境内设立机构的非居民纳税人在月(季)度预缴企业所得税时使用可采用以下方法计算缴纳。

(1) 据实预缴

$$本月(季)应缴所得税税额=实际利润累计额×税率-减免所得税税额-已累计预缴的所得税税额$$

实际利润累计额是指纳税人按会计制度核算的利润总额,包括从事房地产开发企业按本期取得预售收入计算出的预计利润等。平时预缴时,先按会计利润计算,暂不作纳税调整,待会计年度终了再作纳税调整。

税率统一按照《企业所得税法》规定的25%计算应纳所得税税额。

减免所得税税额是指纳税人当期实际享受的减免所得税税额,包括享受减免税优惠过渡期的税收优惠、小型微利企业的税率优惠、高新技术企业的税率优惠,以及经税务机关审批或备案的其他减免税优惠。

(2) 按照上一纳税年度应纳税所得额的平均额预缴

$$本月(季)应缴所得税税额=\frac{上一纳税年度应纳税所得额}{12(或4)}×税率$$

按照上一纳税年度应纳税所得额实际数除以12(或4)得出每月(或季)纳税所得额,上一纳税年度所得额中不包括纳税人的境外所得。税率统一按照25%计算。

除了以上两种方法计算预缴所得税外,还可以由税务机关确定的其他方法进行。

2. 应纳所得税税额的年终汇算

企业所得税纳税人在分月(季)预缴的基础上,实行年终汇算清缴,多退少补的办法。其计算公式如下:

$$实际应纳所得税税额=应纳税所得额×税率-减免所得税税额-抵免所得税税额+境外所得应纳所得税税额-境外所得抵免所得税税额$$

$$本年应补(退)的所得税税额=实际应纳所得税税额-本年累计实际已预缴的所得税税额$$

应纳税所得额是指在企业会计利润总额的基础上,加减纳税调整等相关项目金额后计算得出的,税率按25%计算。

1) 减免所得税税额

减免所得税税额是指纳税人按照税收优惠政策规定实际减免的企业所得税税额,主要包括以下内容。

(1) 小型微利企业的减征税额

纳税人从事国家非限制和禁止行业并符合规定条件的小型微利企业享受20%的优

惠税率。

$$小型微利企业的减征税额＝应纳税所得额×(25\%-20\%)$$

（2）高新技术企业的减征税额

纳税人从事国家需要重点扶持的高新技术企业，减按15%的税率征收企业所得税。

$$高新技术企业的减征税额＝应纳税所得额×(25\%-15\%)$$

（3）民族自治地方企业的减征税额

民族自治地方的自治机关对本民族自治地方的企业应缴纳的企业所得税中属于地方分享的部分，可以决定减征或者免征。自治州、自治县决定减征或者免征的，须报省、自治区、直辖市人民政府批准。

（4）其他专项优惠减征额

其他专项优惠减征额是指除上述已列明减征额以外的，按税收规定可以减征的其他企业的减征金额。如经济特区和上海浦东新区新设立的高新技术企业，受灾地区损失严重的企业，符合条件的集成电路企业和软件企业等按税法规定可以减免所得税的金额。

2）抵免所得税税额

纳税人购置并实际使用《环境保护专用设备企业所得税优惠目录》《节能节水专用设备企业所得税优惠目录》和《安全生产专用设备企业所得税优惠目录》规定的环境保护、节能节水、安全生产等专用设备的，该专用设备的投资额的10%可以从企业当年的应纳税额中抵免；当年不足抵免的，可以在以后5个纳税年度结转抵免。

享受上述企业所得税优惠的企业，应当实际购置并自身实际投入使用规定的专用设备；企业购置上述专用设备在5年内转让、出租的，应当停止享受企业所得税优惠，并补缴已经抵免的企业所得税税款。

3）境外所得应补税额

居民纳税人应就其来源于境内外所得纳税，对来源于境外的所得已在境外缴纳的所得税税额，可以从其当期应纳税额中抵免。其计算公式如下：

$$境外所得应补税额＝境外所得应纳所得税税额－境外所得抵免所得税税额$$

$$境外所得应纳所得税税额=(境外所得换算成含税收入的所得-弥补以前年度境外亏损-境外免税所得-境外所得弥补境内亏损)×税率$$

$$境外所得抵免所得税税额=本年可抵免的境外所得税税额+本年可抵免以前年度所得税税额$$

（1）境外所得应纳所得税税额的计算

境外所得是指纳税人来源于境外的收入总额（包括生产经营所得和其他所得），扣除按税收规定允许扣除的境外发生的成本费用后的金额。若取得的所得为税后收入，则需将其换算为包含在境外缴纳企业所得税的所得，换算公式如下：

$$\text{境外所得换算成含税收入的所得} = \frac{\text{适用所在国家、地区所得税税率的境外所得}}{(1-\text{适用所在国家、地区所得税税率})} + \frac{\text{适用所在国家预提所得税税率的境外所得}}{(1-\text{适用所在国家预提所得税税率})}$$

弥补以前年度亏损是指纳税人境外所得按税收规定弥补以前年度的境外亏损额；免税所得是指境外所得中按税收规定予以免税的部分；境外所得弥补境内亏损是指境外所得按税收规定弥补境内的亏损额部分。

(2) 境外所得抵免所得税税额的计算

境外所得抵免所得税税额包括本年可抵免的境外所得税税额和本年可抵免以前年度所得税税额两部分金额。

境外所得税税额的抵免限额为该项所得依照我国税法规定计算的应纳税额，超过抵免限额的部分，可以在以后5个年度内，用每年度抵免限额抵免当年应抵税额后的余额进行抵补。其计算公式如下：

$$\text{抵免限额} = \text{中国境内、境外所得依照企业所得税法和条例的规定计算的应纳税总额} \times \frac{\text{来源于某国(地区)的应纳税所得额}}{\text{中国境内、境外应纳税所得总额}}$$

从2017年1月1日起，企业可以选择按国（地区）别分别计算（即"分国（地区）不分项"），或者不按国（地区）别汇总计算（即"不分国（地区）不分项"）其来源于境外的应纳税所得额，并按照规定的税率，分别计算其可抵免境外所得税税额和抵免限额，方式一经选择，5年内不得改变。

纳税人来源于境外的所得在境外实际缴纳的所得税税额，低于依照税法计算的扣除限额的，可以从应纳税额中如数扣除，若有前5年境外所得已缴税款未抵扣的余额，可在限额内扣除；高于扣除限额的，其超过部分不得在本年度的应纳税额中扣除，也不得列为费用支出，但可用以后年度税额扣除的余额补扣，补扣期限最长不得超过5年。

【项目导入案例解析之一：企业所得税应纳税额的计算】

资料：项目5导入案例。

要求：计算甲公司2018年度应补缴的企业所得税税额。

(1) 甲公司境内所得应纳税额的计算

① 会计利润总额 = 2 500 - 1 100 - 670 - 480 - 60 - 40 + 70 - 50 + 34 + 28 + 24 = 256（万元）；

② 广告费和业务宣传费调增所得额 = 450 - 2 500 × 15% = 450 - 375 = 75（万元）；

③ 业务招待费调增所得额 = 15 - 15 × 60% = 15 - 9 = 6（万元），2 500 × 5‰ = 12.5（万元）> 9 万元；

④ 技术研究开发费用调减所得额 = 40 × 75% = 30（万元）；

⑤ 捐赠支出应调增所得额 = 36.24 - 256 × 12% = 5.52（万元）；

⑥ 支付的税收滞纳金调增所得额 = 6 万元；

⑦ 权益性投资收益调减所得额 = 34 万元；

⑧ 职工福利费调增所得额=23-150×14%=2(万元);
⑨ 境外税后所得在计算境内所得应纳税额时,予以调减28+24=52(万元);
⑩ 应纳税所得额=256+75+6-30+5.52+6-34+2-52=234.52(万元)。
   该公司2018年度应纳所得税税额=234.52×25%=58.63(万元)
(2) 甲公司境外所得补缴税额的计算
① 境外所得换算为含税收入的所得:
A 国　　　　　　　　28÷(1-30%)=40(万元)
B 国　　　　　　　　24÷(1-20%)=30(万元)
   境外所得应纳所得税税额=(40+30)×25%=17.5(万元)
② 抵扣限额:

$$A 国的抵扣限额=\frac{(234.52+40+30)\times 25\% \times 40}{304.52}=10(万元)$$

$$B 国的抵扣限额=\frac{(234.52+40+30)\times 25\% \times 30}{304.52}=7.5(万元)$$

在A国实际缴纳所得税12万元,在B国实际缴纳所得税6万元,合计18万元,高于抵扣限额17.5万元,在"不分国不分项"情况下,不需要再补缴企业所得税。
(3) 甲公司2018年应补缴企业所得税税额
$$58.63-50=8.63(万元)$$

5.1.3　企业所得税的核定征收

为了加强企业所得税的征收管理,对部分中小企业采取核定征收的办法计算其应纳税额,根据《税收征收管理法》的有关规定,核定征收企业所得税包括以下有关规定。

1. 所得税核定征收的范围

纳税人具有下列情形之一的,应采取核定征收方式征收企业所得税。
(1) 依照税法规定可以不设账或应设而未设账的。
(2) 只能准确核算收入总额或收入总额能够查实,但其成本费用支出不能准确核算的。
(3) 只能准确核算成本费用支出或成本费用支出能够查实,但其收入总额不能准确核算的。
(4) 收入总额、成本费用支出虽能正确核算,但未按规定保存有关凭证、账簿及纳税资料的。
(5) 虽然能够按规定设置账簿并进行核算,但未按规定保存有关凭证、账簿及纳税资料的。
(6) 未按规定期限办理纳税申报,经税务机关责令限期申报,逾期仍不申报的。

2. 核定征收的方法

核定征收的方法包括定额征收和核定应税所得率征收两种方法。

(1) 定额征收

定额征收是税务机关按照一定的标准、程序和方法，直接核定纳税人年度应纳所得税税额，由纳税人按规定申报缴纳的办法。主管税务机关应对纳税人的有关情况进行调查研究、分类排队、认真测算，按年从高直接核定纳税人的应纳所得税税额。

(2) 核定应税所得率征收

核定应税所得率征收是税务机关按照一定的标准、程序和方法，预先核定纳税人的应税所得率，由纳税人根据纳税年度内的收入总额或成本费用等项目的实际发生额，按预先核定的应税所得率计算缴纳企业所得税的办法。

应税所得额计算公式如下：

$$应税所得额 = 应税收入额 \times 应税所得率$$

或

$$应税所得额 = \frac{成本费用支出额}{1 - 应税所得率} \times 应税所得率$$

$$应税收入额 = 收入总额 - 不征税收入 - 免税收入$$

$$应纳所得税税额 = 应税所得额 \times 适用税率$$

应税所得率统一执行标准见表5-1。

表 5-1　　　　　　　　　　应税所得率

行　业	应税所得率/%
农、林、牧、渔业	3～10
制造业	5～15
批发和零售贸易业	4～15
交通运输业	7～15
建筑业	8～20
饮食业	8～25
娱乐业	15～30
其他行业	10～30

企业经营多业时，不论其经营项目是否单独核算，均由主管税务机关根据其主营项目，核定其适用某一行业的应税所得率。

【例5-9】

某零售企业2018年自行申报收入总额1 250万元，成本费用1 258万元，经营亏损8万元。经主管税务机关审核，发现其发生的成本费用真实，实现的收入无法确认，依据规定对其进行核定征收。假定应税所得率为9%，则该零售企业2018年应缴纳的企业所得税税额计算如下：

$$应税所得额 = 1\,258 \div (1 - 9\%) \times 9\% = 124.42(万元)$$

$$应纳所得税税额 = 124.42 \times 25\% = 31.10(万元)$$

任务 5.2 企业所得税纳税申报

5.2.1 企业所得税的征收管理

1. 征收方式的确定

企业在每年第一季度应填列企业所得税征收方式鉴定表(见表5-2)一式三份,报主管税务机关审核。①~⑤项均合格的,实行纳税人自行申报、税务机关查账方式征收;若①、④、⑤项中有一项不合格或②、③项均不合格,实行定额征收;若②、③项中有一项合格、一项不合格的,实行核定应税所得率办法征收。征收方式确定后,在一个纳税年度内一般不得变更。

表 5-2　　　　　　　　　企业所得税征收方式鉴定表

纳税人识别号				
纳税人名称				
纳税人地址				
经济类型		所属行业		开业日期	
开户银行		账　号			
邮政编码		联系电话			
上年收入总额			上年成本费用额		
上年应纳税所得额			上年所得税税额		
行次	项　目	纳税人自报情况	主管税务机关审核情况	
①	账簿设置情况			
②	收入总额核算情况			
③	成本费用核算情况			
④	账簿凭证保存情况			
⑤	纳税义务履行情况			
征收方式:				
纳税人意见:				
纳税人签章:　(公章)			年　月　日	
税务机关审批意见:				
经办人签字: 　　年　月　日	科室负责人签字: (公章)　年　月　日		主管局长签字: (公章)　年　月　日	

2. 纳税期限

企业所得税实行按年计算,按月或季预缴,年终汇算清缴,多退少补的征收办法。纳税年度一般为公历年度,即公历1月1日—12月31日为一个纳税年度;纳税人在一个纳税年度的中间开业,或由于合并、终止经营活动等原因使该纳税年度的实际经营期不足12个月的,以其实际经营期为一个纳税年度;纳税人破产清算时,以清算期为一个纳税年度。

纳税人应当在月份或季度终了后15日内,向其所在地主管税务机关报送预缴所得税申报表,预缴税款。企业应当自年度终了之日起5个月内,无论赢利或亏损,均应向税务机关报送年度企业所得税纳税申报表、财务会计报告和其他有关资料并汇算清缴,结清应缴应退税款。少预缴的所得税税额,应在下一年度内补缴;多预缴的所得税税额,应在下一年度内抵缴;抵缴后仍有结余,或下一年度发生亏损的,应及时办理退库。

企业在年度中间终止经营活动的,应当自实际经营终止之日起60日内,向税务机关办理当期企业所得税汇算清缴。

扣缴义务人每次代扣的税款,应当自代扣之日起7日内缴入国库,并向所在地的税务机关报送扣缴企业所得税报告表。

纳税人预缴所得税时,应按纳税期限的实际数预缴。按实际数预缴有困难的,可按上一年度应纳税所得额的1/12或1/4预缴,或经当地税务机关认可的其他方法预缴所得税。预缴方法一经确定,不得随意改变。

企业进行清算时,应当在办理注销工商登记之前,办理所得税申报。企业若在年度中间合并、分立、终止时,应当在停止生产经营之日起60日内,向当地税务机关办理当期所得税汇算清缴。

3. 纳税地点

企业所得税由纳税人向其所在地主管税务机关缴纳。居民企业以企业登记注册地为纳税地点;但登记注册地在境外的,以实际管理机构所在地为纳税地点;居民企业在中国境内设立不具有法人资格的营业机构的,应当汇总计算并缴纳企业所得税。

非居民企业在中国境内设立机构、场所的取得的所得以及发生在中国境外但与其所设机构、场所有实际联系的所得,应当以机构、场所所在地为纳税地点;非居民企业在中国境内未设立机构、场所,或者虽设立机构、场所,但取得的所得与其所设机构、场所没有实际联系,以扣缴义务人所在地为纳税地点;非居民企业在中国境内设立两个或者两个以上机构、场所的,经税务机关审核批准,可以选择由其主要机构、场所汇总缴纳企业所得税。

除国务院另有规定外,企业之间不得合并缴纳企业所得税。

5.2.2 企业所得税的纳税申报

1. 企业所得税月(季)度预缴纳税申报表

查账征收企业所得税的居民纳税人及在中国境内设立机构的非居民纳税人在月(季)度预缴企业所得税时应填制企业所得税月(季)度预缴纳税申报表(A类)(见表5-3);实行核定征收管理办法(包括核定应税所得率和核定税额征收方式)缴纳企业所得税的纳税人在月(季)度申报缴纳企业所得税时应填制企业所得税月(季)度预缴纳税申报表(B类)(见表5-4)。

表 5-3　　中华人民共和国企业所得税月(季)度预缴纳税申报表(A 类)

税款所属期间：　　年　月　日至　　年　月　日

纳税人识别号(统一社会信用代码)：□□□□□□□□□□□□□□□□□□

纳税人名称：　　　　　　　　　　　　　　　　　　金额单位：人民币元(列至角分)

预缴方式	□ 按照实际利润额预缴	□ 按照上一纳税年度应纳税所得额平均额预缴	□ 按照税务机关确定的其他方法预缴
企业类型	□ 一般企业	□ 跨地区经营汇总纳税企业总机构	□ 跨地区经营汇总纳税企业分支机构

预缴税款计算

行次	项目	本年累计金额
1	营业收入	
2	营业成本	
3	利润总额	
4	加：特定业务计算的应纳税所得额	
5	减：不征税收入	
6	减：免税收入、减计收入、所得减免等优惠金额(填写 A201010)	
7	减：固定资产加速折旧(扣除)调减额(填写 A201020)	
8	减：弥补以前年度亏损	
9	实际利润额(3+4-5-6-7-8)\按照上一纳税年度应纳税所得额平均额确定的应纳税所得额	
10	税率(25%)	
11	应纳所得税额(9×10)	
12	减：减免所得税额(填写 A201030)	
13	减：实际已缴纳所得税额	
14	减：特定业务预缴(征)所得税额	
15	本期应补(退)所得税额(11-12-13-14)\税务机关确定的本期应纳所得税额	

汇总纳税企业总分机构税款计算

16		总机构本期分摊应补(退)所得税额(17+18+19)	
17	总机构填报	其中：总机构分摊应补(退)所得税额(15×总机构分摊比例__%)	
18		财政集中分配应补(退)所得税额(15×财政集中分配比例__%)	
19		总机构具有主体生产经营职能的部门分摊所得税额(15×全部分支机构分摊比例__%×总机构具有主体生产经营职能部门分摊比例__%)	
20	分支机构填报	分支机构本期分摊比例	
21		分支机构本期分摊应补(退)所得税额	

附报信息

高新技术企业	□ 是　□ 否	科技型中小企业	□ 是　□ 否
技术入股递延纳税事项	□ 是　□ 否		

按季度填报信息

季初从业人数		季末从业人数	
季初资产总额(万元)		季末资产总额(万元)	
国家限制或禁止行业	□ 是　□ 否	小型微利企业	□ 是　□ 否

谨声明：本纳税申报表是根据国家税收法律法规及相关规定填报的，是真实的、可靠的、完整的。

纳税人(签章)：　　　　　年　月　日

经办人：	受理人：
经办人身份证号：	受理税务机关(章)：
代理机构签章：	受理日期：　年　月　日
代理机构统一社会信用代码：	

国家税务总局监制

表 5-4　　中华人民共和国企业所得税月（季）度预缴纳税申报表（B 类）

税款所属期间：　　年　月　日至　　年　月　日

纳税人识别号（统一社会信用代码）：□□□□□□□□□□□□□□□□□□

纳税人名称：　　　　　　　　　　　　　　　　　金额单位：人民币元（列至角分）

核定征收方式	□核定应税所得率（能核算收入总额的）　□核定应税所得率（能核算成本费用总额的） □核定应纳所得税额	
行次	项目	本年累计金额
1	收入总额	
2	减：不征税收入	
3	减：免税收入（4＋5＋8＋9）	
4	国债利息收入免征企业所得税	
5	符合条件的居民企业之间的股息、红利等权益性投资收益免征企业所得税	
6	其中：通过沪港通投资且连续持有 H 股满 12 个月取得的股息红利所得免征企业所得税	
7	通过深港通投资且连续持有 H 股满 12 个月取得的股息红利所得免征企业所得税	
8	投资者从证券投资基金分配中取得的收入免征企业所得税	
9	取得的地方政府债券利息收入免征企业所得税	
10	应税收入额（1－2－3）\成本费用总额	
11	税务机关核定的应税所得率（％）	
12	应纳税所得额（第 10×11 行）\[第 10 行÷(1－第 11 行)×第 11 行]	
13	税率（25％）	
14	应纳所得税额（12×13）	
15	减：符合条件的小型微利企业减免企业所得税	
16	减：实际已缴纳所得税额	
17	本期应补（退）所得税额（14－15－16）\税务机关核定本期应纳所得税额	
按季度填报信息		
季初从业人数		季末从业人数	
季初资产总额（万元）		季末资产总额（万元）	
国家限制或禁止行业	□是　□否	小型微利企业	□是　□否
按年度填报信息		
小型微利企业	□是　□否		
谨声明：本纳税申报表是根据国家税收法律法规及相关规定填报的，是真实的、可靠的、完整的。 　　　　　　　　　　　　　　　　　　纳税人（签章）：　　　年　月　日		
经办人： 经办人身份证号： 代理机构签章： 代理机构统一社会信用代码：	受理人： 受理税务机关（章）： 受理日期：　年　月　日	

国家税务总局监制

2. 企业所得税年度纳税申报表

查账征收企业所得税的纳税人在年度汇算清缴时，无论盈利或亏损，都必须在规定的期限内进行纳税申报，填写企业基础信息表、企业所得税年度纳税申报表主表及其有关附表。

2017 年 12 月修订后施行的企业所得税年度纳税申报表共有 37 张，除了 1 张基础信息表和 1 张主表外，还有附表 35 张，即 6 张收入费用明细表、13 张纳税调整表、1 张亏损弥补表、9 张税收优惠表、4 张境外所得抵免表、2 张汇总纳税表。其中，作为主表的附表 15 张，作为附表的附表 20 张。项目 5 导入案例主要涉及以下主表和附表。

(1) 企业所得税年度纳税申报表

年度纳税申报表的格式和内容如表 5-5 所示。

表 5-5　　A100000　　中华人民共和国企业所得税年度纳税申报表（A 类）

类别	行次	项目	金额
利润总额计算	1	一、营业收入（填写 A101010/101020/103000）	25 000 000
	2	减：营业成本（填写 A102010/102020/103000）	11 000 000
	3	税金及附加	400 000
	4	销售费用（填写 A104000）	6 700 000
	5	管理费用（填写 A104000）	4 800 000
	6	财务费用（填写 A104000）	600 000
	7	资产减值损失	
	8	加：公允价值变动收益	
	9	投资收益	860 000
	10	二、营业利润（1－2－3－4－5－6－7＋8＋9）	2 360 000
	11	加：营业外收入（填写 A101010/101020/103000）	700 000
	12	减：营业外支出（填写 A102010/102020/103000）	500 000
	13	三、利润总额（10＋11－12）	2 560 000
应纳税所得额计算	14	减：境外所得（填写 A108010）	520 000
	15	加：纳税调整增加额（填写 A105000）	945 200
	16	减：纳税调整减少额（填写 A105000）	
	17	减：免税、减计收入及加计扣除（填写 A107010）	640 000
	18	加：境外应税所得抵减境内亏损（填写 A108000）	
	19	四、纳税调整后所得（13－14＋15－16－17＋18）	2 345 200
	20	减：所得减免（填写 A107020）	
	21	减：抵扣应纳税所得额（填写 A107030）	
	22	减：弥补以前年度亏损（填写 A106000）	
	23	五、应纳税所得额（19－20－21－22）	2 345 200
应纳税额计算	24	税率（25%）	25%
	25	六、应纳所得税额（23×24）	586 300
	26	减：减免所得税额（填写 A107040）	
	27	减：抵免所得税额（填写 A107050）	
	28	七、应纳税额（25－26－27）	586 300
	29	加：境外所得应纳所得税额（填写 A108000）	175 000
	30	减：境外所得抵免所得税额（填写 A108000）	175 000
	31	八、实际应纳所得税额（28＋29－30）	586 300
	32	减：本年累计实际已预缴的所得税额	500 000
	33	九、本年应补（退）所得税额（31－32）	86 300
	34	其中：总机构分摊本年应补（退）所得税额（填写 A109000）	
	35	财政集中分配本年应补（退）所得税额（填写 A109000）	
	36	总机构主体生产经营部门分摊本年应补（退）所得税额（填写 A109000）	

(2) 企业所得税纳税申报表附表

项目 5 导入案例主要涉及以下附表（见表 5-6～表 5-17）。

表 5-6　　　　　　A101010　　一般企业收入明细表

行次	项目	金额
1	一、营业收入(2+9)	25 000 000
2	（一）主营业务收入(3+5+6+7+8)	25 000 000
3	1. 销售商品收入	25 000 000
4	其中：非货币性资产交换收入	
5	2. 提供劳务收入	
6	3. 建造合同收入	
7	4. 让渡资产使用权收入	
8	5. 其他	
9	（二）其他业务收入(10+12+13+14+15)	
10	1. 销售材料收入	
11	其中：非货币性资产交换收入	
12	2. 出租固定资产收入	
13	3. 出租无形资产收入	
14	4. 出租包装物和商品收入	
15	5. 其他	
16	二、营业外收入(17+18+19+20+21+22+23+24+25+26)	700 000
17	（一）非流动资产处置利得	700 000
18	（二）非货币性资产交换利得	
19	（三）债务重组利得	
20	（四）政府补助利得	
21	（五）盘盈利得	
22	（六）捐赠利得	
23	（七）罚没利得	
24	（八）确实无法偿付的应付款项	
25	（九）汇兑收益	
26	（十）其他	

表 5-7　　　　　　A102010　　一般企业成本支出明细表

行次	项目	金额
1	一、营业成本(2+9)	11 000 000
2	（一）主营业务成本(3+5+6+7+8)	11 000 000
3	1. 销售商品成本	11 000 000
4	其中：非货币性资产交换成本	
5	2. 提供劳务成本	
6	3. 建造合同成本	
7	4. 让渡资产使用权成本	
8	5. 其他	
9	（二）其他业务成本(10+12+13+14+15)	
10	1. 材料销售成本	
11	其中：非货币性资产交换成本	
12	2. 出租固定资产成本	
13	3. 出租无形资产成本	

续表

行次	项　　目	金　额
14	4. 包装物出租成本	
15	5. 其他	
16	二、营业外支出(17＋18＋19＋20＋21＋22＋23＋24＋25＋26)	500 000
17	(一)非流动资产处置损失	77 600
18	(二)非货币性资产交换损失	
19	(三)债务重组损失	
20	(四)非常损失	
21	(五)捐赠支出	362 400
22	(六)赞助支出	
23	(七)罚没支出	60 000
24	(八)坏账损失	
25	(九)无法收回的债券股权投资损失	
26	(十)其他	

表 5-8　　　　　　　　　　A104000　　期间费用明细表

行次	项　　目	销售费用	其中：境外支付	管理费用	其中：境外支付	财务费用	其中：境外支付
		1	2	3	4	5	6
1	一、职工薪酬		＊		＊	＊	＊
2	二、劳务费					＊	＊
3	三、咨询顾问费						
4	四、业务招待费		＊		＊	＊	＊
5	五、广告费和业务宣传费		＊		＊	＊	＊
6	六、佣金和手续费						
7	七、资产折旧摊销费		＊		＊	＊	＊
8	八、财产损耗、盘亏及毁损损失		＊		＊	＊	＊
9	九、办公费		＊		＊	＊	＊
10	十、董事会费		＊		＊	＊	＊
11	十一、租赁费					＊	＊
12	十二、诉讼费					＊	＊
13	十三、差旅费					＊	＊
14	十四、保险费					＊	＊
15	十五、运输、仓储费					＊	＊
16	十六、修理费						
17	十七、包装费		＊				
18	十八、技术转让费						
19	十九、研究费用					＊	＊
20	二十、各项税费			＊			
21	二十一、利息收支	＊	＊	＊	＊		
22	二十二、汇兑差额	＊	＊	＊	＊		
23	二十三、现金折扣	＊	＊	＊	＊		
24	二十四、党组织工作经费						
25	二十五、其他						
26	合计(1＋2＋3＋…＋25)	6 700 000		4 800 000		600 000	

注：表中期间费用明细项目的具体数值略。

表 5-9　　　A105000　　　纳税调整项目明细表

行次	项　目	账载金额 1	税收金额 2	调增金额 3	调减金额 4
1	一、收入类调整项目(2+3+4+5+6+7+8+10+11)	*	*		
2	（一）视同销售收入（填写 A105010）	*			*
3	（二）未按权责发生制原则确认的收入（填写 A105020）				
4	（三）投资收益（填写 A105030）				
5	（四）按权益法核算长期股权投资对初始投资成本调整确认收益	*	*		
6	（五）交易性金融资产初始投资调整	*	*		*
7	（六）公允价值变动净损益		*		
8	（七）不征税收入		*		
9	其中：专项用途财政性资金（填写 A105040）	*	*		
10	（八）销售折扣、折让和退回				
11	（九）其他				
12	二、扣除类调整项目(13+14+15+16+17+18+19+20+21+22+23+24+26+27+28+29+30)	*	*	945 200	
13	（一）视同销售成本（填写 A105010）	*		*	
14	（二）职工薪酬（填写 A105050）	1 820 000	1 800 000	20 000	
15	（三）业务招待费支出	150 000	90 000	60 000	*
16	（四）广告费和业务宣传费支出（填写 A105060）	*		750 000	
17	（五）捐赠支出（填写 A105070）	362 400	307 200	55 200	*
18	（六）利息支出				
19	（七）罚金、罚款和被没收财物的损失		*		*
20	（八）税收滞纳金、加收利息	60 000	*	60 000	*
21	（九）赞助支出				
22	（十）与未实现融资收益相关在当期确认的财务费用				
23	（十一）佣金和手续费支出				*
24	（十二）不征税收入用于支出所形成的费用	*			
25	其中：专项用途财政性资金用于支出所形成的费用（填写 A105040）	*			
26	（十三）跨期扣除项目				
27	（十四）与取得收入无关的支出		*		*
28	（十五）境外所得分摊的共同支出	*		*	
29	（十六）党组织工作经费				
30	（十七）其他				
31	三、资产类调整项目(32+33+34+35)	*	*		
32	（一）资产折旧、摊销（填写 A105080）				
33	（二）资产减值准备金		*		
34	（三）资产损失（填写 A105090）				
35	（四）其他				
36	四、特殊事项调整项目(37+38+…+43)	*	*		
37	（一）企业重组及递延纳税事项（填写 A105100）				
38	（二）政策性搬迁（填写 A105110）	*	*		
39	（三）特殊行业准备金（填写 A105120）				
40	（四）房地产开发企业特定业务计算的纳税调整额（填写 A105010）	*			
41	（五）合伙企业法人合伙方应分得的应纳税所得额				
42	（六）发行永续债利息支出				
43	（七）其他	*	*		
44	五、特别纳税调整应税所得	*			
45	六、其他	*			
46	合计(1+12+31+36+44+45)	*	*	945 200	

表 5-10　　　　　A105050　　职工薪酬支出及纳税调整明细表

行次	项目	账载金额	实际发生额	税收规定扣除率	以前年度累计结转扣除额	税收金额	纳税调整金额	累计结转以后年度扣除额
		1	2	3	4	5	6(1-5)	7(1+4-4)
1	一、工资薪金支出	1 500 000	1 500 000		*	1 500 000	0	*
2	其中：股权激励				*			*
3	二、职工福利费支出	230 000	230 000	14%	*	210 000	20 000	*
4	三、职工教育经费支出	60 000	60 000			60 000	0	0
5	其中：按税收规定比例扣除的职工教育经费	60 000	60 000	8%		60 000		
6	按税收规定全额扣除的职工培训费用							
7	四、工会经费支出	30 000	30 000	2%	*	30 000	0	*
8	五、各类基本社会保障性缴款				*			*
9	六、住房公积金			*	*			*
10	七、补充养老保险			*	*			*
11	八、补充医疗保险			*	*			*
12	九、其他				*			
13	合计(1+3+4+7+8+9+10+11+12)	1 820 000	1 820 000	*		1 800 000	20 000	

表 5-11　　　　　A105060　　广告费和业务宣传费等跨年度纳税调整明细表

行次	项目	广告费和业务宣传费	保险企业手续费及佣金支出
		1	2
1	一、本年支出	4 500 000	
2	减：不允许扣除的支出		
3	二、本年符合条件的支出(1-2)	4 500 000	
4	三、本年计算扣除限额的基数	25 000 000	
5	乘：税收规定扣除率	15%	
6	四、本企业计算的扣除限额(4×5)	3 750 000	
7	五、本年结转以后年度扣除额(3>6,本行=3-6；3≤6,本行=0)	750 000	
8	加：以前年度累计结转扣除额		
9	减：本年扣除的以前年度结转额[3>6,本行=0；3≤6,本行=8或(6-3)孰小值]		
10	六、按照分摊协议归集至其他关联方的金额(10≤3或6孰小值)		
11	按照分摊协议从其他关联方归集至本企业的金额		
12	七、本年支出纳税调整金额(3>6,本行=2+3-6+10-11；3≤6,本行=2+10-11-9)	750 000	
13	八、累计结转以后年度扣除额(7+8-9)	750 000	

表 5-12　　　　　A105070　　捐赠支出纳税调整明细表

行次	项目	账载金额	以前年度结转可扣除的捐赠额	按税收规定计算的扣除限额	税收金额	纳税调增金额	纳税调减金额	可结转以后年度扣除的捐赠额
		1	2	3	4	5	6	7
1	一、非公益性捐赠		*	*	*		*	*
2	二、全额扣除的公益性捐赠		*	*		*	*	*
3	其中：扶贫捐赠							
4	三、限额扣除的公益性捐赠(5+6+7+8)	362 400		307 200	307 200	55 200		

续表

行次	项目	账载金额	以前年度结转可扣除的捐赠额	按税收规定计算的扣除限额	税收金额	纳税调增金额	纳税调减金额	可结转以后年度扣除的捐赠额
		1	2	3	4	5	6	7
5	前三年度（　　年）	*						
6	前二年度（　　年）	*						
7	前一年度（　　年）	*						
8	本　　年（2018年）	362 400	*	307 200	307 200	55 200	*	
9	合计（1+2+3）	362 400		307 200	307 200	55 200		
附列资料	2015年度至本年发生的公益性扶贫捐赠合计金额							

表5-13　A107010　免税、减计收入及加计扣除优惠明细表

行次	项目	金额
1	一、免税收入（2+3+6+7+…+16）	340 000
2	（一）国债利息收入免征企业所得税	
3	（二）符合条件的居民企业之间的股息、红利等权益性投资收益免征企业所得税（4+5+6+7+8）	340 000
4	1. 一般股息红利等权益性投资收益免征企业所得税（填写A107011）	
5	2. 内地居民企业通过沪港通投资且连续持有H股满12个月取得的股息红利所得免征企业所得税（填写A107011）	
6	3. 内地居民企业通过深港通投资且连续持有H股满12个月取得的股息红利所得免征企业所得税（填写A107011）	
7	4. 居民企业持有创新企业CDR取得的股息红利所得免征企业所得税（填写A107011）	
8	5. 符合条件的永续债利息收入免征企业所得税（填写A107011）	
9	（三）符合条件的非营利组织的收入免征企业所得税	
10	（四）中国清洁发展机制基金取得的收入免征企业所得税	
11	（五）投资者从证券投资基金分配中取得的收入免征企业所得税	
12	（六）取得的地方政府债券利息收入免征企业所得税	
13	（七）中国保险保障基金有限责任公司取得的保险保障基金等收入免征企业所得税	
14	（八）中国奥委会取得北京冬奥组委支付的收入免征企业所得税	
15	（九）中国残奥委会取得北京冬奥组委分期支付的收入免征企业所得税	
16	（十）其他	
17	二、减计收入（18+19+23+24）	
18	（一）综合利用资源生产产品取得的收入在计算应纳税所得额时减计收入	
19	（二）金融、保险等机构取得的涉农利息、保费减计收入（20+21+22）	
20	1. 金融机构取得的涉农贷款利息收入在计算应纳税所得额时减计收入	
21	2. 保险机构取得的涉农保费收入在计算应纳税所得额时减计收入	
22	3. 小额贷款公司取得的农户小额贷款利息收入在计算应纳税所得额时减计收入	
23	（三）取得铁路债券利息收入减半征收企业所得税	
24	（四）其他	
24.1	1. 取得的社区家庭服务收入在计算应纳税所得额时减计收入	
24.2	2. 其他	
25	三、加计扣除（26+27+28+29+30）	300 000
26	（一）开发新技术、新产品、新工艺发生的研究开发费用加计扣除（填写A107012）	300 000
27	（二）科技型中小企业开发新技术、新产品、新工艺发生的研究开发费用加计扣除（填写A107012）	
28	（三）企业为获得创新性、创意性、突破性的产品进行创意设计活动而发生的相关费用加计扣除	
29	（四）安置残疾人员所支付的工资加计扣除	
30	（五）其他	
31	合计（1+17+25）	640 000

表 5-14　符合条件的居民企业之间的股息、红利等权益性投资收益优惠明细表

A107011

行次	被投资企业	被投资企业统一社会信用代码(纳税人识别号)	投资性质	投资成本	投资比例	被投资企业做出利润分配或转股决定时间	依决定归属于本公司的股息、红利等权益性投资收益金额	被投资企业清算确认金额			撤回或减少投资确认金额					合计
								分得的被投资企业清算剩余资产	被投资企业累计未分配利润和累计盈余公积应享有部分	应确认的股息所得	从被投资企业撤回或减少投资取得的资产	减少投资比例	收回初始投资成本	取得资产中超过收回初始投资成本部分	撤回或减少投资应享有被投资企业累计未分配利润和累计盈余公积	应确认的股息所得	
	1	2	3	4	5	6	7	8	9	10(8与9孰小)	11	12	13(4×12)	14(11−13)	15	16(14与15孰小)	17(7+10+16)
1																	
2																	
3																	
4																	
5																	
6																	
7																	
8	合计																340 000
9	其中：直接投资或非H股股票投资																
10	股票投资─沪港通H股																
11	股票投资─深港通H股																
12	创新企业CDR																
13	永续债																

(注：被投资企业的具体资料略)

表 5-15　　A107012　　研发费用加计扣除优惠明细表

	基本信息	
1	□一般企业　□科技型中小企业	科技型中小企业登记编号
2	本年可享受研发费用加计扣除项目数量	
	研发活动费用明细	
3	一、自主研发、合作研发、集中研发(4+8+17+20+24+35)	400 000
4	（一）人员人工费用(5+6+7)	
5	1. 直接从事研发活动人员工资薪金	
6	2. 直接从事研发活动人员五险一金	
7	3. 外聘研发人员的劳务费用	
8	（二）直接投入费用(9+10+…+16)	
9	1. 研发活动直接消耗材料	
10	2. 研发活动直接消耗燃料	
11	3. 研发活动直接消耗动力费用	
12	4. 用于中间试验和产品试制的模具、工艺装备开发及制造费	
13	5. 用于不构成固定资产的样品、样机及一般测试手段购置费	
14	6. 用于试制产品的检验费	
15	7. 用于研发活动的仪器、设备的运行维护、调整、检验、维修等费用	
16	8. 通过经营租赁方式租入的用于研发活动的仪器、设备租赁费	
17	（三）折旧费用(18+19)	
18	1. 用于研发活动的仪器的折旧费	
19	2. 用于研发活动的设备的折旧费	
20	（四）无形资产摊销(21+22+23)	
21	1. 用于研发活动的软件的摊销费用	
22	2. 用于研发活动的专利权的摊销费用	
23	3. 用于研发活动的非专利技术(包括许可证、专有技术、设计和计算方法等)的摊销费用	
24	（五）新产品设计费等(25+26+27+28)	
25	1. 新产品设计费	
26	2. 新工艺规程制定费	
27	3. 新药研制的临床试验费	
28	4. 勘探开发技术的现场试验费	
29	（六）其他相关费用(30+31+32+33+34)	
30	1. 技术图书资料费、资料翻译费、专家咨询费、高新科技研发保险费	
31	2. 研发成果的检索、分析、评议、论证、鉴定、评审、评估、验收费用	
32	3. 知识产权的申请费、注册费、代理费	
33	4. 职工福利费、补充养老保险费、补充医疗保险费	
34	5. 差旅费、会议费	
35	（七）经限额调整后的其他相关费用	
36	二、委托研发[(37−38)×80%]	
37	委托外部机构或个人进行研发活动所发生的费用	
38	其中：委托境外进行研发活动所发生的费用	
39	三、年度研发费用小计(3+36)	400 000
40	（一）本年费用化金额	400 000
41	（二）本年资本化金额	
42	四、本年形成无形资产摊销额	
43	五、以前年度形成无形资产本年摊销额	
44	六、允许扣除的研发费用合计(40+42+43)	400 000
45	减：特殊收入部分	
46	七、允许扣除的研发费用抵减特殊收入后的金额(44−45)	400 000
47	减：当年销售研发活动直接形成产品(包括组成部分)对应的材料部分	
48	减：以前年度销售研发活动直接形成产品(包括组成部分)对应材料部分结转金额	
49	八、加计扣除比例	75%
50	九、本年研发费用加计扣除总额(46−47−48)×49	300 000
51	十、销售研发活动直接形成产品(包括组成部分)对应材料部分结转以后年度扣减金额(当46−47−48≥0,本行=0；当46−47−48<0,本行=46−47−48的绝对值)	

注：研发项目具体支出明细费用数值略。

表 5-16　　A108000　境外所得税收抵免明细表

行次	国家（地区）	境外税前所得	境外所得纳税调整后所得	弥补境外以前年度亏损	境外应纳税所得额	抵减境内亏损	抵减境内亏损后的境外应纳税所得额	税率	境外应纳所得税额	境外所得可抵免税额	境外所得抵免限额	本年可抵免境外所得税额	未超过境外所得税抵免限额的余额	本年可抵免以前年度未抵免境外所得税额	按简易办法计算			境外所得抵免所得税额合计
															按低于12.5%的实际税率计算的抵免额	按12.5%计算的抵免额	按25%计算的抵免额	小计	
		1	2	3	4	5(3-4)	6	7(5-6)	8	9(7×8)	10	11	12	13(11-12)	14	15	16	17	18(15+16+17)	19(12+14+18)
1	A	400 000	400 000			400 000		400 000	25%	100 000	120 000	100 000	115 000	0						115 000
2	B	300 000	300 000			300 000		300 000	25%	75 000	60 000	75 000	60 000	15 000						60 000
3																				
4																				
5																				
6																				
7																				
8																				
9																				
10	合计	700 000	700 000			700 000		700 000		175 000	180 000	175 000	175 000	15 000						175 000

表 5-17　　A108010　境外所得纳税调整后所得明细表

行次	国家(地区)	境外税后所得							小计	境外所得可抵免的所得税额			小计	境外税前所得	境外分支机构与我收入支出纳税调整额	境外分支机构调整分摊扣除的有关成本费用	境外所得对应调整的相关成本费用支出	境外所得纳税调整后所得
		分支机构营业利润所得	股息、红利等权益性投资所得	利息所得	租金所得	特许权使用费所得	财产转让所得	其他所得		直接缴纳的所得税额	间接负担的所得税额	享受税收饶让抵免税额						
		1																
		2	3	4	5	6	7	8	9(2+3+4+5+6+7+8)	10	11	12	13(10+11+12)	14(9+10+11)	15	16	17	18(14+15−16−17)
1	A	280 000							280 000	120 000			120 000	400 000				400 000
2	B	240 000							240 000	60 000			60 000	300 000				300 000
3																		
4																		
5																		
6																		
7																		
8																		
9																		
10	合计	520 000							520 000	180 000			180 000	700 000				700 000

3. 开具税收缴款书缴纳税款

纳税人在向税务机关报送企业所得税月（季）度预缴纳税申报表或年度纳税申报表后，应在规定期限内向税务机关指定为代理金库的银行缴纳税款，缴纳税款时，应开具税收缴款书。税收缴款书共六联，纳税人缴纳税款后，以经国库经收处收款签章后的"收据联"作为完税凭证，证明纳税义务完成，并据此作为会计核算的依据。

【项目导入案例解析之二：企业所得税纳税申报】

资料：项目 5 导入案例。

要求：填报甲公司 2018 年度纳税申报表及其附表。

填报情况见表 5-5～表 5-17。

任务 5.3　企业所得税会计核算

5.3.1　企业所得税的记账依据

企业所得税的记账依据有两种：一是企业所得税月（季）度预缴纳税申报表、企业所得税年度纳税申报表；二是税收缴款书。以纳税申报表为应税凭证，作为计提应纳所得税的记账依据，以税收缴款书为完税凭证，作为税款缴纳的记账依据。

5.3.2　会计科目的设置

企业在选择资产负债表债务法时，应设置"递延所得税负债""递延所得税资产""所得税费用""应交税费——应交所得税"等科目。

（1）"递延所得税负债"是负债类科目。核算企业确认的应纳税暂时性差异产生的所得税负债。贷方反映企业确认的各类递延所得税负债，以及递延所得税负债的应有余额大于其账面余额的差额。与直接计入所有者权益的交易或事项相关的递延所得税负债以及企业合并中取得资产、负债的入账价值与其计税基础不同形成应纳税暂时性差异也贷记本科目；借方反映资产负债表日递延所得税负债的应有余额小于其账面余额的差额。期末贷方余额反映企业已确认的递延所得税负债。

（2）"递延所得税资产"是资产类科目。核算企业由于可抵扣暂时性差异确认的递延所得税资产及按规定可用以后年度税前利润弥补的亏损及税款抵减产生的所得税资产。借方反映期末确认的各类递延所得税资产，以及递延所得税资产应有余额大于其账面余额的差额。贷方反映企业期末递延所得税资产应有余额小于其账面余额的差额。资产负债表日，预计未来期间很可能无法获得足够的应纳税所得额用以抵扣可抵扣暂时性差异的，按原已确认的递延所得税资产中应减记的金额也贷记本科目。本科目期末借方余额反映企业确认的递延所得税资产。

（3）"所得税费用"是损益类科目。核算企业确认的应从当期利润总额中扣除的所得税费用,按"当期所得税费用""递延所得税费用"进行明细核算。借方反映资产负债表日,企业按照税法规定计算确定的当期应交所得税(当期所得税费用)和递延所得税资产的应有余额小于"递延所得税资产"科目余额的差额(递延所得税费用)。贷方反映资产负债表日,递延所得税资产的应有余额大于"递延所得税资产"科目余额的差额(递延所得税费用)。企业应予确认的递延所得税负债,也比照上述原则调整本科目。期末,应将本科目的余额转入"本年利润",结转后无余额。

知识链接5-3 | 暂时性差异

暂时性差异是指资产或负债的账面价值与其计税基础之间的差额。账面价值是指按照企业会计准则规定确定的有关资产、负债在企业的资产负债表中应列示的金额;计税基础分为资产的计税基础和负债的计税基础。

1. 资产的计税基础

资产的计税基础是指企业收回资产账面价值的过程中,计算应纳税所得额时按照税法规定可以自应税经济利益中抵扣的金额,即资产的计税基础是假定企业按照税法规定进行核算所提供的资产负债表中资产的应有金额,本质上就是税收口径的资产价值标准。

通常情况下,资产在取得时其入账价值与计税基础是相同的,后续计量过程中因企业会计准则规定与税法规定不同,可能造成计税基础与其账面价值不同,常见的主要有:固定资产折旧方法、折旧年限不同产生的差异和计提固定资产减值准备产生的差异;无形资产摊销以及减值准备的提取和研究开发费用产生的差异;金融资产以公允价值计量且其变动计入当期损益产生的差异;投资性房地产产生的差异和计提了资产减值准备的各项资产。

2. 负债的计税基础

负债的计税基础是指负债的账面价值减去未来期间计算应纳税所得额时按照税法规定可予抵扣的金额。与账面价值的关系式如下:

负债的计税基础=负债的账面价值−将来负债在兑付时允许扣税的金额

一般情况下,负债的确认与偿还不会影响企业的损益,也不会影响其应纳税所得额,未来期间计算应纳税所得额时按照税法规定可予抵扣的金额为零,计税基础即为账面价值。但是,在企业因销售商品提供售后服务而确认预计负债和预收账款等情况下,负债的确认可能会影响企业的损益,进而影响不同期间的应纳税所得额,使得其计税基础与账面价值之间产生差额。

3. 应纳税暂时性差异

应纳税暂时性差异是指在确定未来收回资产或清偿负债期间的应纳税所得额时,将导致产生应税金额的暂时性差异。该暂时性差异在未来期间转回时,会增加转回期间的应纳税所得额。由于该暂时性差异的转回,会进一步增加转回期间的应纳税所得额和应交所得税税额。在该暂时性差异产生当期,应当确认相关的递延所得税负债。在资产的账面价值大于计税基础或负债的账面价值小于计税基础情况下会产生应纳税暂时性差异。

4. 可抵扣暂时性差异

可抵扣暂时性差异是指在确定未来收回资产或清偿负债期间的应纳税所得额时,将导致产生可抵扣金额的暂时性差异。该暂时性差异在未来期间转回时会减少转回期间的应纳税所得额,减少未来期间的应交所得税。在该暂时性差异产生当期,应当确认相关的递延所得税资产。在资产的账面价值小于计税基础或负债的账面价值大于计税基础情况下会产生可抵扣暂时性差异。

5.3.3 资产负债表债务法的会计处理

《企业会计准则》规定,企业应采用资产负债表债务法核算所得税。资产负债表债务法是指从资产负债表出发,通过比较资产负债表上列示的资产、负债按照企业会计准则规定确定的账面价值与按照税法规定的计税基础,对于两者之间的差额分别应纳税暂时性差异与可抵扣暂时性差异,确认相关的递延所得税负债和递延所得税资产,并在此基础上确定每一期间利润表中的所得税费用。

1. 递延所得税资产

(1) 递延所得税资产确认的有关规定

① 递延所得税资产的确认应以未来期间可能取得的应纳税所得额为限。资产、负债的账面价值与其计税基础不同产生可抵扣暂时性差异的,在估计未来期间能够取得足够的应纳税所得额用以利用该可抵扣暂时性差异时,应当以很可能取得用来抵扣可抵扣暂时性差异的应纳税所得额为限,确认相关的递延所得税资产;在可抵扣暂时性差异转回的未来期间内,若企业无法产生足够的应纳税所得额用以抵减可抵扣暂时性差异的影响时,使得与递延所得税资产相关的经济利益无法实现的,该部分递延所得税资产不应确认。

② 按照税法规定可以结转以后年度的未弥补亏损和税款抵减,应视同可抵扣暂时性差异处理。在预计可利用可弥补亏损或税款抵减的未来期间内能够取得足够的应纳税所得额时,应当以很可能取得的应纳税所得额为限,确认相应的递延所得税资产,同时减少确认当期的所得税费用。

③ 适用税率的确定。确认递延所得税资产时,应估计相关可抵扣暂时性差异的转回时间,采用转回期间适用的所得税税率为基础计算确定。无论相关的可抵扣暂时性差异转回期间如何,递延所得税资产均不予折现。

④ 资产负债表日,企业应当对递延所得税资产的账面价值进行复核。如果未来期间很可能无法取得足够的应纳税所得额用以利用递延所得税资产的利益,应当减记递延所得税资产的账面价值。递延所得税资产的账面价值减记以后,继后期间根据新的环境和情况判断能够产生足够的应纳税所得额利用可抵扣暂时性差异,使得递延所得税资产包含的经济利益能够实现的,应相应恢复递延所得税资产的账面价值。

(2) 递延所得税资产的计算

递延所得税资产的余额=该时点可抵扣暂时性差异×当时的所得税税率

当期递延所得税资产变动额＝(年末可抵扣暂时性差异－年初可抵扣暂时性差异)
　　　　　　　　　　　×所得税税率

如果所得税税率发生变化,则

当期递延所得税资产变动额＝年末可抵扣暂时性差异×新的所得税税率
　　　　　　　　　　　　－年初可抵扣暂时性差异×旧的所得税税率

2．递延所得税负债

(1) 递延所得税负债确认的有关规定

① 应纳税暂时性差异在转回期间将增加未来期间企业的应纳税所得额和应交所得税,导致企业经济利益的流出,从其发生当期看,构成企业应支付税金的义务,应作为递延所得税负债确认。除直接计入所有者权益的交易或事项以及企业合并外,在确认递延所得税负债的同时,应增加利润表中的所得税费用。

② 递延所得税负债应以相关应纳税暂时性差异转回期间适用的所得税税率计量。在我国,除享受优惠政策的情况以外,企业适用的所得税税率在不同年度之间一般不会发生变化,企业在确认递延所得税负债时,以现行适用税率为基础计算确定,递延所得税负债的确认不要求折现。

(2) 递延所得税负债的计算

递延所得税负债的余额＝该时点应纳税暂时性差异×当时的所得税税率

当期递延所得税负债变动额＝(年末应纳税暂时性差异－年初应纳税暂时性差异)
　　　　　　　　　　　×所得税税率

如果所得税税率发生变化,则

当期递延所得税负债变动额＝年末应纳税暂时性差异×新的所得税税率
　　　　　　　　　　　　－年初应纳税暂时性差异×旧的所得税税率

3．所得税费用

利润表中的所得税费用由当期所得税和递延所得税两部分组成,即

所得税费用＝当期所得税＋递延所得税

当期所得税是指企业按照税法规定计算确定的针对当期发生的交易和事项应缴纳给税务部门的所得税金额,即应交所得税。

递延所得税是指按照企业会计准则规定应予以确认的递延所得税资产和递延所得税负债在期末应有的金额相对于原已确认金额之间的差额,即递延所得税资产及递延所得税负债的当期发生额,但不包括直接计入所有者权益交易事项及企业合并的所得税影响。用公式表示如下:

递延所得税＝递延所得税费用－递延所得税收益

递延所得税费用＝当期递延所得税负债增加额＋当期递延所得税资产减少额

递延所得税收益＝当期递延所得税资产增加额＋当期递延所得税负债减少额

4．会计分录举例

采用资产负债表债务法核算所得税一般可按以下顺序进行。

第一步,计算当期应缴纳的所得税金额。

第二步,确定资产、负债的账面价值和计税基础。

第三步,比较资产、负债的账面价值和计税基础,确定应纳税暂时性差异和可抵扣暂时性差异。

第四步,根据暂时性差异情况确定本期递延所得税资产和递延所得税负债期末余额,并根据期初余额计算确定递延所得税资产和递延所得税负债的发生额。

【例 5-10】

东方股份有限公司 2018 年度利润表中利润总额为 1 200 万元,该公司适用的所得税税率为 25%,假定 2017 年年末资产负债表各项目的账面价值与其计税基础一致,2018 年发生的有关交易和事项中,会计处理与税收处理存在以下差异。

(1) 2018 年 1 月 2 日开始计提折旧的一项固定资产,成本为 600 万元,使用年限为 10 年,净残值为零,税法规定可采用双倍余额递减法计提折旧,会计处理按直线法计提折旧。假定税法规定的使用年限及净残值与会计规定相同。

(2) 向关联企业提供现金捐赠 200 万元。

(3) 本年度发生技术研究支出 500 万元。

(4) 应付违反环保法规定罚款 100 万元。

(5) 期末对持有的存货计提了 30 万元的存货跌价准备。

要求:按资产负债表债务法进行会计核算。

计算步骤如下。

第一步,计算当期应缴纳的所得税金额。

2018 年度当期应交所得税:

应纳税所得额=1 200-60+200-(500×175%-500)+100+30=1 095(万元)

应交所得税=1 095×25%=273.75(万元)

第二步,确定资产、负债的账面价值和计税基础并确定暂时性差异。

该公司 2018 年资产负债表相关项目的账面价值与计税基础如表 5-18 所示。

表 5-18　　　　　　　资产负债表相关项目的账面价值与计税基础　　　　　　单位:万元

项目	账面价值	计税基础	差异	
			应纳税暂时性差异	可抵扣暂时性差异
存货	800	830		30
固定资产				
固定资产原值	600	600		
减:累计折旧	60	120		
减:固定资产减值准备	0	0		
固定资产账面价值	540	480	60	
其他应付款	100	100		
总计			60	30

第三步,计算确定所得税费用。

递延所得税费用=60×25%=15(万元)

递延所得税收益=30×25%=7.5(万元)

递延所得税＝15－7.5＝7.5（万元）

利润表中应确认的所得税费用＝273.75＋7.5＝281.25（万元）

第四步，进行账务处理。

借：所得税费用——当期所得税费用　　　　　　2 737 500

　　　　　　　——递延所得税费用　　　　　　　75 000

　　递延所得税资产　　　　　　　　　　　　　　75 000

　贷：应交税费——应交所得税　　　　　　　　2 737 500

　　　递延所得税负债　　　　　　　　　　　　　150 000

【例 5-11】

沿用例 5-10，假定东方股份有限公司 2019 年当期应交所得税为 462 万元，所得税税率为 25%，年末资产负债表中有关资产、负债的账面价值与计税基础相关资料如表 5-19 所示，除所列项目外，其他资产、负债项目不存在会计和税收的差异。

要求：按资产负债表债务法进行会计核算。

表 5-19　　　　　资产负债表中有关资产、负债的账面价值与计税基础　　　　　单位：万元

项　目	账面价值	计税基础
存货	1 600	1 680
固定资产		
固定资产原值	600	600
减：累计折旧	120	216
减：固定资产减值准备	20	0
固定资产账面价值	460	384
预计负债	100	0
总　　计		

计算步骤如下。

第一步，计算当期应缴纳的所得税金额。

2019 年度应交所得税税额为 462 万元。

第二步，确定资产、负债的账面价值和计税基础并确定暂时性差异。具体计算过程如表 5-20 所示。

表 5-20　　　　　　　　暂时性差异的计算过程　　　　　　　　单位：万元

项　目	账面价值	计税基础	差异	
			应纳税暂时性差异	可抵扣暂时性差异
存货	1 600	1 680		80
固定资产				
固定资产原值	600	600		
减：累计折旧	120	216		
减：固定资产减值准备	20	0		
固定资产账面价值	460	384	76	
预计负债	100	0		100
总　　计			76	180

第三步,计算确定所得税费用。

(1) 当期递延所得税:

① 期末递延所得税负债＝76×25％＝19(万元)
　期初递延所得税负债＝60×25％＝15(万元)
　递延所得税负债增加额＝19－15＝4(万元)

② 期末递延所得税资产＝180×25％＝45(万元)
　期初递延所得税资产＝30×25％＝7.5(万元)
　递延所得税资产增加额＝45－7.5＝37.5(万元)

③ 递延所得税收益＝37.5万元
　递延所得税费用＝4万元
　递延所得税＝4－37.5＝－33.5(万元)

(2) 所得税费用:

$$所得税费用＝462－33.5＝428.5(万元)$$

第四步,进行账务处理。

借:所得税费用——当期所得税费用　　　　4 620 000
　　递延所得税资产　　　　　　　　　　　375 000
　贷:递延所得税负债　　　　　　　　　　　40 000
　　　应交税费——应交所得税　　　　　　4 620 000
　　　所得税费用——递延所得税费用　　　335 000

5.3.4 应付税款法的会计处理

《企业会计准则》规定,上市公司应采用资产负债表债务法核算所得税,非上市企业仍执行《企业会计制度》和《小企业会计制度》,因而绝大部分非上市企业采用应付税款法核算所得税费用,因此应付税款法也作简单介绍。

应付税款法是指企业不确认时间性差异对所得税的影响金额,将当期计算的应交所得税确认为所得税费用的方法。在这种情况下,当期所得税费用等于当期应交的所得税。该核算方法的特点是,本期所得税费用为按照本期应税所得与适用的所得税税率计算的应交所得税,即本期从净利润中扣除的所得税费用等于本期应交的所得税。时间性差异产生的影响所得税的金额均在本期确认所得税费用或在本期抵减所得税费用,在会计报表中不反映为一项负债或一项资产。例如,按照我国税法规定,企业固定资产一般应按直线法提取折旧。但会计准则对企业的固定资产采用什么方法提取折旧由企业自行确定。在这种情况下,按直线法提取折旧额计算的应税所得和采用加速折旧法提取折旧额计算的税前会计利润之间必然产生一个差额。在采用应付税款法进行处理时,应按税法规定,就存在的差额对本期税前会计利润进行调整,将其调整为应税所得,按照应税所得计算的本期应交所得税作为本期的所得税费用。

【例5-12】

某企业2018年实际发生的职工福利费总额为120 000元,税法规定职工福利费税前扣除限额为100 000元。固定资产折旧采用双倍余额递减法,本年折旧额为65 000元。

计税采用直线法,本年折旧额为 50 000 元;2018 年利润表上反映的税前会计利润为 450 000 元,所得税税率为 25%。计算该企业本期应交所得税和本期所得税费用。

(1) 税前会计利润 450 000 元

　　加：永久性差异 20 000 元

　　加：暂时性差异 15 000 元

　　应税所得 485 000 元

　　所得税税率 25%

　　本期应交所得税 121 250 元

　　本期所得税费用 121 250 元

(2) 2018 年会计分录

　　借：所得税费用　　　　　　　　　　　　　　121 250

　　　　贷：应交税费——应交所得税　　　　　　　　　121 250

(3) 实际上交所得税

　　借：应交税费——应交所得税　　　　　　　　121 250

　　　　贷：银行存款　　　　　　　　　　　　　　　121 250

(4) 会计报表附注说明

本期发生会计折旧 65 000 元,按税法规定可在应税所得前扣除的折旧费用为 50 000 元,差异 15 000 元,如按照企业执行的所得税税率 25% 计算,影响当期所得税费用的金额为 3 750 元。

可见,在应付税款法下,本期发生的暂时性差异不单独核算,与本期发生的永久性差异同样处理。也就是说,不管税前会计利润是多少,在计算缴纳所得税时均应按税法规定对税前会计利润进行调整,将其调整为应税所得,再按应税所得计算出本期应交的所得税,作为本期所得税费用,即本期所得税费用等于本期应交所得税。

课后练习

一、判断题

1. 企业所得税的纳税人仅指企业,不包括社会团体。　　　　　　　　　　　(　　)
2. 利息收入和股息收入一样都表现为全额增加企业所得税的应纳税所得额。(　　)
3. 企业自产产品的广告宣传费均可在企业所得税前列支。　　　　　　　　(　　)
4. 企业取得的所有技术服务收入均可暂免征企业所得税。　　　　　　　　(　　)
5. 企业所得税法也适用于个人独资企业、合伙企业。　　　　　　　　　　(　　)
6. 纳税人在生产、经营期间的借款利息支出作为费用,在计算应纳税所得时,可以按实际发生数扣除。　　　　　　　　　　　　　　　　　　　　　　　　　　　(　　)
7. 企业发生的年度亏损可用以后 5 个盈利年度的利润弥补。　　　　　　　(　　)
8. 某内资企业当年应纳税所得额为 50 万元,但上一年度利润表上亏损 48 万元,则当年应缴纳企业所得税 5 000 元。　　　　　　　　　　　　　　　　　　　(　　)

9. 确定应纳税所得额时,对企业生产、经营期间,向经中国人民银行批准从事金融业务的非银行金融机构的借款利息支出,可按照实际发生额从税前扣除。（　　）

10. 纳税人来源于境外的所得在境外实际缴纳的所得税税款,准予在汇总纳税时从其应纳税额中扣除;其在境外发生的亏损也可用境内的利润弥补。（　　）

11. 年度终了,某企业填报的利润表反映全年利润总额为一17万元,因此,当年不需缴纳企业所得税。（　　）

12. 企业接受其他单位的捐赠物资,不计入应纳税所得额。（　　）

13. 确认由可抵扣暂时性差异产生的递延所得税资产,应当以未来期间很可能取得用来抵扣可抵扣暂时性差异的应纳税所得额为限。（　　）

14. 负债的计税基础是指负债的账面价值中按照税法规定可予抵扣的金额。（　　）

15. 资产的账面价值大于其计税基础或者负债的账面价值小于其计税基础的,产生可抵扣暂时性差异。（　　）

二、单项选择题

1. 下列利息收入中,不计入企业所得税应纳税所得额的是（　　）。
   A. 企业债券利息　　　　　　　　B. 外单位欠款付给的利息收入
   C. 购买国库券的利息收入　　　　D. 银行存款利息收入

2. 企业缴纳的下列税种,在计算企业所得税应纳税所得额时,不准从收入总额中扣除的是（　　）。
   A. 增值税　　　　　　　　　　　B. 消费税
   C. 城市维护建设税　　　　　　　D. 土地增值税

3. 下列项目中,准予在计算企业所得税应纳税所得额时从收入总额中扣除的项目是（　　）。
   A. 资本性支出　　　　　　　　　B. 无形资产开发未形成资产的部分
   C. 违法经营的罚款支出　　　　　D. 各项税收滞纳金、罚金、罚款支出

4. 在一个纳税年度内,居民企业技术转让所得不超过（　　）万元的部分免征企业所得税;超过部分减半征收企业所得税。
   A. 5　　　　　B. 10　　　　　C. 20　　　　　D. 500

5. 企业所得税法中所称的小型微利工业企业,必须符合年度应纳税所得额不超过（　　）万元,从业人数不超过（　　）人,资产总额不超过（　　）万元。
   A. 30　80　3 000　　　　　　　B. 100　80　1 000
   C. 20　100　3 000　　　　　　 D. 100　100　3 000

6. 2018年,某工业生产企业,从业人员85人,资产总额2 800万元,全年销售额1 520万元,成本600万元,销售税金及附加460万元,按规定列支各种费用400万元。已知上述成本费用中包括新产品开发费80万元。该企业当年应纳企业所得税（　　）万元。
   A. 15　　　　　B. 19.8　　　　C. 2　　　　　D. 0

7. 根据企业所得税法等有关规定,不得提取折旧的固定资产是（　　）。
   A. 以经营租赁方式租出的固定资产　　B. 以融资租赁方式租入的固定资产
   C. 以经营租赁方式租入的固定资产　　D. 季节性停用的机器设备

8. 纳税人通过国内非营利性的社会团体、国家机关的公益、救济性捐赠,在年度( )12%以内的部分准予扣除。
    A. 收入总额   B. 利润总额
    C. 应纳税所得额   D. 应纳所得税税额

9. 除国务院财政、税务主管部门另有规定外,企业所得税法等规定:固定资产计算折旧的最低年限为( )。
    A. 房屋、建筑物为 25 年
    B. 与生产经营活动有关的器具、工具、家具、电子设备等为 5 年
    C. 飞机、火车、轮船、机器、机械和其他生产设备为 10 年
    D. 飞机、火车、轮船以外的运输工具为 6 年

10. 缴纳企业所得税,月份或季度终了后要在规定的期限内预缴,年度终了后要在规定的期限内汇算清缴,其预缴、汇算清缴的规定期限分别是( )。
    A. 7 日、45 日   B. 15 日、45 日
    C. 15 日、4 个月   D. 15 日、5 个月

11. 企业来源于境外所得,已在境外实际缴纳的所得税税款,在汇总纳税并按规定计算扣除限额时,如果境外实际缴纳的税款超过扣除限额,对超过部分的处理方法是( )。
    A. 列为当年费用支出
    B. 从本年的应纳所得税税额中扣除
    C. 用以后年度税额扣除的余额补扣,补扣期限最长不得超过 5 年
    D. 从以后年度境外所得中扣除

12. 纳税人在纳税年度内无论赢利或亏损,都应当在年度终了后( )内,向其所在地主管税务机关报送年度会计报表和企业所得税年度纳税申报表,办理汇算清缴工作。
    A. 15 日   B. 45 日   C. 5 个月   D. 60 日

13. 企业与其关联方共同开发、受让无形资产,或者共同提供、接受劳务发生的成本,在计算应纳税所得额时应当按照( )进行分摊。
    A. 公平交易原则   B. 方便交易原则
    C. 独立交易原则   D. 节约成本原则

14. 甲股份有限公司 2006 年 12 月购入一台设备,原价为 3 010 万元,预计净残值为 10 万元,税法规定的折旧年限为 5 年,按直线法计提折旧,公司按照 3 年计提折旧,折旧方法与税法相一致。2008 年 1 月 1 日起,公司所得税税率由 33% 降为 25%。除该事项外,历年来无其他纳税调整事项。公司采用资产负债表债务法进行所得税会计处理。该公司 2008 年年末资产负债表中反映的"递延所得税资产"项目的金额为( )万元。
    A. 186.67   B. 400   C. 200   D. 320

15. 资料同 14 题,2008 年年初递延所得税资产的余额为( )万元。
    A. 140   B. 120   C. 132   D. 152

16. 资料同 14 题,如果甲股份有限公司 2008 年税前会计利润为 500 万元,则当年的所得税费用为( )万元。
    A. 145   B. 162   C. 157   D. 147

17. 乙公司采用资产负债表债务法核算所得税,2007年年末"递延所得税负债"账户的贷方余额为330万元,适用的所得税税率为33％,2008年年初所得税税率由原来的33％改为25％,本期新增应纳税暂时性差异350万元,乙公司2008年"递延所得税负债"的本期发生额为(　　)。

　　A. 借记7.5万元　　　　　　　B. 借记6万元
　　C. 贷记7.5万元　　　　　　　D. 贷记6万元

18. 乙公司采用资产负债表债务法核算所得税,2007年年末"递延所得税资产"账户的借方余额为660万元,适用的所得税税率为33％,2008年年初所得税税率由原来的33％改为25％,本期转回可抵扣暂时性差异300万元,乙公司2008年"递延所得税资产"的本期发生额为(　　)。

　　A. 借记300万元　　　　　　　B. 贷记235万元
　　C. 借记235万元　　　　　　　D. 贷记300万元

三、多项选择题

1. 企业从事(　　)项目的所得,减半征收企业所得税。
   A. 中药材的种植
   B. 花卉、茶,以及其他饮料作物和香料作物的种植
   C. 海水养殖、内陆养殖
   D. 牲畜、家禽的饲养

2. 下列项目中,在会计利润的基础上应调整增加应纳税所得额的项目有(　　)。
   A. 职工教育经费支出超标准　　　B. 利息费用支出超标准
   C. 公益救济性捐赠超标准　　　　D. 查补的消费税

3. 下列项目中,在会计利润的基础上应调整减少应纳税所得额的项目有(　　)。
   A. 查补的消费税　　　　　　　　B. 多提的职工福利费
   C. 国库券利息收入　　　　　　　D. 多列的无形资产摊销费

4. 按照企业所得税法及实施条例规定,工业企业要享受企业所得税法规定的小型微利企业的优惠税率,必须同时符合的条件有(　　)。
   A. 年度应纳税所得额不超过300万元
   B. 从事加工业
   C. 从业人数不超过300人
   D. 资产总额不超过5 000万元

5. 在资产负债表债务法下,应设置的账户有(　　)。
   A. 所得税费用　　　　　　　　　B. 应交税费——应交所得税
   C. 递延所得税资产　　　　　　　D. 应交所得税

6. 下列叙述正确的是(　　)。
   A. 企业从事国家重点扶持的公共基础设施项目的投资经营的所得,自项目取得第一笔生产经营收入所属纳税年度起,第一年至第三年免征企业所得税,第四年至第六年减半征收企业所得税(简称"三免三减半")
   B. 企业从事符合条件的环境保护、节能节水项目的所得,自项目取得第一笔生产经营收入所属纳税年度起,实行"三免三减半"

C. 企业从事以《资源综合利用企业所得税优惠目录》规定的资源作为主要原材料，生产国家非限制和禁止并符合国家和行业相关标准的产品取得的收入，减按90%计入收入总额

D. 企业从事开发新技术、新产品、新工艺发生的研究开发费用，未形成无形资产的计入当期损益，在按照规定据实扣除的基础上，按照研究开发费用的75%加计扣除；形成无形资产的，按照无形资产成本的175%摊销

7. 下列支出项目不得列为成本、费用和损失的有（　　）。

　　A. 无形资产的受让、开发支出

　　B. 资本的利息

　　C. 对外投资所发生的投资费用或损失

　　D. 违法经营的罚款和被没收财物的损失

8. 以下对资产负债表债务法的表述，正确的有（　　）。

　　A. 税率变动时，"递延所得税资产"的账面余额不需要进行相应调整

　　B. 根据新的会计准则规定，商誉产生的应纳税暂时性差异不确认相应的递延所得税负债

　　C. 与联营企业、合营企业投资等相关的应纳税暂时性差异不确认相应的递延所得税负债

　　D. 递延所得税＝当期递延所得税负债的增加＋当期递延所得税资产的减少－当期递延所得税负债的减少－当期递延所得税资产的增加

9. 以下业务不影响到"递延所得税资产"的有（　　）。

　　A. 资产减值准备的计提

　　B. 非公益性捐赠支出

　　C. 国债利息收入

　　D. 税务上对使用寿命不确定的无形资产执行不超过10年的摊销标准

10. 下列有关资产计税基础的判定中，正确的有（　　）。

　　A. 某交易性金融资产，取得成本为100万元，该时点的计税基础为100万元，会计期末公允价值变为90万元，会计确认账面价值为90万元，税法规定的计税基础保持不变，仍为100万元

　　B. 一项按照权益法核算的长期股权投资，企业最初以1 000万元购入，购入时期初始投资成本及计税基础均为1 000万元，当期期末按照持股比例计算应享有被投资单位的净利润份额50万元后，会计账面价值为1 050万元，而其计税基础依然为1 000万元

　　C. 一项用于出租的房屋，取得成本为500万元，会计处理按照双倍余额递减法计提折旧，税法规定按直线法计提折旧，使用年限为10年，净残值为0,1年的折旧后，该投资性房地产的账面价值为400万元，其计税基础为450万元

　　D. 企业支付了3 000万元购入另一企业100%的股权，购买日被购买方各项可辨认净资产公允价值为2 600万元，则企业应确认的合并商誉为400万元，税法规定，该商誉的计税基础为0

11. 下列有关所得税的论断中,正确的有(　　)。
   A. 当负债的账面价值大于计税基础时,会派生可抵扣暂时性差异
   B. 在计算应税所得时,新增可抵扣暂时性差异额应追加税前会计利润
   C. 在计算应税所得时,转回应纳税暂时性差异额应抵减当期税前会计利润
   D. 所有长期资产的减值计提均派生可抵扣暂时性差异

12. 下列有关负债计税基础的判定中,正确的有(　　)。
   A. 企业因销售商品提供售后三包等原因于当期确认了100万元的预计负债。则该预计负债的账面价值为100万元,计税基础为0
   B. 企业因债务担保确认了预计负债1 000万元,则该项预计负债的账面价值为1 000万元,计税基础也是1 000万元
   C. 企业收到客户的一笔款项80万元,因不符合收入确认条件,会计上作为预收账款反映,但符合税法规定的收入确认条件,该笔款项已计入当期应纳税所得额,则预收账款的账面价值为80万元,计税基础为0
   D. 企业收到客户的一笔款项80万元,因不符合收入确认条件,会计上作为预收账款反映,如果税法规定的收入确认时点与会计准则保持一致,则预收账款的账面价值为80万元,计税基础也是80万元

四、业务题

1. 2018年度,某企业产品销售收入800万元,劳务收入40万元,出租固定资产租金收入5万元。该企业全年发生的产品销售成本430万元,销售费用80万元,管理费用20万元,财务费用10万元,营业外支出3万元(其中缴纳税收滞纳金1万元),按税法规定缴纳增值税90万元,其他税金7.2万元。按照税法规定,在计算该企业应纳税所得额时,其他准予扣除项目金额为23万元,已知该企业适用所得税税率为25%。

要求:
(1) 计算该企业2018年度应纳税所得额,并列出计算过程。
(2) 计算该企业2018年度应纳所得税税额,并列出计算过程。

2. 假如某生产企业2018年度生产经营情况如下:产品销售收入500万元,产品销售成本300万元,产品销售费用40万元,发生管理费用35万元(其中业务招待费5万元),当年出租固定资产取得收入40万元,购买国家公债取得利息收入10万元,准许税前扣除的有关税费30万元,经批准向企业职工集资100万元,支付年息15万元,同期银行贷款利率为10%,通过县级人民政府向南方遭受雪灾地区捐款20万元。

要求:计算该企业2018年度应缴的企业所得税税额。

3. 假定某企业为居民企业,2018年经营业务如下。
(1) 取得销售收入2 500万元。
(2) 销售成本1 100万元。
(3) 发生销售费用670万元(其中广告费450万元);管理费用480万元(其中业务招待费15万元);财务费用60万元。
(4) 销售税金160万元(含增值税120万元)。
(5) 营业外收入70万元,营业外支出50万元(含通过公益性社会团体向贫困山区捐

款 30 万元,支付税收滞纳金 6 万元)。

(6) 计入成本、费用中的实发工资总额 150 万元,拨缴职工工会经费 3 万元,支出职工福利费 25.3 万元,职工教育经费 3.7 万元。

要求:计算该企业 2018 年度实际应缴纳的企业所得税税额。

4. 假定甲企业 2018 年利润总额为 1 500 万元。企业适用的所得税税率为 25%。

(1) 该企业 2018 年会计与税收之间差异包括以下事项。

① 国债利息收入 100 万元;

② 税款滞纳金 120 万元;

③ 交易性金融资产公允价值增加 140 万元;

④ 计提固定资产减值准备 400 万元;

⑤ 因售后服务预计费用 220 万元。

(2) 甲企业 2018 年 12 月 31 日资产负债表中部分项目账面价值与计税基础情况如表 5-21 所示。

表 5-21　　　　2018 年资产负债表相关项目的账面价值与计税基础　　　单位:元

项　目	账面价值	计税基础	差　异	
			应纳税差异	可抵扣差异
交易性金融资产	5 400 000	4 000 000	1 400 000	
固定资产	30 000 000	34 000 000		4 000 000
预计负债	2 200 000	0		2 200 000
总　计			1 400 000	6 200 000

(3) 假定 2019 年应纳税所得额为 2 000 万元,2019 年资产负债表中部分项目情况如表 5-22 所示。

表 5-22　　　　2019 年资产负债表相关项目的账面价值与计税基础　　　单位:元

项　目	账面价值	计税基础	差　异	
			应纳税差异	可抵扣差异
交易性金融资产	5 800 000	6 000 000		200 000
固定资产	30 000 000	34 000 000		4 000 000
预计负债	1 200 000	0		1 200 000
无形资产	2 000 000	0	2 000 000	
总　计			2 000 000	5 400 000

要求:

(1) 计算确认 2018 年度递延所得税资产及递延所得税负债的发生额。

(2) 计算确认 2018 年度应纳税所得额及应交所得税。

(3) 编制 2018 年度所得税费用确认的会计分录。

(4) 计算确认 2019 年递延所得税资产的年末余额及当年的变动额。

(5) 计算确认 2019 年递延所得税负债的年末余额及当年的变动额。

(6) 编制 2019 年度所得税费用确认的会计分录。

5. 某企业5年内暂时性差异是因折旧方法不同所致,即企业在计算税前会计利润时采用直线法,而在申报所得税时采用年数总和法,这种方法每年计提折旧费及其税前会计利润如表5-23所示,前2年所得税税率为33%,后3年为25%。

表 5-23　　　　　　　　　　某企业有关纳税资料　　　　　　　　　　单位:万元

发生年份	税前利润	年数总和法下折旧费	直线法下折旧费
1	100	150	90
2	250	120	90
3	300	90	90
4	380	60	90
5	470	30	90
合　计		450	450

要求:用资产负债表债务法分别反映该企业5年内有关所得税核算的会计分录。

个人所得税计算申报与核算

项目6

技能目标

1. 能判断居民纳税人、非居民纳税人。
2. 能根据业务资料计算应纳个人所得税税额。
3. 会根据个人所得资料填制个人所得税纳税申报表。
4. 会办理个人所得税代(预)扣代(预)缴业务。
5. 能根据业务资料进行代(预)扣代(预)缴个人所得税的会计处理。

知识目标

1. 理解个人所得税基本法规知识。
2. 掌握各项所得个人所得税应纳税额的计算。
3. 掌握自行申报和源泉扣缴两种个人所得税的申报方式。
4. 熟悉代(预)扣代(预)缴个人所得税涉税业务的会计处理。

案例导入

赵小兵需要自行申报个人所得税吗

赵小兵是北京市朝阳区A公司的技术骨干。2019年赵小兵的全部收入和税款缴纳情况如下。

(1) 每月取得工资和年终奖及扣缴税款情况如表6-1所示。赵小兵有一个小孩正在读大学,由赵小兵一方进行专项附加扣除。

(2) 2019年3月1日将其拥有的一项发明专利让渡给甲公司,双方约定的转让款为40 000元,甲公司预扣其个人所得税6 400元。

(3) 2019年1月1日出租自有商铺给乙公司,合同约定租期1年,月租金3 500元,按国家规定缴纳除个人所得税外的其他税费200元,缴纳个人所得税500元。

(4) 2019年5月10日完成某单位委托的某工程项目可行性方案,取得设计费8 000元(含税),委托单位预扣预缴了个人所得税1 280元。

表6-1　　　　　　　　　　　赵小兵全年收入表　　　　　　　　　　　单位：元

月份	基本及岗位工资 ①	伙食补助 ②	月奖 ③	住房补贴 ④	过节费 ⑤	应发工资 ⑥	住房公积金 ⑦	基本养老保险费 ⑧	基本医疗保险费 ⑨	失业保险费 ⑩	"三险一金"合计	个人所得税 ⑪	实发工资 ⑫
1	7 000	1 000	1 200	3 000	1 000	13 200	1 200	960	240	120	2 520	140.4	10 539.6
2	7 000	1 000	1 200	3 000	2 000	14 200	1 200	960	240	120	2 520	170.4	11 509.6
3	7 000	1 000	1 200	3 000	0	12 200	1 200	960	240	120	2 520	110.4	9 569.6
4	7 000	1 000	1 200	3 000	0	12 200	1 200	960	240	120	2 520	110.4	9 569.6
5	7 000	1 000	1 200	3 000	0	12 200	1 200	960	240	120	2 520	140.4	10 539.6
6	7 000	1 000	1 200	3 000	0	12 200	1 200	960	240	120	2 520	110.4	9 569.6
7	7 000	1 000	1 200	3 000	0	12 200	1 200	960	240	120	2 520	110.4	9 569.6
8	7 000	1 000	1 200	3 000	0	12 200	1 200	960	240	120	2 520	110.4	9 569.6
9	7 000	1 000	1 200	3 000	1 000	13 200	1 200	960	240	120	2 520	288.8	10 391.2
10	7 000	1 000	1 200	3 000	1 000	13 200	1 200	960	240	120	2 520	468	10 212
11	7 000	1 000	1 200	3 000	0	12 200	1 200	960	240	120	2 520	368	9 312
12	7 000	1 000	1 200	3 000	0	12 200	1 200	960	240	120	2 520	368	9 312
年终奖金	12月底发放年终奖金					36 000	—	—	—	—	—	1 080	34 920
合计						188 400					30 240	3 576	154 584

（5）2019年6月转让设备一台，取得转让收入6 000元。该设备原价5 000元，转让时支付的有关费用200元，扣缴的个人所得税为160元。

（6）取得本公司股权分红20 000元，扣缴个人所得税4 000元。

（7）购买国债，取得利息收入2 000元。

（8）购买企业债券，取得利息收入1 500元，没有扣缴个人所得税。

（9）2019年6月3日一次购买体育彩票，中奖90 000元，扣缴个人所得税18 000元。

（10）在国内专业杂志上发表文章两篇，分别取得稿酬1 300元和900元，杂志社已扣个人所得税84元。

现在赵小兵向你咨询他的各项收入个人所得税税款是如何计算出来的，并且是否需要自行申报？

任务6.1　个人所得税税款的计算

个人所得税是以纳税人个人取得的各项应税所得为征税对象征收的一种税。现行的个人所得税是对中国境内有住所，或者无住所而在境内居住累计满183天的个人就其来源于中国境内外的所得，以及在中国境内无住所又不居住，或者无住所而在境内居住累计不满183天的个人，就其来源于中国境内的所得征收的一种税。

我国的个人所得税采用综合与分类相结合的征收制，将个人取得的各项所得划分为九类：工资、薪金所得；劳务报酬所得；稿酬所得；特许权使用费所得；财产租赁所得；财产转让所得；利息、股息、红利所得；偶然所得；经营所得。居民个人取得的工资、薪金，劳务报酬，稿酬和特许权使用费四项所得按纳税年度合并计算个人所得税，有扣缴义务人的，由扣缴义务人按月或者按次预扣预缴税款，需要办理汇算清缴的，在取得所得的次年规定时间内办理汇算清缴；非居民个人取得的工资、薪金，劳务报酬，稿酬和特许权使用费四项所得按月或者按次分项计算个人所得税；对取得的经营，利息、股息、红利，财产租赁，财产转让，偶然五项所得分别适用不同的费用扣除标准、不同的税率和不同的计税方法。

知识链接6-1 个人所得税纳税人性质判定

依据住所和居住时间两个标准，把个人所得税的纳税人划分为居民纳税人和非居民纳税人，并以此来区分纳税人应承担的纳税义务。居民纳税人承担无限纳税义务，即就来源于境内外的全部所得缴纳个人所得税；非居民纳税人承担有限纳税义务，即仅就来源于中国境内所得缴纳个人所得税。

1. 居民纳税人

居民纳税人是指在中国境内有住所或无住所而在中国境内居住累计满183天的个人。

（1）"在中国境内有住所"是指因户籍、家庭、经济利益关系，而在中国境内习惯性居住的地方。

（2）"境内居住累计满183天"是指在一个纳税年度内，在中国境内居住累计满183天。

在现实生活中，居民纳税人有两种：一是在中国境内有住所的中国公民和外国侨民；二是在中国境内无住所但居住累计满183天的个人，包括外籍人员、海外侨胞和中国香港、澳门、台湾同胞。

2. 非居民纳税人

非居民纳税人是指不符合居民纳税人判定标准的纳税人。即在中国境内无住所又不居住或者无住所而在中国境内居住累计不满183天的个人。在现实生活中，非居民纳税人，实际上只能是在一个纳税年度中，没有在中国境内居住，或者在中国境内居住累计不满183天的外籍人员或中国香港、澳门、台湾同胞。

【提示】 两个时间段计算的区别：①判断非居民纳税人在华居住天数时，对个人入境、离境、往返或多次往返境内外的当天，均按一天计算在华逗留天数；②计算非居民纳税人在华实际工作时间时，对个人入境、离境、往返或多次往返境内外的当天，均按半天计算在华工作天数。

6.1.1 综合所得

1. 综合所得的征税对象

（1）工资、薪金所得

工资、薪金所得是指个人因任职或受雇而取得的工资、薪金、奖金、年终加薪、劳动分红、津贴、补贴及与任职或者受雇有关的其他所得。以纳税人任职、受雇的公司、企业、事业单位、机关、团体、部队及学校等单位的所在地为所得来源地。理解工资、薪金所得应注意以下几点。

① 工资、薪金所得是指非独立个人劳动所得。非独立个人劳动是指个人所从事的是由他人指定、安排并接受管理的劳动。一般情况下，工作或服务于公司、工厂、行政及事业单位的人员均为非独立劳动者。

② 年终加薪、劳动分红不分种类和取得情况，一律按工资、薪金所得项目征税。

③ 津贴、补贴等应视具体情况确定是否纳入工资、薪金项目征税。根据我国现行税法规定，以下几种津贴、补贴不属于工资、薪金税目征税范围：独生子女补贴；执行公务员工资制度未纳入基本工资总额的补贴、津贴和家属成员的副食品补贴；托儿补助费；差旅费津贴、误餐补助。

(2) 劳务报酬所得

劳务报酬所得是指个人从事劳务所取得的所得。其包括从事设计、装潢、安装、制图、化验、测试、医疗、法律、会计、咨询、讲学、翻译、审稿、书画、雕刻、影视、录音、录像、演出、表演、广告、展览、技术服务、介绍服务、经纪服务、代办服务及其他劳务取得的所得。

个人不在公司任职、受雇，仅在公司担任董事、监事职务而取得的董事费、监事费按"劳务报酬所得"项目征税；个人在公司任职、受雇同时兼任董事、监事职务的，应将取得的董事费、监事费与个人工资收入合并，按"工资、薪金所得"项目征税。

劳务报酬所得与工资、薪金所得的区别：劳务报酬所得是个人独立从事自由职业或独立提供某种劳务取得的所得，不存在雇佣与被雇佣的关系；工资、薪金所得则是个人从事非独立劳动，从所在单位领取的报酬，存在雇佣与被雇佣的关系。比如演员从剧团领取工资应属于工资、薪金所得，演员个人"走穴"取得的报酬则属于劳务报酬范围。

(3) 稿酬所得

稿酬所得是指个人因其作品以图书、报纸形式出版、发行而取得的所得。作者去世后，财产继承人取得的遗作稿酬，也应征收个人所得税。受出版社委托进行审稿的报酬应作为劳务报酬所得征税，不作为稿酬所得。

(4) 特许权使用费所得

特许权使用费所得是指个人提供专利权、商标权、著作权、非专利技术及其他特许权的使用权取得的所得。

提供著作权的使用权取得的所得，不包括稿酬所得，对于作者将自己的文字作品手稿原件或复印件公开拍卖（竞价）取得的所得，应按特许权使用费所得征收个人所得税。

2. 居民个人综合所得适用税率

居民个人综合所得适用七级超额累进税率，税率为3%～45%，如表6-2所示。

表 6-2　　　　　　　　　　个人所得税税率表

（综合所得适用）

级数	全年应纳税所得额	税率/%	速算扣除数/元
1	不超过 36 000 元的	3	0
2	超过 36 000 元至 144 000 元的部分	10	2 520
3	超过 144 000 元至 300 000 元的部分	20	16 920
4	超过 300 000 元至 420 000 元的部分	25	31 920

续表

级数	全年应纳税所得额	税率/%	速算扣除数/元
5	超过 420 000 元至 660 000 元的部分	30	52 920
6	超过 660 000 元至 960 000 元的部分	35	85 920
7	超过 960 000 元的部分	45	181 920

注：本表所称全年应纳税所得额是指依照《中华人民共和国个人所得税法》第六条的规定，居民个人取得综合所得以每一纳税年度收入额减除费用六万元及专项扣除、专项附加扣除和依法确定的其他扣除后的余额。

3. 居民个人综合所得应纳税额的确定

居民个人的综合所得，以每一纳税年度的收入额减除费用六万元及专项扣除、专项附加扣除和依法确定的其他扣除后的余额，为应纳税所得额。非居民个人的工资、薪金所得，以每月收入额减除费用五千元后的余额为应纳税所得额；劳务报酬所得、稿酬所得、特许权使用费所得，以每次收入额为应纳税所得额。

(1) 收入额的确定

① 工资、薪金收入为个人因任职或者受雇而取得的工资、薪金、奖金、年终加薪、劳动分红、津贴、补贴及与任职或者受雇有关的其他所得。一些不属于工资、薪金性质的补贴、津贴不计入收入额。

② 劳务报酬所得、稿酬所得、特许权使用费所得以收入减除百分之二十的费用后的余额为收入额。稿酬所得的收入额再减按百分之七十计算，即为原收入的百分之五十六。

(2) 专项扣除

专项扣除，包括居民个人按照国家规定的范围和标准缴纳的基本养老保险、基本医疗保险、失业保险等社会保险费和住房公积金等（即"三险一金"）。

(3) 专项附加扣除

专项附加扣除，包括子女教育、继续教育、大病医疗、住房贷款利息或者住房租金、赡养老人等支出，具体如下。

① 子女教育专项附加扣除是指纳税人的子女接受学前教育和学历教育的相关支出，按照每个子女每月1 000元的标准定额扣除。所称学前教育包括年满3岁至小学入学前教育，学历教育包括义务教育（小学和初中教育）、高中阶段教育（普通高中、中等职业教育、技工教育）、高等教育（大学专科、大学本科、硕士研究生、博士研究生教育）。受教育子女的父母分别按扣除标准的50%扣除；经父母约定，也可以选择由其中一方按扣除标准的100%扣除。具体扣除方式在一个纳税年度内不得变更。境外接受教育，需保留境外学校录取通知书、留学签证等相关教育资料备查。

起止时间：学前教育，子女年满3周岁的当月至小学入学前一月；全日制学历教育，子女接受义务教育、高中教育、高等教育的入学当月至教育结束当月。因病或其他非主观原因休学但学籍继续保留的期间，以及施教机构按规定组织实施的寒暑假等假期，可连续扣除。

② 继续教育专项附加扣除是指纳税人接受学历（学位）继续教育的支出，在学历（学位）教育期间按照每月400元定额扣除。纳税人接受技能人员职业资格继续教育、专业技术人员职业资格继续教育支出，在取得相关证书的年度，按照每年3 600元定额扣除。职业资格具体范围以人力资源和社会保障部公布的国家职业资格目录为准。如果子女已就

业且正在接受本科及以下学历（学位）继续教育，可以由父母选择按照子女教育扣除，也可以由子女选择按照继续教育扣除，但不得同时扣除。

起止时间：学历（学位）继续教育，入学的当月至教育结束的当月，同一学历（学位）继续教育的扣除期限最长不能超过48个月。职业资格继续教育，以取得相关职业资格继续教育证书上载明的发证（批准）日期的所属年度为可以扣除的年度，需要保留技能人员、专业技术人员职业资格证书等备查。

③ 大病医疗专项附加扣除是指一个纳税年度内，纳税人发生的与基本医保相关的医药费用支出，扣除医保报销后个人负担（指医保目录范围内的自付部分）累计超过15 000元的部分，由纳税人在办理年度汇算清缴时，在80 000元限额据实扣除。发生的医药费用支出可以选择由本人或者其配偶扣除，未成年子女发生的医药费用支出可以选择由其父母一方扣除。纳税人应当留存医疗服务收费及医保报销相关票据原件（或者复印件）或者医疗保障部门出具的医药费用清单备查。

④ 住房贷款利息专项附加扣除是指纳税人本人或配偶单独或者共同使用商业银行或住房公积金个人住房贷款为本人或其配偶购买中国境内住房，发生的首套住房贷款利息支出，在贷款合同约定开始还款的当月至贷款全部归还或贷款合同终止的当月，可以按照每月1 000元标准定额扣除，扣除期限最长不超过240个月。纳税人只能享受一次首套住房贷款利息扣除，首套住房贷款是指购买住房享受首套住房贷款利率的住房贷款。经夫妻双方约定，可以选择由其中一方扣除，具体扣除方式在一个纳税年度内不得变更，同时应当留存住房贷款合同、贷款还款支出凭证备查。

夫妻双方婚前分别购买住房发生的首套住房贷款，其贷款利息支出，婚后可以选择其中一套购买的住房，由购买方按扣除标准的100%扣除，也可以由夫妻双方对各自购买的住房分别按扣除标准的50%扣除，具体扣除方式在一个纳税年度内不得变更。

⑤ 住房租金专项附加扣除是指纳税人本人及配偶在纳税人的主要工作城市没有住房，而在主要工作城市租赁住房发生的租金支出，可以按照以下标准定额扣除：承租的住房位于直辖市、省会（首府）城市、计划单列市及国务院确定的其他城市，扣除标准为每月1 500元；承租的住房位于其他城市的，市辖区户籍人口超过100万的，扣除标准为每月1 100元；承租的住房位于其他城市的，市辖区户籍人口不超过100万（含）的，扣除标准为每月800元。

主要工作城市是指纳税人任职受雇的直辖市、计划单列市、副省级城市、地级市（地区、州、盟）全部行政区域范围；无任职受雇单位的，为受理其综合所得汇算清缴的税务机关所在城市。夫妻双方主要工作城市相同的，只能由一方扣除，且为签订租赁住房合同的承租人来扣除住房租金支出。夫妻双方主要工作城市不相同的，且各自在其主要工作城市都没有住房的，可以按规定标准分别进行扣除。纳税人及其配偶不得同时分别享受住房贷款利息和住房租金专项附加扣除。

起止时间：租赁合同（协议）约定的房屋租赁开始的当月至租赁期结束的当月，提前终止合同（协议）的，以实际租赁行为终止的月份为准。纳税人应当留存住房租赁合同、协议等有关资料备查。

⑥ 赡养老人专项附加扣除是指纳税人赡养一位及以上被赡养人的赡养支出，可以按照以下标准定额扣除：纳税人为独生子女的，按照每月2 000元的标准定额扣除；纳税人

为非独生子女的,应当与其兄弟姐妹分摊每月2 000元的扣除额度,每人分摊的额度不能超过每月1 000元,可以由赡养人均摊或者约定分摊,也可由被赡养人指定分摊。约定或者指定分摊的须签订书面分摊协议,指定分摊优先于约定分摊,具体分摊方式和额度在一个纳税年度内不能变更。

被赡养人是指年满60周岁的父母(生父母、继父母、养父母)及子女均已去世年满60周岁的祖父母、外祖父母。

起止时间:被赡养人年满60周岁的当月至赡养义务终止的年末。采取约定或指定分摊的,需留存分摊协议备查。

(4) 依法确定的其他扣除

依法确定的其他扣除包括个人缴付符合国家规定的企业年金、职业年金,个人购买符合国家规定的商业健康保险、税收递延型商业养老保险的支出,以及国务院规定可以扣除的其他项目。

个人自行购买符合规定的商业健康保险产品的,在不超过200元/月的标准内按月扣除。一年内保费金额超过2 400元的部分,不得税前扣除;单位统一组织为员工购买或者单位和个人共同负担购买符合规定的健康保险产品,单位负担部分应当实名计入个人工资、薪金明细清单,视同个人购买,并自购买产品次月起,在不超过200元/月的标准内按月扣除。一年内保费金额超过2 400元的部分,不得税前扣除。

专项扣除、专项附加扣除和依法确定的其他扣除,以居民个人一个纳税年度的应纳税所得额为限额。一个纳税年度扣除不完的,不结转以后年度扣除。

4. 居民个人综合所得平时预扣预缴税额的计算

居民个人平时取得综合所得,有扣缴义务人的,由扣缴义务人按月或者按次预扣预缴税款。

(1) 工资、薪金所得的预扣预缴

扣缴义务人向居民个人支付工资、薪金所得时,按照累计预扣法计算预扣税款,并按月办理全员全额扣缴申报。具体计算公式如下:

本期应预扣预缴税额 =(累计预扣预缴应纳税额 × 预扣率 − 速算扣除数)
　　　　　　　　　− 累计减免税额 − 累计已预扣预缴税额

累计预扣预缴应纳税额 = 累计收入 − 累计免税收入 − 累计减除费用 − 累计专项扣除
　　　　　　　　　− 累计专项附加扣除 − 累计依法确定的其他扣除

其中,累计减除费用按照5 000元/月乘以纳税人当年截至本月在本单位的任职受雇月份数计算。

计算居民个人工资、薪金所得预扣预缴税额的预扣率、速算扣除数按表6-3执行。

表6-3　　　　　　　　　个人所得税预扣率表

(居民个人工资、薪金所得预扣预缴适用)

级数	累计预扣预缴应纳税所得额	预扣率/%	速算扣除数
1	不超过36 000元的部分	3	0
2	超过36 000元至144 000元的部分	10	2 520

续表

级数	累计预扣预缴应纳税所得额	预扣率/%	速算扣除数
3	超过 144 000 元至 300 000 元的部分	20	16 920
4	超过 300 000 元至 420 000 元的部分	25	31 920
5	超过 420 000 元至 660 000 元的部分	30	52 920
6	超过 660 000 元至 960 000 元的部分	35	85 920
7	超过 960 000 元的部分	45	181 920

【例 6-1】

某职员 2015 年入职,2019 年每月应发工资均为 10 000 元,每月减除费用 5 000 元,"三险一金"等专项扣除为 1 500 元,从 1 月起享受子女教育专项附加扣除 1 000 元,没有减免收入及减免税额等情况,以前三个月为例,应当按照以下方法计算预扣预缴税额。

1 月:$(10\,000-5\,000-1\,500-1\,000)\times 3\% = 75$(元);

2 月:$(10\,000\times 2-5\,000\times 2-1\,500\times 2-1\,000\times 2)\times 3\% - 75 = 75$(元);

3 月:$(10\,000\times 3-5\,000\times 3-1\,500\times 3-1\,000\times 3)\times 3\% - 75 - 75 = 75$(元)。

进一步计算可知,该纳税人全年累计预扣预缴应纳税所得额为 30 000 元,一直适用 3% 的税率,因此各月应预扣预缴的税款相同。

【例 6-2】

某职员 2015 年入职,2019 年每月应发工资均为 30 000 元,每月减除费用 5 000 元,"三险一金"等专项扣除为 4 500 元,享受子女教育、赡养老人两项专项附加扣除共计 2 000 元,没有减免收入及减免税额等情况,以前三个月为例,应当按照以下方法计算预扣预缴税额。

1 月:$(30\,000-5\,000-4\,500-2\,000)\times 3\% = 555$(元);

2 月:$(30\,000\times 2-5\,000\times 2-4\,500\times 2-2\,000\times 2)\times 10\% - 2\,520 - 555 = 625$(元);

3 月:$(30\,000\times 3-5\,000\times 3-4\,500\times 3-2\,000\times 3)\times 10\% - 2\,520 - 555 - 625 = 1\,850$(元)。

上述计算结果表明,由于 2 月累计预扣预缴应纳税所得额为 37 000 元,已适用 10% 的税率,因此 2 月和 3 月预扣预缴税额有所增高。

(2)劳务报酬所得、稿酬所得、特许权使用费所得的预扣预缴

扣缴义务人向居民个人支付劳务报酬所得、稿酬所得、特许权使用费所得,按次或者按月预扣预缴个人所得税。属于一次性收入的,以取得该项收入为一次;属于同一项目连续性收入的,以一个月内取得的收入为一次。具体预扣预缴方法如下。

劳务报酬所得、稿酬所得、特许权使用费所得以收入减除费用后的余额为收入额。其中,稿酬所得的收入额减按 70% 计算。

减除费用:劳务报酬所得、稿酬所得、特许权使用费所得每次收入不超过四千元的,减除费用按八百元计算;每次收入四千元以上的,减除费用按 20% 计算。

应纳税所得额:劳务报酬所得、稿酬所得、特许权使用费所得,以每次收入额为预扣预缴应纳税所得额。劳务报酬所得适用 20%~40% 的超额累进预扣率,如表 6-4 所示,稿

酬所得、特许权使用费所得适用20%的比例预扣率。

　　劳务报酬所得预扣预缴税额 = 预扣预缴应纳税所得额 × 预扣率 − 速算扣除数
　　稿酬所得、特许权使用费所得预扣预缴税额 = 预扣预缴应纳税所得额 × 20%

表 6-4　　　　　　　　　　个人所得税预扣率表
（居民个人劳务报酬所得预扣预缴适用）

级数	预扣预缴应纳税所得额	预扣率/%	速算扣除数
1	不超过 20 000 元的	20	0
2	超过 20 000 元至 50 000 元的部分	30	2 000
3	超过 50 000 元的部分	40	7 000

【例 6-3】

　　假如某居民个人取得劳务报酬所得 2 000 元，则这笔所得应预扣预缴税额计算过程如下：

$$收入额 = 2\,000 - 800 = 1\,200（元）$$
$$应预扣预缴税额 = 1\,200 \times 20\% = 240（元）$$

【例 6-4】

　　假如某居民个人取得稿酬所得 40 000 元，则这笔所得应预扣预缴税额计算过程如下：

$$收入额 = (40\,000 - 40\,000 \times 20\%) \times 70\% = 22\,400（元）$$
$$应预扣预缴税额 = 22\,400 \times 20\% = 4\,480（元）$$

5. 居民个人综合所得应纳税额的汇算清缴

　　居民个人取得综合所得有下列情形之一的，需要在取得所得的次年 3 月 1 日至 6 月 30 日内办理汇算清缴，对于只取得一处工资、薪金所得的纳税人，可在日常预缴环节缴纳全部税款的，不需办理汇算清缴。

　　(1) 在两处或者两处以上取得综合所得，且综合所得年收入额减去专项扣除的余额超过 6 万元。

　　(2) 取得劳务报酬所得、稿酬所得、特许权使用费所得中一项或者多项所得，且综合所得年收入额减去专项扣除的余额超过 6 万元。

　　(3) 纳税年度内预缴税额低于应纳税额的。

　　纳税人需要退税的，应当办理汇算清缴，申报退税。申报退税应当提供本人在中国境内开设的银行账户。计算公式如下：

$$全年应纳税所得额 = 全年收入额 - 费用扣除标准（60\,000 元）- 专项扣除$$
$$\quad - 专项附加扣除 - 依法确定的其他扣除$$
$$全年应纳税额 = \sum(各级距应纳税所得额 \times 该级距的适用税率)$$

或
$$全年应纳税额 = 应纳税所得额 \times 适用税率 - 速算扣除数$$
$$汇算清缴补缴（应退）税额 = 全年应纳税额 - 累计已纳税额$$

6. 居民个人全年一次性奖金所得应纳税额的计算

居民个人取得全年一次性奖金,在 2021 年 12 月 31 日前,不并入当年综合所得,以全年一次性奖金收入除以 12 个月得到的数额,以综合所得按月换算后的税率表(见表 6-5),确定适用税率和速算扣除数,单独计算纳税。计算公式如下:

$$应纳税额 = 全年一次性奖金收入 \times 适用税率 - 速算扣除数$$

在一个纳税年度内,对每一个纳税人,该计税办法只允许采用一次。雇员取得除全年一次性奖金以外的其他各种名目奖金,如半年奖、季度奖、加班奖、先进奖、考勤奖等,一律与当月工资、薪金收入合并,按综合所得缴纳个人所得税。

居民个人取得全年一次性奖金,也可以选择并入当年综合所得计算纳税。自 2022 年 1 月 1 日起,居民个人取得全年一次性奖金,需并入当年综合所得计算缴纳个人所得税。

7. 非居民个人综合所得应纳税额的计算

非居民个人取得工资、薪金所得,劳务报酬所得,稿酬所得和特许权使用费所得,有扣缴义务人的,由扣缴义务人按月或者按次代扣代缴税款,不办理汇算清缴。

(1) 非居民个人综合所得应纳税额的确定

非居民个人的工资、薪金所得,以每月收入额减除费用五千元后的余额为应纳税所得额;劳务报酬所得、稿酬所得、特许权使用费所得,以每次收入额为应纳税所得额。其中,劳务报酬所得、稿酬所得、特许权使用费所得以收入减除百分之二十的费用后的余额为收入额。稿酬所得的收入额减按百分之七十计算。

(2) 非居民个人综合所得税率的确定

非居民个人的工资、薪金所得,劳务报酬所得,稿酬所得和特许权使用费所得,适用按月换算后的非居民个人月度税率表,如表 6-5 所示。

表 6-5　　　　　　　　　个人所得税税率表

(非居民个人工资、薪金所得,劳务报酬所得,稿酬所得,特许权使用费所得适用)

级数	应纳税所得额	税率/%	速算扣除数
1	不超过 3 000 元的	3	0
2	超过 3 000 元至 12 000 元的部分	10	210
3	超过 12 000 元至 25 000 元的部分	20	1 410
4	超过 25 000 元至 35 000 元的部分	25	2 660
5	超过 35 000 元至 55 000 元的部分	30	4 410
6	超过 55 000 元至 80 000 元的部分	35	7 160
7	超过 80 000 元的部分	45	15 160

(3) 非居民个人综合所得应纳税所得额的计算

非居民个人工资、薪金所得,劳务报酬所得,稿酬所得,特许权使用费所得应纳税额
= 应纳税所得额 × 税率 - 速算扣除数

【例 6-5】

假如某非居民个人取得劳务报酬所得 20 000 元,则这笔所得代扣代缴个人所得税税额如下:

$$(20\,000-20\,000\times20\%)\times20\%-1\,410=1\,790(元)$$

【例 6-6】

假如某非居民个人取得稿酬所得 10 000 元,则这笔所得代扣代缴个人所得税税额如下:

$$(10\,000-10\,000\times20\%)\times70\%\times10\%-210=350(元)$$

6.1.2 财产租赁所得

1. 财产租赁所得的征税对象

财产租赁所得是指个人出租建筑物、土地使用权、机器设备、车船,以及其他财产取得的所得。以被租赁财产的使用地为所得来源地。个人取得的财产转租收入也属于"财产租赁所得"的征税范围,由财产转租人缴纳个人所得税。在确认纳税人时,应以产权凭证为依据;对无产权凭证的,由主管税务机关根据实际情况确定。产权所有人死亡,在未办理产权继承手续期间,该财产出租而有租金收入的,以领取租金的个人为纳税义务人。

2. 财产租赁所得适用税率

财产租赁所得适用 20% 的比例税率,但个人出租的居民住房取得的所得按 10% 的税率征收个人所得税。

3. 财产租赁所得应纳税额的计算

财产租赁所得按次计税,以一个月取得的收入为一次。按税法规定,财产租赁所得以每次取得的收入减除规定费用后的余额为应纳税所得额。此处所指的规定费用特指以下三项内容。

(1) 财产租赁过程中缴纳的税费。该项税费必须提供完税凭证,才能从其财产租赁收入中扣除。

(2) 由纳税人负担的出租财产实际开支的修缮费用。该费用必须提供有效、准确凭证,并且其扣除额以每次 800 元为限,一次扣除不完的,准予在下一次继续扣除,直到扣完为止。

(3) 税法规定的费用扣除标准:每次收入不超过 4 000 元的,减除费用为 800 元;4 000 元以上的,减除费用为收入额的 20%。

同时应注意以上费用应按上述顺序依次扣除。

计算公式如下:

(1) 每次(月)收入不超过 4 000 元的

应纳税额=[每次(月)收入额−准予扣除项目−修缮费用(800 元为限)−800 元]
　　　　×适用税率

(2) 每次(月)收入超过 4 000 元的

应纳税额=[每次(月)收入额−准予扣除项目−修缮费用(800 元为限)]
　　　　×(1−20%)×适用税率

【提示】 ①上述的适用税率有两档：基本税率为20%；对于个人按市场价格出租的居民住房取得的所得减按10%的税率征收个人所得税。②"营改增"试点后，个人出租房屋的个人所得税应税收入不含增值税，计算房屋出租所得可扣除的税费不包括本次出租缴纳的增值税；个人转租房屋的，其向房屋出租方支付的租金及增值税额，在计算转租所得时予以扣除。免征增值税的，确定计税依据时，租金收入不扣减增值税额。

【例 6-7】

中国公民李某2019年6月1日起将其位于市区的一套公寓住房按市价出租，每月收取租金3 800元（含增值税）。6月因卫生间漏水发生修缮费用1 200元，已取得合法有效的支出凭证。李某6—7月出租房屋应缴纳的个人所得税税额计算如下（不考虑其他税费）。

个人出租住房的月租金收入不超过3万元，可享受小微企业免征增值税优惠政策，因而租金收入也不扣减增值税。

$$\begin{aligned}应纳个人所得税税额 &= (3\ 800 - 800 - 800) \times 10\% \\ &\quad + (3\ 800 - 400 - 800) \times 10\% \\ &= 480（元）\end{aligned}$$

假设例 6-7 中，李某就取得的租金收入按税法规定缴纳了城市维护建设税和教育费附加，在计算应纳税额时，也可一并扣除。

6.1.3 财产转让所得

1. 财产转让所得的征税对象

财产转让所得是指个人转让有价证券、股权、建筑物、土地使用权、机器设备、车船以及其他财产取得的所得。对个人取得的各项财产转让所得，除股票转让所得外，都要征收个人所得税。具体规定如下。

（1）股票转让所得。根据《个人所得税法实施条例》规定，对股票所得征收个人所得税的办法，由财政部另行规定，报国务院批准施行。鉴于我国证券市场发育还不成熟，国务院决定，对股票转让所得暂不征收个人所得税。

（2）量化资产股份转让。集体所有制企业在改制为股份合作制企业时，对职工个人以股份形式取得的拥有所有权的企业量化资产，暂缓征收个人所得税；待个人将股份转让时，就其转让收入额，减除个人取得该股份时实际支付的费用支出和合理转让费用后的余额，按"财产转让所得"项目征收个人所得税。

（3）个人换购住房的免税规定。为鼓励个人换购住房，对出售自有住房并拟在现住房出售后1年内按市场价重新购房的纳税人，其出售现住房所应缴纳的个人所得税，视其重新购房的价值可全部或部分予以免税。具体规定如下。

① 个人出售现住房所应缴纳的个人所得税款，应在办理产权过户手续前，以纳税保证金形式向当地主管税务机关缴纳。

② 个人出售现住房后1年内重新购房的，按照购房金额大小相应退还纳税保证金。购房金额大于或等于原住房销售额的，全部退还纳税保证金；购房金额小于原住房销售

额的,按照购房金额占住房销售额的比例退还纳税保证金,余额作为个人所得税缴入国库。

③ 个人出售现住房后1年内未重新购房的,所缴纳的纳税保证金全部作为个人所得税缴入国库。

④ 个人转让自用达5年以上并且是唯一的家庭居住用房取得的所得免征个人所得税。

2. 财产转让所得适用税率

财产转让所得适用20%的比例税率。

3. 财产转让所得应纳税额的计算

财产转让所得以转让财产的收入减除财产原值和合理费用后的余额为应纳税所得额。其计算公式如下:

$$应纳税所得额 = 每次收入额 - 财产原值 - 合理费用$$

上式所指的财产原值,对有价证券为买入价以及买入时按照规定缴纳的有关费用;对建筑物为建造费用或者购进价格,以及其他有关费用;对土地使用权为取得土地使用权所支付的金额、开发土地的费用,以及其他有关费用;对机器设备、车船为购进价格、运输费、安装费,以及其他有关费用;其他财产参照上述方法确定。纳税人未提供完整、准确的财产原值凭证,不能正确计算财产原值的,由主管税务机关核定其财产原值。

上式所指的合理费用是指卖出财产过程中按规定支付的有关税费。

个人住房转让时,纳税人不能提供完整、准确的房屋原值凭证和合理费用的凭证时,税务机关可对其实行核定征税,即按纳税人住房转让收入的一定比例核定应纳个人所得税税额,具体比例由省级地方税务局或省级地方税务局授权的地市级地方税务局根据纳税人出售住房的所处区域、地理位置、建造时间、房屋类型、住房平均价格水平等因素,在住房转让收入1%~3%的幅度内确定。

【提示】"营改增"试点后,个人转让房屋的个人所得税应税收入不含增值税,其取得房屋时所支付价款中包含的增值税计入财产原值,计算转让所得时可扣除的税费不包括本次转让缴纳的增值税。免征增值税的,确定计税依据时,转让房地产取得的收入不扣减增值税税额。

个人受赠的住房转让时,应按财产转让收入减除受赠、转让住房过程中缴纳的税金及有关合理费用后的余额为应纳税所得额,按20%的适用税率计算缴纳个人所得税,不得采用核定征收方式。

【例6-8】

居住在市区的中国居民李某,2018年11月,以每份218元的价格转让2016年的企业债券500份,发生相关税费870元,债券申购价每份200元,申购时共支付相关税费350元;转让A股股票取得所得24 000元。计算李某转让有价证券所得应缴纳的个人所得税。

转让股票所得免征个人所得税:

转让有价证券所得应缴纳的个人所得税 = [(218-200)×500-870-350]×20%
= 1 556(元)

6.1.4 利息、股息、红利所得和偶然所得

1. 利息、股息、红利所得和偶然所得征税对象

利息是指个人拥有债权而取得的利息。股息、红利是指个人拥有股权取得的股息、红利。偶然所得是指个人得奖、中奖、中彩,以及其他偶然性质的所得。偶然所得应缴纳的个人所得税,一律由发奖单位或机构代扣代缴,个人中奖所得额在1万元以下的免征个人所得税。

除国债和国家发行的金融债券利息外,其他利息、股息、红利所得,都应缴纳个人所得税。

除个人独资企业和合伙企业以外的其他企业的个人投资者,以企业资金为本人、家庭成员及其他相关人员支付与企业生产经营无关的消费性支出及购买汽车、住房等财产性支出,视为企业对个人投资者的红利分配,依照"利息、股息、红利所得"项目计征个人所得税。

纳税年度内个人投资者从投资企业(个人独资企业、合伙企业除外)借款,在该纳税年度终了后既不归还又未用于企业生产经营的,其未归还的借款可视为企业对个人投资者的红利分配,按"利息、股息、红利所得"项目计征个人所得税。

2. 利息、股息、红利所得和偶然所得适用税率

利息、股息、红利所得和偶然所得适用20%的比例税率。购买国债所得利息收入免税,从2008年10月9日起,储蓄存款利息所得暂免征收个人所得税。

3. 利息、股息、红利所得和偶然所得应纳税额的计算

利息、股息、红利所得和偶然所得按次纳税。利息、股息、红利所得以支付利息、股息、红利时取得的收入为一次;偶然所得以每次收入为一次。

上述所得均应以每次收入额为应纳税所得额,不作任何费用扣除。其应缴个人所得税计算公式如下:

$$应纳税额 = 每次收入额 \times 20\%$$

从2015年9月8日起,对个人投资应从上市公司取得的股息、红利所得,持股期限在1个月以内(含)的,其股息、红利所得额计入应税所得额,实际税负为20%;持股期限在1个月以上至1年(含)的,暂减按5%计入应纳税所得额,实际税负为10%;持股期限超过1年的,暂免征收个人所得税。

【例6-9】

2018年刘先生购买福利彩票中奖5 000元,参加某商场举办的有奖销售活动中奖20 000元现金。计算刘先生应纳的个人所得税税额。

刘先生购买福利彩票中奖所得不超过1万元,暂免征收个人所得税;参加商场有奖销售活动所得应按"偶然所得"项目计征个人所得税。

$$应纳税额 = 20\ 000 \times 20\% = 4\ 000(元)$$

项目导入案例解析之一：个人所得税应纳税额的计算

1. 判断个人所得项目类别

属于综合所得的有业务(1)工资、薪金所得，业务(4)劳务报酬所得，业务(10)稿酬所得，业务(2)特许权使用费所得。

属于财产租赁所得的有业务(3)。

属于财产转让所得的有业务(5)。

属于利息、股息、红利所得的有业务(7)、业务(8)利息，业务(6)红利。

属于偶然所得的有业务(9)。

2. 分别确定计税依据并逐项计算应纳个人所得税税额

(1) 综合所得平时预扣预缴税额的计算

① 工资、薪金所得

平时每月工资、薪金所得预扣预缴个人所得税计算，分别以1月、2月、9月、12月为例。

1月：

应纳税所得额 = 应发工资 − 个人缴付的"三险一金" − 费用扣除标准(5 000元)
　　　　　　 − 专项附加扣除
　　　　　　 = 13 200 − 2 520 − 5 000 − 1 000 = 4 680(元)

预扣预缴个人所得税税额 = 4 680 × 3% = 140.4(元)

2月：

累计应纳税所得额 = 13 200 + 14 200 − 2 520 × 2 − 5 000 × 2 − 1 000 × 2 = 10 360(元)

预扣预缴个人所得税税额 = 10 360 × 3% − 140.4 = 170.4(元)

9月：

累计应纳税所得额 = 13 200 × 3 + 14 200 + 12 200 × 5 − 2 520 × 9
　　　　　　　　 − 5 000 × 9 − 1 000 × 9 = 38 120(元)

预扣预缴个人所得税税额 = 38 120 × 10% − 2 520 − 140.4 × 2 − 170.4 − 110.4 × 5
　　　　　　　　　　　 = 288.8(元)

12月：

累计应纳税所得额 = 152 400 − 30 240 − 60 000 − 12 000 = 50 160(元)

预扣预缴个人所得税税额 = 50 160 × 10% − 2 520 − 140.4 × 2 − 170.4 − 110.4 × 5
　　　　　　　　　　　 − 288.8 − 468 − 368 = 368(元)

工资、薪金所得预扣预缴税额合计 = 140.4 × 2 + 170.4 + 110.4 × 5 + 288.8
　　　　　　　　　　　　　　　　 + 468 + 368 + 368 = 2 496(元)

年终一次性奖金所得应纳税额的计算如下。

年终一次性奖金所得36 000元，除以12，得3 000元，选择第1档税率3%计算。

　　　　年终一次性奖金所得应纳税额 = 36 000 × 3% = 1 080(元)

赵小兵各月工资、薪金个人所得税，A公司为扣缴义务人，应由发放工资的A公司预扣预缴。

② 劳务报酬所得

赵小兵为外单位设计项目可行性方案所得预扣预缴税额=8 000×(1-20%)×20%
=1 280(元)

赵小兵取得的设计费应纳的个人所得税额应由委托公司预扣预缴。

③ 稿酬所得

稿酬所得预扣预缴应纳税款=(1 300-800)×70%×20%+(900-800)
×70%×20%=84(元)

赵小兵稿酬所得应纳个人所得税应由杂志社预扣预缴。

④ 特许权使用费所得

特许权使用费所得应纳税额=40 000×(1-20%)×20%=6 400(元)

赵小兵让渡发明专利所得应纳个人所得税应由甲公司在支付收入时预扣预缴。

(2) 财产租赁所得

应纳税额=每月应纳税所得额×20%×12=(3 500-200-800)×20%×12=6 000(元)

赵小兵出租房屋所得应纳个人所得税应由承租的公司代扣代缴。

(3) 财产转让所得

应纳税额=(6 000-5 000-200)×20%=160(元)

(4) 利息、股息、红利所得

业务(7)国债利息收入属于免税所得,不计入年应纳税所得额。

年利息、股息、红利应纳税所得额=公司分红+企业债券利息=20 000+1 500
=21 500(元)

应纳税额=21 500×20%=4 300(元)

上述所得应纳的个人所得税均由支付单位代扣代缴。

(5) 偶然所得

应纳税额=90 000×20%=18 000(元)

3. 汇总本年度赵小兵已缴纳个人所得税税额,进行汇算清缴

(1) 综合所得年度汇算清缴

综合所得应纳税所得额=152 400-30 240-60 000-12 000+8 000×(1-20%)
+(1 300+900)×(1-20%)×70%+40 000×(1-20%)
=89 792(元)

综合所得应纳个人所得税税额=89 792×10%-2 520=6 459.2(元)

平时已预缴个人所得税税额=2 496+1 280+84+6 400=10 260(元)

综合所得汇算清缴后,应退税额=10 260-6 459.2=3 800.8(元)

(2) 本年度其他所得和年终一次性奖金所得应纳个人所得税总额

本年度应纳个人所得税总额=6 000+160+4 300+18 000+1 080=29 540(元)

(3) 本年度其他所得和年终一次性奖金所得已缴纳个人所得税总额

本年度已经缴纳的个人所得税总额=6 000+160+4 000+18 000+1 080=29 240(元)

赵小兵企业债券利息所得需要补税300元,而综合所得汇算清缴后可退税3 800.8元,因此实际退税3 500.8元。

6.1.5 经营所得

1. 经营所得的征税对象

经营所得具体包括以下内容。

(1) 个体工商户从事生产、经营活动取得的所得,个人独资企业投资人、合伙企业的个人合伙人来源于境内注册的个人独资企业、合伙企业生产、经营的所得。

(2) 个人依法从事办学、医疗、咨询及其他有偿服务活动取得的所得。

(3) 个人对企业、事业单位承包经营、承租经营及转包、转租取得的所得。

(4) 个人从事其他生产、经营活动取得的所得。

2. 经营所得的适用税率

经营所得适用5%~35%的五级超额累进税率,如表6-6所示。

表6-6　　　　　　　　　　个人所得税税率表
（经营所得适用）

级数	全年应纳税所得额	税率/%	速算扣除数/元
1	不超过30 000元的	5	0
2	超过30 000元至90 000元的部分	10	1 500
3	超过90 000元至300 000元的部分	20	10 500
4	超过300 000元至500 000元的部分	30	40 500
5	超过500 000元的部分	35	65 500

注:本表所称全年应纳税所得额是指依照规定,以每一纳税年度的收入总额减除成本、费用及损失后的余额。

3. 经营所得应纳税所得额的确认

经营所得应以其每一纳税年度的收入总额减除成本、费用及损失后的余额为应纳税所得额。其中:

(1) 经营所得收入总额是指个体工商户、个人独资企业、合伙企业及个人从事其他生产、经营活动所取得的各项收入。

(2) 成本、费用是指生产、经营活动发生的各项直接支出和分配计入成本的间接费用及销售费用、管理费用、财务费用;损失是指生产经营活动发生的固定资产和存货的盘亏、毁损、报废损失,转让财产损失,坏账损失,自然灾害等不可抗力因素造成的损失及其他损失。

从事其他生产、经营活动,未提供完整、准确的纳税资料,不能正确计算应纳税所得额的,由主管税务机关核定应纳税所得额或者应纳税额。

4. 经营所得应纳税额的计算

经营所得应纳个人所得税税额实行按年计算,分月或分季预缴,年终汇算清缴,多退少补的方法,以每一纳税年度的收入总额减除成本、费用及损失后的余额作为应纳税所得额,按适用税率计算应纳税额。其计算公式如下:

$$应纳税额 = 应纳税所得额 \times 适用税率 - 速算扣除数$$

实际使用上述公式时应注意以下规定。

(1) 取得经营所得的个人,没有综合所得的,计算其每一纳税年度的应纳税所得额时,应当减除费用6万元、专项扣除、专项附加扣除及依法确定的其他扣除。专项附加扣除在办理汇算清缴时减除;个体工商户、个人独资企业和合伙企业向其从业人员实际支付的合理的工资、薪金支出,允许在税前据实扣除。

(2) 个体工商户、个人独资企业、合伙企业及从事其他生产、经营活动的个人,拨缴的工会经费、发生的职工福利费、职工教育经费支出分别在工资薪金总额2%、14%、8%的标准内据实扣除。

(3) 个体工商户、个人独资企业、合伙企业及从事其他生产、经营活动的个人,每一纳税年度发生的广告费和业务宣传费用不超过当年销售(营业)收入15%的部分,可据实扣除;超过部分,准予在以后纳税年度结转扣除。

(4) 个体工商户、个人独资企业、合伙企业及从事其他生产、经营活动的个人,每一纳税年度发生的与其生产经营业务直接相关的业务招待费支出,按照发生额的60%扣除,但最高不得超过当年销售(营业)收入的5‰。

(5) 个体工商户、个人独资企业、合伙企业及从事其他生产、经营活动的个人,在生产、经营期间借款的利息支出,凡有合法的证明,不高于按金融机构同类、同期贷款利率计算的部分,准予扣除。

(6) 个体工商户、个人独资企业、合伙企业及从事其他生产、经营活动的个人,取得与生产经营活动无关的各项所得,应分别适用各应税项目的规定计算征收个人所得税。

(7) 个体工商户业主、个人独资企业投资者、合伙企业个人合伙人及从事其他生产、经营活动的个人及其家庭发生的生活费用不允许在税前扣除;企业在生产经营投资者及其家庭生活共用的固定资产难以划分的,由主管税务机关根据企业的生产经营类型、规模等具体情况,核定准予在税前扣除的折旧费用的数额或比例。

(8) 个体工商户业主、个人独资企业投资者、合伙企业个人合伙人及从事其他生产、经营活动的个人,自行购买符合条件的商业健康保险产品的,在不超过2400元/年的标准内据实扣除。一年内保费金额超过2400元的部分,不得税前扣除。

【例6-10】

某酒楼是个体饭店,账证健全,12月取得营业额123 500元,购进米、面等原材料50 000元,缴纳水、电等各项费用15 000元,缴纳其他税费合计5 000元。该饭店共有4名雇工,当月共支付工资费用6 000元;业主自己月工资6 000元。该饭店1—11月累计应纳税所得额460 000元,已累计预缴个人所得税100 000元。该业主12月应缴纳个人所得税税额计算如下:

雇员的合理工资可在税前全额扣除,业主按5 000元/月扣除。

12月应纳税所得额=123 500-50 000-15 000-5 000-6 000-5 000=42 500(元)

全年累计应纳税所得额=460 000+42 500=502 500(元)

全年累计应纳个人所得税金额=502 500×35%-65 500=110 375(元)

12月应缴纳个人所得税金额=110 375-100 000=10 375(元)

按照有关规定,达到规定经营规模的个体工商户必须建账。对未达到规定经营规模暂未建账或经批准暂缓建账的个体工商户,可采取定期定额、综合负担率等办法征税。

6.1.6 个人所得税几种特殊情况应纳税额的计算

1. 个人发生公益、救济性捐赠个人所得税的计算

个人将其所得通过中国境内的社会团体、国家机关向教育和其他社会公益事业,以及遭受严重自然灾害地区、贫困地区捐赠,捐赠额未超过纳税人申报的应纳税所得额30%的部分,可以从其应纳税所得额中扣除。

【例 6-11】

王某5月1日购买福利彩票,中价值为200 000元的小轿车一辆及人民币50 000元。王某领奖时拿出20 000元捐赠给希望工程。计算王某应纳的个人所得税税额。

捐赠支出扣除限额=(200 000+50 000)×30%=75 000(元)

纳税人实际捐赠支出20 000元低于捐赠支出扣除限额75 000元,可全部在税前扣除。

应纳税所得额=200 000+50 000-20 000=230 000(元)

应纳税额=230 000×20%=46 000(元)

2. 境外所得已纳税额扣除的计算

根据《个人所得税法》的规定,对个人所得税的居民纳税人,应就其来源于中国境内、境外的所得计算个人所得税。同时规定:①居民个人来源于中国境外的综合所得,应当与境内综合所得合并计算应纳税额。②居民个人来源于中国境外的经营所得,应当与境内经营所得合并计算应纳税额。居民个人来源于境外的经营所得,按照《个人所得税法》及其实施条例的有关规定计算的亏损,不得抵减其境内或他国(地区)的应纳税所得额,但可以用来源于同一国家(地区)以后年度的经营所得按中国税法规定弥补。③居民个人来源于中国境外的利息、股息、红利所得,财产租赁所得,财产转让所得和偶然所得(以下称其他分类所得),不与境内所得合并,应当分别单独计算应纳税额。

居民个人在一个纳税年度内来源于中国境外的所得,依照所得来源国家(地区)税收法律规定在中国境外已缴纳的所得税税额允许在抵免限额内从其该纳税年度应纳税额中抵免。

居民个人来源于一国(地区)的所得的抵免限额,计算公式如下。

来源于一国(地区)综合所得的抵免限额 = 中国境内和境外综合所得依照我国税法规定计算的综合所得应纳税额 × 来源于该国(地区)的综合所得收入额 ÷ 中国境内和境外综合所得收入额合计

来源于一国(地区)经营所得的抵免限额 = 中国境内和境外经营所得依照我国税法规定计算的经营所得应纳税额 × 来源于该国(地区)的经营所得应纳税所得额 ÷ 中国境内和境外经营所得应纳税所得额合计

来源于一国(地区)其他分类所得的抵免限额 = 该国(地区)的其他分类所得依照我国税法规定计算的应纳税额

来源于一国(地区)所得的抵免限额 = 来源于该国(地区)综合所得抵免限额 + 来源于该国(地区)经营所得抵免限额 + 来源于该国(地区)其他分类所得抵免限额

居民个人一个纳税年度内来源于一国(地区)的所得实际已经缴纳的所得税税额,低于来源于该国(地区)该纳税年度所得的抵免限额的,应以实际缴纳税额作为抵免额进行抵免;超过来源于该国(地区)该纳税年度所得的抵免限额的,应在限额内进行抵免,超过部分可以在以后五个纳税年度内结转抵免。

居民个人申报境外所得税收抵免时,除另有规定外,应当提供境外征税主体出具的税款所属年度的完税证明、税收缴款书或者纳税记录等纳税凭证,未提供符合要求的纳税凭证,不予抵免。

3. 两个以上的纳税人共同取得同一项所得应纳税额的计算

两个或两个以上的纳税人共同取得同一项所得的,可以对每一个人分得的收入分别减除费用,并计算各自的应纳税款。

【例6-12】

甲、乙两人合著一本书,共取得稿费收入9 800元,其中:甲分得7 000元,乙分得2 800元。出版社应预扣预缴个人所得税税额计算如下:

应预扣甲个人所得税税额=$7\,000 \times (1-20\%) \times 70\% \times 20\% = 784$(元)

应预扣乙个人所得税税额=$(2\,800-800) \times 70\% \times 20\% = 280$(元)

4. 不满1个月的工资、薪金所得应纳税额的计算

在中国境内无住所的个人,凡在中国境内居住不满1个月并仅就不满1个月期间的工资、薪金所得申报纳税的,均应按全月工资、薪金所得为依据计算实际应纳税额。其计算公式如下:

应纳税额=(当月工资、薪金应纳税所得额×适用税率-速算扣除数)
×当月实际在中国境内的天数÷当月天数

如果属于上述情况的个人取得的是日工资、薪金,应以日工资、薪金乘以当月天数换算成月工资、薪金后,再按上述公式计算应纳税额。

【例6-13】

美国某公民9月1日受美国某公司委派到中国境内某企业安装一设备,9月20日回国,期间从中国境内企业取得工资5 800元,则其工资、薪金所得应纳个人所得税如下:

应纳税额=$[(5\,800 \times 30 \div 20 - 5\,000) \times 10\% - 210] \times 20 \div 30 = 106.67$(元)

5. 税务机关有权进行纳税调整的情形

有下列情形之一的,税务机关有权按照合理方法进行纳税调整。

(1)个人与其关联方之间的业务往来不符合独立交易原则而减少本人或者其关联方应纳税额,且无正当理由。

关联方是指与个人有下列关联关系之一的个人、企业或者其他经济组织:①夫妻、直系血亲、兄弟姐妹,以及其他抚养、赡养、扶养关系;②资金、经营、购销等方面的直接或者间接控制关系;③其他经济利益关系。

(2)居民个人控制的,或者居民个人和居民企业共同控制的设立在实际税负明显偏低的国家(地区)的企业,无合理经营需要,对应当归属于居民个人的利润不作分配或者减少分配。

(3)个人实施其他不具有合理商业目的的安排而获取不当税收利益。

税务机关依照前款规定作出纳税调整,需要补征税款的,应当补征税款,并依法加收利息。

任务6.2 个人所得税纳税申报

6.2.1 个人所得税的扣缴申报

扣缴申报是指按照税法规定负有扣缴税款义务的单位或者个人,在向个人支付应税

款项时，应当依照《个人所得税法》规定预扣或代扣税款，按时向税务机关报送扣缴个人所得税报告表，并专项记载备查。这种做法的目的是控制税源，防止偷漏税和逃税。

纳税人有中国公民身份号码的，以中国公民身份号码为纳税人识别号；纳税人没有中国公民身份号码的，由税务机关赋予其纳税人识别号。扣缴义务人扣缴税款时，纳税人应当向扣缴义务人提供纳税人识别号。

1. 扣缴义务人

税法规定，凡是支付个人应纳税所得的企业（公司）、事业单位、机关单位、社团组织、军队、驻华机构、个体户等单位或者个人，都是个人所得税的扣缴义务人。扣缴义务人必须依法履行个人所得税全员全额扣缴申报义务，即扣缴义务人向个人支付应税所得时，不论其是否属于本单位人员、支付的应税所得是否达到纳税标准，扣缴义务人应当在预扣或代扣税款的次月内，向主管税务机关报送其支付应税所得个人的基本信息、支付所得项目和数额、扣缴税款数额，以及其他相关涉税信息。同时向纳税人提供其个人所得和已扣缴税款等信息。

2. 代（预）扣代（预）缴的范围

扣缴义务人向居民个人支付工资、薪金所得，劳务报酬所得，稿酬所得和特许权使用费所得时实行预扣个人所得税。扣缴义务人向个人支付经营所得，利息、股息、红利所得，财产租赁所得，财产转让所得，偶然所得和向非居民个人支付工资、薪金所得，劳务报酬所得，稿酬所得和特许权使用费所得时实行代扣个人所得税。

除大病医疗以外，子女教育、赡养老人、住房贷款利息、住房租金、继续教育，纳税人可以选择在单位发放工资薪金时，按月享受专项附加扣除政策。首次享受时，纳税人填报个人所得税专项附加扣除信息表（见表6-7）给任职受雇单位，单位在每个月发放工资时，同"三险一金"一样，为雇员办理专项附加扣除，不得拒绝。

一个纳税年度内，如果没有及时将扣除信息报送任职受雇单位，以致在单位预扣预缴工资、薪金所得税未享受扣除或未足额享受扣除的，纳税人可以在当年剩余月份内向单位申请补充扣除，也可以在次年3月1日至6月30日内，向汇缴地主管税务机关进行汇算清缴申报时办理扣除。

税务机关应根据扣缴义务人所扣（预）缴的税款，付给2%的手续费，由扣缴义务人用于代（预）扣代（预）缴费用开支和奖励代（预）扣代（预）缴工作做得较好的办税人员。

3. 扣缴个人所得税报告表的编制

扣缴义务人向居民个人支付工资、薪金所得，劳务报酬所得，稿酬所得和特许权使用费所得的个人所得税时实行全员全额预扣预缴申报；向非居民个人支付工资、薪金所得，劳务报酬所得，稿酬所得和特许权使用费所得的个人所得税时实行全员全额扣缴申报；以及向纳税人（居民个人和非居民个人）支付利息、股息、红利所得，财产租赁所得，财产转让所得和偶然所得的个人所得税时实行全员全额扣缴申报。

全员全额扣缴申报是指扣缴义务人应当在代扣税款的次月十五日内，向主管税务机关报送其支付所得的所有个人的有关信息、支付所得数额、扣除事项和数额、扣缴税款的具体数额和总额及其他相关涉税信息资料。

扣缴义务人应当在每月或者每次预扣、代扣税款的次月十五日内，将已扣税款缴入国库，并向税务机关报送个人所得税扣缴申报表（见表6-8）。

表 6-7 个人所得税专项附加扣除信息表

填报日期： 年 月 日				扣除年度：			
纳税人姓名：				纳税人识别号：□□□□□□□□□□□□□□□□□□			
纳税人信息	手机号码			电子邮箱			
	联系地址			配偶情况		□有配偶 □无配偶	
纳税人配偶信息	姓名		身份证件类型		身份证件号码	□□□□□□□□□□□□□□□□□□	

一、子女教育

	较上次报送信息是否发生变化： □首次报送（请填写全部信息） □无变化（不需重新填写） □有变化（请填写发生变化项目的信息）						
子女一 □子 □女	姓名		身份证件类型		身份证件号码		
	出生日期		当前受教育阶段		□学前教育阶段 □义务教育 □高中阶段教育 □高等教育		
	当前受教育阶段起始时间	年 月	当前受教育阶段结束时间	年 月	子女教育终止时间 *不再受教育时填写		年 月
	就读国家（或地区）		就读学校		本人扣除比例	□100%（全额扣除） □50%（平均扣除）	
子女二 □子 □女	姓名		身份证件类型		身份证件号码		
	出生日期		当前受教育阶段		□学前教育阶段 □义务教育 □高中阶段教育 □高等教育		
	当前受教育阶段起始时间	年 月	当前受教育阶段结束时间	年 月	子女教育终止时间 *不再受教育时填写		年 月
	就读国家（或地区）		就读学校		本人扣除比例	□100%（全额扣除） □50%（平均扣除）	

二、继续教育

	较上次报送信息是否发生变化： □首次报送（请填写全部信息） □无变化（不需重新填写） □有变化（请填写发生变化项目的信息）					
学历（学位）继续教育	当前继续教育起始时间	年 月	当前继续教育结束时间	年 月	学历（学位）继续教育阶段	□专科 □本科 □硕士研究生 □博士研究生 □其他
职业资格继续教育	职业资格继续教育类型	□技能人员 □专业技术人员			证书名称	
	证书编号		发证机关		发证（批准）日期	

三、住房贷款利息

	较上次报送信息是否发生变化： □首次报送（请填写全部信息） □无变化（不需重新填写） □有变化（请填写发生变化项目的信息）				
房屋信息	住房坐落地址	省（区、市）	市	县（区）	街道（乡、镇）
	产权证号/不动产登记号/商品房买卖合同号/预售合同号				
房贷信息	本人是否借款人	□是 □否		是否婚前各自首套贷款，且婚后分别扣除50%	□是 □否
	公积金贷款 贷款合同编号				
	贷款期限（月）			首次还款日期	
	商业贷款 贷款合同编号			贷款银行	
	贷款期限（月）			首次还款日期	

四、住房租金

	较上次报送信息是否发生变化： □首次报送（请填写全部信息） □无变化（不需重新填写） □有变化（请填写发生变化项目的信息）				
房屋信息	住房坐落地址	省（区、市）	市 县（区）	街道（乡、镇）	
租赁情况	出租方（个人）姓名		身份证件类型		身份证件号码
	出租方（单位）名称			纳税人识别号（统一社会信用代码）	
	主要工作城市（*填写市一级）			住房租赁合同编号（非必填）	
	租赁期起			租赁期止	

五、赡养老人

	较上次报送信息是否发生变化： □首次报送（请填写全部信息） □无变化（不需重新填写） □有变化（请填写发生变化项目的信息）			
	纳税人身份		□独生子女 □非独生子女	
被赡养人一	姓名	身份证件类型	身份证件号码	
	出生日期	与本人关系	□父亲 □母亲 □其他	
被赡养人二	姓名	身份证件类型	身份证件号码	
	出生日期	与本人关系	□父亲 □母亲 □其他	
共同赡养人信息	姓名	身份证件类型	身份证件号码	
	姓名	身份证件类型	身份证件号码	
	姓名	身份证件类型	身份证件号码	
	分摊方式 *独生子女不需填写	□平均分摊 □赡养人约定分摊 □被赡养人指定分摊	本年度月扣除金额	

六、大病医疗（仅限综合所得年度汇算清缴申报时填写）

	较上次报送信息是否发生变化： □首次报送（请填写全部信息） □无变化（不需重新填写） □有变化（请填写发生变化项目的信息）				
患者一	姓名	身份证件类型	身份证件号码		
	医药费用总金额	个人负担金额	与本人关系	□本人 □配偶 □未成年子女	
患者二	姓名	身份证件类型	身份证件号码		
	医药费用总金额	个人负担金额	与本人关系	□本人 □配偶 □未成年子女	

需要在任职受雇单位预扣预缴工资、薪金所得个人所得税时享受专项附加扣除的，填写本栏

重要提示：当您填写本栏，表示您已同意该任职受雇单位使用本表信息为您办理专项附加扣除。

扣缴义务人名称		扣缴义务人纳税人识别号（统一社会信用代码）	

本人承诺：我已仔细阅读过了填表说明，并根据《中华人民共和国个人所得税法》及其实施条例、《个人所得税专项附加扣除暂行办法》《个人所得税专项附加扣除操作办法（试行）》等相关法律法规规定填写本表。本人已就所填的扣除信息进行了核实，并对所填内容的真实性、准确性、完整性负责。

纳税人签字： 年 月 日

代理机构签章：		受理人：	
代理机构统一社会信用代码：		受理税务机关（章）	
经办人签字：			
经办人身份证件号码：		受理日期： 年 月 日	

国家税务总局监制

表 6-8

个人所得税扣缴申报表

税款所属期：　年　月　日至　年　月　日

扣缴义务人名称：　　　　　　　　扣缴义务人纳税人识别号（统一社会信用代码）：□□□□□□□□□□□□□□□□□□

金额单位：人民币元（列至角分）

序号	姓名	身份证件类型	身份证件号码	纳税人识别号	是否为非居民个人	所得项目	收入额计算			专项扣除					其他扣除					累计情况（工资、薪金）										税款计算						备注
							收入	免税收入	减除费用	基本养老保险费	基本医疗保险费	失业保险费	住房公积金	年金	商业健康保险	税延养老保险	财产原值	允许扣除的税费	其他	累计收入额	累计减除费用	累计专项扣除	累计专项附加扣除				累计其他扣除	准予扣除的捐赠额	应纳税所得额	税率/预扣率	速算扣除数	应纳税额	减免税额	已扣缴税额	应补（退）税额	
																							子女教育	赡养老人	住房贷款利息	住房租金	继续教育									
1	2	3	4	5	6	7	8	9	10	11	12	13	14	15	16	17	18	19	20	21	22	23	24	25	26	27	28	29	30	31	32	33	34	35	36	37	38	39	40
合计																																							

谨声明：本扣缴申报表是根据国家税收法律法规及相关规定填报的，是真实的、可靠的、完整的。

扣缴义务人（签章）：

代理机构签章：
代理机构统一社会信用代码：
经办人签字：
经办人身份证件号码：

| 受理人： |
| 受理税务机关（签章）： |
| 受理日期：　年　月　日 |

国家税务总局监制

6.2.2 个人所得税的自行申报

自行申报纳税是指由纳税人自行在税法规定的纳税期限内,向税务机关申报取得的应税所得项目和数额,如实填写个人所得税纳税申报表,并按照税法规定计算应纳税额,据此缴纳个人所得税的一种方法。

1. 自行办理纳税申报的范围

凡依据个人所得税法负有纳税义务的纳税人,有下列情形之一的,应当按规定办理自行纳税申报。

(1) 取得综合所得需要办理汇算清缴。
(2) 取得应税所得没有扣缴义务人。
(3) 取得应税所得,扣缴义务人未扣缴税款。
(4) 取得境外所得。
(5) 因移居境外注销中国户籍。
(6) 非居民个人在中国境内从两处以上取得工资、薪金所得。
(7) 国务院规定的其他情形。

2. 需要办理汇算清缴的范围

个人所得税居民纳税人取得下列情形的综合所得时需要办理汇算清缴。

(1) 在两处或者两处以上取得综合所得,且综合所得年收入额减去专项扣除的余额超过六万元。
(2) 取得劳务报酬所得、稿酬所得、特许权使用费所得中一项或者多项所得,且综合所得年收入额减去专项扣除的余额超过六万元。
(3) 纳税年度内预缴税额低于应纳税额的。
(4) 纳税人申请退税。纳税人申请退税,应当提供其在中国境内开设的银行账户,并在汇算清缴地就地办理税款退库。

纳税人可以委托扣缴义务人或者其他单位和个人办理汇算清缴。

非居民个人取得工资、薪金所得,劳务报酬所得,稿酬所得和特许权使用费所得,有扣缴义务人的,由扣缴义务人按月或者按次代扣代缴税款,不办理汇算清缴。

3. 自行申报地点

(1) 取得综合所得需要办理汇算清缴的纳税人,纳税申报地点分别如下。
① 在中国境内有任职、受雇单位的,向任职、受雇单位所在地主管税务机关申报。
② 在中国境内有两处或者两处以上任职、受雇单位的,选择并向其中一处任职、受雇单位所在地主管税务机关申报。
③ 在中国境内无任职、受雇单位,向户籍所在地或经常居住地主管税务机关申报。

(2) 取得经营所得的纳税人,按月向经营管理所在地主管税务机关办理预缴申报,次年办理汇算清缴;从两处以上取得经营所得的,选择向其中一处经营管理地主管税务机关办理年度汇总申报。

(3) 非居民个人取得工资、薪金所得,劳务报酬所得,稿酬所得,特许权使用费所得,扣缴义务人未扣缴税款的,向扣缴义务人所在地主管税务机关申报;有两个以上扣缴义务人均未扣缴税款的,选择向其中一处扣缴义务人所在地主管税务机关办理纳税申报。

（4）居民个人从中国境外取得所得的，向中国境内任职、受雇单位所在地主管税务机关办理纳税申报；没有任职、受雇单位的，向户籍所在地或中国境内经常居住地主管税务机关申报；户籍所在地与中国境内经常居住地不一致的，选择其中一地主管税务机关申报；在中国境内没有户籍的，向中国境内经常居住地主管税务机关申报。

（5）纳税人因移居境外注销中国户籍的，应当在申请注销户籍前，向户籍所在地主管税务机关办理纳税申报，进行税款清算。

（6）非居民个人在中国境内从两处以上取得工资、薪金所得的，向其中一处任职、受雇单位所在地主管税务机关办理纳税申报。

（7）纳税人取得利息、股息、红利所得，财产租赁所得，财产转让所得和偶然所得，扣缴义务人未扣缴税款的，按相关规定向主管税务机关办理纳税申报。

纳税人不得随意变更纳税申报地点，因特殊情况需变更纳税申报地点的，须报原主管税务机关备案。

4. 自行申报期限

（1）居民个人取得综合所得，按年计算个人所得税；有扣缴义务人的，由扣缴义务人按月或者按次预扣预缴税款；需要办理汇算清缴的，应当在取得所得的次年3月1日至6月30日内办理汇算清缴。

（2）纳税人取得经营所得，按年计算个人所得税，由纳税人在月度或者季度终了后15日内向税务机关报送纳税申报表，并预缴税款；在取得所得的次年3月31日前办理汇算清缴。

（3）纳税人取得应税所得没有扣缴义务人的，应当在取得所得的次月15日内向税务机关报送纳税申报表，并缴纳税款。

（4）纳税人取得应税所得，扣缴义务人未扣缴税款的，纳税人应当在取得所得的次年6月30日前缴纳税款；税务机关通知限期缴纳的，纳税人应当按照期限缴纳税款。非居民个人在次年6月30日前离境（临时离境除外）的，应当在离境前办理纳税申报。

（5）居民个人从中国境外取得所得的，应当在取得所得的次年3月1日至6月30日内申报纳税。

（6）非居民个人在中国境内从两处以上取得工资、薪金所得的，应当在取得所得的次月15日内，向其中一处任职、受雇单位所在地主管税务机关办理纳税申报，并报送个人所得税自行纳税申报表（A表）。

（7）纳税人因移居境外注销中国户籍的，应当在注销中国户籍前办理税款清算。

（8）纳税人取得利息、股息、红利所得，财产租赁所得，财产转让所得和偶然所得，按月或者按次计算个人所得税，有扣缴义务人的，由扣缴义务人按月或者按次代扣代缴税款。扣缴义务人每月或者每次预扣、代扣的税款，应当在次月15日内缴入国库，并向税务机关报送扣缴个人所得税申报表。

纳税人办理汇算清缴退税或者扣缴义务人为纳税人办理汇算清缴退税的，税务机关审核后，按照国库管理的有关规定办理退税。

5. 自行申报方式

纳税人可以采用远程办税端、邮寄等方式申报，也可以直接到主管税务机关申报。纳税人办理自行纳税申报时，应当一并报送税务机关要求报送的其他有关资料。首次申报或者个人基础信息发生变化的，还应报送个人所得税基础信息表（B表）。纳税人采取远程办税端方式申报的，应当按照税务机关规定的期限和要求保存有关纸质资料；采取邮寄方式申报的,以邮政部门挂号信函收据作为申报凭据,以寄出的邮戳日期为实际申报日期。纳税人也可以委托有税务代理资质的中介机构或者他人代为办理纳税申报。

需要办理汇算清缴的纳税人,应当在取得所得的次年3月1日至6月30日内,向任职、受雇单位所在地主管税务机关办理纳税申报,居民个人纳税年度内仅从中国境内取得工资薪金所得、劳务报酬所得、稿酬所得、特许权使用费所得者,填报个人所得税年度自行纳税申报表(A表)(见表6-9)。居民个人纳税年度内取得境外所得的,按照税法规定办理取得境外所得个人所得税自行申报,填报个人所得税年度自行纳税申报表(B表),同时一并附送境外所得个人所得税抵免明细表。纳税人有两处以上任职、受雇单位的,选择向其中一处任职、受雇单位所在地主管税务机关办理纳税申报;纳税人没有任职、受雇单位的,向户籍所在地或经常居住地主管税务机关办理纳税申报。纳税人办理综合所得汇算清缴,应当准备与收入、专项扣除、专项附加扣除、依法确定的其他扣除、捐赠、享受税收优惠等相关的资料,并按规定留存备查或报送。

纳税人取得经营所得,按年计算个人所得税,由纳税人在月度或季度终了后15日内,向经营管理所在地主管税务机关办理预缴纳税申报,并报送个人所得税经营所得纳税申报表(A表)。

表6-9　　　　　　　　个人所得税年度自行纳税申报表

税款所属期：　　年　月　日至　　年　月　日
纳税人姓名：
纳税人识别号：□□□□□□□□□□□□□□□□□□　　金额单位：人民币元(列至角分)

基本情况			
手机号码	电子邮箱	邮政编码	□□□□□□
联系地址	省(区、市)　　市　　区(县)　　街道(乡、镇)		
纳税地点(单选)			
1.有任职受雇单位的,需选本项并填写"任职受雇单位信息"：		☐任职受雇单位所在地	
任职受雇单位信息	名称		
	纳税人识别号	□□□□□□□□□□□□□□□□□□	
2.没有任职受雇单位的,可以从本栏次选择一地：		☐户籍所在地　　☐经常居住地	
户籍所在地/经常居住地	省(区、市)　　市　　区(县)　　街道(乡、镇)		
申报类型(单选)			
☐首次申报		☐更正申报	
综合所得个人所得税计算			
项　　目		行次	金额
一、收入合计(第1行=第2行+第3行+第4行+第5行)		1	
(一)工资、薪金		2	
(二)劳务报酬		3	
(三)稿酬		4	
(四)特许权使用费		5	
二、费用合计[第6行=(第3行+第4行+第5行)×20%]		6	
三、免税收入合计(第7行=第8行+第9行)		7	
(一)稿酬所得免税部分[第8行=第4行×(1-20%)×30%]		8	
(二)其他免税收入(附报《个人所得税减免税事项报告表》)		9	
四、减除费用		10	
五、专项扣除合计(第11行=第12行+第13行+第14行+第15行)		11	
(一)基本养老保险费		12	
(二)基本医疗保险费		13	
(三)失业保险费		14	
(四)住房公积金		15	
六、专项附加扣除合计(附报《个人所得税专项附加扣除信息表》)(第16行=第17行+第18行+第19行+第20行+第21行+第22行)		16	

续表

综合所得个人所得税计算		
项目	行次	金额
（一）子女教育	17	
（二）继续教育	18	
（三）大病医疗	19	
（四）住房贷款利息	20	
（五）住房租金	21	
（六）赡养老人	22	
七、其他扣除合计（第23行＝第24行＋第25行＋第26行＋第27行＋第28行）	23	
（一）年金	24	
（二）商业健康保险（附报《商业健康保险税前扣除情况明细表》）	25	
（三）税延养老保险（附报《个人税收递延型商业养老保险税前扣除情况明细表》）	26	
（四）允许扣除的税费	27	
（五）其他	28	
八、准予扣除的捐赠额（附报《个人所得税公益慈善事业捐赠扣除明细表》）	29	
九、应纳税所得额 （第30行＝第1行－第6行－第7行－第10行－第11行－第16行－第23行－第29行）	30	
十、税率（％）	31	
十一、速算扣除数	32	
十二、应纳税额（第33行＝第30行×第31行－第32行）	33	
全年一次性奖金个人所得税计算 （无住所居民个人预判为非居民个人取得的数月奖金，选择按全年一次性奖金计税的填写本部分）		
一、全年一次性奖金收入	34	
二、准予扣除的捐赠额（附报《个人所得税公益慈善事业捐赠扣除明细表》）	35	
三、税率（％）	36	
四、速算扣除数	37	
五、应纳税额［第38行＝（第34行－第35行）×第36行－第37行］	38	
税额调整		
一、综合所得收入调整额（需在"备注"栏说明调整具体原因、计算方式等）	39	
二、应纳税额调整额	40	
应补/退个人所得税计算		
一、应纳税额合计（第41行＝第33行＋第38行＋第40行）	41	
二、减免税额（附报《个人所得税减免税事项报告表》）	42	
三、已缴税额	43	
四、应补/退税额（第44行＝第41行－第42行－第43行）	44	

无住所个人附报信息			
纳税年度内在中国境内居住天数		已在中国境内居住年数	
退税申请 （应补/退税额小于0的填写本部分）			
□ 申请退税（需填写"开户银行名称""开户银行省份""银行账号"）		□ 放弃退税	
开户银行名称		开户银行省份	
银行账号			
备注			

谨声明：本表是根据国家税收法律法规及相关规定填报的，本人对填报内容（附带资料）的真实性、可靠性、完整性负责。

纳税人签字： 年 月 日

经办人签字：	受理人：
经办人身份证件类型：	
经办人身份证件号码：	受理税务机关（章）：
代理机构签章：	
代理机构统一社会信用代码：	受理日期： 年 月 日

国家税务总局监制

纳税人取得经营所得，按年计算个人所得税，由纳税人在月度或季度终了后15日内向经营管理所在地主管税务机关办理预缴纳税申报，并报送个人所得税经营所得纳税申报表(A表)。在取得所得的次年3月31日前，向经营管理所在地主管税务机关办理汇算清缴，并报送个人所得税经营所得纳税申报表(B表)；从两处以上取得经营所得的，选择向其中一处经营管理所在地主管税务机关办理年度汇总申报，并报送个人所得税经营所得纳税申报表(C表)。

任务6.3 个人所得税会计核算

6.3.1 个体工商户生产、经营所得个人所得税的会计核算

对采用自行申报缴纳个人所得税的纳税人，除实行查账征收的个体工商户外，一般不需要进行会计核算。实行查账征收的个体工商户，其应缴纳的个人所得税应通过"所得税费用"和"应交税费——应交个人所得税"等科目。在计算应纳个人所得税时，借记"所得税费用"科目，贷记"应交税费——应交个人所得税"科目；实际上缴税款时，借记"应交税费——应交个人所得税"科目，贷记"银行存款"科目。

【例6-14】

某个体工商户当年全年经营收入500 000元，其中生产经营成本、费用总额为400 000元，计算其全年应纳的个人所得税。

$$应纳税所得额＝500\,000－400\,000＝100\,000(元)$$
$$应纳税额＝100\,000×20\%－10\,500＝9\,500(元)$$

会计分录如下。

计算应缴个人所得税时：
借：所得税费用　　　　　　　　　　　　　　　　　　9 500
　　贷：应交税费——应交个人所得税　　　　　　　　　　　9 500
实际缴纳税款时：
借：应交税费——应交个人所得税　　　　　　　　　9 500
　　贷：银行存款　　　　　　　　　　　　　　　　　　　　9 500

6.3.2 代扣代缴个人所得税的会计核算

现行会计制度并未对代扣税款核算作出规定，但实际工作中，一般可在"应交税费"总账下设置"代扣个人所得税"明细账进行核算。同时，根据所代扣税款的具体项目不同，将代扣的税额冲减"应付职工薪酬""应付账款"和"其他应付款"等科目。

1. 支付工资、薪金所得的单位代扣代缴个人所得税核算

企业对支付给职工的工资、薪金代扣个人所得税时，借记"应付职工薪酬"和"应付账款"等科目，贷记"应交税费——代扣个人所得税"科目；实际缴纳个人所得税税款时，借记"应交税费——代扣个人所得税"科目，贷记"银行存款"科目。

【例 6-15】

某企业按月发放职工工资时,预扣预缴职工李某个人所得税 230 元。该企业应作如下会计分录。

借:应付职工薪酬　　　　　　　　　　　　　　230
　　贷:应交税费——预扣个人所得税　　　　　　　　230

按规定期限上缴税款时:

借:应交税费——预扣个人所得税　　　　　　　230
　　贷:银行存款　　　　　　　　　　　　　　　　230

2. 支付其他所得的单位代扣代缴个人所得税的核算

企业代扣除工资、薪金所得以外的个人所得税时,根据个人所得项目不同,应分别借记"应付债券""应付股利""应付账款""其他应付款"等科目,贷记"应交税费——代扣个人所得税"科目;实际缴纳个人所得税税款时,借记"应交税费——代扣个人所得税"科目,贷记"银行存款"科目。

【例 6-16】

某企业当年 3 月与王某签约购入其一项发明专利,支付专利转让费 80 000 元。根据《个人所得税法》规定,该企业应预扣预缴王某专利转让应交的个人所得税。

应预扣预缴的个人所得税税额 = 80 000 × (1 − 20%) × 20% = 12 800(元)

会计分录如下。

购入专利时:

借:无形资产　　　　　　　　　　　　　　　　80 000
　　贷:其他应付款　　　　　　　　　　　　　　　80 000

支付转让款并预扣个人所得税时:

借:其他应付款　　　　　　　　　　　　　　　80 000
　　贷:应交税费——预扣个人所得税　　　　　　　12 800
　　　　银行存款　　　　　　　　　　　　　　　67 200

课后练习

一、判断题

1. 凡向个人支付应纳税所得的单位和个人,不论是向本单位人员支付,还是向其他单位人员支付,均应在支付时代(预)扣代(预)缴其应纳的个人所得税。（　　）

2. 对于居民纳税人而言,如果既有境内所得,又有境外所得,应将境内外所得合并计算应纳税额,在我国缴纳个人所得税。（　　）

3. 个人领取的原提存的住房公积金、医疗保险金、基本养老保险金,免征个人所得税。（　　）

4. 两个或两个以上个人共同取得同一项所得的,应先就其全部收入减除费用计算征收个人所得税,然后将其税后所得在各纳税人之间分配。（　　）

5. 对个人独资企业和合伙企业生产、经营所得，按查账征税法征收的，投资者及其家庭发生的生活费用允许在税前扣除。（　）

6. 个人所得用于各种公益救济性捐赠，均按捐赠额在纳税人申报的应纳税所得额30%以内的部分从应纳税所得额中扣除。（　）

7. 稿酬所得每次以收入减除20%的基础上，再减按70%计算，故实际按收入的56%计征。（　）

8. 专项附加扣除，包括子女教育、继续教育、大病医疗、住房贷款利息或者住房租金、赡养老人等支出。（　）

9. 个人取得应纳税所得，没有扣缴义务人的或者扣缴义务人未按规定扣缴税款的，均应自行申报缴纳个人所得税。（　）

10. 在中国境内有两处或者两处以上任职、受雇单位的个人，应选择并固定向其中一处单位所在地主管税务机关申报个人所得税。（　）

二、单项选择题

1. 我国现行个人所得税采用综合与分类相结合的所得税制，在税法中列举的应税项目有（　）项。
   A. 9　　　　B. 10　　　　C. 11　　　　D. 12

2. 个人不在公司任职，仅在公司担任董事职务而取得的董事费收入，属于（　）。
   A. 劳务报酬所得　　　　　　B. 特许权使用费所得
   C. 工资薪金所得　　　　　　D. 其他所得

3. 某人2018年2月10日来华工作，2019年3月17日离华，2019年4月14日又来华，2019年9月26日离华，2019年10月9日又来华，2020年5月离华回国。则该纳税人（　）。
   A. 2018年度为居民纳税义务人，2019年度为非居民纳税义务人
   B. 2019年度为居民纳税义务人，2018年度为非居民纳税义务人
   C. 2018年、2019年度均为非居民纳税义务人
   D. 2018年、2019年度均为居民纳税义务人

4. 子女教育专项附加扣除是指纳税人的子女接受学前教育和学历教育的相关支出，按照每个子女每月（　）元的标准定额扣除。
   A. 1 000　　　B. 300　　　C. 400　　　D. 1 200

5. 继续教育专项附加扣除中，纳税人接受技能人员职业资格继续教育、专业技术人员职业资格继续教育支出，在取得相关证书的年度，按照每年（　）元定额扣除。
   A. 14 400　　　B. 3 600　　　C. 4 800　　　D. 9 600

6. 某公司从个人手中购买一项非专利技术的使用权，合同约定应支付使用费50 000元（含税），应预扣预缴个人所得税税额为（　）元。
   A. 8 000　　　B. 9 000　　　C. 10 000　　　D. 12 000

7. 综合所得年度汇算清缴的居民纳税人应在（　）到主管税务机关办理汇算清缴工作。
   A. 取得所得的次年6个月内
   B. 取得所得的次年3月1日至6月30日内
   C. 取得所得的次年3个月内
   D. 取得所得的次年15日内

8. 下列应税项目中,不适用代(预)扣代(预)缴方式的是(　　)。
   A. 工资、薪金所得　　　　　　　　B. 稿酬所得
   C. 个体工商户生产、经营所得　　　D. 劳务报酬所得

三、多项选择题
1. 下列有关居民纳税义务人的表述中,错误的有(　　)。
   A. 在我国境内拥有住所的个人
   B. 无住所但在我国境内居住累计满183天的个人
   C. 在我国境内无住所又不居住的个人
   D. 在我国境内无住所且居住累计不满183天的个人
2. 下列项目中,直接以每次收入额为应纳税所得额计算缴纳个人所得税的有(　　)。
   A. 稿酬所得　　　　　　　　　　　B. 利息、股息、红利所得
   C. 偶然所得　　　　　　　　　　　D. 特许权使用费所得
3. 个人取得的下列所得,免征个人所得税的有(　　)。
   A. 按国家统一规定发给的津贴
   B. 个人转让自用8年的家庭唯一生活用房的所得
   C. 本单位发给的先进个人奖金
   D. 离退休人员工资
4. 下列各项中,应按"综合所得"项目征税的有(　　)。
   A. 经营所得　　　　　　　　　　　B. 年终加薪
   C. 稿酬所得　　　　　　　　　　　D. 劳务报酬所得
5. 下列各项所得可以免征个人所得税的有(　　)。
   A. 保险赔款
   B. 国债和国家发行的金融债券利息
   C. 退休人员利用一技之长再就业取得的工资、薪金所得
   D. 军人的转业费、复员费和退役金
6. 继续教育专项附加扣除中,下列说法正确的有(　　)。
   A. 纳税人接受学历(学位)教育期间按照每月400元定额扣除
   B. 纳税人接受职业资格继续教育,在取得相关证书的年度按照每年3 600元定额扣除
   C. 纳税人接受学历教育期间按照每月1 000元定额扣除
   D. 纳税人接受职业资格继续教育,在取得相关证书的年度按照每年3 600元(每月300元)定额扣除
7. 下列各项所得中,应当缴纳个人所得税的有(　　)。
   A. 个人的贷款利息　　　　　　　　B. 个人取得的企业债券利息
   C. 个人取得的国库券利息　　　　　D. 个人取得的股息
8. 居民个人取得综合所得,需要办理汇算清缴的有(　　)。
   A. 在两处或者两处以上取得综合所得,且综合所得年收入额减去专项扣除的余额超过六万元
   B. 取得劳务报酬所得、稿酬所得、特许权使用费所得中一项或者多项所得,且综合所得年收入额减去专项扣除的余额超过六万元

C. 纳税年度内预缴税额低于应纳税额的

D. 纳税人申请退税的

四、业务题

1. 某歌星1月参加一场演出,取得出场费80 000元,按规定将收入的10%上交其单位,并通过民政局将此出场费中的20 000元捐赠给"希望工程",又将其中的3 000元直接捐赠给一位生活有困难的亲友。

要求:计算该歌星应预缴的个人所得税税额。

2. 某大学周教授2019年2月收入情况如下。

(1) 每月工资收入9 680元。

(2) 担任兼职律师取得收入80 000元,将其中5 000元通过国家机关向农村义务教育捐赠。

(3) 取得稿酬13 800元。

(4) 出售自有自用6年的家庭唯一住房,扣除当初购买公房的价格和售房时按规定支付的有关税费后,取得净收入12万元。

假定周教授有一个小孩在读高中,父母均已60岁以上,且自己为独生儿子。

要求:请计算周教授2月应预缴的个人所得税税额。

3. 高级工程师王某月工资收入5 000元,12月另有四笔收入:一是领取了12个月的奖金18 400元;二是一次取得了建筑工程设计费40 000元,从中拿出10 000元通过民政局向灾区捐赠;三是取得了投资股利5 000元;四是取得了省人民政府颁发的科技奖奖金20 000元。

要求:计算王某12月预缴的个人所得税税额和次年办理汇算清缴应补缴或退的个人所得税税额。

4. 有一位中国公民,1—12月从中国境内取得工资、薪金收入162 400元,取得稿酬收入20 000元;当年还从A国取得特许权使用费收入8 000元,从B国取得投资股利收入3 000元,劳务报酬收入2 000元,该纳税人已按A、B两国税法规定分别缴纳了个人所得税1 400元和700元。

要求:试计算该纳税人应纳个人所得税税额。

5. 中国公民王某为一外商投资企业的高级职员,假定2019年度其收入情况如下。

(1) 雇用单位每月支付工资、薪金16 900元。

(2) 取得股票转让收益100 000元。

(3) 从A国取得特许权使用费收入折合人民币18 000元,并提供了来源国纳税凭证,纳税折合人民币1 800元。

(4) 购物中奖获得奖金20 000元。

(5) 受托为某单位做工程设计,历时3个月,共取得工程设计费40 000元。

要求:计算王某平时个人所得税的预缴额,并办理年度综合所得的汇算清缴工作。

6. 徐女士2019年1月1日起将其位于市区的一套公寓住房按市价出租,每月收取租金4 200元(含增值税)。1月因卫生间漏水发生修缮费用1 500元,已取得合法有效的支出凭证。

要求:

(1) 计算徐女士因此事2019年1、2月应缴纳的个人所得税。

(2) 为什么1 500元的修缮费用要拆成800元和700元,分两期扣除?

其他税种计算申报与核算

项目7

技 能 目 标

1. 能根据相关规定计算城市维护建设税、房产税、印花税、车船税、契税、土地增值税、城镇土地使用税和资源税应纳税额。

2. 能熟练填制城市维护建设税、房产税、印花税、车船税、契税、土地增值税、城镇土地使用税和资源税纳税申报表,正确进行纳税申报。

3. 能根据相关业务进行城市维护建设税、房产税、印花税、车船税、契税、土地增值税、城镇土地使用税和资源税的会计处理。

知 识 目 标

1. 掌握城市维护建设税、房产税、印花税、车船税、契税、土地增值税、城镇土地使用税和资源税应纳税额的计算方法。

2. 熟悉城市维护建设税、房产税、印花税、车船税、契税、土地增值税、城镇土地使用税和资源税的会计处理。

3. 了解城市维护建设税、房产税、印花税、车船税、契税、土地增值税、城镇土地使用税和资源税的基本知识。

案 例 导 入

如何申报和缴纳地方税

多多运输公司于2019年6月开业,领取了房屋产权证、工商营业执照各1件;该公司记载资金的账簿中载明实收资本为500万元,并开设其他账簿15本;账簿中载明:该公司拥有的房产原值为200万元,占用土地面积1 500平方米,拥有载货汽车10辆,载客汽车12辆。该公司开业后,还同各方签订了各种合同。你作为该公司的会计人员,知道该公司需缴纳哪些税?应缴纳的税额为多少?各税种如何申报?

任务 7.1 城市维护建设税计算申报与核算

城市维护建设税是国家对缴纳"二税"(增值税、消费税,"营改增"以前还包括营业税,下同)的单位和个人就其实际缴纳的"二税"税额为计税依据而征收的一种税。该税是一种具有附加税性质的税种,按"二税"税额附加征收,其本身没有特定的、独立的课税对象。目的是筹集城市公用事业和公共设施的维护、建设资金,加快城市开发建设步伐。负有缴纳"二税"义务的单位与个人是城市维护建设税的纳税人,自 2010 年 12 月 1 日起,外商投资企业、外国企业和外籍人员开始征收城市维护建设税。

7.1.1 城市维护建设税的计算

1. 计税依据的确定

城市维护建设税的计税依据是指纳税人实际缴纳的"二税"税额,但不包括纳税人违反"二税"有关税法而加收的滞纳金和罚款,但纳税人在被查补"二税"和被处以罚款时,应同时对其偷漏的城市维护建设税进行补税、征收滞纳金和罚款。城市维护建设税以"二税"税额为计税依据并同时征收,如果免征或减征"二税",也就同时免征或减征城市维护建设税。但对出口商品退还增值税、消费税时,不退还已缴纳的城市维护建设税。

2. 税率的选择

城市维护建设税采用比例税率。按纳税人所在地的不同,设置三档差别比例税率(见表 7-1)。

表 7-1 城市维护建设税税率表

纳税人所在地区	税率/%
市区	7
县城和镇	5
市区、县城和镇以外的其他地区	1

城市维护建设税的适用税率应当按照纳税人所在地的规定税率执行。但是,对下列两种情况,可按缴纳"二税"所在地的规定税率就地缴纳城市维护建设税。

(1) 由受托方代扣代缴、代收代缴"二税"的单位和个人,其代扣代缴、代收代缴的城市维护建设税按受托方所在地适用税率执行。

(2) 流动经营等无固定纳税地点的单位和个人在经营地缴纳"二税"的,其城市维护建设税的缴纳按经营地适用税率执行。

3. 应纳税额的计算

城市维护建设税的应纳税额是按纳税人实际缴纳的"二税"税额计算的,其计算公式为

应纳税额=纳税人实际缴纳的增值税、消费税税额×适用税率

【例 7-1】

某一市区企业 2019 年 6 月实际缴纳增值税 80 000 元,缴纳消费税 10 000 元。计算

该企业应纳城市维护建设税。

$$应纳税额=(80\,000+10\,000)\times 7\%=6\,300(元)$$

知识链接7-1 城市维护建设税优惠政策

城市维护建设税原则上不单独减免,但因其具有附加税性质,当主税发生减免时,城市维护建设税也相应发生减免。具体包括以下几种情况。

(1) 随"二税"的减免而减免。

(2) 随"二税"的退库而退库。

(3) 海关对进口产品代征的增值税、消费税,不征收城市维护建设税。

(4) 个别缴纳城市维护建设税确有困难的单位和个人,由县(市)级人民政府审批,酌情给予税收减免。

【提示】 ①进口产品需征收增值税、消费税的,不征收城市维护建设税;出口产品退还增值税、消费税的,不退还已缴纳的城市维护建设税,即"进口不征、出口不退";②对"二税"实行先征后返、先征后退、即征即退办法的,除另有规定外,对随"二税"附征的城市维护建设税和教育费附加,一律不予退(返)还。

7.1.2 城市维护建设税的缴纳

1. 纳税地点

城市维护建设税以纳税人实际缴纳的增值税、消费税税额为计税依据,分别与"二税"同时缴纳。所以,纳税人缴纳"二税"的地点就是该纳税人缴纳城市维护建设税的地点。但是属于下列情况的,纳税地点如下。

(1) 代扣代缴、代收代缴"二税"的单位和个人,同时也是城市维护建设税的代扣代缴、代收代缴义务人,其城市维护建设税的纳税地点在代扣代收地。

(2) 跨省开采的油田,下属生产单位与核算单位不在一个省内的,其生产的原油,在油井所在地缴纳增值税,其应纳税款由核算单位按照各油井的产量和规定税率汇拨各油井所在地缴纳。所以各油井应纳的城市维护建设税应由核算单位计算,随同增值税一并汇拨油井所在地,由油井在缴纳增值税的同时一并缴纳城市维护建设税。

(3) 对流动经营等无固定纳税地点的单位和个人,应随同"二税"在经营地按适用税率缴纳。

(4) 中国铁路总公司等实行汇总缴纳"二税"的纳税人,城建税在汇总地与"二税"同时缴纳。

2. 纳税期限

由于城市维护建设税是由纳税人在缴纳"二税"时同时缴纳的,所以其纳税期限分别与"二税"的纳税期限一致。

3. 纳税申报

城市维护建设税与"二税"同时申报缴纳,纳税人应按照有关税法的规定,如实填写城市维护建设税 教育费附加 地方教育附加申报表(见表7-2)。

表 7-2

城市维护建设税 教育费附加 地方教育附加申报表

税款所属期限：自 年 月 日 至 年 月 日

纳税人识别号（统一社会信用代码）：□□□□□□□□□□□□□□□□□□

纳税人名称：

金额单位：人民币元（列至角分）

本期是否适用增值税小规模纳税人减征政策					□是 □否	减征比例_城市维护建设税（%）			
（减免性质代码：61049901_城市维护建设税，07049901_教育费，99049901_减免性质代码_教育费附加）						减征比例_教育费附加（%）			
						减征比例_地方教育附加（%）			
税（费）种	计税（费）依据				税率（征收率）	本期应纳税（费）额	本期减免税（费）额		本期增值税小规模纳税人减征额	本期已缴税（费）额	本期应补（退）税（费）额
	增值税		消费税	营业税	合计			减免性质代码	减免税（费）额			
	一般增值税	免抵税额										
	1	2	3	4	5=1+2+3+4	6	7=5×6	8	9	10	11	12=7-9-10-11
城建税												
教育费附加					—							
地方教育附加					—							
合 计					—							

谨声明：本纳税申报表是根据国家税收法律法规及相关规定填报的，是真实的、可靠的、完整的。

纳税人（签章）：

年 月 日

经办人：
经办人身份证号：
代理机构签章：
代理机构统一社会信用代码：

受理人：
受理税务机关（章）：
受理日期： 年 月 日

7.1.3 城市维护建设税的核算

城市维护建设税的会计核算应设置"应交税费——应交城市维护建设税"科目。计提城市维护建设税时,应借记"税金及附加"科目,贷记本科目;实际缴纳城市维护建设税时,应借记本科目,贷记"银行存款"科目。本科目期末贷方余额反映企业应交而未交的城市维护建设税。

【例 7-2】

根据例 7-1 资料,进行会计处理。
(1) 计提城市维护建设税时
借:税金及附加——城市维护建设税　　　　　6 300
　　贷:应交税费——应交城市维护建设税　　　　　6 300
(2) 实际缴纳城市维护建设税时
借:应交税费——应交城市维护建设税　　　　　6 300
　　贷:银行存款　　　　　6 300

知识链接7-2 ｜ 教育费附加简介

教育费附加是对缴纳增值税、消费税的单位和个人征收的一种专项附加费,是正税以外的政府行政收费。国务院于 1986 年 4 月 28 日发布了《征收教育费附加的暂行规定》,并于同年 7 月 1 日起实施。目的是多渠道筹集教育经费,改善中小学办学条件,促进地方教育事业的发展。

教育费附加对缴纳"二税"的单位和个人征收,以其实际缴纳的"二税"税额为计费依据,分别与"二税"同时缴纳。现行教育费附加的征收率为"二税"税额的 3%。从 2005 年 10 月 1 日起对生产卷烟和烟叶的单位也按 3% 征收。自 2010 年 12 月 1 日起统一内外资企业和个人教育费附加制度,统一按增值税、消费税实际缴纳税额的 3% 征收。同时为规范和拓宽财政性教育经费等资渠道,支持地方教育事业发展,全面开征地方教育附加,地方教育附加统一按增值税、消费税实际缴纳税额的 2% 征收。

教育费附加的减免规定:海关进口商品征收的增值税、消费税不征收教育费附加;对由于减免"二税"而发生退税的,可同时退还已征收的教育费附加,但对于出口产品退还增值税、消费税的,不退还已征收的教育费附加。

教育费附加通过"应交税费"科目核算。计提教育费附加时应借记"税金及附加"科目,贷记本科目;缴纳教育费附加时应借记本科目,贷记"银行存款"科目,本科目期末贷方余额反映应交而未交的教育费附加。

任务7.2 房产税计算申报与核算

房产税是以房产为征税对象,依据房产价值或房产租金收入向房产所有人或经营人征收的一种税。该税是一种财产性质的税种,目的是运用税收杠杆加强对房产的管理,提高房产使用效率,合理调节房产所有人和经营人的收入。房产的产权所有人是房产税的纳税人,产权属于国家的,由经营管理单位缴纳;产权属于集体和个人所有的,由集体和个人缴纳;产权出典的,由承典人缴纳;产权所有人、承典人不在房产所在地的,或者产权未确定及租典纠纷未解决的,由房产代管人或使用人缴纳。

7.2.1 房产税的计算

1. 计税依据的确定

房产税的征税对象是城市、县城、建制镇和工矿区的房产,不包括农村的房产,其计税依据为房产的计税价值或房产的租金收入。按房产的计税价值征税的,称为从价计征;按房产的租金收入计征的,称为从租计征。

(1) 从价计征

从价计征的,计税依据是房产原值减除一定比例后的余值。房产原值是指"固定资产"科目中记载的房屋原价;减除一定比例是指省、自治区、直辖市人民政府确定的10%～30%的扣除比例。

(2) 从租计征

从租计征的,计税依据为房产不含增值税的租金收入,即房屋产权所有人出租房产使用权所得的报酬,包括货币收入和实物收入。

【提示】 房地产开发企业建造的商品房,在出售前,不征收房产税;但对出售前房地产开发企业已使用或出租、出借的商品房应按规定征收房产税。

2. 税率的选择

我国房产税采用的是比例税率,由于房产税的计税依据分为从价计征和从租计征两种形式,所以房产税的税率也有两种:采用从价计征的,税率为1.2%;采用从租计征的,税率为12%。从2001年1月1日起,对个人按市场价格出租的居民住房,用于居住的,可暂减按4%的税率征收房产税。

3. 应纳税额的计算

(1) 从价计征应纳税额的计算

从价计征是按房产原值减除一定比例后的余值计征,其计算公式为

$$应纳税额 = 应税房产原值 \times (1 - 扣除比例) \times 1.2\%$$

(2) 从租计征应纳税额的计算

从租计征是按房产的租金收入计征,其计算公式为

$$应纳税额 = 租金收入 \times 12\%$$

【例7-3】

某公司2018年12月31日房屋原始价值为900万元。2019年7月1日公司将其中的100万元房产出租给外单位使用,租期2年,每年收取租金10.5万元(含增值税,按简易计税办法缴纳增值税)。当地政府规定,从价计征房产税的,扣除比例为20%。房产税按年计算,分半年缴纳。计算该公司2019年上半年、下半年应纳房产税税额。

(1) 上半年房产应缴纳的税额

$$应纳房产税税额 = 900 \times (1 - 20\%) \times 1.2\% \div 2 = 4.32(万元)$$

(2) 下半年房产应缴纳的税额

从价计征部分应纳房产税税额＝800×(1－20％)×1.2％÷2＝3.84(万元)

从租计征部分应纳房产税税额＝10.5÷(1＋5％)÷2×12％＝0.6(万元)

下半年应纳房产税税额＝3.84＋0.6＝4.44(万元)

知识链接7-3 | 房产税优惠政策

目前,房产税的税收主要包括以下优惠政策。

(1) 国家机关、人民团体、军队自用的房产免税。但上述免税单位的出租房屋以及非自身业务使用的生产、经营用房,不属于免税范围。

(2) 由国家财政部门拨付经费的单位,其自身业务范围内使用的房产免税。

(3) 宗教寺庙、公园、名胜古迹自用的房产免税。

(4) 个人所有非营业用的房产免税。

(5) 经财政部批准免税的其他房产。

7.2.2 房产税的缴纳

1. 纳税期限

房产税实行按年计算,分期缴纳的征税方法,具体纳税期限由各省、自治区、直辖市人民政府确定。各地一般按季度或半年征收一次,在季度或半年内规定某一月份征收。

2. 纳税义务发生时间

(1) 纳税人将原有房产用于生产经营的,从生产经营之月起,计征房产税。

(2) 纳税人自行新建房屋用于生产经营的,自建成之次月起,计征房产税。

(3) 纳税人委托施工企业建设的房屋,从办理验收手续之次月起,计征房产税。对于在办理验收手续前已使用或出租、出借的新建房屋,应从使用或出租、出借的当月起按规定计征房产税。

(4) 纳税人购置新建商品房,自房屋权属交付使用之次月起,计征房产税。

(5) 纳税人购置存量房,自办理房屋权属转移、变更登记手续,房地产权属登记机关签发房屋权属证书之次月起,计征房产税。

(6) 纳税人出租、出借房产,自交付出租、出借房产之次月起,计征房产税。

(7) 纳税人是房地产开发企业的,其自用、出租、出借本企业建造的商品房,自房屋使用或者交付之次月起,计征房产税。

【提示】 只有第一种情况从"之月"起缴纳房产税,其余都是从"之次月"起缴纳房产税。

3. 纳税地点

房产税的纳税地点为房产所在地。房产不在同一地方的纳税人,应按房产的坐落地点分别向房产所在地的税务机关纳税。

4. 纳税申报

纳税人应按照房产税暂行条例的要求,将现有房屋的坐落地点、结构、面积、原值、出租收入等情况,如实向房屋所在地税务机关办理纳税申报,如实填写房产税纳税申报表(见表7-3)。

表7-3　房产税纳税申报表

税款所属期：自　年　月　日　至　年　月　日

纳税人识别号（统一社会信用代码）：□□□□□□□□□□□□□□□□□□

纳税人名称：

金额单位：元至角分；面积单位：平方米

本期是否适用增值税小规模纳税人减征政策（减免性质代码：08049901）	□是 □否								
本期适用增值税小规模纳税人减征政策起始时间			年 月						
本期适用增值税小规模纳税人减征政策终止时间			年 月		减征比例（%）				

一、从价计征房产税

房产编号	房产原值	其中：出租房产原值	计税比例	税率	所属期起	所属期止	本期应纳税额	本期减免税额	本期增值税小规模纳税人减征额	本期已缴税额	本期应补（退）税额
1											
2											
3											
4											
5											
合计	*	*	*	*	*	*					

二、从租计征房产税

	本期申报租金收入	税率	本期应纳税额	本期减免税额	本期增值税小规模纳税人减征额	本期已缴税额	本期应补（退）税额
1							
2							
合计	*	*					

谨声明：本纳税申报表是根据国家税收法律法规及相关规定填报的，是真实的、可靠的、完整的。

纳税人（签章）：

年　月　日

经办人：
经办人身份证号：
代理机构签章：
代理机构统一社会信用代码：

受理人：
受理税务机关（章）：
受理日期：　年　月　日

7.2.3 房产税的核算

房产税的会计核算应设置"应交税费——应交房产税"科目。该科目贷方登记本期应缴纳的房产税税额；借方登记企业实际缴纳的房产税税额；期末贷方余额表示企业应交而未交的房产税税额。

核算时，企业按规定计算应交的房产税，借记"税金及附加"科目，贷记"应交税费——应交房产税"科目；缴纳房产税时，借记"应交税费——应交房产税"科目，贷记"银行存款"科目。

【例7-4】

根据例7-3资料，进行会计处理。

上半年计提房产税时：

借：税金及附加——房产税　　　　　　　　　　43 200
　　　贷：应交税费——应交房产税　　　　　　　　43 200

实际缴纳上半年房产税时：

借：应交税费——应交房产税　　　　　　　　　43 200
　　　贷：银行存款　　　　　　　　　　　　　　　43 200

任务7.3 印花税计算申报与核算

印花税是对经济活动和经济交往中书立、使用、领受具有法律效力的凭证的单位和个人征收的一种税。该税是一种具有行为税性质的税种，具有覆盖面广、税率低、税负轻，以及实行"三自"纳税办法（纳税人自行计算应纳税额、自行购买印花税票并贴花、自行盖章注销或划销）等特点。凡在中国境内书立、使用、领受印花税法所列举的应税凭证的单位和个人是印花税的纳税人。按书立、使用、领受应税凭证的不同，分为立合同人、立据人、立账簿人、领受人和使用人五种。

7.3.1 印花税的计算

1. 计税依据的确定

印花税的征税对象是税法列举的各种应税凭证，即合同或具有合同性质的凭证；产权转移书据；营业账簿；权利许可证照；财政部确定的其他应税凭证。列入税目的就要征税，未列入税目的就不用征税。计税依据是应税凭证的计税金额或应税凭证的件数，具体如下。

（1）购销合同的计税依据为购销金额。

（2）加工承揽合同的计税依据为加工或承揽收入的金额。

(3) 建设工程勘察设计合同的计税依据为收取的费用。

(4) 建筑安装工程承包合同的计税依据为承包金额。

(5) 财产租赁合同的计税依据为租赁金额;经计算,税额不足1元的,按1元贴花。

(6) 货物运输合同的计税依据为运输费用,但不包括装卸费用、保险费。

(7) 仓储保管合同的计税依据为仓储保管费用。

(8) 借款合同的计税依据为借款金额。

(9) 财产保险合同的计税依据为保险费,不包括所保财产的金额。

(10) 技术合同的计税依据为合同所载金额、报酬或使用费。

(11) 产权转移书据的计税依据为合同所载金额。

(12) 营业账簿税目中记载金额的账簿的计税依据为"实收资本"与"资本公积"两项的合计金额。其他账簿的计税依据为应税凭证件数。

(13) 权利许可证照的计税依据为应税凭证件数。

同一凭证载有两个或以上经济事项而适用不同税目税率,如分别记载金额的,应分别计算应纳税额,相加后按合计税额贴花;如未分别记载金额的,按税率高的计税贴花。

2. 税率的选择

印花税的税率设计,遵循税负从轻、共同负担的原则。所以,税率比较低,凭证的当事人均应就其所持凭证依法纳税。

印花税采用比例税率和定额税率两种形式。在印花税的13个税目中,"权利许可证照"税目、"营业账簿"税目中的其他账簿适用定额税率,按件贴花,税额均为5元;其他税目采用比例税率。印花税税目税率见表7-4。

表7-4　　　　　　　　　印花税税目税率表

税　目	范　围	税　率	纳税人	说　明
1. 购销合同	包括供应、预购、采购、购销结合及协作、调剂、补偿等合同	按购销金额的万分之三贴花	立合同人	
2. 加工承揽合同	包括加工、定做、修缮、修理、印刷、广告、测绘、测试等合同	按加工或承揽收入的万分之五贴花	立合同人	
3. 建设工程勘察设计合同	包括勘察设计合同	按收取费用的万分之五贴花	立合同人	
4. 建筑安装工程承包合同	包括建筑、安装工程承包合同	按承包金额的万分之三贴花	立合同人	
5. 财产租赁合同	包括租赁房屋、船舶、飞机、机动车辆、机械、器具、设备等合同	按租赁金额的千分之一贴花。税额不足1元的按1元贴花	立合同人	
6. 货物运输合同	包括民航、铁路、海上、内河、公路运输和联合运输等合同	按运输费用的万分之五贴花	立合同人	单据作为合同使用的按合同贴花

续表

税目	范围	税率	纳税人	说明
7. 仓储保管合同	包括仓储、保管合同	按仓储保管费用的千分之一贴花	立合同人	仓单或栈单作为合同使用的按合同贴花
8. 借款合同	银行及其他金融机构和借款人(不包括银行同业拆借)所签订的借款合同(包括融资租赁合同)	按借款金额的万分之零点五贴花	立合同人	单据作为合同使用的按合同贴花
9. 财产保险合同	包括财产、责任、保证、信用等保险合同	按保险费收入的千分之一贴花	立合同人	单据作为合同使用的按合同贴花
10. 技术合同	包括技术开发、转让、咨询、服务等合同	按所载金额的万分之三贴花	立合同人	
11. 产权转移书据	包括财产所有权和版权、商标专用权、专利权、专有技术使用权等转移书据	按所载金额的万分之五贴花	立合同人	
12. 营业账簿	生产经营用账册	记载金额的账簿按"实收资本""资本公积"两项合计金额的万分之五贴花(自2018年5月1日起减半征收)。其他按件贴花5元(自2018年5月1日起免征)	立账簿人	记载资金的账簿按"实收资本""资本公积"两项合计金额贴花后,以后年度资金总额比已贴花资金总额增加的,增加部分应按规定贴花
13. 权利许可证照	包括政府部门发给的房屋产权证、工商营业执照、土地使用证、商标注册证、专利证	按件贴花5元	领受人	

注:因证券交易税暂未开征,现行A股、B股股权转让,以证券市场当日实际成交价格计算的金额,由卖出方按1‰(2008年9月19日起)的税率缴纳印花税。

3. 应纳税额的计算

根据应税凭证的性质,印花税的计算可采用从价定率计算和从量定额计算两种方法,其计算公式为

$$应纳税额=应税凭证计税金额\times 适用税率$$

或

$$应纳税额=应税凭证件数\times 适用税额$$

【例7-5】

某企业2019年6月开业,当年发生以下有关业务事项:领受房屋产权证、工商营业执照、土地使用证各1件;订立一份商品购销合同,合同金额为100万元;订立借款合同一份,所载金额为100万元;企业记载资金的账簿,"实收资本"为500万元,"资本公积"为100万元;其他账簿20本。计算该企业当年应缴纳的印花税税额。

(1) 企业领受权利许可证照应纳税额

$$应纳税额=3\times 5=15(元)$$

(2) 企业订立购销合同应纳税额

应纳税额＝1 000 000×0.3‰＝300(元)

(3) 企业订立借款合同应纳税额

应纳税额＝1 000 000×0.05‰＝50(元)

(4) 企业记载资金的账簿应纳税额(从2018年5月1日起减半征收)

应纳税额＝(5 000 000＋1 000 000)×0.5‰×50%＝1 500(元)

(5) 企业其他营业账簿从2018年5月1日免征印花税

(6) 企业当年应纳印花税税额

15＋300＋50＋1 500＝1 865(元)

知识链接7-4 | 印花税优惠政策

下列凭证免征印花税。

(1) 已缴纳印花税的凭证副本或抄本。但以副本或者抄本视同正本使用的，则应另贴印花。

(2) 财产所有者将财产赠给政府、社会福利机构、学校所书立的书据。

(3) 国家指定的收购部门与村民委员会、农民个人书立的农副产品收购合同。

(4) 无息、贴息贷款合同。

(5) 外国政府或国际金融组织向我国政府及国家金融机构提供优惠贷款所书立的合同。

(6) 房地产管理部门与个人签订的用于生活居住的租赁合同。

(7) 农牧业保险合同。

(8) 特殊的货运凭证，如军需物资运输凭证、抢险救灾物资运输凭证、新建铁路的工程临管线运输凭证。

(9) 自2018年11月1日至2020年12月31日，金融机构与小型、微型企业签订的借款合同免征印花税。

(10) 自2018年5月1日起，对纳税人设立的资金账簿按实收资本和资本公积合计金额征收的印花税减半，对按件征收的其他账簿免征印花税。

7.3.2 印花税的缴纳

1. 纳税办法

印花税的纳税办法，根据应纳税额的大小、纳税次数的多少，以及税收征收管理的需要，分别采用以下3种纳税方法。

(1) 自行贴花办法

自行贴花办法一般适用于应税凭证较少或同一种纳税次数较少的纳税人，使用范围较为广泛。纳税人书立、领受或者使用印花税法列举的应税凭证的同时,纳税义务即已产生,应当根据应税凭证的性质和适用的税目税率,自行计算应纳税额,自行向当地税务机关购买印花税票,并在应税凭证上一次贴足印花税票并加以注销或划销,纳税义务才算全部履行完毕。这就是印花税的"三自"纳税办法。按比例税率纳税而应纳税额不足1角的免纳印花税,应纳税额在1角以上的,其税额尾数不满5分的不计,满5分的按1角计算缴纳;对财产租赁合同规定了最低1元的应纳税额起点,即税额超过1角但不足1元的,按1元纳税。采用该纳税方法的纳税人,一般无须填写印花税纳税申报表。

(2) 汇贴或汇缴办法

汇贴或汇缴办法一般适用于应税税额较大或贴花次数频繁的纳税人。

一份凭证应纳税额超过500元的,应向当地税务机关申请填写缴款书或者完税证,将其中一联粘贴在凭证上或由税务机关在凭证上加注完税标记代替贴花。这就是通常所说的"汇贴"办法。

对同一种凭证需频繁贴花的,纳税人可根据实际情况自行决定是否采用按期汇总缴纳印花税的方式。汇总缴纳的期限最长不得超过一个月。纳税期满后,纳税人应填写花税纳税申报表,向主管税务机关申报纳税。凡汇缴印花税的凭证,应加盖税务机关的汇缴戳记,编号并装订成册后,将已贴印花税票或缴款书的一联粘附册后,盖章注销,保存备查。

(3) 委托代征

委托代征是受托单位按税务机关的要求,以税务机关的名义向纳税人征收税款的一种方式。受托单位一般是发放、鉴证、公证应税凭证的政府部门或其他社会组织。税务机关应与代征单位签订代征委托书。纳税人在办理应税凭证相关业务时,由上述受托单位代为征收印花税款,要求纳税人购花并贴花,这主要是为了加强税源控制。

2. 纳税环节

印花税一般在应税凭证书立或领受时贴花。具体是指在权利许可证照在领取时贴花,合同在签订时贴花,产权转移书据在立据时贴花,营业账簿在启用时贴花。如果合同在国外签订,并且不便在国外贴花的,应在将合同带入境时办理贴花纳税手续。

3. 纳税地点

印花税一般实行就地纳税。如果是全国性订货会所签合同应纳的印花税,由纳税人回其所在地办理贴花;对地方主办,不涉及省际关系的订货会、展销会上所签合同的印花税,由省级政府自行确定纳税地点。

4. 纳税申报

印花税的纳税人应按照条例的规定及时办理纳税申报,并如实填写印花税纳税申报(报告)表(见表7-5)。

表7-5　印花税纳税申报（报告）表

税款所属期限：自　年　月　日至　年　月　日

纳税人识别号（统一社会信用代码）：□□□□□□□□□□□□□□□□□□

纳税人名称：

本期是否适用增值税小规模纳税人减征政策（减免性质代码：09049901）　□是　□否

金额单位：元至角分

应税凭证	计税金额或件数	核定征收		适用税率	本期应纳税额 5=1×4+2×3×4	本期已缴税额	本期减免税额			本期增值税小规模纳税人减征额	本期应补（退）税额 10=5-6-8-9
		核定依据	核定比例				减免性质代码	减免税额	减征比例（%）		
	1	2	3	4	5	6	7	8		9	10=5-6-8-9
购销合同				0.3‰							
加工承揽合同				0.5‰							
建设工程勘察设计合同				0.5‰							
建筑安装工程承包合同				0.3‰							
财产租赁合同				1‰							
货物运输合同				0.5‰							
仓储保管合同				1‰							
借款合同				0.05‰							
财产保险合同				1‰							
技术合同				0.3‰							
产权转移书据				0.5‰							
营业账簿（记载资金的账簿）				0.5‰							
营业账簿（其他账簿）	—	—	—	5							
权利、许可证照	—	—	—	5							
合计				—							

谨声明：本纳税申报表是根据国家税收法律法规及相关税收规定填报的，是真实的、可靠的、完整的。

纳税人（签章）：

经办人：
经办人身份证号：
代理机构签章：
代理机构统一社会信用代码：

受理人：
受理税务机关（章）：
受理日期：　年　月　日

7.3.3 印花税的核算

由于企业缴纳的印花税不发生应付未付税款的情况,也不需要预计应缴税款数,为了简化会计处理,可以不通过"应交税费"科目核算,缴纳的印花税直接在"税金及附加"科目中反映。企业购买印花税票时,按实际支付的款项借记"税金及附加"科目,贷记"银行存款"科目。

【例 7-6】

根据例 7-5 资料,进行会计处理。

借:税金及附加——印花税　　　　　　　　　　1 865
　　贷:银行存款　　　　　　　　　　　　　　　　　　1 865

任务 7.4　车船税计算申报与核算

车船税是指对在中华人民共和国境内的车辆(包括乘用车、商用车、挂车、摩托车和其他车辆)、船舶(包括机动船舶和游艇)依法征收的一种税。在我国境内,车辆、船舶(以下简称车船)的所有人或管理人是车船税的纳税人。其中,所有人是指在我国境内拥有车船的单位和个人;管理人是指对车船具有管理使用权,但不具有所有权的单位。从事机动车第三者责任强制保险业务的保险机构为机动车车船税的扣缴义务人,在销售机动车交通事故责任强制保险时代收车船税,并出具代收税款凭证。

7.4.1　车船税的计算

1. 计税依据的确定

车船税的征税对象是在我国境内使用的车辆和船舶(除规定减免的车船外),车辆为机动车辆,包括乘用车、商用客车、商用货车、挂车、摩托车、专用作业车和轮式专用机械车。船舶包括机动船、非机动驳船和游艇三类。具体包括以下规定。

(1) 车船税实行从量计税的办法,分别选择了四种单位的计税标准,即辆、整备质量吨位、净吨位和艇身长度。①乘用车、商用客车、摩托车按辆计税;②商用货车、挂车、专用作业车、轮式专用机械车按整备质量吨位计税;③机动船舶按净吨位计税,拖船按发动机功率每 1 千瓦折合净吨位 0.67 吨计税;④游艇按艇身长度计税。

(2) 车辆整备质量尾数在 0.5 吨以下(含 0.5 吨)的,按照 0.5 吨计算;车辆整备质量超过 0.5 吨的,按照 1 吨计算;车辆整备质量不超过 1 吨的,按照 1 吨计算。船舶净吨位尾数在 0.5 吨以下(含 0.5 吨)的不予计算;船舶净吨位超过 0.5 吨的,按照 1 吨计算;船舶净吨位不超过 1 吨的,按 1 吨计算。

(3) 所涉及的核定载客人数、整备质量吨位、净吨位、艇身长度、千瓦等计税标准,以车船管理部门核发的车船登记证书或者行驶证书相应项目所载数额为准。纳税人未到车船管理部门办理登记手续的,上述计税标准以车船出厂合格证明或者进口凭证相应项目所载数额为准;不能提供车船出厂合格证明或者进口凭证的,由税务机关根据车船自身状况并参照同类车船核定。整备质量是指一辆汽车的自重,即汽车在正常条件下准备行驶时,尚未载人(包括驾驶员)、载物时的空车重量。

2. 税目与税率的选择

车船税中对应税车船实行有幅度的定额税额,即对各类车辆船舶分别规定了税目和税额幅度,各省、自治区、直辖市人民政府在规定的税额幅度内,根据当地实际情况,确定具体的适用税额,具体见表 7-6。

表 7-6　　　　　　　　　车船税税目税额表

税　　目		计税单位	每年税额	备　　注
一、乘用车	1.0 升(含,发动机气缸排气量,下同)以下	每辆	60～360 元	核定载客人数 9 人(含)以下
	1.0～1.6 升(含)的	每辆	300～540 元	
	1.6～2.0 升(含)的	每辆	360～660 元	
	2.0～2.5 升(含)的	每辆	660～1 200 元	
	2.5～3.0 升(含)的	每辆	1 200～2 400 元	
	3.0～4.0 升(含)的	每辆	2 400～3 600 元	
	4.0 升以上的	每辆	3 600～5 400 元	
二、商用车	客车	每辆	480～1 440 元	核定载客人数 9 人以上,包括电车
	货车	整备质量每吨	16～120 元	包括半挂牵引车、三轮汽车和低速载货汽车等
三、挂车		整备质量每吨	按照货车税额的 50%计算	
四、其他车辆	专用作业车	整备质量每吨	16～120 元	不包括拖拉机
	轮式专用机械车	整备质量每吨	16～120 元	不包括拖拉机
五、摩托车		每辆	36～180 元	
六、船舶	机动船舶	净吨位每吨	3～6 元	拖船和非机动驳船分别按机动船舶税额的 50%计算
	游艇	艇身长度每米	600～2 000 元	

注:

(1) 车辆具体适用税额。由省、自治区、直辖市人民政府在规定的税额幅度内,按照以下原则,确定具体的适用税额,并报国务院备案:①乘用车依排气量从小到大递增税额;②客车按照核定载客人数 20 人以下和 20 人(含)以上两档划分,递增税额。

(2) 机动船舶具体适用税额。①净吨位不超过 200 吨的,每吨 3 元;②净吨位超过 200 吨但不超过 2 000 吨的,每吨 4 元;③净吨位超过 2 000 吨但不超过 10 000 吨的,每吨 5 元;④净吨位超过 10 000 吨的,每吨 6 元。

(3) 游艇具体适用税额。①艇身长度不超过 10 米的,每米 600 元;②艇身长度超过 10 米但不超过 18 米的,每米 900 元;③艇身长度超过 18 米但不超过 30 米的,每米 1 300 元;④艇身长度超过 30 米的,每米 2 000 元;⑤辅助动力帆艇,每米 600 元。

3. 应纳税额的计算

车船税的计算按照计税依据不同,其计算方法有以下几种。

(1) 乘用车、商用客车、摩托车应纳税额＝车辆数×适用单位税额。

(2) 商用货车、专用作业车、轮式专用机械车应纳税额＝整备质量吨位×适用单位税额。

(3) 挂车应纳税额＝整备质量吨位×适用单位税额×50％。

(4) 机动船舶应纳税额＝净吨位×适用单位税额。

(5) 拖船、非机动驳船应纳税额＝净吨位×适用单位税额×50％。

(6) 游艇应纳税额＝艇身长度×适用单位税额。

新购置的车船自购之使用当月起按月计算；客货两用车按载货汽车的计税单位和税额标准计算车船税。

【例7-7】

汇丰公司拥有客车5辆，其中商用客车1辆，2.4升乘用车2辆，1.6升客车2辆，单位税额分别为900元、700元、500元；拥有商用货车6辆，其中3辆每辆整备质量吨位为9.4吨，另3辆每辆整备质量吨位为19.7吨，单位税额分别为40元和80元。计算该公司2019年应纳车船税税额。

(1) 载客汽车应纳税额＝1×900＋2×700＋2×500＝3 300(元)；

(2) 载货汽车应纳税额＝3×9.5×40＋3×20×80＝5 940(元)；

合计应纳车船税税额＝3 300＋5 940＝9 240(元)。

知识链接7-5 车船税优惠政策

(1) 下列车船免征车船税。

①非机动车船(不包括非机动驳船)；②拖拉机；③捕捞、养殖渔船；④军队、武警部队专用的车船；⑤警用车船；⑥依照我国有关法律规定应当予以免税的外国驻华使馆、领事馆和国际组织驻华机构及其有关人员的车船。

(2) 自2015年5月7日起，对符合标准的节约能源的乘用车、商用车，减半征收车船税；对使用符合标准的新能源的车辆(是指纯电动商用车、插电式混合动力汽车、燃料电池商用车)，免征车船税；纯电动乘用车和燃料电池乘用车不属于车船税征税范围，对其不征车船税。

(3) 对受严重自然灾害影响纳税困难以及有其他特殊原因确需减、免税的，可以减征或免征车船税。

(4) 省、自治区、直辖市人民政府根据当地实际情况，可以对公共交通车船，农村居民拥有并主要在农村地区使用的摩托车、三轮汽车和低速载货汽车定期减征或免征车船税。

7.4.2 车船税的缴纳

1. 纳税期限

车船税按年申报缴纳，纳税年度自公历1月1日至12月31日止。具体纳税期限由省、自治区、直辖市人民政府确定。

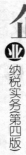

2. 纳税义务发生时间

车船的纳税义务发生时间为车船管理部门核发的车船登记证书或者行驶证书所载日期的当月。纳税人未到车船管理部门办理登记手续的,以车船购置发票所载开具时间的当月作为车船税的纳税义务发生时间。对未办理车船登记手续且无法提供车船购置发票的,由主管税务机关核定纳税义务发生时间。

3. 纳税地点

车船税由地方税务机关负责征收,纳税地点由省、自治区、直辖市人民政府根据当地实际情况确定。

跨省、自治区、直辖市使用的车船,纳税地点为车船的登记地。

4. 纳税申报

(1) 车船的所有人或管理人未缴纳车船税的,使用人应当代为缴纳车船税。

(2) 从事机动车交通事故责任强制保险业务的保险机构为机动车车船税的扣缴义务人,应当依法代收代缴车船税。

(3) 机动车车船税的扣缴义务人代收代缴车船税时,纳税人不得拒绝。由扣缴义务人代收代缴机动车车船税的,纳税人应当在购买机动车交通事故责任强制保险的同时缴纳车船税。

(4) 扣缴义务人在代收车船税时,应当在机动车交通事故责任强制保险的保险单上注明已收税款的信息,作为纳税人完税的证明。

(5) 在一个纳税年度内,已完税的车船被盗抢、报废、灭失的,纳税人可以凭有关管理机关出具的证明和完税证明,向纳税所在地的主管税务机关申请退还自被盗抢、报废、灭失月份起至该纳税年度终了期间的税款。

已办理退税的被盗抢车船,失而复得的,纳税人应当从公安机关出具相关证明的当月起计算缴纳车船税。

(6) 纳税人应按照规定及时办理纳税申报,并如实填写车船税纳税申报表(见表7-7)。

表 7-7 车船税纳税申报表

填报日期: 年 月 日

纳税人识别号: 金额单位:元(列至角分)

纳税人名称					税款所属时间			
车船类别	计税标准	数量	单位税额	全年应纳税额	年缴纳次数	本 期		
						应纳税额	已纳税额	应补(退)税额
1	2	3	4	5=3×4	6	7=5÷6	8	9=7-8
合计								
如纳税人填报,由纳税人填写以下各栏				如委托代理人填报,由委托代理人填写以下各栏				备注

续表

纳税人（公章）	代理人名称		代理人（公章）	
	代理人地址			
	经办人姓名		电话	
以下由税务机关填写				
收到申报表日期			接收人	

7.4.3 车船税的核算

核算车船税应设置"应交税费——应交车船税"科目。分期计提车船税时应借记"税金及附加"科目,贷记本科目;缴纳车船使用税时应借记本科目,贷"银行存款"科目。本科目期末贷方余额反映应交而未交的车船税。

【例 7-8】

根据例 7-7 汇丰公司资料,车船税按年计算,分季缴纳,进行会计处理。

$$企业按月计提应纳税额＝9\,240÷12＝770(元)$$

(1) 按月计提车船税时,作如下会计分录。

借:税金及附加——车船税　　　　　　　　　　　770
　　贷:应交税费——应交车船税　　　　　　　　　　　770

(2) 按季度缴纳车船税时,作如下会计分录。

借:应交税费——应交车船税　　　　　　　　　2 310
　　贷:银行存款　　　　　　　　　　　　　　　　　2 310

任务7.5 契税计算申报与核算

契税是指国家在土地、房屋权属转移时,按照当事人双方签订的合同(契约)以及所确定价格的一定比例,向权属承受人征收的一种税。纳税人为在我国境内承受土地、房屋权属转移的单位和个人。契税由权属的承受方缴纳,所说的"承受",是指以受让、购买、受赠、交换等方式取得土地、房屋权属的行为;"土地、房屋权属"是指土地使用权和房屋所有权;以在我国境内转移土地、房屋权属的行为作为征税对象,土地、房屋权属未发生转移的,不征收契税。具体包括国有土地使用权出让、土地使用权转让、房屋买卖、房屋赠与和房屋交换。

7.5.1 契税的计算

1. 计税依据的确定

契税的计税依据是在土地、房屋权属转移时双方当事人签订的签约价格,按照土地、房屋权属转移的形式、定价不同,具体包括以下规定。

(1) 国有土地使用权出让、土地使用权出售、房屋买卖,以成交价格为计税依据。

(2) 土地使用权和房屋赠与,由征收机关参照土地使用权出售、房屋买卖的市场价格核定。

(3) 土地使用权和房屋交换,以交换的土地使用权、房屋的价格差额为计税依据。交换价格相等的,免征契税;交换价格不相等的,由支付差价款的一方缴纳契税。

(4) 以划拨方式取得土地使用权的,经批准转让房地产时,以补交的土地使用权出让费用或土地收益作为计税依据。

(5) 房屋附属设施计税依据按下列规定确定:采取分期付款方式购买房屋、附属设施土地使用权、房屋所有权的,按合同规定的总价款计征契税;承受的房屋附属设施权属如为单独计价的,按当地确定的适用税率征收契税,如与房屋统一计价的,适用与房屋相同的税率征税。

【提示】"营改增"后,契税的计税依据为不含增值税的成交价格。免征增值税的,计税依据不扣减增值税额。

2. 税率的选择

契税采用比例税率,并实行3%~5%的幅度税率。具体税率由省、自治区、直辖市人民政府在规定的幅度内按本地区的实际情况确定,以适应不同地区纳税人的负担水平和调控房地产交易市场价格。

自2016年2月22日起对个人购买家庭唯一住房,面积为90平方米及以下的,减按1%的税率征收契税,面积为90平方米以上的,减按1.5%的税率征收契税;对个人购买家庭第二套改善性住房,面积为90平方米及以下的,减按1%的税率征收契税;面积为90平方米以上的,减按2%的税率征收契税。

3. 应纳税额的计算

契税应纳税额依照省、自治区、直辖市人民政府确定的适用税率和税法规定的计税依据计算征收,其计算公式如下:

$$应纳税额 = 计税依据 \times 税率$$

【例7-9】

某房地产开发公司,2019年5月通过拍卖方式取得国有土地一块,准备开发商品住宅,支付地价款12 000 000元,当地政府规定契税税率为5%,该房地产开发公司应缴纳的契税计算如下:

该房地产开发公司作为土地的承受者需要就土地的价值计算契税。

$$应纳税额 = 12\ 000\ 000 \times 5\% = 600\ 000(元)$$

| 知识链接7-6 | 契税优惠政策 |

（1）国家机关、事业单位、社会团体、军事单位承受土地、房屋用于办公、教学、医疗、科研和军事设施的，免征契税。

（2）城镇职工按规定第一次购买公有住房的，免征契税。

（3）因不可抗力灭失住房而重新购买住房的酌情减征或者免征契税。

（4）土地、房屋被县级以上人民政府征用、占用后，重新承受土地、房屋权属的，由省级人民政府确定是否减免。

（5）承受荒山、荒沟、荒丘、荒滩土地使用权，并用于农、林、牧、渔业生产的，免征契税。

（6）依照我国有关法律规定以及我国缔结或参加的双边和多边条约或协定，应予免税的外国驻华使馆、领事馆、联合国驻华机构及其外交代表、领事官员和其他外交人员承受土地、房屋权属的，经外交部确认，免征契税。

（7）法定继承人继承土地、房屋权属的不征契税；非法定继承人根据遗嘱承受死者生前土地、房屋权属的，属于赠与行为，应征契税。

（8）对拆迁居民因拆迁重新购置住房的，对购房成交价格中相当于拆迁补偿款的部分免征契税；超过拆迁补偿款部分的，征收契税。

经批准减征、免征契税的纳税人，改变有关土地、房屋用途的，就不再属于减征、免征契税范围，并且应当补缴已经减征、免征的税款。

7.5.2 契税的缴纳

1. 纳税期限

纳税人应当自纳税义务发生之日起10日内，向土地、房屋所在地的税收征收机关办理纳税申报，并在税收征收机关核定的期限内缴纳税款。

2. 纳税义务发生时间

契税的纳税义务发生时间是纳税人签订土地、房屋权属转移合同的当天，或者纳税人取得其他具有土地、房屋权属转移合同性质凭证的当天。

3. 纳税地点

契税实行属地征收管理，纳税人发生契税纳税义务时，应向土地、房屋所在地的税务征收机关申报纳税。

4. 纳税申报

纳税人应当在规定的期限内填制契税纳税申报表（见表7-8），向契税的征收机关办理

表 7-8

契税纳税申报表

填表日期： 年 月 日　　　　金额单位：元至角分；面积单位：平方米

纳税人识别号 □□□□□□□□□□□□□□□□□□

承受方信息	名称		登记注册类型	有限责任公司	所属行业	□单位 □个人
	身份证件类型	身份证□ 护照□ 其他□	身份证件号码		联系方式	
转让方信息	名称		登记注册类型		所属行业	□单位 □个人
	纳税人识别号		身份证件类型		联系方式	
土地房屋权属转移信息	身份证件号码		土地房屋坐落地址			
	合同签订日期		用途		权属转移对象	
	权属转移方式		成交价格		家庭唯一普通住房	□90平方米以上 □90平方米及以下
	权属转移面积		计税价格		成交单价	
税款征收信息	评估价格				税率	
	计征税额		减免性质代码		减免税额	应纳税额

以下由纳税人填写：

纳税人声明	此纳税申报表是根据《中华人民共和国契税暂行条例》和国家有关税收规定填报的，是真实的、可靠的、完整的。	
纳税人签章	代理人签章	代理人身份证号

以下由税务机关填写：

受理日期	年 月 日	
受理人		受理税务机关签章

注：本表一式两份，一份纳税人留存，一份税务机关留存。

纳税申报,并在核定的期限内缴纳税款。契税征收机关一般为土地、房屋所在地的地方税务机关,具体由省、自治区、直辖市人民政府确定。

7.5.3 契税的核算

契税核算应设置"应交税费——应交契税"科目。计提契税时,应借记"固定资产""开发成本""无形资产"等科目,贷记"应交税费——应交契税"科目;实际缴纳契税款时,应借记"应交税费——应交契税"科目,贷记"银行存款"科目。

企业也可以不设置"应交税费——应交契税"科目。缴纳契税时,直接借记"固定资产"等科目,贷记"银行存款"科目。

【例 7-10】

接例 7-9 房地产开发公司资料,对契税的计提与缴纳进行会计处理。

计提契税时,编制会计分录。

借:开发成本　　　　　　　　　　　　　　　　600 000
　　贷:应交税费——应交契税　　　　　　　　　　　600 000

缴纳税款时,编制会计分录。

借:应交税费——应交契税　　　　　　　　　　600 000
　　贷:银行存款　　　　　　　　　　　　　　　　600 000

任务 7.6 土地增值税计算申报与核算

土地增值税是对有偿转让国有土地使用权、地上建筑物及其他附着物(以下简称房地产)并取得收入的单位和个人,就其转让房地产所取得的增值额征收的一种税。转让国有土地使用权、地上建筑物及其他附着物并取得收入的单位和个人为土地增值税的纳税人。

知识链接 7-7 土地增值税的征税范围

1. 土地增值税征税范围的一般规定

土地增值税征税范围具有以下 3 个标准。

(1)"国有"标准。其是指转让的土地使用权必须是国家所有,即转让的土地使用权只能是国有土地使用权,不包括集体土地及耕地。

(2)"产权转让"标准。其是指国有土地使用权、地上建筑物及其附着物必须发生产权转让。地上建筑物是指建于土地上的一切建筑物,包括地上地下的各种附属设施。附着物是指附着于土地上的不能移动,一经移动即遭损坏的物品。

【提示】　土地使用权转让行为不同于国有土地使用权出让行为。转让是指土地使用者将土地使用权再转移的行为,包括出售、交换和赠与行为。出让是国家以土地所有者的身份将国有土地使用权在一定年限内出让给土地使用者,由土地使用者向国家支付土地使用权出让金的行为;国有土地使用权转让的行为征土地增值税;而国有土地使用权出让行为不征土地增值税。

(3) "取得收入"标准。其是指征收土地增值税的行为必须取得转让收入。房地产的权属虽转让但未取得收入的行为,如以继承、赠与方式无偿转让房地产的行为不征税。

2. 土地增值税征税范围的特殊规定

(1) 以房地产进行投资、联营的,投资、联营的一方以房地产作价入股进行投资或作为联营条件,将房地产转让到所投资、联营的企业时,暂免征收土地增值税;投资、联营企业将上述房地产再转让时,应征收土地增值税。

(2) 对于一方出地,一方出资金,双方合作建房,建成后按比例分房自用的,暂免征收土地增值税;建成后转让的,应征收土地增值税。

(3) 在企业兼并中,对被兼并企业将房地产转让到兼并企业中的,暂免征收土地增值税。

(4) 房地产交换,应征土地增值税,但个人之间互换自有居住用房的,经当地税务机关核实,可以免征土地增值税。

(5) 房地产抵押的,抵押期间不征土地增值税;抵押期满以房产抵债而发生房地产权属转让的,应征土地增值税。

(6) 代建行为,房地产开发公司代客户进行房地产的开发,开发完成后向客户收取代建收入,由于没有发生房地产权属的转移,其收入属于劳务收入性质,不属于土地增值税的征税范围。

(7) 房地产的重新评估,国有企业在清产核资时对房地产进行重新评估而产生的评估增值,既没有发生房地产权属的转移,也未取得收入,不属于土地增值税的征税范围。

7.6.1 土地增值税的计算

1. 计税依据的确定

土地增值税的计税依据是纳税人转让房地产所取得的增值额,即纳税人转让房地产所取得的收入额减除规定的扣除项目金额后的余额,因此,要准确地界定增值额必须确定应税的收入额和扣除项目金额。

1) 应税收入的确定

应税收入主要包括转让房地产的全部价款及有关的经济收益,体现为货币收入、实物收入和其他收入。"营改增"后,转让房地产取得的应税收入为不含增值税收入,免征增值税的,转让房地产取得的收入不扣减增值税额。

(1) 货币收入。其是指纳税人转让房地产而取得的现金、银行存款和国库券、金融债券、企业债券、股票等有价证券。

(2) 实物收入。其是指纳税人转让房地产而取得的各种实物形态的收入,如钢材、水泥等建材,房屋、土地等不动产。对于这些实物收入一般要按公允价值确认应税收入。

(3) 其他收入。其是指纳税人转让房地产而取得的无形资产收入或具有财产价值的权利,如专利权、商标权、著作权、专有技术使用权、土地使用权、商誉权等。

2) 扣除项目及其金额的确定

根据税法规定,准予从转让收入中扣除的项目包括以下6个方面。

(1) 取得土地使用权所支付的金额。其包括纳税人为取得土地使用权所支付的地价款和在取得土地使用权时按国家统一规定缴纳的有关费用。其中,以出让方式取得的,以支付的土地出让金为地价款;以行政划拨方式取得的,以补交的土地出让金为地价款;以转让方式取得的,以向原土地使用人实际支付金额为地价款。

(2) 房地产开发成本。其是指房地产开发项目实际发生的成本,包括土地征用及拆迁补偿费、前期工程费、建筑安装工程费、基础设施费、公共配套设施费、开发间接费用等。

(3) 房地产开发费用。其是指与房地产开发项目有关的销售费用、管理费用和财务费用。从转让收入中扣除的房地产开发费用,不按实际发生额扣除,而是按税法规定标准计算扣除。具体计算方法视财务费用中的利息支出的不同分别处理。

① 财务费用中的利息支出,凡能够按转让房地产项目计算分摊并提供金融机构证明的,允许据实扣除,但最高不能超过按商业银行同类、同期贷款利率计算的金额;其他房地产开发费用,按取得土地使用权所支付的金额和房地产开发成本金额之和的5%以内计算扣除。其计算公式如下:

房地产开发费用=利息+(取得土地使用权所支付的金额+房地产开发成本金额)×5%

② 财务费用中的利息支出,凡不能按转让房地产项目计算分摊利息或不能提供金融机构证明的,房地产开发费用按取得土地使用权所支付的金额和房地产开发成本之和的10%以内计算扣除。其计算公式如下:

房地产开发费用=(取得土地使用权所支付的金额+房地产开发成本金额)×10%

(4) 与转让房地产有关的税金。其包括在转让房地产时缴纳的城市维护建设税、印花税、教育费附加。扣除项目涉及的增值税进项税额,允许在销项税额中计算抵扣的,不计入扣除项目,不允许在销项税额中计算抵扣的,可以计入扣除项目。

(5) 其他扣除项目。其特指从事房地产开发的纳税人,可按取得土地使用权所支付的金额和房地产开发成本金额之和的20%加计扣除,除此之外的其他纳税人不适用。其计算公式如下:

加计扣除费用=(取得土地使用权所支付的金额+房地产开发成本金额)×20%

(6) 旧房及建筑物的评估价格。即在转让已使用房屋及建筑物时,由政府批准设立的房地产评估机构评定的重置成本乘以成新度折扣率后的价格。

"营改增"后,纳税人转让旧房及建筑物,凡不能取得评估价格,但能提供购房发票的,扣除项目的金额按照下列方法计算:①提供的购房凭据为"营改增"前取得的营业税发票的,按照发票所载金额(不扣减营业税)并从购买年度起至转让年度止每年加计5%计算。②提供的购房凭据为"营改增"后取得的增值税普通发票的,按照发票所载价税合计金额从购买年度起至转让年度止每年加计5%计算。③提供的购房发票为"营改增"后取得的增值税专用发票的,按照发票所载不含增值税金额加上不允许抵扣的增值税进项税额之和,并从购买年度起至转让年度止每年加计5%计算。

2. 税率的选择

土地增值税实行四级超率累进税率,是我国唯一采用超率累进税率的税种,具体见表7-9。

表 7-9　　　　　　　　　　土地增值税税率表

级次	增值额占扣除项目金额的比例	税率/%	速算扣除系数/%
1	50%（含）以下	30	0
2	50%～100%（含）	40	5
3	100%～200%（含）	50	15
4	200%以上	60	35

3. 应纳税额的计算

土地增值税应纳税额计算步骤如下：

第一步，计算增值额。

$$增值额＝转让收入－扣除项目金额$$

第二步，计算增值率。

$$增值率＝增值额\div 扣除项目金额\times 100\%$$

第三步，确定适用税率和速算扣除系数。

第四步，计算应纳税额。

$$应纳税额＝\sum（每级距增值额\times 适用税率）$$

或

$$＝增值额\times 适用税率－扣除项目金额\times 速算扣除系数$$

【提示】　新建房地产和存量房地产在计算土地增值税时，两者的扣除项目内容不同，具体见表 7-10。

表 7-10　　　　　　新建房地产与存量房地产扣除项目的比较

扣除项目	新建房地产		存量房地产	
	非房地产企业	房地产企业	旧房及建筑物	土地使用权
取得土地使用权所支付的金额	√	√	√	√
房地产开发成本	√	√	—	—
房地产开发费用	√	√	—	—
与转让房地产有关的税金	√	√	—	—
其他扣除项目（即加计扣除）	—	√	—	√
旧房及建筑物的评估价格	—	—	√	—

【例 7-11】

2019 年 6 月，某市房地产开发公司转让写字楼一幢，取得转让收入 5 250 万元（含增值税），公司采用简易计税办法缴纳了增值税 250 万元，城市维护建设税、教育费附加等 25 万元。该公司为取得土地使用权而支付的金额为 500 万元；投入房地产开发成本 1 500 万元；开发费用 400 万元，其中计算分摊给这幢写字楼的利息支出 120 万元（有金融机构证明），比按商业银行同类同期贷款利率计算的利息多 10 万元。公司所在地政府规定的其他开发费用的计算扣除比例为 5%，计算该公司转让此写字楼应纳的土地增值税。

(1) 取得土地使用权所支付的金额＝500 万元。

(2) 房地产开发成本＝1 500 万元。

(3) 房地产开发费用＝120－10＋(500＋1 500)×5%＝210（万元）。

(4) 与转让房地产有关的税费＝25 万元。

(5) 20%加计扣除＝(500＋1 500)×20%＝400(万元)；
扣除项目＝500＋1 500＋210＋25＋400＝2 635(万元)；
增值额＝5 250÷(1＋5%)－2 635＝2 365(万元)；
增值率＝2 365÷2 635×100%＝89.75%；
应纳土地增值税税额＝2 365×40%－2 635×5%＝814.25(万元)。

【例 7-12】

2019 年 6 月，某单位转让一幢旧房，取得收入 945 万元(含增值税)，采用简易计税办法缴纳了增值税 45 万元，城市维护建设税、教育费附加等 4.5 万元。该房建于 20 世纪 70 年代，当时造价为 70 万元，现经房地产评估机构评定的重置成本价为 380 万元，有六成新。旧房占地原来是行政划拨的，转让时，补交了土地出让金 80 万元。计算该单位转让旧房应纳的土地增值税税额。

(1) 取得土地使用权所支付的金额＝80 万元。
(2) 与转让房地产有关的税费＝4.5 万元。
(3) 旧房及建筑物的评估价格＝380×60%＝228(万元)；
扣除项目＝80＋4.5＋228＝312.5(万元)；
增值额＝945÷(1＋5%)－312.5＝587.5(万元)；
增值率＝587.5÷312.5×100%＝188%；
应纳土地增值税税额＝587.5×50%－312.5×15%＝246.875(万元)。

知识链接 7-8 ｜ 土地增值税优惠政策

(1) 纳税人建造普通标准住宅出售，增值额未超过扣除项目金额 20% 的，免征土地增值税；增值额超过扣除项目金额 20% 的，应就其全部增值额按规定计税。

(2) 因国家建设需要依法征用、收回的房地产，免征土地增值税。

(3) 个人拥有的普通住宅，在其转让时暂免征收土地增值税；个人因工作调动或改善居住条件而转让非普通住宅，经向税务机关申报核准，凡居住满 5 年或 5 年以上的，免征土地增值税；居住满 3 年未满 5 年的，减半征收土地增值税；居住未满 3 年的，按规定征收土地增值税。

7.6.2 土地增值税的缴纳

1. 纳税期限

土地增值税的纳税人应在转让房地产合同签订后的 7 日内，到房地产所在地主管税务机关办理纳税申报，并向税务机关提交房屋及建筑物产权证、土地使用权证书、土地转让与房产买卖合同、房地产评估报告及其他与转让房地产有关的资料。纳税人因经常发生房地产转让而难以在每次转让后申报的，经税务机关审核同意，可以定期进行纳税申报，具体期限由税务机关确定。纳税人预售房地产取得的收入，凡当地税务机关规定预征

土地增值税的,纳税人应当到主管税务机关办理纳税申报,并按规定比例预交,待办理决算后,多退少补;凡当地税务机关规定不预征土地增值税的,也应在取得收入时先到税务机关登记或备案。

2. 纳税地点

土地增值税的纳税地点确定,根据纳税人性质不同有以下两种情况。

(1) 法人纳税人。转让的房地产坐落地与其机构所在地一致的,以办理税务登记的原管辖税务机关为纳税地点;转让的房地产坐落地与其机构所在地或经营所在地不一致的,以房地产坐落地所管辖的税务机关为纳税地点。

(2) 自然人纳税人。转让的房地产坐落地与其居住所在地一致的,以住所所在地税务机关为纳税地点;转让的房地产坐落地与其居住所在地或经营所在地不一致的,以办理过户手续所在地税务机关为纳税地点。

3. 纳税申报

土地增值税纳税申报表分为从事房地产开发的纳税人和非从事房地产开发的纳税人两种类型,从事房地产开发纳税人清算用的申报表如表 7-11 所示。

表 7-11 土地增值税纳税申报表(二)
(从事房地产开发的纳税人清算适用)

税款所属时间: 年 月 日至 年 月 日   填表日期: 年 月 日

金额单位:元至角分;面积单位:平方米

纳税人识别号					
纳税人名称		项目名称	项目编号		项目地址
所属行业		登记注册类型	纳税人地址		邮政编码
开户银行		银行账号	主管部门		电话
总可售面积			自用和出租面积		
已售面积	其中:普通住宅已售面积		其中:非普通住宅已售面积		其中:其他类型房地产已售面积

项 目	行次	金 额			
		普通住宅	非普通住宅	其他类型房地产	合计
一、转让房地产收入总额 1=2+3+4	1				
其中	货币收入	2				
	实物收入及其他收入	3				
	视同销售收入	4				
二、扣除项目金额合计 5=6+7+14+17+21+22	5				
1. 取得土地使用权所支付的金额	6				
2. 房地产开发成本 7=8+9+10+11+12+13	7				
其中	土地征用及拆迁补偿费	8				
	前期工程费	9				
	建筑安装工程费	10				
	基础设施费	11				
	公共配套设施费	12				
	开发间接费用	13				

续表

项　　目			行次	金　　额			
				普通住宅	非普通住宅	其他类型房地产	合计
3. 房地产开发费用 14＝15＋16			14				
其中		利息支出	15				
		其他房地产开发费用	16				
4. 与转让房地产有关的税金等 17＝18＋19＋20			17				
其中		城市维护建设税	18				
		教育费附加	19				
			20				
5. 财政部规定的其他扣除项目			21				
6. 代收费用			22				
三、增值额 23＝1－5			23				
四、增值额与扣除项目金额之比(%)24＝23÷5			24				
五、适用税率(%)			25				
六、速算扣除系数(%)			26				
七、应缴土地增值税税额 27＝23×25－5×26			27				
八、减免税额 28＝30＋32＋34			28				
其中	减免税(1)	减免性质代码(1)	29				
		减免税额(1)	30				
	减免税(2)	减免性质代码(2)	31				
		减免税额(2)	32				
	减免税(3)	减免性质代码(3)	33				
		减免税额(3)	34				
九、已缴土地增值税税额			35				
十、应补(退)土地增值税税额 36＝27－28－35			36				
以下由纳税人填写：							
纳税人声明	此纳税申报表是根据《中华人民共和国土地增值税暂行条例》及其实施细则和国家有关税收规定填报的,是真实的、可靠的、完整的。						
纳税人签章			代理人签章			代理人身份证号	
以下由税务机关填写：							
受理人			受理日期		年　月　日	受理税务机关签章	

本表一式两份,一份纳税人留存,一份税务机关留存。

7.6.3　土地增值税的核算

企业核算土地增值税应设置"应交税费——应交土地增值税"科目。土地增值税的具体会计核算,根据企业从事业务性质不同有所区别。

1. 房地产企业土地增值税的核算

房地产企业销售商品房属于企业的商品经营业务。因此,转让房地产过程中应缴纳的土地增值税,应借记"税金及附加"科目,贷记"应交税费——应交土地增值税"科目。

【例 7-13】

2019 年 6 月,某房地产开发公司销售居民住宅,取得转让收入 1 050 万元(含增值税,属于"营改增"前老项目,采用简易计税办法征税);按规定缴纳了 50 万元增值税、3.5 万元城市维护建设税和 1.5 万元教育费附加;为取得该住宅用地的土地使用权支付地价款和有关费用 100 万元;投入开发成本为 375 万元;支付银行贷款利息费用为 10.6 万元(不能按转让房地产项目计算分摊),实际发生的其他房地产开发费用 50 万元。该公司所在地人民政府规定房地产开发费用的计算扣除比例为 10%。计算应纳土地增值税税额,并作账务处理。

转让收入 = 1 000 万元

扣除项目金额 = 100 + 375 + (100 + 375) × 10% + 3.5 + 1.5
　　　　　　　+ (100 + 375) × 20% = 622.5(万元)

增值额 = 1 050 ÷ (1 + 5%) − 622.5 = 377.5(万元)

增值率 = 377.5 ÷ 622.5 × 100% = 60.64%,适用税率为 40%,速算扣除系数为 5%

应交土地增值税税额 = 377.5 × 40% − 622.5 × 5% = 119.875(万元)

按规定计算应缴纳的相关税金及附加时,编制会计分录。

借：税金及附加　　　　　　　　　　　　　　1 248 750
　　贷：应交税费——应交城市维护建设税　　　　35 000
　　　　　　　　——应交教育费附加　　　　　　15 000
　　　　　　　　——应交土地增值税　　　　　1 198 750

2. 其他企业销售旧房及建筑物土地增值税的核算

其他企业转让房地产应缴纳的土地增值税,应借记"固定资产清理"科目,贷记"应交税费——应交土地增值税"科目。

【例 7-14】

2019 年 6 月,某企业转让 5 年前以 1 000 万元购进的一项房产(经评估,该房产现行评估价仍为 1 000 万元),取得转让收入 1 575 万元(含增值税),按规定支付增值税 75 万元,城市维护建设税及教育费附加 7.5 万元,转让时此项建筑物已提折旧 140 万元。计算应纳土地增值税税额,并作账务处理。

转让应税收入 = 1 575 ÷ (1 + 5%) = 1 500(万元)

扣除项目金额 = 1 000 + 7.5 = 1 007.5(万元)

增值额 = 1 500 − 1 007.5 = 492.5(万元)

增值率＝492.5÷1 007.5×100％＝48.88％，适用税率为30％，速算扣除系数为0
应纳税额＝492.5×30％＝147.75(万元)

注销固定资产时，编制会计分录。

借：固定资产清理　　　　　　　　　　　　　　8 600 000
　　累计折旧　　　　　　　　　　　　　　　　1 400 000
　　　贷：固定资产　　　　　　　　　　　　　　　　　10 000 000

收到转让收入时，编制会计分录。

借：银行存款　　　　　　　　　　　　　　　　15 750 000
　　　贷：固定资产清理　　　　　　　　　　　　　　　15 000 000
　　　　　应交税费——应交增值税　　　　　　　　　　　750 000

计提应交税费时，编制会计分录。

借：固定资产清理　　　　　　　　　　　　　　1 552 500
　　　贷：应交税费——应交城建税等　　　　　　　　　　75 000
　　　　　　　　　　——应交土地增值税　　　　　　　1 477 500

任务 7.7　城镇土地使用税计算申报与核算

城镇土地使用税是对城市、县城、建制镇和工矿区范围内使用土地的单位和个人，按实际占用土地面积所征收的一种税。该税是一种资源税性质的税种，有利于合理使用城镇土地，用经济手段加强对土地的控制和管理，变土地的无偿使用为有偿使用。我国境内城市、县城、建制镇范围内使用土地的单位和个人是城镇土地使用税的纳税人。拥有土地使用权的纳税人不在土地所在地的，由该土地的代管人或实际使用人缴纳；土地使用权未确定或权属纠纷未解决的，由实际使用人纳税；土地使用权为多方共有的，由共有各方分别纳税。

7.7.1　城镇土地使用税的计算

1. 计税依据的确定

城镇土地使用税的征税对象是城市、县城、建制镇和工矿区范围内国家所有和集体所有的土地。以纳税人实际占用的土地面积为计税依据。土地面积计量标准为每平方米，按下列办法确定。

(1) 由省、自治区、直辖市人民政府确定的单位组织测定土地面积的，以测定的面积为准。

(2) 尚未组织测量，但纳税人持有政府部门核发的土地使用证书的，以证书确认的土地面积为准。

(3) 尚未核发土地使用证书的，应由纳税人据实申报土地面积，据以纳税，待核发土地使用证书以后再作调整。

2. 税率的选择

城镇土地使用税采用定额税率，即采用有幅度的差别税额，按大、中、小城市和县城、建制镇、工矿区分别规定每平方米土地使用税年应纳税额。城镇土地使用税税率见表7-12。

表 7-12　　　　　　　　城镇土地使用税税率表

级　　别	人　口	每平方米税额/元
大城市	50 万人以上	1.5～30
中等城市	20 万～50 万人	1.2～24
小城市	20 万人以下	0.9～18
县城、建制镇、工矿区	—	0.6～12

各省、自治区、直辖市人民政府可根据市政建设情况和经济繁荣程度在规定幅度内，确定所辖地区的适用税额幅度。经济落后地区，土地使用税的适用税额标准可以适当降低，但降低额不得超过上述规定最低税额的 30%，经济发达地区的适用税额标准可以适当提高，但须报财政部批准。

3. 应纳税额的计算

城镇土地使用税的应纳税额可以通过纳税人实际占用的土地面积乘以该土地所在地段适用税额求得，其计算公式为

全年应纳税额＝实际占用应税土地面积(平方米)×适用税额

【例 7-15】

物美企业坐落于某中等城市，占用土地 20 000 平方米，其中企业自办的托幼机构占用土地 1 000 平方米，当地政府核定的城镇土地使用税税额每平方米 4 元，计算该企业全年应纳土地使用税税额。

全年应纳土地使用税税额＝(20 000－1 000)×4
　　　　　　　　　　　＝76 000(元)

知识链接 7-9 ｜ 城镇土地使用税优惠政策

下列土地免征城镇土地使用税。

(1) 国家机关、人民团体、军队自用的土地。
(2) 由国家财政部门拨付事业经费的单位自用土地。
(3) 宗教寺庙、公园、名胜古迹自用的土地。
(4) 市政街道、广场、绿化地带等公共用地。
(5) 直接用于农、林、牧、渔业的生产用地。
(6) 经批准开山填海整治的土地和改造的废弃土地，从使用之月起免交土地使用税 5～10 年。
(7) 非营利性医疗机构、疾病控制机构和妇幼保健机构自用的土地，自 2000 年 7 月起免征城镇土地使用税。对营利性医疗机构自用的土地自取得执照之日起免征城镇土地使用税 3 年。
(8) 企业办学校、医院、托儿所、幼儿园，其用地能与企业其他用地明确区分的，免征城镇土地使用税。
(9) 免税单位无偿使用纳税单位的土地。如公安、海关等单位使用铁路、民航等单

位的土地免税；但纳税单位无偿使用免税单位的土地，纳税单位应依法缴纳城镇土地使用税。

（10）部分特殊行业用地暂免征收土地使用税：①高校后勤实体用地；②企业的铁路专用线及公路等用地；③企业厂区以外的公共绿化用地和向社会开放的公园用地；④港口的码头用地；⑤盐场的盐滩和盐矿的矿井用地；⑥水利设施管护用地；⑦机场飞行区。

（11）从2015年7月1日起，下列用地暂免征城镇土地使用税：①石油天然气（含页岩气、煤层气）生产建设用地（包括地质勘探、钻井、井下作业、油气田地面工程等施工临时用地；企业厂区以外的铁路专用线、公路及输油、输气、输水管道用地；油气长输管线用地）；②在城市、县城、建制镇以外工矿区内的消防、防洪排涝、防风、防沙设施用地。

（12）下列土地由省级地方税务局确定减免土地使用税：个人所有的居住房屋及院落用地；单位职工家属的宿舍用地；集体和个人办的学校、医院、托儿所及幼儿园用地；基建项目在建期间使用的土地，以及城镇集贸市场用地等。

（13）2019年12月31日前，物流企业自有的大宗商品仓储设施用地减半计征城镇土地使用税。

7.7.2 城镇土地使用税的缴纳

1. 纳税期限

城镇土地使用税实行按年计算、分期缴纳的征收方法，具体纳税期限由省、自治区、直辖市人民政府确定。

2. 纳税义务发生时间

（1）纳税人购置新建商品房，自房屋交付使用之次月起，缴纳城镇土地使用税。

（2）纳税人购置存量房，自办理房屋权属转移、变更登记手续，房地产权属登记机关签发房屋权属证书之次月起，缴纳城镇土地使用税。

（3）纳税人出租、出借房产，自交付出租、出借房产之次月起，缴纳城镇土地使用税。

（4）纳税人新征用的耕地，自批准征用之日起满1年时开始缴纳城镇土地使用税。

（5）纳税人新征用的非耕地，自批准征用次月起，缴纳城镇土地使用税。

（6）纳税人以出让或转让方式有偿取得土地使用权的，应由受让方从合同约定交付土地时间的次月起，缴纳城镇土地使用税；合同未约定交付时间的，由受让方从合同签订的次月起，缴纳城镇土地使用税。

3. 纳税地点

城镇土地使用税的纳税地点为土地所在地，由土地所在地地方税务机关征收。

纳税人使用的土地不属于同一省、自治区、直辖市管辖的，由纳税人分别向土地所在地的税务机关申报缴纳；在同一省、自治区、直辖市管辖范围内，纳税人跨地区使用土地，其纳税地点由各省、自治区、直辖市税务机关确定。

4. 纳税申报

城镇土地使用税的纳税人应按照条例的有关规定及时办理纳税申报，如实填写城镇土地使用税纳税申报表（见表7-13）。

表 7-13

城镇土地使用税纳税申报表

纳税人识别号(统一社会信用代码):☐☐☐☐☐☐☐☐☐☐☐☐☐☐☐☐☐☐

纳税人名称:

金额单位:元至角分;面积单位:平方米

本期是否适用增值税小规模纳税人减征政策	☐是 ☐否	本期适用增值税小规模纳税人减征政策起始时间	年 月	减征比例(%)	
免性质代码:10049901		本期适用增值税小规模纳税人减征政策终止时间	年 月		

联系人			联系方式		

	土地编号	宗地的地号	土地等级	税额标准	土地总面积	所属期起	所属期止	本期应纳税额	本期减免税额	本期增值税小规模纳税人减征税额	本期已缴税额	本期应补(退)税额
申报纳税信息	*											
	*											
	*											
	*											
	*											
合计					*							

谨声明:本纳税申报表是根据国家税收法律法规及相关规定填报的,是真实的、可靠的、完整的。

纳税人(签章):   年 月 日

经办人:	受理人:
经办人身份证号:	受理税务机关:
代理机构签章:	受理日期: 年 月 日
代理机构统一社会信用代码:	

本表一式两份,一份纳税人留存,一份税务机关留存。

7.7.3 城镇土地使用税的核算

城镇土地使用税的会计核算应设置"应交税费——应交城镇土地使用税"科目。该科目贷方登记本期应缴纳的城镇土地使用税税额；借方登记企业实际缴纳的城镇土地使用税；期末贷方余额表示企业应交而未交的城镇土地使用税税额。

核算时，企业按规定计算应交城镇土地使用税，借记"税金及附加"科目，贷记"应交税费——应交城镇土地使用税"科目；上交土地使用税时，借记"应交税费——应交城镇土地使用税"科目，贷记"银行存款"科目。

【例7-16】

根据例7-15资料，进行会计处理。

（1）计提城镇土地使用税时

借：税金及附加——城镇土地使用税　　　　　76 000
　　贷：应交税费——应交城镇土地使用税　　　　　76 000

（2）缴纳城镇土地使用税时

借：应交税费——应交城镇土地使用税　　　　　76 000
　　贷：银行存款　　　　　76 000

任务7.8 资源税计算申报与核算

资源税是对在我国领域及我国管辖的其他海域从事应税资源开采的单位和个人征收的一种税。纳税人为在我国领域及我国管辖的其他海域开采应税资源的单位和个人，包括各类企业、行政单位、事业单位、军事单位、社会团体及个人。收购未税矿产品的单位为资源税的扣缴义务人，包括独立矿山、联合企业和其他收购未税矿产品的单位。

知识链接7-10 资源税的征税范围和优惠政策

1. 资源税的征税范围

资源税的课税对象是各种自然资源，我国目前只选择对矿产品和盐两类资源征收资源税。具体征税范围如下。

（1）能源矿产。包括原油，天然气，页岩气，天然气水合物，煤，煤成（层）气，铀，钍，油页岩、油砂、天然沥青、石煤，地热。不包括人造石油。

（2）金属矿产。包括黑色金属：铁、锰、铬、钒、钛；有色金属：铜、铅、锌、锡、镍、锑、镁、钴、铋、汞、铝土矿、钨、钼、金、银、铂、钯、钉、铱、锇、轻稀土、中重稀土等。

（3）非金属矿产。包括矿物类，如高岭土、石灰岩、磷、石墨、萤石、硫铁矿、自然硫、天然石英砂、叶蜡石和其他粘土等；岩石类，如大理岩、花岗岩、砂石等；宝玉石类，如宝石、玉石、宝石级金刚石等。

(4) 水气矿产。包括二氧化碳气、硫化氢气、氦气、氡气和矿泉水。

(5) 盐。包括钠盐、钾盐、镁盐、锂盐；天然卤水；海盐。

开展水资源税改革试点工作，自 2016 年 7 月 1 日起先在河北省试点；逐步将森林、草场、滩涂等其他自然资源纳入征收范围。

2. 资源税的优惠政策

(1) 有下列情形之一的，免征资源税：

① 开采原油以及在油田范围内运输原油过程中用于加热的原油、天然气；

② 煤炭开采企业因安全生产需要抽采的煤成(层)气；

(2) 有下列情形之一的，减征资源税：

① 从低丰度油气田开采的原油、天然气，减征 20% 资源税；

② 高含硫天然气、三次采油和从深水油气田开采的原油、天然气，减征 30% 资源税；

③ 稠油、高凝油减征 40% 资源税；

④ 从衰竭期矿山开采的矿产品，减征 30% 资源税。

根据国民经济和社会发展需要，国务院对有利于促进资源节约集约利用、保护环境等情形可以规定免征或者减征资源税，报全国人民代表大会常务委员会备案。

(3) 有下列情形之一的，省、自治区、直辖市可以决定免征或者减征资源税：

① 纳税人开采或生产应税产品过程中，因意外事故或自然灾害等原因遭受重大损失；

② 纳税人开采共伴生矿、低品位矿、尾矿。

上述规定的免征或者减征资源税的具体办法，由省、自治区、直辖市人民政府提出，报同级人民代表大会常务委员会决定，并报全国人民代表大会常务委员会和国务院备案。

纳税人的免税、减税项目，应当单独核算销售额或者销售数量；未单独核算或者不能准确提供销售额或者销售数量的，不予免税或者减税。

纳税人开采或者生产同一应税产品，其中既有享受减免税政策的，又有不享受减免税政策的，按照免税、减税项目的产量占比等方法分别核算确定免税、减税项目的销售额或者销售数量。纳税人开采或者生产同一应税产品同时符合两项或者两项以上减征资源税优惠政策的，除另有规定外，只能选择其中一项执行。

7.8.1 资源税的计算

1. 计税依据的确定

自 2020 年 9 月 1 日起，资源税按照资源税税目税率表(见表 7-14)实行从价计征或者从量计征。资源税税目税率表中规定可以选择实行从价计征或者从量计征的，具体计征方式由省、自治区、直辖市人民政府提出，报同级人民代表大会常务委员会决定，并报全国人民代表大会常务委员会和国务院备案。

实行从价计征的，应纳税额按照应税资源产品的销售额乘以具体适用税率计算。实行从量计征的，应纳税额按照应税产品的销售数量乘以具体适用税率计算。其计税依据规定如下：

1) 计税销售额的确定

销售额按照纳税人销售应税产品向购买方收取的全部价款确定，但不包括增值税税款。计入销售额中的相关运杂费用,凡取得增值税发票或者其他合法有效凭据的,准予从销售额中扣除。相关运杂费用是指应税产品从坑口或者洗选(加工)地到车站、码头或者购买方指定地点的运输费用、建设基金以及随运销产生的装卸、仓储、港杂费用。

纳税人以人民币以外的货币结算销售额的,应当折合成人民币计算。其销售额的人民币折合率可以选择销售额发生的当天或者当月1日的人民币汇率中间价。纳税人应在事先确定采用何种折合率计算方法,确定后1年内不得变更。

纳税人自用应税产品应当缴纳资源税的情形包括纳税人以应税产品用于非货币性资产交换、捐赠、偿债、赞助、集资、投资、广告、样品、职工福利、利润分配或者连续生产非应税产品等。

纳税人申报的应税产品销售额明显偏低且无正当理由的,或者有自用应税产品行为而无销售额的,主管税务机关可以按下列方法和顺序确定其应税产品销售额。

(1)按纳税人最近时期同类产品的平均销售价格确定。
(2)按其他纳税人最近时期同类产品的平均销售价格确定。
(3)按后续加工非应税产品销售价格,减去后续加工环节的成本利润后确定。
(4)按应税产品组成计税价格确定。

$$组成计税价格=成本\times(1+成本利润率)\div(1-资源税税率)$$

上述公式中的成本利润率由省、自治区、直辖市税务机关确定。

2)课税数量的确定

应税产品的销售数量,包括纳税人开采或者生产应税产品的实际销售数量和自用于应当缴纳资源税情况的应税产品数量。

(1)各种应税产品,凡直接对外销售的,以实际销售数量为课税数量。
(2)各种应税产品,凡产品自用的,以移送自用数量为课税数量。
(3)纳税人不能准确提供应税产品销售数量的,以应税产品的产量或者主管税务机关确定的折算比换算成的数量为计征资源税的销售数量。

2. 税目与税率的选择

从2020年9月1日起,资源税实行新的税率。规定实行幅度税率的,其具体适用税率由省、自治区、直辖市人民政府统筹考虑应税资源的品位、开采条件以及对生态环境的影响等情况,在规定的税率幅度内提出,报同级人民代表大会常务委员会决定,并报全国人民代表大会常务委员会和国务院备案。规定征税对象为原矿或者选矿的,应当分别确定具体适用税率。具体如表7-14所示。

表7-14 资源税税目税率表

税 目		征税对象	税 率
能源矿产	原油	原矿	6%
	天然气、页岩气、天然气水合物	原矿	6%
	煤	原矿或选矿	2%~10%
	煤成(层)气	原矿	1%~2%
	铀、钍	原矿	4%
	油页岩、油砂、天然沥青、石煤	原矿或选矿	1%~4%
	地热	原矿	1%~20%或每立方米1~30元

续表

税目			征税对象	税率
金属矿产	黑色金属	铁、锰、铬、钒、钛	原矿或选矿	1%～9%
	有色金属	铜、铅、锌、锡、镍、锑、镁、钴、铋、汞	原矿或选矿	2%～10%
		铝土矿	原矿或选矿	2%～9%
		钨	选矿	6.5%
		钼	选矿	8%
		金、银	原矿或选矿	2%～6%
		铂、钯、钌、锇、铱、铑	原矿或选矿	5%～10%
		轻稀土	选矿	7%～12%
		中重稀土	选矿	20%
		铍、锂、锆、锶、铷、铯、铌、钽、锗、镓、铟、铊、铪、铼、镉、硒、碲	原矿或选矿	2%～10%
非金属矿产		高岭土	原矿或选矿	1%～6%
		石灰岩	原矿或选矿	1%～6%或每吨(或每立方米)1～10元
		磷	原矿或选矿	3%～8%
		石墨	原矿或选矿	3%～12%
		萤石、硫铁矿、自然硫	原矿或选矿	1%～8%
	矿物类	天然石英砂、脉石英、粉石英、水晶、工业用金刚石、冰洲石、蓝晶石、硅线石(矽线石)、长石、滑石、刚玉、菱镁矿、颜料矿物、天然碱、芒硝、钠硝石、明矾石、砷、硼、碘、溴、膨润土、硅藻土、陶瓷土、耐火粘土、铁钒土、凹凸棒石粘土、海泡石粘土、伊利石粘土、累托石粘土	原矿或选矿	1%～12%
		叶腊石、硅灰石、透辉石、珍珠岩、云母、沸石、重晶石、毒重石、方解石、蛭石、透闪石、工业用电气石、白垩、石棉、蓝石棉、红柱石、石榴子石、石膏	原矿或选矿	2%～12%
		其他粘土(铸型用粘土、砖瓦用粘土、陶粒用粘土、水泥配料用粘土、水泥配料用红土、水泥配料用黄土、水泥配料用泥岩、保温材料用粘土)	原矿或选矿	1%～5%或每吨(或每立方米)0.1～5元
	岩石类	大理岩、花岗岩、白云岩、石英岩、砂岩、辉绿岩、安山岩、闪长岩、板岩、玄武岩、片麻岩、角闪岩、页岩、浮石、凝灰岩、黑曜岩、霞石正长岩、蛇纹岩、麦饭石、泥灰岩、含钾岩石、含钾砂页岩、天然油石、橄榄岩、松脂岩、粗面岩、辉长岩、辉石岩、正长岩、火山灰、火山渣、泥炭	原矿或选矿	1%～10%
		砂石	原矿或选矿	1%～5%或每吨(或每立方米)0.1～5元
	宝玉石类	宝石、玉石、宝石级金刚石、玛瑙、黄玉、碧玺	原矿或选矿	4%～20%
水气矿产		二氧化碳气、硫化氢气、氦气、氡气	原矿	2%～5%
		矿泉水	原矿	1%～20%或每立方米1～30元

续表

税　目		征税对象	税　率
盐	钠盐、钾盐、镁盐、锂盐	选矿	3%～15%
	天然卤水	原矿	3%～15%或每吨（或每立方米）1～10元
	海盐		2%～5%

注：①对青藏铁路公司及其所属单位运营期间自采自用的砂、石等材料免征资源税。②自2018年4月1日至2021年3月31日，对页岩气资源税减征30%。③自2019年1月1日至2021年12月31日，对增值税小规模纳税人可以在50%的税额幅度内减征资源税。④自2014年12月1日至2023年8月31日，对充填开采置换出来的煤炭，资源税减征50%。

纳税人开采或者生产不同税目应税产品的，应当分别核算不同税目应税产品的销售额或者销售数量；未分别核算或者不能准确提供不同税目应税产品的销售额或者销售数量的，从高适用税率。

纳税人以自采原矿（经过采矿过程采出后未进行选矿或者加工的矿石）直接销售，或者自用于应当缴纳资源税情形的，按照原矿计征资源税。

纳税人以自采原矿洗选加工为选矿产品（通过破碎、切割、洗选、筛分、磨矿、分级、提纯、脱水、干燥等过程形成的产品，包括富集的精矿和研磨成粉、粒级成型、切割成型的原矿加工品）销售，或者将选矿产品自用于应当缴纳资源税情形的，按照选矿产品计征资源税，在原矿移送环节不缴纳资源税。对于无法区分原生岩石矿种的粒级成型砂石颗粒，按照砂石税目征收资源税。

3. 应纳税额的计算

资源税按照从价计征或者从量计征的办法征收，分别以应税产品的销售额乘以纳税人具体适用的比例税率或者以应税产品的销售数量乘以纳税人具体适用的定额税率计算。纳税人开采或者生产应税产品自用的，应当依照规定缴纳资源税，但是，自用于连续生产应税产品的，不缴纳资源税。

实行从价计征的，其应纳税额计算公式如下。

$$应纳税额＝计税销售额×适用税率$$

实行从量计征的，其应纳税额计算公式如下。

$$应纳税额＝课税数量×定额税率$$

【例7-17】

某冶金联合企业附属的矿山，2020年10月开采铅锌矿6 000吨，销售5 000吨，每吨销售价格8 000元，铅锌矿适用资源税税率为5%。计算该矿山10月应纳资源税税额。

$$应纳税额＝5 000×8 000×5\%＝2 000 000(元)$$

纳税人外购应税产品与自采应税产品混合销售或者混合加工为应税产品销售的，在计算应税产品销售额或者销售数量时，准予扣减外购应税产品的购进金额或者购进数量；当期不足扣减的，可结转下期扣减。纳税人应当准确核算外购应税产品的购进金额或者购进数量，未准确核算的，一并计算缴纳资源税。

纳税人核算并扣减当期外购应税产品购进金额、购进数量，应当依据外购应税产品的增值税发票、海关进口增值税专用缴款书或者其他合法有效凭据。

纳税人以外购原矿与自采原矿混合洗选加工为选矿产品销售的，在计算应税产品销

售额或者销售数量时,按照下列方法进行扣减。

$$\text{准予扣减的外购应税产品购进金额(数量)} = \text{外购原矿购进金额(数量)} \times (\text{本地区原矿适用税率} \div \text{本地区选矿产品适用税率})$$

不能按照上述方法计算扣减的,按照主管税务机关确定的其他合理方法进行扣减。

7.8.2 资源税的缴纳

1. 纳税期限

资源税按月或者按季申报缴纳;不能按固定期限计算缴纳的,可以按次申报缴纳。

纳税人以按月或者按季缴纳的,应当自月度或者季度终了之日起 15 日内,向税务机关办理纳税申报并缴纳税款;按次申报缴纳的,应当自纳税义务发生之日起 15 日内,向税务机关办理纳税申报并缴纳税款。

扣缴义务人解缴税款期限,比照上述规定执行。

2. 纳税义务发生时间

(1) 纳税人销售应税产品,其纳税义务发生时间如下。

① 纳税人采取分期收款结算方式的,其纳税义务发生时间为销售合同规定的收款日期的当天。

② 纳税人采取预收货款结算方式的,其纳税义务发生时间为发出应税产品的当天。

③ 纳税人采取其他结算方式的,其纳税义务发生时间为收讫销售款或者取得索取销售款凭据的当天。

(2) 纳税人自产自用应税产品的,其纳税义务发生时间为移送使用应税产品的当天。

(3) 扣缴义务人代扣代缴税款的,其纳税义务发生时间为支付货款的当天。

3. 纳税地点

(1) 纳税人应纳的资源税应当向应税产品的开采或者生产所在地主管税务机关缴纳。

(2) 纳税人在本省、自治区、直辖市范围内开采或者生产应税产品,其纳税地点需要调整的,由省、自治区、直辖市税务机关决定。

(3) 纳税人跨省、自治区、直辖市开采或者生产应税产品,其下属生产单位与核算单位不在同一省、自治区、直辖市的,对其开采或者生产的应税产品,一律在开采地或者生产地纳税。实行从价计征的应税产品,其应纳税款一律由独立核算的单位按照每个开采地或者生产地的销售量、单位销售价格及适用税率计算划拨;实行从量计征的应税产品,其应纳税款一律由独立核算的单位按照每个开采地或者生产地的销售量及适用税率计算划拨。

扣缴义务人代扣代缴的资源税,应当向收购地主管税务机关缴纳。

4. 纳税申报

纳税人填制资源税纳税申报表时,首先,应对其开采或生产的资源产品按税法规定区分应税和非应税、免税项目,并确定应税产品的适用税率;其次,根据"库存商品"等账户及有关会计凭证,核实应税产品的销售金额、销售数量、自用数量,或按规定的办法折算原矿数量;最后,根据核实后的应税数量和确定的税率计算应缴纳的资源税税额,并与"应交税费——应交资源税"账户资料核对相符,填制资源税纳税申报表(见表 7-15),并办理签章手续。

表 7-15

资源税纳税申报表

纳税人识别号（统一社会信用代码）：□□□□□□□□□□□□□□□□□□

纳税人名称：

税款所属时间：自　年　月　日　至　年　月　日　　　　金额单位：人民币元（列至角分）　　填表日期：　年　月　日　　　金额单位：元至角分

本期是否适用增值税小规模纳税人减征政策（减免税性质代码：06049901）　是□　否□

税目	子目	计量单位	计税销售数量	计税销售额	适用税率	本期应纳税额	本期减免税额	本期增值税小规模纳税人减征税额	本期已缴税额	本期应补（退）税额
	1	2	3	4	5	6	7①=4×6 7②=5×6	8	9=(7-8)×减征比例	10	11=7-8-9-10
合计	—	—			—					

谨声明：本纳税申报表是根据国家税收法律法规及相关规定填写的，是真实的、可靠的、完整的。

纳税人（签章）：　　　　年　月　日

经办人：	受理人：
经办人身份证号：	受理税务机关（章）：
代理机构签章：	受理日期：　年　月　日
代理机构统一社会信用代码：	

7.8.3 资源税的核算

企业核算资源税应设置"应交税费——应交资源税"科目。根据资源矿产品用途不同,其会计核算存在差异,具体内容如下。

对外销售应税产品应缴资源税,应借记"税金及附加"科目,贷记"应交税费——应交资源税"科目;自产自用应税产品应缴资源税,应借记"生产成本""制造费用"等科目,贷记"应交税费——应交资源税"科目;企业外购液体盐加工成固体盐,在购入液体盐时,按允许抵扣的资源税,借记"应交税费——应交资源税"科目,按外购价款扣除允许抵扣资源税后的数额,借记"在途物资"等科目,按应支付的全部价款,贷记"银行存款"等科目;企业加工成固体盐销售时,按销售固体盐应缴资源税,借记"税金及附加"科目,贷记"应交税费——应交资源税"科目,将销售固体盐应纳资源税扣抵液体盐已纳资源税后的差额上交时,借记"应交税费——应交资源税"科目,贷记"银行存款"科目;纳税人按规定缴纳资源税时,借记"应交税费——应交资源税"科目,贷记"银行存款"科目。

【例 7-18】

某煤矿为增值税一般纳税人,2020 年 10 月生产原煤 12 万吨,全部对外销售,取得不含税价款 6 000 万元。已知该煤矿原煤适用的税率为 5%。计算该矿山应纳资源税税额,并作会计处理。

应纳税额 = 6 000 × 5% = 300(万元)

计提资源税时,编制会计分录如下。

借:税金及附加　　　　　　　　　　　　　　3 000 000
　　贷:应交税费——应交资源税　　　　　　　　　3 000 000

课后练习

一、判断题

1. 由受托方代收代缴消费税的,应代收代缴的城市维护建设税按委托方所在地的适用税率计税。（　）
2. 发生增值税、消费税减征时,不减征城市维护建设税。（　）
3. 对应税凭证,凡由两方或以上当事人共同订立的,由当事人协商确定其中一方为印花税纳税人。（　）
4. 对于多贴印花税票者,可以向当地税务机关申请退税或者抵用。（　）
5. 同一应税凭证载有两项经济事项,并分别记载金额,可按两项金额合计和最低的适用税率,计税贴花。（　）
6. 对城市征收城镇土地使用税不包括其郊区的土地。（　）
7. 农民在农村开设的商店占地,不缴纳城镇土地使用税。（　）
8. 对个人按市场价格出租的居民住房,可暂按其租金收入的 4% 征收房产税。（　）

9. 宗教寺庙附设的营业单位使用的房产,免征房产税。（   ）
10. 车辆的具体适用税额由省、自治区、直辖市人民政府在规定的税额幅度内确定。（   ）
11. 甲企业以价值 300 万元的办公用房与乙企业互换一处厂房,并向乙企业支付差价款 100 万元,在这次互换中,乙企业不需要缴纳契税,应由甲企业缴纳。（   ）
12. 土地、房屋权属变动中的各种形式,如典当、继承、出租或者抵押等,均属于契税的征税范围。（   ）
13. 某工业企业利用一块闲置的土地使用权换取某房地产公司的新建商品房,作为本单位职工的居民用房,由于没有取得收入,所以,该企业不需要缴纳土地增值税。（   ）
14. 在计算土地增值税时,对从事房地产开发的纳税人销售使用过的旧房及建筑物,仍可按取得土地使用权所支付的金额和房地产开发成本金额之和的 20% 加计扣除。（   ）
15. 资源税是对在中国境内开采、生产以及进口的矿产品和盐的单位和个人征收。（   ）

二、单项选择题

1. 下列情况应缴纳城市维护建设税的是(   )。
   A. 外贸单位进口货物   B. 外贸单位出口货物
   C. 内资企业销售免征增值税货物   D. 旅行社取得营业收入
2. 纳税人所在地在县城的,其适用的城市维护建设税的税率是(   )%。
   A. 1   B. 3   C. 5   D. 7
3. 对于获准汇总缴纳印花税的纳税人,其汇总缴纳的期限,最长不得超过(   )。
   A. 1 个月   B. 2 个月   C. 3 个月   D. 半个月
4. 市区某公司委托县城内一加工厂加工材料,加工后收回产品时,加工厂为该公司代扣代缴消费税 10 万元,那么应代扣代缴城市维护建设税(   )元。
   A. 5 000   B. 7 000   C. 3 000   D. 1 000
5. 甲公司向乙公司:租入两辆载重汽车,签订的合同规定,汽车总价值为 20 万元,租期两个月,租金为 1.28 万元,则甲公司应纳印花税税额为(   )元。
   A. 3.2   B. 12.8   C. 60   D. 240
6. 经济落后地区土地使用税的适用税额标准降低幅度为(   )%。
   A. 10   B. 20   C. 30   D. 40
7. 某企业占用土地面积 1 万平方米,经税务部门核定,该土地税额为每平方米 5 元,则该企业全年应缴纳土地使用税(   )万元。
   A. 5   B. 7.5   C. 6.25   D. 60
8. 按照房产租金收入计算房产税所适用的税率是(   )%。
   A. 12   B. 10   C. 2   D. 1.2
9. 我国不征收房产税的地方是(   )。
   A. 城市的市区 B. 县城   C. 农村   D. 城市的郊区
10. 下列项目中以"净吨位"为计税单位的是(   )。
    A. 载客汽车   B. 摩托车   C. 船舶   D. 载货汽车

11. 下列各项中,应缴纳契税的是( )。
    A. 承包者获得农村集体土地承包经营权
    B. 企业受让土地使用权
    C. 企业将厂房抵押给银行
    D. 个人承租居民住宅
12. 下列属于契税纳税义务人的是( )。
    A. 土地、房屋抵债的抵债方   B. 房屋赠与中的受赠方
    C. 房屋赠与中的赠与方   D. 土地、房屋投资的投资方
13. 下列各项中,应当缴纳土地增值税的是( )。
    A. 继承房地产   B. 以房地产作抵押向银行贷款
    C. 出售房屋   D. 出租房屋
14. 我国现行土地增值税实行的税率属于( )。
    A. 比例税率   B. 超额累进税率
    C. 定额税率   D. 超率累进税率
15. 下列各项中,属于免征资源税的是( )。
    A. 与原油同时开采的天然气   B. 煤矿因安全生产抽采的煤层气
    C. 开采的天然原油   D. 生产的海盐原盐

三、多项选择题

1. 对出口产品退还( )的,不退还已缴纳的城市维护建设税。
    A. 增值税   B. 关税   C. 车船税   D. 消费税
2. 城市维护建设税的计税依据有纳税人缴纳的( )。
    A. 增值税税额   B. 关税税额
    C. 消费税税额   D. 所得税税额
3. 财产所有人将财产赠给( )所书立的书据,免征印花税。
    A. 乡镇企业   B. 国有独资企业
    C. 社会福利单位   D. 政府
4. 适用于印花税定额税率的有( )。
    A. 借款合同   B. 产权转移书据
    C. 其他账簿   D. 权力许可证照
5. 记载资金的账簿,印花税计税依据是( )的合计数。
    A. 实收资本   B. 注册资本
    C. 资本公积   D. 盈余公积
6. 城镇土地使用税的纳税人包括( )。
    A. 土地的实际使用人
    B. 土地的代管人
    C. 拥有土地使用权的单位和个人
    D. 土地使用权共有的各方

7. 下列项目中,税法明确规定免征城镇土地使用税的有（　　）。
   A. 市妇联办公楼用地　　　　　　B. 寺庙开办的旅店用地
   C. 街道绿化地带用地　　　　　　D. 个人居住房屋用地
8. 房产税的纳税人有（　　）。
   A. 产权所有人　　　　　　　　　B. 承典人
   C. 房产使用人　　　　　　　　　D. 经营管理人
9. 房产税的计税依据有（　　）。
   A. 房产净值　　　　　　　　　　B. 房产的租金收入
   C. 房产余值　　　　　　　　　　D. 房产的计税价值
10. 车船税的免税项目有（　　）。
    A. 军队自用的车船　　　　　　　B. 消防车船
    C. 游船　　　　　　　　　　　　D. 行政单位自用的车船
11. 下列以成交价格为依据计算契税的有（　　）。
    A. 土地使用权赠与　　　　　　　B. 土地使用权出让
    C. 土地使用权交换　　　　　　　D. 土地使用权转让
12. 下列各项中,可以享受契税免税优惠的有（　　）。
    A. 城镇职工自己购买商品住房　　B. 政府机关承受房屋用于办公
    C. 遭受自然灾害后重新购买住房　D. 军事单位承受房屋用于军事设施
13. 下列各项中,属于土地增值税纳税人的有（　　）。
    A. 建造房屋的施工单位　　　　　B. 出售房产的中外合资房地产公司
    C. 转让国有土地使用权的事业单位 D. 房地产管理的物业公司
14. 计算土地增值税税额时可以扣除的项目包括（　　）。
    A. 取得土地使用权所支付的金额　B. 建筑安装工程费
    C. 公共配套设施费　　　　　　　D. 转让房地产有关的税金
15. 下列各项中,关于资源税纳税义务发生时间的表述正确的有（　　）。
    A. 采用分期收款结算方式销售应税产品的,为发出应税产品的当天
    B. 采用预收货款结算方式销售应税产品的,为收到预收款的当天
    C. 自产自用应税产品的,为移送使用应税产品的当天
    D. 扣缴义务人代扣代缴税款的,为支付首笔货款的当天

四、业务题

1. 某市区一公司 2019 年 9 月缴纳增值税 100 万元、消费税 20 万元,补交上月应纳消费税 10 万元。
   要求:计算该公司应缴纳的城市维护建设税和教育费附加并进行会计处理。
2. 甲建筑安装工程公司与某工厂签订了一项金额为 2 000 万元工程承包合同后,又将其中的 500 万元工程分包给了乙建筑公司,并签订了正式合同。
   要求:计算甲建筑安装工程公司应纳的印花税并进行会计处理。
3. 某公司 2019 年 6 月开业,领受房产权证、工商营业执照各一件;签订借款合同一份,金额为 100 万元;资金账簿中载明实收资本 500 万元,资本公积 100 万元,其他账簿

12本。

要求：计算该公司应纳的印花税并进行会计处理。

4. 某公司实际占用土地面积10 000平方米，其中自办幼儿园占地1 000平方米，经当地税务机关核定适用的税额为每平方米8元。

要求：计算该公司应纳的土地使用税并作相关会计处理。

5. 某县城一家企业2019年5月1日将一闲置的房产出租给另一家企业，租期5年，每年租金为21万元（含增值税）。该房产原值为100万元，当地政府规定的扣除比例为30％。企业采用简易计税办法计征增值税。

要求：计算该公司2019年应纳的房产税并作相关会计处理。

6. 某运输公司拥有载货汽车20辆（每辆整备质量吨位数6吨），单位税额为90元/吨；拥有载客汽车8辆，其中核定载客人数30人的5辆，核定载客人数9人的3辆，大型客车单位税额为600元/辆，小型客车单位税额为400元/辆。

要求：计算该公司全年应纳车船税税额并作相关会计处理。

7. 某运输公司拥有净吨位1 000吨的机动船舶5艘，单位税额为每吨4元；拥有净吨位200吨的机动船舶8艘，单位税额为每吨3元。

要求：计算其应缴纳的车船税税额并作相关会计处理。

8. 居民乙因拖欠居民甲180万元款项无力偿还，2019年6月经当地有关部门调解，以房产抵偿该笔债务，居民甲因此取得该房产的产权并支付给居民乙差价款20万元。假定当地省政府规定的契税税率为3％。

要求：计算居民甲、居民乙各自应缴纳的契税。

9. 2019年6月某房地产开发公司销售其新建商品房一幢，取得销售收入1.47亿元（含增值税，属于"营改增"前老项目，采用简易计税办法计税），已知该公司支付与商品房相关的土地使用权费及开发成本合计为4 800万元；该公司没有按房地产项目计算分摊银行借款利息；该商品房所在地的省政府规定计征土地增值税时房地产开发费用扣除比例为10％；销售商品房缴纳的增值税700万元，城市维护建设税及教育费附加70万元。

要求：计算该公司销售该商品房应缴纳的土地增值税并作相关会计处理。

10. 位于县城的某内资原煤生产企业为增值税一般纳税人，某年1月发生以下业务。

（1）开采原煤10 000吨。采取分期收款方式销售原煤9 000吨，每吨不含增值税单价500元，购销合同约定，本月应收取1/3的价款，但实际只收取不含税价款120万元。

（2）为职工宿舍供暖，使用本月开采的原煤200吨；另将本月开采的原煤500吨无偿赠送给某有长期业务往来的客户。

（3）销售开采原煤过程中因安全生产需要抽采的煤层气125千立方米，取得不含销售额25万元。

（假设该煤矿所在地原煤的资源税税率为5％，煤层气资源税税率为5％）

要求：计算该企业当月应缴纳的资源税并作相关会计处理。

参考文献

[1] 梁伟样.税务会计[M].4版.北京:高等教育出版社,2016.
[2] 梁伟样.税法[M].6版.北京:高等教育出版社,2017.
[3] 梁伟样.税务会计实务[M].3版.北京:科学出版社,2017.
[4] 中国注册会计师协会.税法[M].北京:中国财政经济出版社,2019.
[5] 中国注册会计师协会.会计[M].北京:中国财政经济出版社,2019.
[6] 财政部会计资格评价中心.经济法基础[M].北京:经济科学出版社,2018.
[7] 财政部会计资格评价中心.经济法[M].北京:经济科学出版社,2019.
[8] 财政部会计资格评价中心.初级会计实务[M].北京:经济科学出版社,2018.
[9] 财政部会计资格评价中心.中级会计实务[M].北京:经济科学出版社,2019.